U0102365

王锺翰史学研究

李春保 著

中国社会科学出版社

图书在版编目（CIP）数据

王锺翰史学研究／李春保著．—北京：中国社会科学出版社，2023.1
ISBN 978 - 7 - 5227 - 1416 - 5

Ⅰ.①王…　Ⅱ.①李…　Ⅲ.①史学—研究　Ⅳ.①K0

中国国家版本馆 CIP 数据核字（2023）第 046359 号

出 版 人	赵剑英
责任编辑	耿晓明　史丽清
责任校对	郝阳洋
责任印制	李寡寡

出　　　版	中国社会科学出版社
社　　　址	北京鼓楼西大街甲 158 号
邮　　　编	100720
网　　　址	http://www.csspw.cn
发 行 部	010 - 84083685
门 市 部	010 - 84029450
经　　　销	新华书店及其他书店

印刷装订	北京君升印刷有限公司
版　　　次	2023 年 1 月第 1 版
印　　　次	2023 年 1 月第 1 次印刷

开　　　本	710×1000　1/16
印　　　张	19.5
插　　　页	2
字　　　数	291 千字
定　　　价	108.00 元

序

　　本书是春保君在其博士学位论文基础上修订而成的，值此正式出版之际，作为他的论文指导教师，我当然要首先向他表示祝贺！

　　春保君读博着实不易。当时他年龄已经不小，而且不是因为英语成绩不理想就是学校招生名额不足，他经过连续三次考试，也就是连考三年，才最终得偿所愿。春保君又是典型的寒门子弟，过去大部分时间生活和工作在闭塞的农村乡下，这又使他的直率性格略带书呆子气。正是因为有着这样的艰辛，他再一次发了"呆"气，不顾一家老小的劝阻，辞掉了工作，一门心思来读书，在校三年，几乎没有节假日，其勤勤恳恳、坐卧读书的紧张而充实的日子，简直就像准备高考的备考生。所以那时我常说，他儿子是在家里读高中，他自己则是在扬州大学"读高中"。功夫不负有心人，春保君最终顺利地如期毕业并取得学位，成为扬州大学中国史学科第一个如期取得双证的博士生，以其亲身实例，再一次验证了功不唐捐的道理，也再一次说明了，读书治学是需要很有一股"呆"气的，耍小聪明，妄图投机取巧，起码在历史学科领域内，是行不通的。

　　春保君的研究选题主要是他自己确定的。王锺翰先生（1913—2007年）是以清史、满族史研究享誉学界的一代著名历史学家，其治学风格既植根于中国传统史学，又受到近现代史学理论与方法的熏陶；既有时代特点，又富有个人特色。因此研究他的学术成就和学术道路，就不仅是对其个体进行研究，由此还可以通过其个案而管中窥豹，进一步探视中国近现代史学发展的走向与脉络、成长的机缘与规律。当然，这只是选题的应有也是实有之价值与意义，至于春保君提交的最终成果是否达到了、实现了这一研究目标，还要请读者诸君来判断。

不过，春保君的这篇作业，确实有他的个人创新。全书在充分梳理和解读资料的基础上，尊重学界已有研究成果，以详人所略、略人所详的原则，将王锺翰先生的学术成就置于中国近现代史学发展的总历程中进行考察，第一次以大篇幅的学位论文的形式，对其史学成就与史学思想等内容进行了全面、系统的研究，揭示了他在近现代史学学术史中的影响。王锺翰先生是由民国而进入新中国的那一代青年学者中的佼佼者，在进入新中国之后，他积极主动地学习、运用马克思主义唯物史观的基本原理来研究历史，学术风格由先前的单纯偏重考据发展到以唯物史观为指导进行历史考据，研究内容也相应地由原来的具化微观发展到整体宏观，选题与视角更加宏阔，并运用发展的、全面的眼光考察各种历史问题，从生产力、经济基础、阶级状况等方面着手分析。春保君在书中对此进行了细致地分析与梳理，并将该节内容先期独立发表，充分展示了王锺翰先生学术研究路径转变的过程。有学者指出："以往学界对王锺翰先生的治学成就已多有论及。其中，李春保先生的《王锺翰学术研究路径转变析论》一文最有代表性，对王先生的治学路径进行了系统论述。"① 此足见春保君的研究，已经引起了学界的高度关注与评价。

当然，这样讲并非是说春保君的研究没有缺陷和不足，相反，有些缺陷和不足还很明显，前述那位学者就在其文中提出三个问题，其中第三个问题，在史料利用上，指出春保君"对《王锺翰手写甲丁日记》的梳理和提炼还不够深入，对其史料价值未给予充分重视"，这种情况还是存在的。我和研究生讲课时常说，对任何一条史料，必须本着"落花有意我有情"的态度来分析解读。每一条史料，不论是有意传世还是无意传世，既然已经留存下来，既然已经被我们看到，我们就不能轻易舍弃，而要多角度、多方位地予以呼应，细致审查，严格排查，不放过任何蛛丝马迹，尽可能将其所寓含的信息全部揭示出来，将其资料价值发掘净

---

① 张宇龙：《论王锺翰与马克思主义史学》，《史学理论研究》2019 年第 3 期。

尽。但是这话说起来容易，做起来实难，恐怕也没有人能够完全做到，每个人的知识、视野就限制了这一点，遑论其他。但退而求其次，即使达不到，我们也应以此为努力的目标，取法乎上仅得其中，如果我们再降低目标，岂不更要等而下之？另外，春保君本想联系王锺翰先生的子女亲友等人，以便更多地收集和利用第一手资料，补充目前公开出版的文献资料的不足，但因种种原因，没能成功，这对研究当代著名学者来说，自然也是资料上的一种欠缺。

作为一篇历史学博士学位论文，本书在坚持平实质朴的文字表述风格的同时，也显出平实有余并略带朴拙的一面，这既可能与春保君过去一直以讲授英语为主业有关，也更可能与我常常强调的行文要"干脆利落、斩草留根"的八字方针有关。不过我们虽然不可能像苏轼那样嬉笑怒骂皆成文章，但言之无文难以行远的古训，还是需要记取的。为此，研读和赏析学界大家的名篇佳作是必不可少的环节，梁启超饱含情感的笔法，郭沫若激昂飞动的行文，就都是非常值得好好学习的典范。据说现在的许多博硕士论文的文字表达很成问题，以致一些知名的重量级刊物还要专门组织一流专家学者，来纵谈解决之道。如果真是如此，那我在此提出这一问题，好像也并不多余。

不知道什么原因，春保君虽然在毕业前向有关部门提交了论文电子版，但论文没能上传到"中国知网"，未能与学界同仁及时相见。如今四年过去了，论文即将公开出版，终于要与学界见面了。常言说丑媳妇难见公婆，其实这话说得不对，是媳妇就要见公婆，而不管其是丑还是不丑。不过我相信，春保君的这篇论文自有其独到的学术内涵，绝对不能言"丑"，现在是该和大家见面的时候了。

是为序。

王嘉川

2022 年 3 月 19 日

目　　录

绪　　论

一　选题的缘由与研究目标

王锺翰（1913—2007 年），中国现代著名清史、满族史学者，中央民族大学历史学终身教授。曾执教于燕京大学、中央民族大学。作为从民国时期转变过来的史家，其学术风格根植于中国传统史学的土壤，又受到近现代治史思想与方法的熏陶，治学路径、思想与风格既具有时代的特点，也有自己的特色。因此对王锺翰史学的深入探讨，有助于窥视中国近现代学术发展的脉络与规律。

王锺翰在清史、满族史领域成就卓著，是继孟森（1869—1938 年）、萧一山（1902—1978 年）、郑天挺（1899—1981 年）之后，在国内清史领域的学者之一。他在燕京大学师从邓之诚、洪业等知名学者，仰慕诸师的学识与治史的严谨之风，这为他偏重考据的风格奠定了基础。

对雍正继位问题，在 1949 年发表了《清世宗夺嫡考实》一文，指出了孟森研究的不足，这引起学术界的关注。后来，他相继撰写了《胤禛西征纪实》《康熙敕谕抚远大将军王胤禛档》《胤禛与抚远大将军王奏档》《年羹尧西征问题——兼论雍正西北民族政策》《释阿其那与塞思黑》等文章继续深入研究。总之，关于雍正继位问题，是王锺翰几十年研究的一个课题。因此，对王锺翰这一史学成就的考察有助于认识其史学风格，也有利于加深现代学术界对这一历史问题的了解。

王锺翰在满族史领域的研究成就斐然。他对满族前期的社会经济形态与土地性质的研究引起学术界关注，《满族在努尔哈齐时代的社会经济形态》与《皇太极时代满族向封建制的过渡》为其在中华人民共和国成立后学习与运用唯物史观的较成功之作，也是当时学术界的典范之一。探讨王锺翰对此问题的研究有助于考察其学术路径与风格在1949年前后的变化，也可以看出同时代其他学者学风的转变，以期对认识近现代历史学术发展脉络有促进作用。

王锺翰也对历史文献进行整理与研究。他整理朝鲜《李朝实录》中的女真史料，目前未见学界有深入研究，他参与点校《清史稿》，独自点校《清史列传》《清鉴易知录》《道咸以来朝野杂记》等文献。目前学术界的论述也只是泛泛而谈，没有深入研究。

王锺翰在民族史领域的研究成就卓著。他通纂的《满族简史》、主编的《中国民族史》皆获奖，后者与江应樑①所编的《中国民族史》等尚有很多方面可以深入比较、评述，主编的《中国民族史概要》等目前学界没有深入研究。本书力争对上述著述进行系统的评述。

鉴于以往的学者对王锺翰较多的是生平与学术的概括，本书从当时的学术分析，首次结合20世纪的时代发展背景，对其学术成就作更为深入的、系统的探讨，并以此反映当时一批学者在中华人民共和国成立前后学术路径的变化，有利于推进对中国近现代学术史的深入研究。

二 研究现状

对王锺翰学术成就的介绍在20世纪80年代已经出现，后来对其追忆与纪念性的一些文章陆续发表，其中有些偏重于介绍其生平与学术交游，也有些偏重于对其学术成就的研究，现对学术界的研究成果作简要的梳理。

（一）关于王锺翰生平与学术交游的研究

目前，对王锺翰生平与学术交游的研究主要有：刘茜的《王锺翰：

---

① 江应樑又写作江应梁，书中为统一，故用"樑"。

酒史一生》简要介绍了王锺翰的主要经历与一些学术成就①。陈远的
《消逝的燕京：大师风采》介绍了王锺翰在燕京大学求学并与日本人的
"酒战"经历。② 张世林主编的《想念王锺翰》等著述介绍了王锺翰育人
与学术交游的事迹③，作者为王锺翰的子女、硕士、博士等。其中叙述
较为详细的有：王湘云、王应云、王楚云的《往事琐记》记述了其父对
王湘云等兄妹的关怀与教育。定宜庄的《我和我的老师》追忆了其在王
锺翰指导下攻读硕士、博士的学习经历及所受到的关怀与教诲。姚念慈
的《情感·心理·命运——王锺翰师〈甲丁日记〉读后》详细叙述了王
锺翰育人的亲和、关爱以及从"右派"到共产党员的坎坷经历。邸永君
的《寒云满眼忆吾师》记述了其跟随王锺翰攻读博士学位期间所受的教
诲。李德龙的《平易近人　诚挚可亲——追忆恩师王锺翰先生》追忆了
王锺翰平易近人、大师情怀的为人风范。

当然，在论及王锺翰学术成就的著述中也有附带提及其生平，不过，
对王锺翰生平与学术交游的文章，均为简要的介绍，且尚不深入。

（二）关于王锺翰学术成就的研究

在 20 世纪 80 年代已有对王锺翰学术成就的介绍，到目前，论述其
学术成就的文章较多，又可简单分为对王锺翰清史、满族史等研究成就
的介绍与对王锺翰所著书籍的评介两类。

1. 偏重于对王锺翰清史、满族史等研究成就的评介

中国新闻社记者撰述的《清史专家王锺翰研究证实：雍正伪造康熙
遗诏继位》④ 介绍了王锺翰认为雍正系伪造康熙遗诏继承帝位。

陈佳华的《王锺翰教授的清史及东北史地研究》⑤ 比较系统地介绍
了王锺翰早期的著述、校勘、清史专题研究、满族史专题研究、西南改

---

① 刘茜：《王锺翰：酒史一生》，《光明日报》2006 年 4 月 2 日。
② 陈远：《消逝的燕京：大师风采》，《读者文摘》2012 年第 12 期。
③ 张世林主编：《想念王锺翰》，新世界出版社 2013 年版。
④ 中国新闻社记者：《清史专家王锺翰研究证实：雍正伪造康熙遗诏继位》，《人民日报》
（海外版）1986 年 8 月 6 日。
⑤ 陈佳华：《王锺翰教授的清史及东北史地研究》，《中国边疆史地研究导报》1989 年第
2 期。

土归流的研究、古代东北史地与民族的研究等。其中对王锺翰关于雍正
继位、八旗蒙古的建立、对康熙的评价、西南改土归流、努尔哈赤与皇
太极时期的社会形态等问题的研究，陈氏论述较为详细，但尚未指出其
史学成就和地位。

李鸿彬的《满学家王锺翰教授》①《"只问耕耘　不问收获"——介绍
中国当代清史、民族史和满学专家王锺翰教授》②《文章成一家　桃李满天
下——介绍我国著名清史与满学专家王锺翰先生》③均介绍王锺翰的学术
经历、著述与史学成就。其中后两文还对王锺翰唯物史观方法的运用以及
晚年学术风格的变化作了简要的论述。与20世纪80年代的学者对王锺翰
的论述相比，李氏对王锺翰学术成就及其方法的论述较为详细。

刘小萌的《王锺翰先生的学术成就》④论述了1990年以前王锺翰对
女真族、锡伯族、达斡尔族、八旗蒙古族等研究成就以及在唯物史观指
导下通纂的《满族简史》及撰写的《满族在努尔哈齐时代的社会经济形
态》⑤《皇太极时代满族向封建制的过渡》等，但尚属简单叙述。

王越的《不信青春换不回，不容青史尽成灰——记清史、满族史学
家王锺翰教授》⑥主要介绍王锺翰学术经历与治史态度。

颜九红的《王锺翰：清史满族史学界泰斗》⑦比较详细地介绍了王
锺翰的学术成就，但缺少学术地位、思想与观点的比较等。

《纪念王锺翰先生百年诞辰学术文集》编委会编写的《王锺翰先生

---

① 李鸿彬：《满学家王锺翰教授》，载阎崇年主编《满学研究》第1辑，吉林文史出版社
1993年版。

② 李鸿彬：《"只问耕耘　不问收获"——介绍中国当代清史、民族史和满学专家王锺翰
教授》，《社会科学辑刊》1993年第6期。

③ 李鸿彬：《文章成一家　桃李满天下——介绍我国著名清史与满学专家王锺翰先生》，
载蔡美彪主编《庆祝王锺翰先生八十寿辰学术论文集》，辽宁大学出版社1993年版，第639—
645页。

④ 刘小萌：《王锺翰先生的学术成就》，《清史研究通讯》1990年第3期。

⑤ 注：由于王锺翰在其文中对清太祖一直采用"努尔哈齐"之称，因此涉及引用王锺翰
文章内容仍保持原句，而在别处对清太祖采用普遍运用的"努尔哈赤"之名。

⑥ 王越：《不信青春换不回，不容青史尽成灰——记清史、满族史学家王锺翰教授》，《民
主》2003年第12期。

⑦ 颜九红：《王锺翰：清史满族史学界泰斗》，《湘潮》2008年第5期。

的学术成就和地位》简要论述了王锺翰投身清史研究、在唯物史观指导下学风的转变、晚年融满族史清史于一体、中国民族史研究的贡献①，对其学术及观点所处的地位、学风转变在整个学术界的作用等论及较少。

赵令志的《王锺翰先生学术简谱》简要列举了王锺翰一生的活动及学术成就②，这为研究王锺翰的学术提供了很大的方便。

郭晶的《胸怀报国志　侃侃话边疆——访中央民族学院历史系教授王锺翰》③、日本人柳泽明等的《王锺翰教授与清史研究》④、余楠楠的《民族史家王锺翰》⑤、危兆盖的《史学研究与人生追求》⑥ 等皆是简要介绍王锺翰生平及学术成就的文章。

2. 偏重于对王锺翰所著书籍的评介

孙文良的《学问文章老更醇——读王锺翰先生〈清史新考〉》认为王锺翰提出并解决了清史与满族史上的许多重大问题，提出了明代建州、海西女真人是满族形成的主体，对其所用充分翔实的资料，与既有继承又把考证、考释、考辨等综合运用的创新的研究方法也作了论述，同时也简要论述了其运用唯物史观来解决"清史发展的分期与满族社会性质等理论性比较强的问题"⑦。

定宜庄的《一部清史研究的力作——清史新考》指出，该书重在论述清朝的民族政策，并认为作者广泛征引海内外资料，注重将马克思主义的理论与方法运用于历史研究，且注释严谨、细致等。⑧《王锺翰》也

---

① 《纪念王锺翰先生百年诞辰学术文集》编委会：《王锺翰先生的学术成就和地位》，载《纪念王锺翰先生百年诞辰学术文集》编委会编《纪念王锺翰先生百年诞辰学术文集》，中央民族大学出版社 2013 年版，第 1—25 页。
② 赵令志：《王锺翰先生学术简谱》，载《纪念王锺翰先生百年诞辰学术文集》，中央民族大学出版社 2013 年版，第 1017—1032 页。
③ 郭晶：《胸怀报国志　侃侃话边疆——访中央民族学院历史系教授王锺翰》，《黑河日报》1984 年 9 月 1 日。
④ ［日］柳泽明、陈岚：《王锺翰教授与清史研究》，载达力扎布主编《中国边疆民族研究》第 9 辑，中央民族大学出版社 2015 年版。
⑤ 余楠楠：《民族史家王锺翰》，《中国教育报》1995 年 3 月 1 日。
⑥ 危兆盖：《史学研究与人生追求》，《光明日报》1997 年 10 月 4 日。
⑦ 孙文良：《学问文章老更醇——读王锺翰先生〈清史新考〉》，《清史研究》1991 年第 4 期。
⑧ 定宜庄：《一部清史研究的力作——清史新考》，《中国社会科学》1992 年第 5 期。

简要介绍了王锺翰的学术方向与主要成就①。《喜读王锺翰师新著〈清史余考〉》简要论述了书中的《李光地生平研究中的问题》《洪承畴的历史功过问题》《施琅的历史功过问题》《满族在中华文化发展过程中的贡献》等②，但是，定氏的论述过于简要。

杨海英的《著名满族史与清史专家王锺翰教授主要著作简介》介绍了王锺翰的《清史杂考》《清史新考》《清史续考》以及《中国民族史》等③，并分别指出了其主要内容、特色、体例等。杨氏也指出了在《满族在努尔哈齐时代的社会经济形态》《皇太极时代满族向封建制的过渡》等文中王锺翰在理论分析与材料运用上都有新的突破，杨氏指出了《中国民族史》的特点："内容全面，包括各民族；体例新颖，首次独创；标准客观，实事求是。"④

周用宜的《评王锺翰主编〈中国民族史〉》指出，该书有打破以汉族史为中心，重视各民族的形成与发展等特点，但也存在内容上缺乏连贯性与有关文字创制方面简略等缺点。⑤

李德龙的《中国民族通史的集大成之作——王锺翰主编〈中国民族史〉评价》指出了该书打破以汉族为中心，详细地总结了其具有体大思精、理论深刻、广征博引等特点⑥。但对该书的缺点尚未论及。而且，李氏的文章未能结合同时代如吕思勉的《中国民族史》来比较分析王锺翰《中国民族史》研究的特点。

朱诚如的《清史论集——庆贺王锺翰教授九十华诞》"序言"概述

---

① 定宜庄：《王锺翰》，载中国史学会、《中国历史学年鉴》编委会主编《中国历史学年鉴》（2002—2012），社会科学文献出版社 2014 年版，第 516—520 页。
② 定宜庄：《喜读王锺翰师新著〈清史余考〉》，《中国史研究动态》2002 年第 2 期。
③ 杨海英：《著名满族史与清史专家王锺翰教授主要著作简介》，《满族研究》1996 年第 1 期。
④ 杨海英：《著名满族史与清史专家王锺翰教授主要著作简介》，《满族研究》1996 年第 1 期。
⑤ 周用宜：《评王锺翰主编〈中国民族史〉》，《历史研究》1995 年第 4 期。
⑥ 李德龙：《中国民族通史的集大成之作——王锺翰主编〈中国民族史〉评价》，《燕京学报》1997 年新 3 期。

了王锺翰的学术成就及在不同时代学风中的变化特点①。

王俊义的《赫赫清史大家　巍然一代宗师——重读〈王锺翰学术〉与〈王锺翰清史论集〉兼论其学术成就与思想》对王锺翰学术作简介，并指出其将清史、民族史研究及清代史籍整理融会贯通。②

常江的《补正清史　考本溯源——读王锺翰〈清史补考〉》对王锺翰的《清史补考》作了介绍，指出该书的内容体现了王氏治史的考证特色，较为详细地阐述了其对清代则例的由来、种类、作用等的考察。体现了王氏治史的考证特色。③

亦西的《八年磨一剑——〈中国民族史〉编纂记略》④、张晓华的《王锺翰与〈中国民族史〉》⑤、邸永君的《王锺翰师〈清史余考〉读后感》皆对王锺翰学术成就介绍得比较简略⑥。

（三）关于王锺翰治学方法与特点的研究

目前，对王锺翰治学方法与特点的论述较少，主要有：

李鸿彬的《“只问耕耘　不问收获”——介绍中国当代清史、民族史和满学专家王锺翰教授》⑦《文章成一家　桃李满天下——介绍我国著名清史与满学专家王锺翰先生》⑧两文对王锺翰接受唯物史观的理论与方法以及晚年学术风格的变化作了简要的论述，指出了《满族在努尔哈齐时代的社会经济形态》与《皇太极时代满族向封建制的过渡》两文在

---

① 朱诚如主编：《清史论集——庆贺王锺翰教授九十华诞》，紫禁城出版社 2003 年版，第1—5 页。

② 王俊义：《赫赫清史大家　巍然一代宗师——重读〈王锺翰学术〉与〈王锺翰清史论集〉兼论其学术成就与思想》，载《纪念王锺翰先生百年诞辰学术文集》，中央民族大学出版社2013 年版，第993—1002 页。

③ 常江：《补正清史　考本溯源——读王锺翰〈清史补考〉》，《中国图书评论》2004 年第6 期。

④ 亦西：《八年磨一剑——〈中国民族史〉编纂记略》，《民族团结》1995 年第5 期。

⑤ 张晓华：《王锺翰与〈中国民族史〉》，《中国民族报》2001 年12 月18 日。

⑥ 邸永君：《王锺翰师〈清史余考〉读后感》，《民族研究》2002 年第1 期。

⑦ 李鸿彬：《“只问耕耘　不问收获”——介绍中国当代清史、民族史和满学专家王锺翰教授》，《社会科学辑刊》1993 年第6 期。

⑧ 李鸿彬：《文章成一家　桃李满天下——介绍我国著名清史与满学专家王锺翰先生》，载《庆祝王锺翰先生八十寿辰学术论文集》，辽宁大学出版社1993 年版，第639—645 页。

王锺翰史学路径转变中的意义。与此前学者相比，李氏对此论述更为深入、详细。

朱诚如在《清史论集——庆贺王锺翰教授九十华诞》的序言中论述了王锺翰晚年在唯物史观指导下与 20 世纪 50 年代受唯物史观影响相比，其学风的变化在于："突出整体、宏观概括"，"历史分析的层面更加丰富，不仅注意政治、经济问题，而且扩展到思想、文化、社会风俗的研究"，"力图从各种社会关系中来全面把握历史时代的本质与特征"，"理论分析明显增强了"。[①] 这对本书进一步考察王锺翰学术路径转变有重要启发。

《纪念王锺翰先生百年诞辰学术文集》编委会编写的《王锺翰先生的学术成就和地位》对王锺翰的学术路径及观点所处的地位、其学风转变等论及较少。此外，尚有王锺翰口述、其学生整理的《王锺翰学述》与《清心集》对王锺翰的史学成就与方法等作了较多阐述，这为本书研究其史学提供了诸多便利和启发。

统而论之，关于王锺翰的研究概况包括海外学者研究在内，大多是对其生平追忆或简介。对其学术成就与特点的研究也有一些，特别是对其学术交游、史学成就、治史方法等的研究，虽然尚不全面、系统、深入，但也为本书的继续研究提供了丰富的资料与坚实的基础。

三 研究的思路与基本框架

（一）本书研究的基本思路：

以全面占有资料为基础，充分借鉴现有的相关研究成果，对王锺翰的学术渊源、学术路径、史学成就与特点等进行深入探讨。本着详人所略、略人所详的原则，本书将王锺翰的学术放到中国近现代史学发展的历程中进行考察与分析。

（二）全书分为六个部分：

绪论部分主要介绍本书选题的缘起与研究旨趣，回顾学术界的研究

---

① 朱诚如主编：《清史论集——庆贺王锺翰教授九十华诞》，紫禁城出版社 2003 年版，第 1—5 页。

状况，简述研究思路、论文基本框架以及研究的难点与创新之处。

第一章为王锺翰的生平、品行与学术路径转变。主要介绍王锺翰的生平、品行与学术历程，将学术生涯分为家世与成长、燕园求学与任教、中央民族大学执教与治学。

第二章为王锺翰的明清政治史研究。首先，该章阐述了王锺翰对皇太极、袁崇焕、康熙、雍正、施琅、洪承畴、陈梦雷、李光地等人物以及"明末三案""太后下嫁"与康熙处理党争问题、雍正继位等明清重大政治事件的考察。其次，该章探讨了王锺翰对清代军机处、总理衙门、内务府等各种政治机关以及清廷的北方蒙古、西北新疆、西南等的民族宗教政策内容的论述。通过上述两方面的研究来探讨其研究在同时代研究中的特色、地位、影响等。

第三章为王锺翰的满族社会经济史研究。此为王锺翰在中华人民共和国成立后重要的研究内容。首先，该部分考察了他对满族在努尔哈赤与皇太极时期社会经济形态的研究。其次，该部分深入探讨了王锺翰对康熙重视农业、关心民生的论述。最后，该部分对王锺翰关于清代旗地状况以及《红楼梦》所反映的社会经济形态的论述进行了深入的分析。

第四章为王锺翰对民族史的研究。论述他对满族的形成、发展及蒙古、达呼尔等民族的研究，并考察他主编的《满族简史》《中国民族史》等著述。通过对江应樑等编写的《中国民族史》在体例、内容、观点等的比较，探讨其学术价值与社会意义。

第五章为历史文献的整理与研究。考察王锺翰在燕京大学求学时曾帮助邓之诚整理清代则例，执教与治学后参与点校《清史稿》，独自校订《清史列传》《清鉴易知录》《道咸以来朝野杂记》，整理朝鲜《李朝实录》中的女真史料等，这为他的史学研究奠定了坚实的文献基础。

第六章为王锺翰的史学思想与方法。总结王锺翰由"素嗜考据"到坚持以唯物史观为指导的精深考证治史风格，充分利用中外资料以及全面综合比较研究的史学方法与特色。同时，该部分也深入分析了王锺翰的学术报国思想的形成与发展等。

最后，评析王锺翰的史学地位与影响。通过他在清史、满族史领域的治学与育人，阐明其在同时代史坛上的地位与影响。

四　研究的重点、难点与创新

研究重点：结合 20 世纪中国史学发展进程，以历史主义视角分别考察王锺翰在满族史、清史等领域研究中的学术成就、地位、影响等。

研究难点：结合已有的一些关于王锺翰生平与学术的论述，尤其王氏本人对其生平与学术的总结，如何更全面、系统、深入地对其学术路径转变及其史学思想进行学术考察。

创新之处：

第一，本书选题具有原创性，首次全面考察了王锺翰先生对明清史、以满族为重点的民族史及对历史文献的整理研究等学术历程，在宏观学术视野中进行比较论述，系统考察其诸多学术创见的价值与意义，深刻揭示了他在近现代学术史中的影响。

第二，王锺翰先生在中华人民共和国成立后积极学习与主动运用唯物史观的方法，治史风格发生了重大变化，从单纯地偏重考据发展到以唯物史观为指导进行史学考据，其考据的内容由原来的微观发展到整体宏观，选题与视角也比以前更加宏阔，并运用发展的、全面的眼光考察历史问题，从生产力、经济基础、阶级状况等方面进行分析。本书对此进行了细致的专题分析与梳理，充分展示了他的这一学术转变过程。

第三，本书在全面、系统考察王锺翰先生史学成就的基础上，对其史学思想进行了深入探究，认为其史学思想既体现了时代的特征，也有自己的特色，并具有一定的代表性，而且对当今的史学研究仍有参考、借鉴价值。深入挖掘其史学思想，既是研究其本人学术成就的重要方面，也可借以窥见当时一批史家的史学思想与成就，对理解和认知中国近现代史学思想的发展具有重要的学术意义。

第一章　王锺翰的生平与学术路径转变

王锺翰（1913—2007 年），原名王忠汉，1913 年 5 月 25 日生于湖南省东安县北应乡伍家桥，他毕生致力于学术研究，是我国清史、满族史研究的重要奠基者之一。他学识渊博，通晓英语、日语、拉丁语、满语、蒙古语等多种语言，在清史、民族史、历史文献等领域有独到、精深的研究，思想品行也堪称楷模。总体而言，其一生的经历可以分为旧式私塾教育时期（1913—1927 年）、新式学堂教育时期（1927—1934 年）、燕京大学求学与任教时期（1934—1952 年）、中央民族大学执教与治学时期（1952—2007 年）四个时期。以下试对其生平与思想品行进行系统的梳理与总结。

第一节　王锺翰的生平

一　旧式私塾教育（1913—1927 年）

王锺翰的祖先是明末从广西全县带着妻儿翻过南岭来到湖南伍家桥镇定居落户的，至今已经 300 多年了。那里的王姓人口不断繁衍，已经成为伍家桥小镇的一个大姓。王锺翰的曾祖王国安与祖父王家书虽念过书，还"捐过拔贡之类的功名"，但"到底没有走上科举进身之正途"。[①]其伯父王显锡中过武举，后来在席家公馆"管家护院"；其叔父王显钊学过中医，"驰名于乡，号名医"；其父王显镰，因"兄远游弟早故"，只好弃读从耕，管理其"祖父遗产薄田 20 亩"，负担"三家十数口

---

① 王锺翰：《清心集》，新世界出版社 2002 年版，第 1—3 页。

（人）的生活事务"，还雇佣长工和牧童各一人协助农耕；其母亲唐桂香，照看孩子与料理家务。① 王锺翰有四个亲哥哥和四个亲姐姐，由于他最小，受到其母宠爱，被称为"满老九"。王家在镇上还开了一家中药店，生意比较兴隆，在当时祖辈大家族式的家庭中，王家是"不很富裕的地主家庭"。② 王锺翰的早期求学经历可分为旧式私塾教育与新式学堂教育。以下简要述之。

王锺翰在幼年时显现聪慧，其母有时让他去街上买菜，从一种或两种豆腐、白菜之类的东西到三四种、五六种，甚至十几种东西，他都"一一铭记于心，照买无误，颇受夸奖"③ 至 9 岁时，他常与长兄王忠瀛住在镇上店铺里并向其兄学习读书识字。10 岁考入小学，但不久辍学。由于其兄王忠渠在卢洪市等地读小学、中学，"书没读好"，而且"花钱太多"。其父认为"新式学堂不好"，让王锺翰就近师从其族曾祖王国才学习《论语》等内容，他虽然"不知所云，但也认识了一些之乎者也"。④

接着，王锺翰进入当地的北应乡初级小学，很快卒业。然后转入与其父有些交往的席沅三家的私塾，该私塾聘请唐子玉先生为师，主要讲授《诗经》《春秋左氏传》等。由于有一年唐子玉"家乡闹土匪"，"唐师回家未能及时返回"，这一私塾解散⑤，王锺翰便转入距离其家更近的夏氏宗祠私塾，在那里主要有夏凤喈讲授《易经》，来此私塾学习的有30 多人，年龄多在 30 岁以上，王锺翰年龄小，听不懂。对他而言，唯一"新鲜事儿是作文"，每月必写三篇不论长短的文章，其师亲自批改，发还时"还指点一番"，这对他撰写文章"多少是受了一点启发"。⑥ 简言之，王锺翰在几家旧式私塾所受的教育"总共大约两年"⑦。

---

① 王锺翰：《清心集》，新世界出版社 2002 年版，第 3 页。
② 王锺翰：《清心集》，新世界出版社 2002 年版，第 3 页。
③ 王锺翰：《清心集》，新世界出版社 2002 年版，第 4 页。
④ 王锺翰：《王锺翰学述》，浙江人民出版社 1999 年版，第 8 页。
⑤ 王锺翰：《王锺翰学述》，浙江人民出版社 1999 年版，第 9 页。
⑥ 王锺翰：《王锺翰学述》，浙江人民出版社 1999 年版，第 9 页。
⑦ 王锺翰：《王锺翰学述》，浙江人民出版社 1999 年版，第 10—11 页。

二　新式学堂教育（1927—1934 年）

在 1927 年，王锺翰进入具有新式教育特色的应滨学社求学，学习内容以"四书"、"五经"、《礼记·檀弓》、《曲礼》、《学记》为主，由应滨学社的创始人席少保的本家席梦禅讲授，讲究"分析主题"，语言为"半文半白"，学生们都能听懂，"都很喜爱"。王锺翰学习很投入，"年终考核……名列第四"。① 在此期间，与王锺翰父亲有交情的席式乾将王锺翰之名由"忠汉"改为"锺翰"。其师席梦禅的第五子席鲁思在外游学，"接受新思想新文化"，"国学功底也很深厚"，在那时回到家乡，也在应滨学社讲授一段时间《说文解字》。1928 年长沙雅礼中学恢复开办，聘请席鲁思到长沙任教，席鲁思"想带几名学习好的学生去长沙接受新式教育"，选中了王锺翰，王锺翰的父亲认为"席先生是有学问又见过大世面的人"，便"欣然同意"。② 此为王锺翰接受新式教育与思想的开始，他自己也认为"应滨学社的教育可以说是半新半旧的"，但他"却因应滨学社而转入后来的新的学习生活"。③

1928 年，王锺翰进入雅礼中学，因未学过数学、英语，便进入补习班，他"开始发奋学习"④，仅一学期，通过规定的考试，直接升入初二年级。当时作为教会学校的雅礼中学很重视英语学习，每周上午一般都有英语课，他的"英文就是在那时打下的一点基础"。1930 年夏季学期结束的考试后，王锺翰在学校按年级分数排名中"竟然名列初中最高分"，"得了第一名，当时自然喜不自胜"。⑤ 至初中三年级，由于"红军在李立三左倾路线指挥下攻入长沙"，学校停课，后来红军退出，虽然学校复课，但影响了王锺翰的学习，在初三毕业考试中，他的成绩退居第二名。按照雅礼中学"前三名学生可以免考直入高中"的规定⑥，王锺

---

① 王锺翰：《王锺翰学述》，浙江人民出版社 1999 年版，第 10—11 页。
② 王锺翰：《王锺翰学述》，浙江人民出版社 1999 年版，第 10—11 页。
③ 王锺翰：《王锺翰学述》，浙江人民出版社 1999 年版，第 10—11 页。
④ 王锺翰：《王锺翰学述》，浙江人民出版社 1999 年版，第 13 页。
⑤ 王锺翰：《王锺翰学述》，浙江人民出版社 1999 年版，第 13 页。
⑥ 王锺翰：《王锺翰学述》，浙江人民出版社 1999 年版，第 14 页。

翰进入了雅礼中学高中部学习。

在高中学习中，王锺翰被选入学生会，负责宣传讲演与主办《雅礼年报》的事务。在此期间，对他思想"震动最大的一件事就是'九·一八事变'"①。他想学习古人投笔从戎，报考空军或海军，但由于身体原因未成功。这对他内心"刺激非常之大"，他感到"救亡有心"，却"报国无门"②，不能"光靠死念书本多挣高分"，要通过办报纸来"磨炼自己的干事能力"。③ 为扩大影响，他建议将《雅礼年报》改成《雅礼周报》，并获得批准。王锺翰办报纸"作出了成绩"，但学习受到了影响，失去了"只考一门英语即可由雅礼中学推荐上燕京大学"的资格。④ 要想进入燕京大学学习，只能参加汉口的燕京大学入学考试。幸运的是，王锺翰"顺利地考入燕京大学"，这是他的学术发展与人生改变极其关键的一步，对他真是"太重要了"。⑤

王锺翰经历了旧式私塾与新式学堂教育，初步培养起阅读与写作的兴趣，也扩大了视野，这为日后学术发展奠定了坚实的基础。另外，从他幼年时买菜十几种"照买不误"、"应滨学社名列第四"、雅礼中学"初二最高分""初三毕业退居第二"、办《雅礼周报》耽误学习仍"顺利考上燕京大学"等事情来看，他天资聪慧。

三　燕京大学求学与任教（1934—1952 年）

1919 年成立的教会学校燕京大学在当时是几乎与北大、清华齐名的北方实证史学的著名学府，其中汇集了邓之诚（1887—1960 年）、洪业（1893—1980 年）、顾颉刚（1893—1980 年）等重视考证的知名学者。王锺翰在燕京大学求学期间，除了夯实史学基础外，还经常问学于诸师。他回忆说：对他"影响最大最深的有两位老师，一位邓文如（邓之诚）

① 王锺翰：《王锺翰学述》，浙江人民出版社 1999 年版，第 15 页。
② 王锺翰：《王锺翰学述》，浙江人民出版社 1999 年版，第 15 页。
③ 王锺翰：《王锺翰学述》，浙江人民出版社 1999 年版，第 15 页。
④ 王锺翰：《王锺翰学述》，浙江人民出版社 1999 年版，第 17 页。
⑤ 王锺翰：《王锺翰学述》，浙江人民出版社 1999 年版，第 17 页。

师……另一位史学大师就是洪煨莲（洪业）先生"①。被称为"活史料"的邓先生"精熟史籍"，"每次出来上课前静坐一小时，从不带书本上课堂，二十四史、《资治通鉴》直似藏于胸中，随时征调"，令人"佩服之极"。② 在洪业老师的"内心深处，无论是其学术偏好，还是其思想感情，都是中国传统儒者的典型"③。"洪煨莲先生的引得编纂与顾颉刚先生的疑古思想，皆为中国现代史学的奠基性工作。"④ 王锺翰除了仰慕诸师的学识外，还常向他们请教学术研究的门径。

王锺翰在邓氏指导下写出本科毕业论文《清三通之研究》（在 1939 年发表时改为《清三通纂修考》）、《〈清史稿〉撰修之经过》等文章。王锺翰毕业后，继续攻读燕京大学历史学硕士，专攻清史。

邓、洪两位教授担心日军封闭燕京大学，建议王锺翰提前一年毕业，因此王锺翰急促完成邓之诚指定的以《清代则例及其与政法关系之研究》为论文题目的学位论文，并于 1940 年获得硕士学位。

值得注意的是，邓之诚的教诲对王锺翰后来在学术研究中严谨治学精神的培养与偏重考证学术风格的形成起到了很大的作用，以至于后来王锺翰在提及邓氏之时，其言语中总是充满对邓氏给予学术入门指导的感激之情。

王锺翰"仰慕已久"洪业的学术成就、流利的外语及其对燕京大学成立所做出的贡献，还"受洪师教诲"，"偏好考据"。⑤ 他"在学术上受到邓先生沾溉更深"，但在 1937 年发表的第一篇文章（指《辨纪晓岚手书〈四库简明目录〉》一文），"却是在洪先生的直接指导下撰成的"⑥。在 20 世纪 40 年代末期，他还在洪氏的指导下，对唐代小说《游仙窟》

---

①　王锺翰：《我为什么专攻清史与满族史》，载《王锺翰清史论集》第四册，中华书局 2004 年版，第 2800、2801 页。由于《王锺翰清史论集》基本为王锺翰全部论文经过最后修订而成，所以本文引用王锺翰所述主要来自《王锺翰清史论集》。

②　王锺翰：《王锺翰学述》，浙江人民出版社 1999 年版，第 23 页。

③　王锺翰：《王锺翰学述》，浙江人民出版社 1999 年版，第 36 页。

④　《纪念王锺翰先生百年诞辰学术文集》编委会：《王锺翰先生的学术成就和地位》，载《纪念王锺翰先生百年诞辰学术文集》，中央民族大学出版社 2013 年版，第 3 页。

⑤　王锺翰：《王锺翰学述》，浙江人民出版社 1999 年版，第 33—35 页。

⑥　王锺翰：《王锺翰学述》，浙江人民出版社 1999 年版，第 28 页。

的作者进行考证，并发表相关论文。王锺翰不仅仰慕洪业、邓之诚等教授的学识，也受到诸师在国难当头的忧患意识感召。如洪氏在一次讲课中，挺身而起，愤然说道："日本人狂得很"，"他们说我们中国人没有能力，我们一定要争口气，把汉学中心抢回我们北平来"。① 这件事情对王锺翰震撼很大，这是他"一生中最难忘的一课"。后来他"比较自觉地"把学术与"国家命运联系起来"，而将清史研究推向深入②。

王锺翰在燕京大学求学期间，对其指导较多的老师还有张尔田与顾颉刚。张孟劬（张尔田，1874—1945 年），是《清史稿》的修撰之一，他经常给王锺翰"讲《清史稿》纂修经过，清代典籍"等③。王锺翰1939 年"笔录的《〈清史稿〉纂修之经过》一文，就是根据张先生给燕大历史系师生作的一次报告写成的"④。这对王锺翰以后关于清代典籍的整理、研究、运用奠定了很好的基础。顾颉刚非常重视中国边疆地理的研究，是中国现代历史地理学的奠基人。王锺翰后来在地理学方面也有许多成就，他认为："饮水思源，也是受惠于顾先生的结果。"⑤

北平燕京大学在 1941 年 12 月被日军封闭，后迁至成都。洪业、邓之诚等教授由于与日本军队抗争而被捕入狱，洪家生活虽然较为艰苦，但尚可维持。邓家人口较多，"平日又无积蓄"，"子女稚弱"，"举家唯以变卖家藏"度日。⑥ 王锺翰尽其所能地给予帮助，他应友人崔约翰之邀前往天津东亚毛纺织公司做月薪 180 元的短工，又往返于北京天津之间，贩卖刺绣手绢、台布、挑花之类的物品，在邓氏出狱前，每月资助邓家 90 元，"勉强维持最低生活水平"⑦。该公司的总经理宋棐卿知道此事，有感于燕京大学一些教授的困境与民族气节，对邓之诚、洪业、翁独健、高名凯等七八位学者每家每月资助 100 元，以维持家庭生活。后

---

① 王锺翰：《清心集》，新世界出版社 2002 年版，第 37—38 页。
② 王锺翰：《清心集》，新世界出版社 2002 年版，第 38 页。
③ 王锺翰：《王锺翰学述》，浙江人民出版社 1999 年版，第 57 页。
④ 王锺翰：《王锺翰学述》，浙江人民出版社 1999 年版，第 57—58 页。
⑤ 王锺翰：《王锺翰学述》，浙江人民出版社 1999 年版，第 56 页。
⑥ 王锺翰：《清心集》，新世界出版社 2002 年版，第 69 页。
⑦ 王锺翰：《清心集》，新世界出版社 2002 年版，第 69 页。

增至每家每月 200 元，人数也达到十多家，直至诸教授出狱。

在 1943 年，王锺翰辗转到了成都，"受聘成都燕大历史系讲师兼系秘书"及学生生活辅导员，讲授《中国通史》《中国史学史》等课程。[1] 在那里，王锺翰还任陈寅恪的助手并负责"照顾陈先生和他全家的生活"[2]，受到陈氏启发，1945 年写成《〈三国志〉裴注考证》一文。他还受到陈氏的教诲："至于清代史事，则满文名字之考证，殊与推求事实有关，治史者不得置而不究。"[3] 陈氏"重视满文的意见"对王锺翰"后来研究清史是很有启发的"。[4] 由于陈氏的指导，他后来在哈佛选修了拉丁文、日文、蒙古文、费正清的《远东史》等课程，其"主要精力集中在语言学习上"[5]，对他日后在清史研究中利用满文资料考证与国际学术交流都起到了极其重要的作用。后来，他自己也总结道："研究清史与满族史应学习民族语文特别是满语文。"[6]

日本投降后的 1946 年，王锺翰经上海搭船赴美留学。在哈佛大学因其硕士学位论文被认为不符合西方史学方法而取消四年攻读博士学位的奖学金[7]，"匆匆度过了两年的留学生活"后于 1948 年回北平燕京大学，开始独立从事清史研究，虽然没有获得学位，但"语言学上的一点初步训练"，对其"后来从事清史、满族史研究帮助极大"。[8]

1949 年王锺翰"失意之后发奋而作"《清世宗夺嫡考实》一文，此为其受"学术界为之瞩目"的重要之作。[9] 他原在其父安排下在家乡仓促结了婚，女方文化层次较低，王锺翰"也曾想使她受点中学教育"，

---

① 赵令志：《王锺翰先生学术简谱》，载《纪念王锺翰先生百年诞辰学术文集》，中央民族大学出版社 2013 年版，第 1019 页。

② 王锺翰：《清心集》，新世界出版社 2002 年版，第 79 页。

③ 王锺翰：《王锺翰学述》，浙江人民出版社 1999 年版，第 76 页。

④ 王锺翰：《王锺翰学述》，浙江人民出版社 1999 年版，第 76 页。

⑤ 王锺翰：《王锺翰学述》，浙江人民出版社 1999 年版，第 81 页。

⑥ 王锺翰：《我为什么专攻清史与满族史》，载《王锺翰清史论集》第四册，中华书局 2004 年版，第 2810 页。

⑦ 王锺翰：《王锺翰学述》，浙江人民出版社 1999 年版，第 82 页。

⑧ 王锺翰：《清心集》，新世界出版社 2002 年版，第 90 页。

⑨ 赵令志：《王锺翰先生学术简谱》，载《纪念王锺翰先生百年诞辰学术文集》，中央民族大学出版社 2013 年版，第 1020 页。

但"送她到益阳小学一年级都跟不上班，只好送她回家"，"抗战八年南北分隔，成为无法解决的难题"，王锺翰答应将其名下的"全部 20 亩田地归她所有"为条件，便与之离婚。① 在 1949 年与北京大学附属医院湖南籍护士（后调任内科大夫）涂松荫（1917—1998 年）结婚。

总之，王锺翰在北平燕京大学所受邓之诚、洪业等教授的指导时期是其学术奠基与发展的重要阶段；在成都燕京大学陈寅恪教授对他所研究的清史进行了方法上的补充指导；在哈佛大学王锺翰又接受了从事清史研究所需的英语、日语、满语等语言的基本训练。此时期，其学术严谨而偏重考据的特色已初步形成，这对他的学术风格产生终生的影响。

四 中央民族大学执教与治学（1952—2007 年）

王锺翰在中央民族大学执教与治学时间较长，学术成就也较多，为便于论述，将此时期分为：从教育部院系调整至"右派"平反与"右派"平反以后的史学活动两个阶段。

（一）从教育部院系调整至"右派"平反（1952—1978 年）

中华人民共和国成立后，全国迅速掀起学习马克思主义理论的高潮。1952 年进行了院系调整，燕京大学终结，王锺翰调入中央民族学院（1993 年更名为中央民族大学）"研究部分任东北史地（教学与研究）"②，任教授之职，而且，其主要研究方向开始"转向满族史"③，研究内容发生了较大的变化。同时，王锺翰紧跟时代潮流，他除了参加学术活动与从事学术研究外，还加强思想政治学习，有时也兼任部门领导。1956 年中央民族学院成立历史系，王锺翰任中国史研究室主任，晋升为四级教授，他被选为中央民族学院工会主席。④

为了进一步弄清努尔哈赤兴起以前的女真诸部所处的社会阶段与配

---

① 王锺翰：《清心集》，新世界出版社 2002 年版，第 73 页。

② 邓之诚著，邓瑞整理：《邓之诚文史札记》（上），凤凰出版社 2012 年版，第 667 页。

③ 王锺翰：《王锺翰学述》，浙江人民出版社 1999 年版，第 113 页。

④ 赵令志：《王锺翰先生学术简谱》，载《纪念王锺翰先生百年诞辰学术文集》，中央民族大学出版社 2013 年版，第 1020—1021 页。

合全国少数民族社会历史调查、民族识别工作，在 1956 年王锺翰撰写了《明代女真人之分布》《满族在努尔哈齐时代的社会经济形态》《皇太极时代满族向封建制的过渡》《达呼尔人出于索伦部考》等文，尝试运用唯物史观来分析问题，这时期，他的学术研究的风格与特色仍然是"素嗜考据"①，但考据的风格已由偏重传统考证，发展到在史料考证基础上运用历史唯物主义。此年，王锺翰要求加入共产党的愿望迟迟未能如愿，但要求加入民主促进会的要求很快获准。1957 年初，他参加民主促进会北京分会第一次代表大会"以高票当选分会委员会委员"②。

1957 年下半年，王锺翰被错划为"右派"，这对他的人生与学术影响很大。此后的一段时期，他多次写检讨，甚至下放劳动。与其他史学家类似，在人生经受挫折时，总是有长远眼光，相信这些坎坷总会过去。

1958 年"下放至北京四季青公社第一生产大队参加劳动半年"后，被调回并"奉派赴沈阳编书"（编纂《满族简史》明清部分），翻译《满文老档》，"二月可以毕功"③，虽为"右派"，但仍积极准备从朝鲜《李朝实录》中辑录明代女真史料。④ 1960 年邓之诚去世，这对王锺翰触动很大，次年立即为邓氏撰写了《五石先生墓碑文》以表达怀念之情。在此后的一段时期，他的生活与学术受到政治运动影响就更大了，几乎无法从事学术研究。至 1976 年，他除《清史杂考》得已出版外未发表文章。

由于毛泽东主席批示要点校史籍，王锺翰从 1971 年至 1978 年被借调中华书局参与点校《清史稿》，1976 年独自点校《清史列传》《清鉴易知录》《道咸以来朝野杂记》等文献。

1978 年，王锺翰"右派"平反，恢复政治名誉及工资待遇，任中央

---

① 王锺翰：《王锺翰学述》，浙江人民出版社 1999 年版，第 1 页。
② 赵令志：《王锺翰先生学术简谱》，载《纪念王锺翰先生百年诞辰学术文集》，中央民族大学出版社 2013 年版，第 1021—1022 页。
③ 邓之诚著，邓瑞整理：《邓之诚文史札记》（下），凤凰出版社 2012 年版，第 1209 页。
④ 赵令志：《王锺翰先生学术简谱》，载《纪念王锺翰先生百年诞辰学术文集》，中央民族大学出版社 2013 年版，第 1021—1022 页。

民族学院历史系副主任兼本院学术委员会委员①。

(二)"右派"平反以后(1979—2007年)

1979年王锺翰恢复学术自由后,其著述、学术活动日渐增多,甚至被委以史学会的职务。如1979年,他整理的约20万字的《朝鲜〈李朝实录〉中的女真史料选编》得以出版。此年,他除在中央民族学院任职外也兼任中国社科院民族研究所研究员、北京史学会常务理事等职务②,还为中央民族学院本科生开设史学方法课程,其"被压了20年的"《清代旗地性质初探》得以发表,同年秋赴昆明参加中国民族史研究会并任理事,1980年参加南开大学主办的"明清史国际学术讨论会",1981年参加北京史研究会,任理事。③ 1982年,由于获得中美著名学者文化交流项目资助而访问美国,并前往洪业先生墓祭奠洪氏。

此时期,王锺翰又积极向党组织靠拢,终于在1985年9月加入中国共产党,实现了多年的夙愿。由于王锺翰学术造诣趋向精深等原因,他于1987年招收满族史、清史专业博士生,一生共培养两名硕士、国内外26名博士,还指导申友良、徐永志两名博士后。④

王锺翰虽然年事较高,但仍保持年轻的学术之心,只要有机会,他就会参与国际学术会议,以了解学术动态。如1989年王锺翰赴意大利进行学术交流,1990年赴日本进行文化交流,又赴香港访学。1992年他参加台湾"海峡两岸清史档案学术研讨会",访问"中研院"历史研究所、近代史研究所等单位并进行学术演讲与座谈活动。⑤ 1995年参加海峡两

① 赵令志:《王锺翰先生学术简谱》,载《纪念王锺翰先生百年诞辰学术文集》,中央民族大学出版社2013年版,第1022—1023页。
② 赵令志:《王锺翰先生学术简谱》,载《纪念王锺翰先生百年诞辰学术文集》,中央民族大学出版社2013年版,第1022—1023页。
③ 赵令志:《王锺翰先生学术简谱》,载《纪念王锺翰先生百年诞辰学术文集》,中央民族大学出版社2013年版,第1023页。
④ 赵令志:《王锺翰先生学术简谱》,载《纪念王锺翰先生百年诞辰学术文集》,中央民族大学出版社2013年版,第1025—1026页。
⑤ 赵令志:《王锺翰先生学术简谱》,载《纪念王锺翰先生百年诞辰学术文集》,中央民族大学出版社2013年版,第1028—1029页。

岸中国少数民族研究与教学研讨会①，参加中国人民大学《台湾历史纲要》研讨会、石狮洪承畴学术研讨会②。1998 年他赴武夷山参加第八届清史国际研讨会。1999 年，王锺翰年近 90 岁的高龄，仍不忘学术交流的重要性，参加了第二届国际满学研讨会、南开大学明清史研讨会③，2000 年赴美探亲并访问哈佛燕京学社等地④。2002 年他参加第十届清史国际研讨会、第七届清宫史研讨会、新中国史学的成就与未来研讨会⑤。

王锺翰从 1986 年至 1994 年主编《中国民族史》，该书获得"1995 年第九届国家图书奖""1996 年北京市第四届哲学社会科学优秀著作一等奖"等⑥。他主编的重大工程项目《四库禁毁书丛刊》也于 1997 年出版。

由于王锺翰学术成果激增，他也受到工作单位与学界的重视。1991 年中央民族学院为王锺翰举行"执教 50 周年庆祝会"⑦，以表彰他为中国的高等教育事业所做出的贡献。1993 年庆贺王锺翰诞辰 80 周年学术研讨会在中央民族大学举行，以庆祝他在学术上的成就，该研讨会出版了《庆祝王锺翰先生八十寿辰学术文集》，"收集海内外学者学术论文凡 59 篇"⑧。2003 年学界人士在京郊举行了庆贺王锺翰先生诞辰 90 周年学术研讨会，诸多学者为敬仰王锺翰卓越的教育与学术成就而出版了《清史

---

① 赵令志：《王锺翰先生学术简谱》，载《纪念王锺翰先生百年诞辰学术文集》，中央民族大学出版社 2013 年版，第 1028—1029 页。

② 赵令志：《王锺翰先生学术简谱》，载《纪念王锺翰先生百年诞辰学术文集》，中央民族大学出版社 2013 年版，第 1030 页。

③ 赵令志：《王锺翰先生学术简谱》，载《纪念王锺翰先生百年诞辰学术文集》，中央民族大学出版社 2013 年版，第 1030—1031 页。

④ 赵令志：《王锺翰先生学术简谱》，载《纪念王锺翰先生百年诞辰学术文集》，中央民族大学出版社 2013 年版，第 1032 页。

⑤ 赵令志：《王锺翰先生学术简谱》，载《纪念王锺翰先生百年诞辰学术文集》，中央民族大学出版社 2013 年版，第 1032 页。

⑥ 赵令志：《王锺翰先生学术简谱》，载《纪念王锺翰先生百年诞辰学术文集》，中央民族大学出版社 2013 年版，第 1028—1030 页。

⑦ 赵令志：《王锺翰先生学术简谱》，载《纪念王锺翰先生百年诞辰学术文集》，中央民族大学出版社 2013 年版，第 1026—1027 页。

⑧ 赵令志：《王锺翰先生学术简谱》，载《纪念王锺翰先生百年诞辰学术文集》，中央民族大学出版社 2013 年版，第 1026—1027 页。

论集——庆贺王锺翰教授九十华诞》一书，该书"共收海内外学者论文凡60余篇"①。可以看出，王锺翰的学术成就与人脉关系相当好，这与学者在《想念王锺翰》一书中对其"仁厚长者""硕学良师"等评价相印证②。

由于良好的家庭熏陶，王锺翰长女王湘云，传承了历史研究的治学方向并获得哈佛大学历史学博士学位，执教于波士顿大学中文系；次女王应云，成为高级工程师，执教于中央民族大学计算机系；子王楚云，任中美合资汽车厂经济部经理。③

随着王锺翰年事的增高与学术成就的增多，他开始对自己的人生与学术进行总结。1999年1月王锺翰开始对其一生的主要经历与学术进行简要的概括，由其口述，诸学生整理的《王锺翰学述》出版，此为王锺翰"初次进行生平学术总结"。此年，王锺翰还编选了《王锺翰学术论著自选集》等。2002年8月，王锺翰也继续对其学术进行补充、完善，由其指导的博士生邸永君整理的《清心集》出版，此为王氏对其生平与学术的再次总结。

王锺翰虽处晚年，仍新作迭出，2004年他又一重要之作《清史补考》出版。该年5月他主编的《中国民族史概要》出版。同年底，王锺翰对其学术论著进行归类、汇总，他将其几乎一生的清史、满族史论述编纂成《王锺翰清史论集》（全四册）并出版。2006年王锺翰又将《清史满族史讲义稿》由鹭江出版社出版，以资后人治学与育人。2007年他以90余岁的高龄仍参加翁独健百年诞辰纪念会，12月12日在北京西苑医院病逝，享年94岁。④

---

① 赵令志：《王锺翰先生学术简谱》，载《纪念王锺翰先生百年诞辰学术文集》，中央民族大学出版社2013年版，第1032页。

② 陈得芝：《仁厚长者 硕学良师——纪念王锺翰先生诞辰一百周年》，载《想念王锺翰》，新世界出版社2013年版，第39页。

③ 王锺翰：《自述》，载《王锺翰清史论集》第四册，中华书局2004年版，第2799页。

④ 赵令志：《王锺翰先生学术简谱》，载《纪念王锺翰先生百年诞辰学术文集》，中央民族大学出版社2013年版，第1032页。

第二节　王锺翰学术研究路径转变析论①

王锺翰是中国现代著名的清史学者，作为一位从民国时期转入新中国史坛的重要史家，王锺翰的学术研究经历了不同的发展阶段，在其同时代的学者中具有一定的代表性，因而总结其学术路径的转变，并借以窥其同时代学者的学风转变，就成为当今学术界的一个重要课题。目前，刘小萌、李鸿彬、朱诚如、王俊义等对此有所论及②，但尚不系统与深入。本书对其学术路径在不同阶段的发展与变化试作更为深入的探讨。

一　民国时期的考证之路

王锺翰生于湖南，1934 年进入燕京大学历史系求学，1940 年获得硕士学位。当时的燕京大学是几乎与北大、清华齐名的北方实证史学的重镇，汇集了邓之诚、洪业、顾颉刚等重视考证的知名学者。其中对他"影响最大最深的有两位老师，一位邓文如（邓之诚）师……另一位史学大师就是洪煨莲（洪业）先生"③。被称为"活史料"的邓先生"精熟史籍"，《资治通鉴》等史籍"直似藏于脑中，随时征引"，"莫不佩服之极"。④ 王锺翰之所以能走上清史研究这条路，"除了自己的志向所在外，邓先生的启发培植、耐心引导，无疑是最重要的原因"⑤。

王锺翰的学术研究主要是从研究清代典籍与制度入手的，这"得益

---

① 本节已先期发表于《史学史研究》2017 年第 1 期。
② 刘小萌：《王锺翰先生的学术成就》，《清史研究通讯》1990 年第 3 期；李鸿彬：《文章成一家　桃李满天下——介绍我国著名清史与满学专家王锺翰先生》，载《庆祝王锺翰先生八十寿辰学术论文集》，辽宁大学出版社 1993 年版，第 639—645 页；朱诚如主编：《清史论集——庆贺王锺翰教授九十华诞》，紫禁城出版社 2003 年版，第 1—5 页；王俊义：《赫赫清史大家　巍然一代宗师——重读王锺翰〈学述〉与〈清史论集〉兼论其学术成就与思想》，载《纪念王锺翰先生百年诞辰学术文集》，中央民族大学出版社 2013 年版，第 993—1002 页。
③ 王锺翰：《我为什么专攻清史与满族史》，《文史知识》1996 年第 12 期。
④ 王锺翰：《清心集》，新世界出版社 2002 年版，第 21 页。
⑤ 王锺翰：《清心集》，新世界出版社 2002 年版，第 27 页。

于邓文如师的指点"①。他根据邓之诚的演讲记录撰写了《谈军机处》，又在其指导下写出本科毕业论文《清三通之研究》②。在后文中，王锺翰引用《清史列传》《办理四库全书档案》《大清律例》等文献与记载，对"清三通"纂修的总裁者、体例以及取材等进行了深入、综合的考证，虽然"所述远不敢说是备考，但毕竟将反映清代前期典制的'清三通'纂修的进展情况，首次勾勒出大致轮廓"③。此文为他早期学术研究中偏重考据风格的代表性成果，也开创了学术界对此问题系统研究的先河。

王锺翰硕士学位论文为邓之诚指定题目的《清代则例及其与政法关系之研究》。此前，晚清律例大家如薛允升、沈家本等人，皆只言刑部例案之因革损益，并未从各部署则例中以考究一代政治之机构及其行政之效率。他以"实事求是"的学术宗旨，引用《清史稿》《大清会典》《清朝文献通考》等20多种官私记载进行考证、归类，从清代则例名称的由来、清代则例的种类、清代则例纂修的年限、清代则例与各部署的关系、清代则例与各省律例的关系、清代则例与兵制的关系、清代则例与藩属的关系等方面，首次对清代则例及与则例的各种关系进行细致的梳理与考证，最后归纳、总结则例与政法之关系。此文为其早期学术风格形成中的重要之作，其系统性的考实研究在学术界也尚属首次，使人们更清楚清代许多制度的兴废沿革，丰富了清代制度史的研究。

王锺翰学术研究偏重考证风格的形成还受到洪业的影响。他自称"受洪师教诲"与启发，"偏好考据"。④他虽然"在学术上受到邓先生沾溉更深"，但发表的"第一篇有关清史的文章，却是在洪先生的直接指导下撰成的"⑤，这就是从印文和书法上考证中国营造学社印行的《钦定四库全书简明目录》出自纪晓岚之手的说法不可信，写成《辨纪晓岚手书〈四库简明目录〉》一文，经洪业推荐，于1937年在《大公报》上发

① 《纪念王锺翰先生百年诞辰学术文集》编委会：《王锺翰先生的学术成就和地位》，载《纪念王锺翰先生百年诞辰学术文集》，中央民族大学出版社2013年版，第3页。
② 在1939年发表时改为《清三通纂修考》。
③ 王锺翰：《王锺翰学述》，浙江人民出版社1999年版，第60页。
④ 王锺翰：《王锺翰学述》，浙江人民出版社1999年版，第36页。
⑤ 王锺翰：《王锺翰学述》，浙江人民出版社1999年版，第28页。

表，后来又在该报的《史地周刊》上全文转载。这是王锺翰第一次"公开发表学术论文"，而且是"首战告捷"，自然"喜不自胜"①，这对他以后的学术研究是一个很大的鼓励。十年后，他还在洪业的指导下，对唐代小说《游仙窟》的作者进行考证，用英文在《哈佛亚洲学报》上发表了《〈游仙窟〉著者考》。他从该书"运用的各类文字上列举大量例证，说明此书只能是唐朝民间流传的俚俗文学，绝不可能出自文学大家张鷟的手笔"。这与日本学者的观点不同，引起了包括日本学者在内的许多关注，后来有日本学者索取此文。②

王锺翰在燕京大学求学期间，还有张尔田经常给他讲《清史稿》纂修经过等。他当时写成的《〈清史稿〉纂修之经过》一文，就是根据张先生给燕京大学历史系师生作的一次报告写成的。他还搜集、抄录张先生的文章和书题数十百篇，为张氏编定两部文集，并写文章简要介绍了张尔田的读史作史之体会心得。虽然王锺翰在张尔田指导下所写文章多为评介性的，但其指导使他"对清代典籍的体例及作各类文章的要求也有了进一步认识"③。

随着燕京大学在 1941 年 12 月迁至成都，王锺翰也辗转到了成都，在那里，他受到了陈寅恪的启发，关注"裴注的分量超过陈寿正文的数倍，其优劣历来有论说"的说法④。于是他仔细研究了裴松的注释，发现"裴注所引与原文亦有不少失误脱夺"⑤，写成《〈三国志〉裴注考证》一文。王锺翰在去哈佛留学前，陈寅恪又给了一些建议："搞清史的……到外国能学些什么？哈佛语言学不错，多学点语言，或许还有用处。"⑥ 正是由于陈寅恪的指导，他在哈佛选修了拉丁文、日文、蒙古文等，陈先生重视日文、满文等语言的意见对他后来在清史研究中利用满文资料考证与参加国际学术交流都起到了很重要的作用⑦，他自己也有

① 王锺翰：《清心集》，新世界出版社 2002 年版，第 40 页。
② 王锺翰：《王锺翰学述》，浙江人民出版社 1999 年版，第 83 页。
③ 王锺翰：《王锺翰学述》，浙江人民出版社 1999 年版，第 58 页。
④ 王锺翰：《王锺翰学述》，浙江人民出版社 1999 年版，第 76 页。
⑤ 王锺翰：《王锺翰学述》，浙江人民出版社 1999 年版，第 76—77 页。
⑥ 王锺翰：《王锺翰学述》，浙江人民出版社 1999 年版，第 76—77 页。
⑦ 王锺翰：《王锺翰学述》，浙江人民出版社 1999 年版，第 76—77 页。

总结："研究清史与满族史应学习民族语文特别是满语文。"①

1949 年，王锺翰发表《清世宗夺嫡考实》一文，这是他真正"在清史学领域赢得一席之地，引起学术界注意"的成果②，也是他的典籍考证转向史实考证的开始。此前，有孟森关于雍正继位问题的研究③，王锺翰认为："孟老在史料收集上尚未详尽。"④ 对研究雍正有重要参考价值的《永宪录》，孟森就没有利用。此外，王锺翰还不赞同孟森关于雍正继位后屠兄戮弟事件、年羹尧隆科多案与雍正夺位无关等观点。在史料的发掘与利用上，除了参考孟森所参考的《清圣祖实录》《东华录》《上谕内阁》《大义觉迷录》等文献外，还仔细分析了《永宪录》、内藤虎次郎的《清朝初期的继嗣问题》（谢国桢译）、今西春秋的《清の太宗の立太子问题》、《皇清通志纲要》、《朱批谕旨》等国内外资料。王锺翰的考证结果是年羹尧与隆科多对雍正继位出力甚多，雍正篡位后对其"早有戒心，用毕即杀之除之，早已预有成算，即使二人恭顺自矢，亦决难免祸"，"世宗篡立，确凿有据"。⑤

此文是继孟森研究雍正继位问题后，以更翔实的材料又一次考证的成果，也是王锺翰以考证为研究特色的成名作品。该文发表后，洪业从美国写信给他，称："读《清世宗夺嫡考实》，为之拍案叫好！"一些清史学者说，他们"之所以对清史产生兴趣"，就是由于"这篇文章的影响"。王氏自己后来也总结说：他"以善于考证出名，就是从这篇文章开始的"。⑥

总之，在中华人民共和国成立前，王锺翰受到了燕京大学诸师的教诲与影响，逐渐走上了史学考证之路，他所写的《辨纪晓岚手书简明目录》《清三通纂修考》《清世宗夺嫡考实》《〈三国志〉裴注考证》《〈游仙窟〉著者考》这 5 篇考证的文章，占其在此时期文章总数 8 篇（序

① 王锺翰：《我为什么专攻清史与满族史》，《文史知识》1996 年第 12 期。
② 王锺翰：《王锺翰学述》，浙江人民出版社 1999 年版，第 86 页。
③ 孟森：《明清史论著集刊》，中华书局 1959 年版。
④ 王锺翰：《王锺翰学述》，浙江人民出版社 1999 年版，第 89 页。
⑤ 王锺翰：《清世宗夺嫡考实》，《燕京学报》1948 年第 48 期。
⑥ 王锺翰：《王锺翰学述》，浙江人民出版社 1999 年版，第 95 页。

言、杂记、书信文章除外）的近 63%。可见，在这一时期，王锺翰所撰写的主要文章多为考据性的。其学术路径虽由偏重史籍、典章制度考证转向偏重对史实的考证，考证的内容都是一些孤立的、"小而窄"的事件、制度等，零散而不系统。当然这些研究成果也为他后来学术研究奠定了基础，但皆为考证则是毫无疑义的。

二　由"史料"到"史观"：在唯物史观指导下的学风转变

中华人民共和国成立后，"一系列思想改造与政治运动，对于从旧时代过来的学者无疑是极大的精神考验……一方面积极参与，想极力融入新时代潮流中；另一方面又明显感觉到不同程度的凿枘扞格，而只能艰难地适应"[①]。作为从"旧中国"转变过来的学者，王锺翰三四年间"在思想上、政治上、理论上都有了一定程度的进步，这是肯定的，也是主要的一面。同时也不可否认，由于在旧社会里长期受了资产阶级的甚至封建的教育的影响，解放以来加上个人主观努力不够，进步的速度远远落后于实际工作的要求"[②]。虽然这是王锺翰在当时特定政治环境下的政治表态，但也暗含了他在中华人民共和国成立之初的诸多真实感受。在当时政治潮流的影响下，他努力学习理论知识，但又有困难，在 20 世纪 50 年代前期，偏重考证的学术风格仍是他作品的主要特色。

1950 年，王锺翰撰写了考证性的《胤禛西征纪实》一文，此为《清世宗夺嫡考实》的姊妹篇。他指出，胤禛[③]不辱使命，在康熙五十九年（1720 年）将准噶尔部驱逐出西藏，恢复清廷对西藏的统治。康熙驾崩之际，胤禛远在千里之外，失去继承皇位的机会，军事上又受制于年羹尧，最后只能是"雍正一纸诏书，束手就范"，而有意抹杀泯灭这些史实。[④] 可以看出，他围绕雍正继位问题研究的范围在逐渐扩大。1951 年，

---

① 李细珠：《政治转型期历史学家的因应与境遇——读金毓黻、顾颉刚、夏鼐日记》，《史学月刊》2016 年第 4 期。

② 王锺翰：《学习周总理报告后的点滴体会》，载《王锺翰手写甲丁日记》，文津书店 2005 年影印版，第 239 页。

③ 注：书中多处为学者观点的引用与总结，为表述方便，"胤"与"允"混用。

④ 王锺翰：《胤禛西征纪实》，《燕京学报》1950 年第 49 期。

王锺翰也撰写了篇幅较小、介绍性的《北京厂寺访书记》一文，对北京"三四十年前厂寺书肆之多且庞杂"作了简要的介绍①。此文属于掌故资料性质，学术研究性不强。

随着教育部院系调整，燕京大学终结，王锺翰调入中央民族学院研究部任教授，其主要研究方向开始"转向满族史"②。此时，他正处于学习并尝试运用唯物史观来探究历史问题的过程中。他在一篇自述性文章中写道："在满族史关于明末清初一段的编写……只见个别英雄人物而不见广大人民……只见各族间的战争，看不见各族人民相互之间的文化交流与经济往来。……不是犯大汉族主义的倾向就是犯狭隘民族主义的倾向。……常抓不住问题的中心事物本质的东西，支离破碎的似是而非的片面而主观的推断，顶多套上一些马列主义的。这充分说明今后应加强理论学习，才不至于永远处在落后于实际工作要求的状态。"可见，王锺翰当时遇到了艰难转变，但他仍然保证："努力学习理论，认真钻研业务。"③ 实际上，这一时期的其他学者亦处于类似境况，如顾颉刚对好友辛树帜表示要"接受严正的马列主义的历史唯物论和辩证唯物论"，"一定要规定了时间去学习"。他在研究《史记三家注》《尚书》等著述时，又认为："为此工作，必须用马列主义说明问题，故对马列主义文献又须用一番功夫"④，"俟《史记》毕工，必当致力马列主义，俾能把握理论，使此后写作不但具血肉，且有灵魂"⑤。

中华人民共和国成立初期，对全国少数民族的普查引起许多学者对少数民族的关注，而且，新中国史学界关于中国古代史分期问题的讨论，虽然没有形成一致意见，但促进了相关历史问题的深入探讨。对国内各个兄弟民族在历史上所处的社会发展阶段如何划分便成为史学界迫切需

① 王锺翰：《王锺翰清史论集》第四册，中华书局 2004 年版，第 2196 页。
② 王锺翰：《王锺翰学述》，浙江人民出版社 1999 年版，第 113 页。
③ 王锺翰：《学习周总理报告后的点滴体会》，载《王锺翰手写甲丁日记》，文津书店 2005 年影印版，第 239 页。
④ 顾颉刚：《顾颉刚书信集》卷 3，载《顾颉刚全集》，中华书局 2010 年版，第 280、283、284 页。
⑤ 顾颉刚：《顾颉刚日记》卷 8，载《顾颉刚全集》，中华书局 2010 年版，第 5、6 页。

要解决的课题之一。当时对满族社会发展问题的讨论，主要集中于有无奴隶社会的问题。1954 年张维华认为："满洲未入关的社会形态，应当说奴隶使用在发展中……同时又孳生出封建制度。"[①] 1955 年，尚钺指出："满洲族入关前……未经过奴隶制阶段，即由原始社会转入到封建社会。"[②] 擅长清史研究的王锺翰便以探讨满族的社会形态分期来响应当时的学术讨论，他"首次在研究中运用满文资料"[③]，运用很多人没看到的满文史料进行比较、分析、考证，相继发表了《满族在努尔哈齐时代的社会经济形态》和《皇太极时代满族向封建制的过渡》两篇论文，开始运用唯物史观来分析问题。

在《满族在努尔哈齐时代的社会经济形态》文中，王锺翰指出："基本上，当时的满族可分为奴隶主与奴隶两大阶级。"[④] 他不赞同尚钺等学者的观点，认为奴隶制为努尔哈赤时期满族社会的基本形态。他以唯物史观为指导，在对大量史料进行史实考证的基础上，指出在努尔哈赤之前，满族"社会内部已经有奴隶的存在。在当时的满族社会里，同时还存在着'由氏族制度中发展起来的军事民主主义'"[⑤]。到努尔哈赤时期的满族社会是以农业为主、畜牧业为辅的农业经济社会，采集、狩猎经济仍然占有相当重要的地位，手工业已经从农业中分离出来。这是奴隶制形成的经济基础。接着，他利用阶级分析方法，探讨了努尔哈赤时期满族的阶级关系，指出 16 世纪 70 年代至 17 世纪 50 年代间的满族社会是奴隶占有制，当时满族社会中生产资料与生产工具的所有者迫使买到或俘掠来的奴隶进行劳动，并且可以对他们任意鞭责与打杀，他们的劳动成果也被全部占有。对努尔哈赤末期的社会状况，他认为"努尔

---

① 张维华：《满族未统治中国前的社会形态》，《文史哲》1954 年第 10 期。

② 尚钺：《清代前期中国社会之停滞、变化和发展》，《教学与研究》1955 年第 6 期。

③ 《纪念王锺翰先生百年诞辰学术文集》编委会：《王锺翰先生的学术成就和地位》，载《纪念王锺翰先生百年诞辰学术文集》，中央民族大学出版社 2013 年版，第 8 页。

④ 王锺翰：《满族在努尔哈齐时代的社会经济形态》，载《王锺翰清史论集》第一册，中华书局 2004 年版，第 84 页。

⑤ 王锺翰：《满族在努尔哈齐时代的社会经济形态》，载《王锺翰清史论集》第一册，中华书局 2004 年版，第 99 页。

哈齐晚期进入到高度农业化的辽沈地区以后（满族向封建制过渡）就已经开始了"[1]。

努尔哈赤去世之后，皇太极继承皇位。王锺翰分析了皇太极时期的生产力水平，认为当时的满族社会仍以农业生产为主要生产方式，狩猎、采集经济的目的在于获得部分生活资料，手工业生产仍然是作为农业的副业。[2] 大庄园制劳役地租的剥削方式基本上是延续着的，逐渐被封建领主的租佃制所取代。还有招降来的人民半入编户、半为俘的事情，甚至从俘获的人中挑选一部分出来"编为农户"，已经相当普遍了。[3] 他认为，凡是控告离主的奴隶，一般转化为农奴。至于那些尚未脱离奴隶身份的奴隶和家里下人等，到此时期也不是完全一无所有，而是具有一定财产了。换而言之，在皇太极时期满族社会中奴隶正在向农奴转化。[4]

通过以上分析，可以看出："满族在统治全国之前，至少在皇太极时代，确已开始从奴隶制生产关系向封建制生产关系过渡。"[5] 这就以动态考察的研究路径，从总的发展趋势上探讨了努尔哈赤和皇太极时期的满族社会形态。

在《皇太极时代满族向封建制的过渡》文中，王锺翰运用《明清史料》《满洲老档秘录》等记载对皇太极时期大庄园里的劳动者进行考证，指出："到这一时期，编制到大庄园土地上进行劳动的，基本上仍然是奴隶。"[6] 这显然与《满族在努尔哈齐时代的社会经济形态》文中的考证风格类似，他在这两文中所运用的考证，是为以唯物史观方法从总体上、

---

① 王锺翰：《皇太极时代满族向封建制的过渡》，载《清史杂考》，人民出版社 1957 年版，第 86 页。

② 王锺翰：《皇太极时代满族向封建制的过渡》，载《清史杂考》，人民出版社 1957 年版，第 47—49 页。

③ 王锺翰：《皇太极时代满族向封建制的过渡》，载《清史杂考》，人民出版社 1957 年版，第 70 页。

④ 王锺翰：《皇太极时代满族向封建制的过渡》，载《清史杂考》，人民出版社 1957 年版，第 74 页。

⑤ 王锺翰：《皇太极时代满族向封建制的过渡》，载《清史杂考》，人民出版社 1957 年版，第 65 页。

⑥ 王锺翰：《皇太极时代满族向封建制的过渡》，载《清史杂考》，人民出版社 1957 年版，第 65 页。

宏观上考察问题服务的，是唯物史观指导下的史实考证。此外，这一考证结果，不但与文章指出的当时满族社会向封建社会过渡并不矛盾，而且体现了整体与特殊、一般与个别的辩证统一关系，是坚持了唯物史观的具体问题具体分析，理论联系实际，一切从实际出发的原则。

虽然这一时期王锺翰仍在使用考证的方法，但在唯物史观指导下，考察历史问题的范围比以前更宽广了。如，为了进一步弄清努尔哈赤兴起以前的女真诸部所处的社会阶段，他撰写了史实考证性的《明代女真人之分布》一文，根据中日各种资料，考证出明代尚未对女真人设立卫所之前，"女真人不但居住在今珲春经过依兰、汤原、桦川、富锦等县到同江县……而且包括今吉林市的东南方以及今辽宁省的东北部直到鸭绿江边甚至辽阳市附近"，松花江流域为"海西女真"，黑龙江流域为"野人女真"。① 他还对明代女真 368 卫与 20 所的建置年月、沿革状况以及现在所处的大致位置详细考证、列表。可见，他考证的内容已经由此前一些局部的、孤立的"小问题"，逐渐转为范围更宽广的包括整个明代女真人分布的"大问题"。

在全国少数民族社会历史调查、民族识别工作的影响下，他写了《达呼尔人出于索伦部考》等文章，他根据中外文献记载，指出呼尔哈部不是达呼尔人；达呼尔人出于索伦部，最早是用"打虎儿"三字译出，出现于康熙六年（1667 年）。以往认为居住在黑龙江流域的呼尔哈部就是达呼尔人，但缺少呼尔哈部的相关记载。王锺翰运用充分资料考证了呼尔哈部不是达呼尔人，这为当时的民族识别工作贡献了力量，表现了他想融入新社会而运用他擅长的考证来响应和服务于国家的民族调查。在文中，他以唯物史观为指导，重视人民群众的作用，指出"满族统治者之所以能够很快将雅克萨城攻下来和取得历史上有名的'尼布楚条约'的胜利，是与达呼尔人参预其事及其贡献出自己的力量分不开的"②。

1957 年，王锺翰撰写了《清初八旗蒙古考》，他指出不论蒙、汉，

---

① 王锺翰：《明代女真人之分布》，《中国民族问题研究集刊》1956 年第 5 期。
② 王锺翰：《达呼尔人出于索伦部考》，载《清史杂考》，人民出版社 1957 年版，第113—114 页。

连满族自己在内，被编在八旗之下的，基本上被称为"八旗满洲""八旗蒙古"或"八旗汉军"。称之为"满洲八旗""蒙古八旗"或"汉军八旗"是不正确的，"蒙古特别是察哈尔蒙古被征服的过程，同时就是'八旗蒙古'编成的过程"。① 他认为"八旗制度不再是以血缘关系为基础的氏族组织形式"②。可以看出，王锺翰将八旗制度与蒙古族的发展结合起来研究，考察的范围、视角都在向整体、全面研究进展。

1958 他被调往沈阳准备编纂《满族简史》明清部分。后来，他在该部分中，对满族的氏族社会、奴隶社会、封建社会的经济状态与阶级关系的变化，进行了全面的、系统的阐述，按社会性质分期来编写，并有意识地在其中凸显人民群众的历史贡献，显现了他坚持唯物史观的理论与方法。晚年，王锺翰进一步总结说：

> 古来学者多重铺叙工作，深信考证之确凿可信，然洵欲得历史研究之真谛，首先要有深邃的目光，才能有疑问，有发明，有创获。铺叙、考证是一种手段和功夫，可以日积月累培养而致，然而历史之眼光则不然，那是一种思想上纵深层次的跃进，而不是单纯的积累。一位历史研究者最终能取得多大的成就，主要是由历史眼光决定的。③

在中华人民共和国成立后的 17 年中，王锺翰共发表了 11 篇文章，其中《胤禛西征纪实》《明代女真人之分布》《达呼尔出于索伦部考》《清初八旗蒙古考》属于考证性的论文，但内容有唯物史观指导下的论述；《满族在努尔哈齐时代的社会经济形态》《皇太极时代满族向封建制的过渡》属典型的唯物史观指导下写成的论文；其余 4 篇论述除《满族简史》明清部分较多地依据唯物史观方法外，其他为杂文、概述类。以单纯的数量对比来说，以唯物史观指导的论文显然不占多数。

---

① 王锺翰：《清初八旗蒙古考》，载《清史杂考》，人民出版社 1957 年版，第 118—121 页。
② 王锺翰：《清初八旗蒙古考》，载《清史杂考》，人民出版社 1957 年版，第 127 页。
③ 王锺翰：《清心集》，新世界出版社 2002 年版，第 50 页。

这是很正常的，王锺翰接触并学习唯物史观的时间并不长，他不可能一下子就改变自己的研究路径。而且，唯物史观与考证并不矛盾，两者是并存的，而不是截然对立的代替关系。总观这一时期他的所有研究内容，经过对唯物史观的学习与运用，其文章考据的内容由原来的微观到宏观，视角也比以前更宽了。他也尝试运用发展的、全面的眼光考察历史问题，并从生产力、经济基础、阶级状况等方面进行分析。《满族在努尔哈齐时代的社会经济形态》《皇太极时代满族向封建制的过渡》等文章为他的学术风格由注重考据到尝试依据唯物史观考察历史问题的开始。在《满族在努尔哈齐时代的社会经济形态》《皇太极时代满族向封建制的过渡》等文中不是没有考证，但其考证不再像以前那样单纯考证独立的一事一人，而是为唯物史观指导下研究宏观问题而做出的基础性工作；他此前的考证，可以说既是手段也是目的，但现在则只是手段，只是为唯物史观研究问题服务的。此外，从选题上来说，《满族在努尔哈齐时代的社会经济形态》与《皇太极时代满族向封建制的过渡》两文如果不是唯物史观的指导，而只凭考证这一手段，也是不可能想到和写成的。这是他自己学术路径发生重大转变的开始，从后来的情况看，这个转变虽刚刚开始，但却是终生性的，在其个人学术生涯中具有重要意义。而在当时中华人民共和国建立初期的特定环境下，他的研究也一定程度地为史学界依据马克思主义唯物史观分析历史问题树立了榜样。

三 王锺翰学术路径转变的学术意蕴

"文化大革命"结束以后，王锺翰又撰写了许多史实考证性文章，其中《清圣祖遗诏考辨》《年羹尧西征问题——兼论雍正西北民族政策》《胤禛与抚远大将军王奏档》《释阿其那与塞思黑》《再释阿其那与塞思黑与满族传统文化》《三释阿其那与塞思黑》《康熙敕谕抚远大将军王胤禛档》等对雍正继位这一历史大问题及其相关问题继续考证探研。他指出，世宗嗣位系篡夺而来，所谓圣祖《遗诏》乃是伪造的，雍正继位问题与胤（允）禵、胤（允）禟被害及年羹尧、隆科多之狱都有关联。可以看出，他围绕雍正继位这一中心问题研究的范围在扩大。这一时期，他还撰写了史实考证性的《〈满文老档〉中计丁授田商榷》一文，他在唯物史观的指导下，通过考证土地的分配形式与性质，继续探讨入关前满族的社会性质问题。

统而论之，在中华人民共和国成立后，王锺翰所撰写的偏重考证性的文章也多数都受到了唯物史观思想的影响，其学术研究与以往相比，其路径与风格呈现明显变化：

首先，在研究内容上，他从宏观上、整体上扩大到对清史与满族史的各方面问题的考察，"已不局限于就一人一事作细密的局部考证"，而是"就总体来剖析事物发展的全过程"①。如在《满族之今夕》文中，他从整体上、宏观上对满族的发展问题进行系统的考察。在《清代官制简述》文中，他对整个清代"满汉杂糅的中央官制"与"因地制宜的地方官制"进行系统的论述。② 在《满族先世的发祥地问题》文中，他对满族史的研究由努尔哈赤与皇太极时期的社会扩展到努尔哈赤以前的发祥地问题。在《关于红楼梦的时代背景》文中，他在唯物史观思想的指导下，通过分析《红楼梦》所反映的社会背景，来考察清代的上层建筑问题。在《清代的民族宗教政策》文中，他全面地考察了清代东北满族、内外喀尔喀蒙古、新疆天山南北、西藏、甘青、西南等边疆地区民族、宗教政策等，其研究的范围明显比以前扩大，正如他自己所述："此前所写的《雍正西南改土归流始末》《试论理藩院与蒙古》等文章都是论述清朝对某一地区或某一民族的政策，而此文则是对整个清代民族宗教政策的一个概括性论述。"③ 在《满族在中华文化发展过程中的贡献》文中，他概括了满族在巩固祖国统一、稳定边疆民族与丰富中华文化等方面的贡献。当然，这也是在唯物史观思想的指导下的研究，如，他指出在《红楼梦》书中："（曹雪芹）深刻地鞭挞了封建制度，反对维护封建

---

① 朱诚如主编：《清史论集——庆祝王锺翰教授九十华诞》，紫禁城出版社 2003 年版，第 3 页。

② 王锺翰：《清代官制简述》，载《王锺翰清史论集》第四册，中华书局 2004 年版，第 2104、2112 页。

③ 王锺翰：《王锺翰学述》，浙江人民出版社 1999 年版，第 213 页。

统治的正统伦理观念……是一部举世瞩目具有反封建倾向的现实主义杰作。"① 在《中国民族史研究五十年》文中，他对中华人民共和国成立前后编纂的各类民族史书进行比较，并在马克思主义民族史观思想的指导下，对民族平等思想的形成作了系统探讨，其研究内容远远超出以前的满族史研究。

其次，也是极其重要的一点，理论分析显著增强，考证也有新的特色。如在《清代旗地性质初探》文中，王锺翰在唯物史观思想的指导下，从探讨土地性质来考察自 1644 年清军入关后旗地"从以农奴制为主导形式的领主经济迅速地向地主经济转化"②。在《试析康熙的农本思想》文中，他对康熙时期经济思想之一的农本思想的原因、表现进行了深入的研究，以此来探讨政治制度等上层建筑问题。在《谈清入关前满族社会的分期问题》文中，王锺翰根据"历史实际情况来判断社会性质"，指出"满族在入关前是经过奴隶制阶段的"③。在《清政府对台湾郑氏关系之始末》文中，王锺翰将整体事件的发展分为三个阶段，系统地分析了清政府与台湾郑氏的关系，也指出郑成功"这位民族英雄收复台湾的斗争，维护了祖国领土和主权的完整，其丰功伟绩永远载入史册之中，为海峡两岸各族人民所崇敬"④。这是根据马克思主义关于历史人物评价的基本原则，对郑氏所作的公允评价。

经过对唯物史观的学习与运用，王锺翰实现了自己学术研究路径的"两级跳"。在中华人民共和国成立前，其学术研究路径基本上是单纯的、孤立的考证，其主要论著皆以考证方法写成；中华人民共和国成立后的 17 年中，他开始尝试运用唯物史观展开研究，写出了很有影响的文章，迈出了研究路径转变的第一步，但毕竟是刚刚开始，单纯考证的文章仍占多数；"文化大革命"之后，他对唯物史观的运用更为娴熟，以

---

① 王锺翰：《满族在中华文化发展过程中的贡献》，载《清史余考》，辽宁大学出版社 2001 年版，第 42 页。

② 王锺翰：《清代旗地性质初探》，《文史》1979 年第 6 期。

③ 王锺翰：《谈清入关前满族社会的分期问题》，《沈阳故宫博物院院刊》1996 年第 1 期。

④ 王锺翰：《清政府对台湾郑氏关系之始末》，《中央民族学院学报》1982 年第 3 期。

唯物史观为指导成为他学术研究的首要原则，既以之发现问题，解决问题，又以之做出了越来越多的史学成果，在清史、满族史、民族史等诸多领域取得令人瞩目的精深成就。正如他自己在20世纪90年代耄耋之年时所指出："要在残缺零散、互相抵牾、使人扑朔迷离的史料中得出基本正确的结论，还其历史的本来面目，考据当然是必备功夫，但更重要的是指导考据的正确思路。这种思路，就是将零星材料放在事物发展的逻辑中联系起来考虑的结果。这种考据实际上已不同于传统的对某个名物制度的孤立考证，而是从孤立、矛盾的记载中演绎出事物的发展规律，并以此来解释各种表象所以发生的真实原因。"① 可见，他在晚年对历史研究方法的总结中，认为自己的学术转变是正确的，虽然他此时对其学术研究的风格与特色仍自道为"素嗜考据"②，但其考据的方法和原则已经在唯物史观的指导下呈现了新的特点。

总之，王锺翰作为从旧社会进入新中国史坛的学者，其学术路径与风格在中华人民共和国成立后自觉不自觉地也发生了诸多变化。他在唯物史观指导下的学风转变对他的学术影响是终生的，从此以后，他注重从总体上剖析事物发展的过程，理论分析比以前也明显增强。王锺翰原来就读于知名大学，并作为著名教授的学生，后来他自己也成为知名的清史、满族史专家，其学术路径的转变一定程度地代表了当时一批"旧史家"的学术历程，考察他的学术路径的转变，既是研究其本人学术成就的重要方面，也可借以窥见当时一批史学家在1949年前后的学术路径的变化，因此考察王锺翰这一个案，也一定程度地具有广泛的学术意蕴。

---

① 王锺翰：《王锺翰学述》，浙江人民出版社1999年版，第91—92页。
② 王锺翰：《王锺翰学述》，浙江人民出版社1999年版，第1页。

第二章　王锺翰的明清政治史研究

王锺翰主攻清史并兼及明史，在明清史研究的多个领域都有杰出的学术贡献。其中，他在明清政治史领域亦成绩斐然，影响广泛。总体而言，王锺翰的明清政治史研究大致可分为明清政治人物研究、明清政治事件研究、清代政治机构与制度研究、清代民族宗教政策研究四个方面。

第一节　明清政治人物研究

明清之际是一个剧烈的社会转型时期，由明清易代所带来的民族矛盾与阶级矛盾、社会矛盾错综交织在一起。究竟该如何看待这一时期的历史主流，如何评价各类人物的历史功过及其历史地位，不仅关系到对历史人物本身的褒贬，而且"是理解这一时期社会发展趋势不可缺少的因素，因为历史是人创造的，缺少历史人物的活动，历史就变成毫无血肉的空洞躯壳"①。因此，王锺翰认为，开展明清之际历史人物的研究，是深入理解明清易代历史的必经途径。然而，20 世纪 80 年代以前王锺翰对明清之际的历史人物几乎未作任何重点考察。20 世纪 80 年代后，随着改革开放不断深入，人们的思想日益解放，学术界兴起了"关于历史人物评价的再探讨"的潮流②，王锺翰对明清政治人物的研究也开始逐渐增多，他的研究涉及皇太极、袁崇焕、顺治、康熙、乾隆、和珅、

---

① 王锺翰：《王锺翰学述》，浙江人民出版社 1999 年版，第 114 页。
② 周朝民等编著：《中国史学四十年》，广西人民出版社 1989 年版，第 425 页。

李光地、施琅等不同的对象。他希望通过对这些人物的研究，不仅能够达到"还其本来之面目"的目的，更重要的目的在于通过探究一些历史人物的经历以说明"明亡清兴实非偶然，固有其社会的必然性"①，其研究体现了他考察历史人物"据事直书，不虚美，不掩恶"的特色与标准。②

一　对皇太极与袁崇焕的研究

学界对皇太极（1592—1643 年）的研究多从 20 世纪 70 年代末期开始，王延元、魏鉴勋论述了皇太极为缓和满汉矛盾等原因而重用汉官的政策与作用③；金成基、陈克进、滕绍箴等论述了皇太极建立了满、蒙、汉联合专政的政权，也指出他为统一多民族国家奠定了基础④；孙文良、李治亭与陈涴考察了皇太极，详述了他重视人才、善于吸收历史经验等优点，也指出他为维护满洲贵族利益，在处理民族问题的政策方面具有不平等性的缺点⑤；王思治讨论了皇太极由于对农业不够重视而导致其衰退的问题⑥。总的来说，学界从不同角度对皇太极进行了考察，已经取得了较为丰富的认识。

在前人研究的基础上，王锺翰先生对皇太极的研究别开生面，在1985 年发表《论袁崇焕与皇太极》一文中，将皇太极与袁崇焕（1584—1630 年）"二人合在一起，相提并论"，一并进行论述，以便更明显地看出二者在当时的社会背景中的作用及其"一成一败"原因。这种研究其实是一种大胆的尝试，因为皇太极与袁崇焕二人的民族、出身、经历和结局均截然不同，若合而论之，殊难着笔，因此学界鲜有将二者合在一

① 王锺翰：《王锺翰学述》，浙江人民出版社 1999 年版，第 114 页。

② 王锺翰：《〈多尔衮评传〉序》，载《王锺翰清史论集》第二册，中华书局 2004 年版，第 808—809 页。

③ 王延元、魏鉴勋：《试论皇太极重用汉官的政策》，《辽宁大学学报》1979 年第 4 期。

④ 金成基：《论皇太极》，《中国史研究》1979 年第 4 期；陈克进、滕绍箴：《略论皇太极的历史作用》，《社会科学辑刊》1982 年第 2 期。

⑤ 孙文良、李治亭：《清太宗全传》，吉林人民出版社 1983 年版；陈涴：《皇太极》，黑龙江人民出版社 1983 年版。

⑥ 王思治：《皇太极研究中的几个问题》，《社会科学战线》1984 年第 3 期。

起论述的，王锺翰却迎难而上，积极将二者合并讨论，比较分析，最终取得了令人折服的研究成绩。

首先，王锺翰讨论了明与后金之间战争性质的转变问题。王氏根据《满洲老档秘录》《清太祖实录》《袁督师遗事汇辑》《明清史料》《（清）太宗致袁崇焕书》《袁崇焕致（清）太宗书》《沈阳旧档》等记载，从人类社会发展规律出发，并围绕皇太极与袁崇焕所处的社会状况及二者所起的作用等展开论述，认为在努尔哈赤时期，"明王朝也不例外"地成为压迫者，各兄弟民族成为被压迫者，因而努尔哈赤统一女真各部建立后金政权，"反对明王朝民族压迫是绝对正确的"，正义在后金一方。但到了皇太极时期，战争的性质与努尔哈赤初期战争的性质是不相同的。① 特别在萨尔浒之战以后，皇太极带领军队深入长城以南，俘掠大量人畜。此时战争的性质发生了很大的变化，后金已然从反抗明朝的民族压迫的正义一方，转变为破关而入、主动进攻、俘掠人口的非正义一方了。

其次，王锺翰详述了努尔哈赤死后皇太极掌握主要军政大权后明廷与后金的议和问题，以及对袁崇焕与皇太极的历史功过评价问题。对于当时双方议和的问题，王锺翰指出，从当时历史形势来看，完全"是双方的客观需要"，但同时又必须考虑到，能否实现这一和解，"不能完全取决于当时双方一两个当事人的主观愿望，而当时双方朝野上下执政者的决策和在野党的舆论，也同样是一个起着很重要作用的决定因素"。在提出和谈之先，皇太极首先征求过三大贝勒的意见。明代从万历中期以后，东林党人抨击朝政，蔚然成风。"天下清流之士群相应和"，而"袁崇焕任事之初，虽然获得明思宗的充分信任，当平台召见时，他已预有所感而痛切地说道：'以臣之力制全辽有余，调众口不足'"。最终由于后金提出的和谈条件太高，"无异于勒索赔偿"，明廷未能答应，和谈因而流产。此时在明廷内部，东林党等派系斗争已达

---

① 王锺翰：《论袁崇焕与皇太极》，载《王锺翰清史论集》第一册，中华书局 2004 年版，第 181—183 页。

"白热化"，魏忠贤虽已被除，但其"余党犹存""流毒迄未肃清"。温体仁、姚宗文等"握相权"，"只计一己之私利，不顾国家之安危"，给袁氏强加"怀有异志""诱敌胁和"等罪名，明思宗刚愎自用，听信谗言而冤杀袁崇焕，"自坏长城"。袁崇焕就是在"明末统治阶级内部的激烈斗争达到白热化程度"的情况下被诬陷冤死，壮志未酬，功败垂成，令人扼腕。但是，王锺翰依然认为袁崇焕受命于明廷危难之际，"公而忘私"，"反侵略"，"仍不失为一位伟大的英雄人物"。至于皇太极，王锺翰认为他顺应满族社会发展的趋势，使奴隶制很快地向封建社会过渡，"他是满族的一位杰出人物"。进而，王锺翰分析了皇太极与袁崇焕成败的原因，他认为：袁氏失败与皇太极成功不是由于他们"个人的才能智慧"，而是因为皇太极在其内部处于领导地位，"固然不能说由他一个人说了算，比较起来，他一个人所起的作用还是很大的；相反，袁崇焕一个人所能起的作用，就微不足道了"，袁氏先期得到"皇帝的充分信任"而"调兵遣将"，后明思宗中了反间计，屡建奇功的名将袁氏被解职并含冤而死，这都是袁氏所处的臣子地位所决定的。袁氏如果得不到皇帝的信任，他必将"寸步难行、一事无成"。① 由此可见，王锺翰对袁崇焕与皇太极二人的考察，是从根本原因上分析历史成败问题的，而且坚持了历史人物的活动"在多大程度上满足了当时社会的伟大需要"的原则②，因而他对二者的评价是比较符合历史实际和客观公允的。

最后，王锺翰还具体反驳了以往学者认为袁氏"身死门灭"、没有后裔的说法。王锺翰根据《东莞县志》、张江载所著的《袁督师遗事汇辑》、阎崇年与俞三乐合编的《袁崇焕资料集录》、邓珂所著的《袁崇焕》、光绪朝重修的《吉林通志》、魏毓兰所著的《龙城旧闻》、董耆庶所撰的《江宁将军富明阿去思碑》等相关记载，考证出袁氏有遗腹子为文弼，因军功被编入八旗——宁古塔正白旗，成为满族成员，其第六世

---

① 王锺翰：《论袁崇焕与皇太极》，载《王锺翰清史论集》第一册，中华书局 2004 年版，第 185—190、195 页。

② 李振宏：《历史学的理论与方法》，河南大学出版社 1989 年版，第 352 页。

后代富明阿也因军功升至江宁将军，富明阿有永山、寿山二子，而且都完全满化了。在 1894 年中日甲午之战中，永山力战而死，"寿山身负重伤"。虽然"三百多年前的'兄弟阋于墙'"，后来为了抵抗帝国主义列强的侵略而"共同'外御其侮'了"。① 王锺翰在此考证出袁氏有后代且已入满籍，这也从一个侧面证实了王锺翰一直坚持的在满族入关后成员增多的重要原因是由于其他民族成员加入的论断，为满族是由来自不同血缘群体而构成的观点提供了佐证。②

综上所述可知，王锺翰通过将袁崇焕与皇太极合在一起进行考察研究，得出与此前论述多有不同的认识，他广泛地"联系到历史人物所处的历史时代和历史条件"③，全面地分析了皇太极与袁崇焕所处的社会地位与统率军队所起的作用，并由此探讨了皇太极与袁崇焕二人"一成一败"的原因，进而深刻指出袁崇焕冤死与"行将崩溃的君昏政暗的明王朝"有着很大的关系，但是袁崇焕作为"反压迫、反侵略的伟大英雄人物，无疑是应当受到后世的推崇、歌颂和纪念的"。④

总之，王锺翰从前人所略之处入手，较多地从当时皇太极、袁崇焕二人所处的社会形势、权力关系、阶级关系等方面出发，"将政治斗争与经济形态所决定的社会性质，民族融合的对立与统一，彼此的地位转化等方面联系起来予以综合考察"⑤，他运用可靠而又充实的史料将皇太极、袁崇焕两位历史人物"相提并论"，既指出此前研究的不足之处，又得出很多新的认识，还对皇太极和袁崇焕二人作出了令人信服的、公允的评价，结论令人耳目一新。因而，有学者高度评价王锺翰此文"对

---

① 王锺翰：《论袁崇焕与皇太极》，载《王锺翰清史论集》第一册，中华书局 2004 年版，第 192、193、194 页。

② 王锺翰：《关于满族形成中的几个问题》，载《王锺翰清史论集》第一册，中华书局 2004 年版，第 128、129 页。

③ 翦伯赞：《关于历史人物评论中的若干问题》，载《历史问题论丛》（合编本），中华书局 2008 年版，第 3 页。

④ 王锺翰：《关于满族形成中的几个问题》，载《王锺翰清史论集》第一册，中华书局 2004 年版，第 128、129 页。

⑤ 《纪念王锺翰先生百年诞辰学术文集》编委会：《王锺翰先生的学术成就和地位》，载《纪念王锺翰先生百年诞辰学术文集》，中央民族大学出版社 2013 年版，第 20 页。

评价明清之际众多的历史人物具有指导意义"①，其"研究态度和方法，无疑给人以宝贵的启迪"②。

二　对顺治的研究

在 1983 年发表的《"清宫四大奇案"是怎么回事？》一文中，王锺翰考察了顺治（1638—1661 年）是否出家之事，他对有人持有顺治"这个妃子（皇贵妃董鄂氏）是冒辟疆的姬人董小宛"以及董贵妃之死惹得世祖"弃皇帝不为，遁入山西五台山，削发批缁，皈依净土"等说法进行了考察。③

首先，他依据"当事人"王熙的《自传年谱》所记之言："奉召入养心殿，谕：朕患痘，势将不起"，并将之与张宸《青琱集》中"传谕民间勿炒豆，勿点灯，勿泼水，始知上疾为出痘"的记载进行对照，从而得出二者记载"完全相合，可以互相印证"的结论。④ 由此，王锺翰认为世祖乃是"死于出痘"，遁入五台山祝发为僧的说法"不可信"。⑤

其次，他认为，尽管"世祖信佛是事实，谁也否认不了的"，而且在世祖驾崩前几个月，"适值孝献皇后董鄂氏之丧，世祖哀痛过情"而产生厌世情绪，但说他"终于脱离尘网，遁入空门"的说法，则"是与历史事实不相符合的"。⑥ 因为根据史料记载，在世祖死去的前几天，世祖"只是叫他最宠信的内监吴良辅去闵忠寺削发"，世祖"本人也曾亲自前往观看过"，但并未"削发批缁，皈依净土"。因此，顺治出家之说

① 李鸿彬：《"只问耕耘　不问收获"——介绍中国当代清史、民族史和满学专家王锺翰教授》，《社会科学辑刊》1993 年第 6 期。

② 《纪念王锺翰先生百年诞辰学术文集》编委会：《王锺翰先生的学术成就和地位》，载《纪念王锺翰先生百年诞辰学术文集》，中央民族大学出版社 2013 年版，第 20 页。

③ 王锺翰：《"清宫四大奇案"是怎么回事？》，载《王锺翰清史论集》第二册，中华书局 2004 年版，第 802、803 页。

④ 王锺翰：《"清宫四大奇案"是怎么回事？》，载《王锺翰清史论集》第二册，中华书局 2004 年版，第 803 页。

⑤ 王锺翰：《"清宫四大奇案"是怎么回事？》，载《王锺翰清史论集》第二册，中华书局 2004 年版，第 803 页。

⑥ 王锺翰：《"清宫四大奇案"是怎么回事？》，载《王锺翰清史论集》第二册，中华书局 2004 年版，第 803 页。

当然是"以讹传讹"。①

最后，王锺翰还指出："皇贵妃董鄂氏，内大臣鄂硕女，是旗人之女，见于明文记载，与冒辟疆侍姬汉人董小宛，全不相干。殊不知董鄂一字，是地名，系满语的音译，为满洲八大姓氏之一，固与姓董的汉人风马牛不相及"，"而自来文人雅士附会其事，流为谬说，传播海内外，不可不为之辨明如此"。②

综上所述，王锺翰认为顺治出家之说乃是以讹传讹、子虚乌有之事，董鄂妃为董小宛更是谬说流传。

三　对康熙理学思想的研究

康熙是中国历史上在位时间较长的君主，他勤于国事、革除旧制、御敌入侵、治河重农、提倡文教等，其所为奠定了清代兴盛的基础，开创了中国历史上少有的盛世，是一位非常值得研究的清代帝王。王锺翰先后发表了《清政府对台湾关系始末》（1982 年）、《清圣祖遗诏考辨》（1987 年）、《试析康熙之农本思想》（1988 年）、《清代的民族宗教政策》（1992 年）、《清朝前期的党争问题》（1993 年）、《康熙与理学》（1994 年）等一系列文章，从边疆治理、农业开发、民族宗教政策、党派争斗、理学思想等多角度深入分析康熙治国理政思想和实践。在此，为了免于论述的繁复，本书仅以王锺翰对康熙理学思想问题的论述为例，以此管窥其对康熙政治才能的历史评价。

其实，早在王锺翰 1994 年发表《康熙与理学》一文之前，学术界对康熙理学思想问题已经展开。李华从康熙"尊崇程朱理学，麻痹汉族士大夫分子"角度进行立论③，刘潞阐述了康熙为维护封建统治而"确立程朱理学为清代官方哲学"的政治地位问题④，吴雁南从整体上论述清

---

① 王锺翰：《"清宫四大奇案"是怎么回事？》，载《王锺翰清史论集》第二册，中华书局 2004 年版，第 802、803 页。

② 王锺翰：《"清宫四大奇案"是怎么回事？》，载《王锺翰清史论集》第二册，中华书局 2004 年版，第 804 页。

③ 李华：《康熙对汉族士大夫的政策》，《社会科学辑刊》1980 年第 3 期。

④ 刘潞：《康熙的文化政策》，《故宫博物院院刊》1984 年第 1 期。

代理学家及其学术思想①，宋德宣比较分析了康熙与朱熹理学观的异同之处②，高翔深入分析了清初理学在"推行教化与封建伦理秩序的重建"方面的政治影响性③。这些论述为王锺翰的相关研究提供了启迪。但是，王锺翰对康熙理学思想的论述与他们的论述多有不同，他的研究主要是从"康熙与理学之关系，特别是康熙提倡理学的历史时代背景、当时理学家的言行和康熙本人心目中所向往的真正理学家诸方面问题"的角度而展开的④。

首先，王锺翰对康熙提倡理学的历史背景与原因作了分析。他指出，清朝入关伊始"西有大顺、大西农民军余部的威胁"，"东有郑成功、张煌言海上抗清武装的侵扰"，"南有弘光、隆武、永历诸政权的对峙相抗"，在此种情况之下，康熙利用理学思想"大力笼络、限制、利用广大汉族的士绅官僚阶层"，是"十分明智而又必要的措施"。⑤ 王锺翰又根据《圣祖仁皇帝圣训》《榕村语录》等记载指出，从当时的社会状况来看，确如康熙初年熊赐履所奏："学校极其废弛，而文教因之日衰……士子惟揣摩举业，为弋科名、掇富贵之具，不知读书讲学、求圣贤之归。高明者或泛滥于百家，沉沦于二氏（释、道），斯道沦晦，未有甚于此时者"，康熙对熊氏所奏深以为然。为了维护封建统治，挽回明末清初以来"社会秩序崩溃、政治纷乱、人心涣散、士风败坏、上下争权夺利的腐朽不堪局面"，康熙因此大力提倡理学，以"求圣贤礼道之归""考诸《六经》之文"，"鉴于历代之基，实体诸身心"。⑥ 据此，王锺翰指出清初提倡经学是当时统治阶级维护统治的需要，而康熙重视儒理之学为清

---

① 吴雁南：《清代理学探析》，《重庆师院学报》1984 年第 4 期。
② 宋德宣：《论康熙与朱熹理学观的异同》，《湖南师范大学社会科学学报》1989 年第 4 期。
③ 高翔：《论清初理学的政治影响》，《清史研究》1993 年第 3 期。
④ 王锺翰：《康熙与理学》，载《王锺翰清史论集》第二册，中华书局 2004 年版，第 902 页。
⑤ 王锺翰：《康熙与理学》，载《王锺翰清史论集》第二册，中华书局 2004 年版，第 903 页。
⑥ 王锺翰：《康熙与理学》，载《王锺翰清史论集》第二册，中华书局 2004 年版，第 903—904 页。

思想与文化史上一个划时代的转折点，这与以往学界论述有所不同。而且，王锺翰从此前学者多所忽略的社会风气角度展开论述，这体现了他详人所略的治史特色。

王锺翰还认为，康熙提倡程朱理学，也有其个人原因。康熙幼承庭训，熟读儒家经典，主政后十分重视程朱理学。康熙曾自道："朕自五龄即知读书，八龄践祚，辄以《学》《庸》训诂询之左右，求得大意而后愉快。"① 而且，"康熙讲学之道，经史并重"。故康熙"每观《通鉴》，事关前代得失，甚有裨于治道，应与《四书》参讲"，可知康熙"熟览《通鉴》非一朝一夕矣"。王锺翰指出，康熙"提倡程朱、反对王阳明学派"，也是为了纠正明末王学之空谈误国而"崇儒重道""经筵讲论"，而且康熙本人"身体力行"，因而带动全国"上行下效，蔚然成为风气"。② 此处，王锺翰从康熙成长经历的角度，分析了后来康熙主政时重视理学的个人原因。

其次，王锺翰根据《康熙起居注》《清史列传》《圣祖仁皇帝圣训》《清史稿》等记载，阐述了康熙时期理学大家汤斌、李光地、魏象枢、魏裔介、熊赐履的主要思想，还阐述了康熙对这些理学家的评价及其苛刻的理学标准。王锺翰指出："康熙认为读书明理，贵在学以致用。所谓'道学之士，必务躬行心得'者也。"康熙曾与汤斌讨论真假理学，汤斌曰："宋儒讲理，视汉、唐诸儒较细，故有理学之名。其实理学要躬行。"康熙则云："朕见言行不相符合者甚多。终日讲理学，而所行之事全与其言悖谬，岂可谓之理学？若口虽不讲，而行事皆与道理符合，此即真理学也。"从康熙、汤斌"两人所言体验若合符契"，"则知康熙提倡之理学在躬行实践，言行一致，方为真理学"。③ 王锺翰还指出依康熙所认为"名实相符的真理学或真道学者"，"只有康熙

---

① 中国第一历史档案馆整理：《康熙起居注》第二册，中华书局1984年版，第1249页。
② 王锺翰：《康熙与理学》，载《王锺翰清史论集》第二册，中华书局2004年版，第904—905页。
③ 王锺翰：《康熙与理学》，载《王锺翰清史论集》第二册，中华书局2004年版，第908页。

本人一人"。① 很明显，王锺翰认为康熙关于理学标准是苛刻的，这也是此前学者少有论及之处。

康熙认为李光地"尝自以为道学，如果系道学，惟以忠诚为本，岂在君前作一等语，退后又作一等语"，而汤斌所奏与其行为也有不一之处，"汤斌、李光地前后所言，判若二人"，因此，康熙品评汤斌、李光地二人为："汤、李二人平日尝以理学自居，而言行并不一致，虽未斥之为假理学，其不以真理学许之，可断言也。"王锺翰指出康熙对熊赐履、张伯行等人"也有不同看法"，康熙对熊赐履"不以真理学相许"，评价熊赐履"自谓得道统之传"之非，曰："昔熊赐履在时，自谓得道统之传。其没未久，即有人从而议其后矣。"对张伯行，康熙评之曰："召进张伯行，令讲'民可使由之，不可使知之'之处，彼全不能讲……张伯行自谓知性理之书，性理中之《西铭》篇（张载撰）尚不能背诵，以为知性理，可乎？凡人不诵五经、四书，如何能讲性理？"当然，康熙"不但不以真理学许张伯行，甚且以张所著述'倩人代作'"，最终，康熙"是不啻以假理学视之矣"。②

康熙认为汤斌、李光地、熊赐履、张伯行等不是"真理学"家，因为其言行不一致。对此，学界曾有相关论述，宋德宣指出了康熙"知为了行"与"以行验知"的知行观③，高翔也论述了康熙理学与"躬行实践"等政治活动相关④，而王锺翰主要考察了康熙对一些理学家的言行的评价和康熙本人心目中所向往的真理学家的标准等问题⑤。事实上，从社会背景来看，康熙推崇程朱理学及其经世致用精神，并以其作为重要的治国思想，对刚建立不久的政权来说，有利于维护清政权的稳定，

---

① 王锺翰：《康熙与理学》，载《王锺翰清史论集》第二册，中华书局 2004 年版，第 910 页。

② 王锺翰：《康熙与理学》，载《王锺翰清史论集》第二册，中华书局 2004 年版，第 909—910 页。

③ 宋德宣：《康熙思想研究》，中国社会科学出版社 1990 年版，第 331—337 页。

④ 高翔：《论清初理学的政治影响》，《清史研究》1993 年第 3 期。

⑤ 王锺翰：《康熙与理学》，载《王锺翰清史论集》第二册，中华书局 2004 年版，第 905—909 页。

客观上也有利于形成国家长期安定的局面。但也应该看到它消极的一面，它也严重地束缚了学术的发展。王锺翰的论断有前人尚未论及之处，但对康熙提倡理学的消极作用论及较少。

总之，王锺翰对康熙在意识形态方面言行的研究，依据《康熙起居注》《圣祖仁皇帝圣训》等可靠的史料，既有材料分析，也有归纳总结，尤其从别人论述较少的康熙提倡理学的社会背景与"当时理学家言行"等入手，提出前人较少甚至未曾提出的观点。同时，王氏也指出了这对清代皇权的集中与政局和社会稳定起到了相当重要的作用。王氏的考察，还体现了他详人所略、略人所详的治史风格，加深了人们对康熙思想的认识，为后世学者的继续探讨奠定了基础。后来，乔治忠、孔永红指出，顺治大力推行重视儒家文化的统治策略引起孝庄与鳌拜等满族守旧势力的不满，康熙"亲政后虽仍年轻，但皇帝的至尊名位是一大优势，他接受的教育是标准的儒学观念、理学思想，守旧势力不具备与儒学相抗衡的思想武器"，"加之统治全国的政治需要，他必然倾向于仿从汉人政权的体制变革，必然倾向实行'儒化'的政治方针和文化建设"。①

四 合论乾隆与和珅

对乾隆的研究在 20 世纪 80 年代后较多，如夏家骏的《乾隆惩贪述评》、钱宗范的《论乾隆治政》、戴逸的《乾隆初政和"宽严相济"的统治方针》等论著②，分别对乾隆平定西北叛乱、加强对西藏的统辖、六巡江南、惩治贪官以及消除雍正严酷统治等政治军事措施进行了深入研究。王锺翰在 2006 年出版的《清史满族史讲义稿》一书另辟蹊径，以简述乾隆"事功"与和珅在清代中期所起历史作用的角度比较客观地分析了二者的历史功过，澄清了不少错误的历史认识。

---

① 乔治忠、孔永红：《康熙帝与孝庄太皇太后政治关系的解构》，《齐鲁学刊》2013 年第 2 期。

② 夏家骏：《乾隆惩贪述评》，《求是学刊》1984 年第 1 期；钱宗范：《论乾隆治政》，《广西师范大学学报》1985 年第 3 期；戴逸：《乾隆初政和"宽严相济"的统治方针》，《上海社会科学院学术季刊》1986 年第 1 期。

对乾隆，王锺翰在简要阐述了乾隆在位期间的主要"事功"后指出：乾隆作为封建社会历代皇帝中在位最久的人，其"文治武功是中国封建王朝最伟大的一人"，"始终能继承其祖父圣祖皇帝与父世宗皇帝两朝没有完成的事业，'收自古以来未收之地，臣自古以来未臣之民'，确立了嗣后中国疆域的轮廓，奠定了中国多民族统一祖国的基础"。①

对和珅，世人多以"贪官"概之。王锺翰即指出："清朝人著作，议论及和珅者甚多，大约皆攻其奸佞忮辨，绝无善称者"，但是"英使马戛尔尼及使团秘书斯当东在热河及北京颇与和氏周旋，彼二人则谓和氏风度蕴藉，识见精到，且竟以'大人物'许之"。② 由此可见，人们对和珅的认识确有偏颇之处，亟待补偏救弊，恢复历史的本来面目。因而，王锺翰在 1987 年《〈和珅秘史〉序》一文综合历史事实，见解独到地指出：虽然"和珅的蠹国肥家，结党行私，贪赃枉法"是一个历史的事实，但和珅却"不是一个不学无术的人"，在"当时满汉大臣中能兼通满、汉两种语文者，已不多见，像和珅一人能通满、汉、蒙、藏四种语文确实是难能可贵了"，而且"和珅工诗能绘事，非仅诵四书之辈可比"。和珅于乾隆四十一年（1776 年）"擢御前侍卫，受命在军机大臣行走，授总管内务府大臣，一二十年间，升御前大臣、议政大臣、领侍内大臣，步军统领，同时兼吏、户、兵三部尚书，是集行政权、财权、兵权于一人之身"，"与其说清高宗在高居九重，日理万机，倒不如说是和珅在日夜操劳，总揽一切，更符合历史实际些"。③ 很明显，王锺翰认为乾隆的"功绩"也有和珅"日夜操劳"的协助。

在《清史满族史讲义稿》一书中，王锺翰详细论述了和珅的家世、求学、得宠、失宠以及"君死臣亡"的历史经过。他指出，和珅生于乾

① 王锺翰：《乾隆与和珅》，载《清史满族史讲义稿》，鹭江出版社 2006 年版，第 300—304 页。
② 王锺翰：《乾隆与和珅》，载《清史满族史讲义稿》，鹭江出版社 2006 年版，第 292 页。
③ 王锺翰：《〈和珅秘史〉序》，载《王锺翰清史论集》第三册，中华书局 2004 年版，第 1687—1689 页。

隆十五年（1750年）旗人之家，其父常保，姓钮祜禄氏，隶属满洲正红旗；母亲系河道总督嘉谟之女。和珅先祖并无显赫的门第，但和珅的家世"却也是一个享受二品以上经济待遇的旗人之家"。和珅"早年是在贫苦中度过的"，这"也许与和珅的母亲早逝不无关系"。和珅10岁入咸阳官学，这"不仅为和珅提供了一条入仕的捷径"，也为他系统学习"四书"与"五经"等"儒家经典提供了有利条件"，"天性机敏的和珅在经过几年刻苦学习后，成为官学中的佼佼者"，"不仅学习成绩优异，而且也擅长诗画"，乡试落第后充当侍卫，从此"得到一个可以接近皇帝的机会"。和珅作诗曰："纵马凌云去，弯弓向月看。莫嗟行役苦，时结圣人欢。"显然，"颇有政治抱负的和珅，强制自己迅速适应这种'虎猎涉山赞山元，秋高紫塞寒'，'途长频策马，语响乍惊禽'的生活"。[1]尤其是和珅刻苦努力，精通满、蒙、汉、藏多种语言文字，是有能力"佐治"乾隆治理国家的。但是，乾隆驾崩后，嘉庆钦定和珅以"贪婪无厌，蠹国肥家"等"二十大罪状"，诛杀并治罪其党羽，于是和珅贪财误国形象被历史定格。[2] 对此，王锺翰深刻地指出："酿成清王朝中衰的原因是多方面的，有体制的弊端，政策的因循，传统的制约，民生的凋敝，也有乾隆和和珅两人自身的弱点和局限。但说到底，乾隆和和珅只是加快中衰的进程，至于中衰的趋势，则是他们两人无法改变的。（他们）未能摆脱长期封建格局的束缚，未能抓住向近代转轨的机遇。"[3] 可见，王锺翰认为是长期的封建专制制度与思想阻碍了清中期政治、经济、文化的进步与发展，并不能完全归因于乾隆和和珅，尤其不能仅仅归因于和珅"贪财误国"这一点。对清王朝的中衰，这是乾隆与和珅这样的封建权贵们所无法认识到的，也是他们无法改变的趋势。

概而言之，王锺翰从当时的社会形势入手进行考察，表扬了乾隆在

---

① 王锺翰：《乾隆与和珅》，载《清史满族史讲义稿》，鹭江出版社2006年版，第293—296页。

② 王锺翰：《乾隆与和珅》，载《清史满族史讲义稿》，鹭江出版社2006年版，第295、327页。

③ 王锺翰：《乾隆与和珅》，载《清史满族史讲义稿》，鹭江出版社2006年版，第320页。

维护国家统一、平定地方叛乱方面的历史功绩，还肯定了和珅在协助乾隆处理政务方面的正面作用，纠正了以往乾隆与和珅研究中认识偏颇的情况，为全面认识和评价乾隆和和珅做出了贡献。

五　对柳如是与钱谦益的研究

对柳如是（1618—1664 年）的研究，学者主要是从考察陈寅恪所作的《柳如是别传》开始的，学者多以"女侠"、爱国之"才女"论之，亦有考证《柳如是别传》所述的史实及以此探讨明末清初的一些政治状况等。① 钱谦益（1582—1664 年）作为明末清初的学者，多年来则颇受争议，褒贬皆有。20 世纪 80 年代以来，对钱氏的研究逐渐增多，如胡明论述钱氏重视诗与世运的诗学观念②，裴世俊比较系统地叙述了钱氏的生涯及文学理论，指出了钱氏欲用诗来匡扶世道的理念③，王俊义指出钱谦益作为明末清初的诗坛领袖在当时的学术演变中起到了重要的推动作用④，但多述其成就，很少有学者将柳如是与钱谦益二者放在一起进行系统比较研究。王锺翰在研读《柳如是年谱》《柳如是别传》《北游录》《清世祖实录》《明清史论著集刊》《思旧录》《瞿忠宣公集》等约 20 份（部）史料的基础上，于 1989 年为参加陈寅恪纪念论文集征稿而撰成《柳如是与钱谦益降清问题》一文。

王锺翰认为，柳如是和钱谦益二人其实是相得益彰的关系，不能简单地扬柳而抑钱；而且对于钱谦益这样复杂的历史人物，应该从"知人论世"的角度细致分析、综合评价，不能偏于一端。王锺翰指出："柳苟不偶钱而名不扬"，"钱不得柳助而反清复明之志不坚"，两人其实是

---

① 陈寅恪：《〈柳如是别传〉缘起》，《学术研究》1978 年第 1 期；周采泉：《"钱氏家难"考索——〈柳如是别传〉新证（选段）》，《社会科学战线》1982 年第 4 期；魏文峰：《〈柳如是杂论〉问世》，《文献》1986 年第 4 期；黄富源：《〈〈柳如是别传〉匡失四例〉质疑》，《贵州大学学报》1988 年第 2 期。

② 胡明：《钱谦益诗论平议》，《社会科学战线》1984 年第 2 期。

③ 裴世俊：《钱谦益诗歌研究》，宁夏人民出版社 1991 年版。

④ 王俊义：《论钱谦益对明末清初学术演变的推动、影响及其评价》，《中国社会科学院研究生院学报》1996 年第 2 期。

"相得益彰"的关系①,"钱氏于顺治三年（1646 年）自京南旋，即与柳氏参预反清复明活动，四年（1647 年）因'谋反'被逮，囚系四十日讼释，六年还家，以迄于康熙三年（1664 年）谢世。20 年间，钱、柳从事复明活动从未间断"②。柳如是能与顺治时期降清的礼部侍郎钱谦益结缡，其"最主要原因是由于钱氏能始终如一地尊重柳的个人自由"，钱氏待之以"男女平等"的观念，而柳氏助钱氏反清复明。对此，王锺翰认为考察历史人物要知人论世，也要综合考察，"不能只抓住一点不放"，人们"总得容许钱氏对清廷有一个认识过程"，"怎么能像清高宗所说钱既为清朝臣民，就不能再有眷恋故明之情了呢?"而"清高宗弘历对钱谦益的否定，显然出于政治上的一时需要"。③ 邓之诚、陈寅恪及其与钱谦益同时代的程先贞对钱谦益的诗词评价都相当高，"江宁邓文如（之诚）师尝云：'明清之际，毕竟以钱谦益诗为第一，实足继苏（东坡）、黄（山谷）而起，余人俱嫌笔弱'"。"钱谦益之笺《杜工部集》，注意诗史一点，寅（恪）老认为：'在此之前，能以杜诗与唐史互相参证，如牧斋所为之详尽者，尚未之见也。'""钱氏志在修明代史，钱诗不啻为一部明代的诗史。"④ 因此王锺翰并不赞同乾隆对钱谦益的"有才无行之人""大节有亏""实不足齿于人类"的评价⑤。他还指出，柳、钱从事复明活动，钱被逮于康熙三年（1664 年）谢世，柳氏"以身殉钱，亦以身殉国（明）"，而不是人们传说的那样，认为"柳被逼债逼死的"。⑥

① 王锺翰：《柳如是与钱谦益降清问题》，载《王锺翰清史论集》第二册，中华书局 2004 年版，第 949 页。

② 王锺翰：《柳如是与钱谦益降清问题》，载《王锺翰清史论集》第二册，中华书局 2004 年版，第 959—960 页。

③ 王锺翰：《柳如是与钱谦益降清问题》，载《王锺翰清史论集》第二册，中华书局 2004 年版，第 951—955 页。

④ 王锺翰：《柳如是与钱谦益降清问题》，载《王锺翰清史论集》第二册，中华书局 2004 年版，第 958、959 页。

⑤ 《高宗纯皇帝实录》卷 836，《清实录》第 19 册，中华书局 1986 年版，第 19223 页。

⑥ 王锺翰：《柳如是与钱谦益降清问题》，载《王锺翰清史论集》第二册，中华书局 2004 年版，第 964、965 页。

总之，王锺翰是将柳如是与钱谦益放在明末清初朝代更替的社会背景中综合考察的，他认为像钱谦益这样"复杂而曲折的江南头面人物"反复于故国与新朝之间，"大概是任何一次改朝换代中都会出现的"。[①]显然，王氏的观点不囿于前人成说，能从历史发展的复杂背景出发考察人物，因而"多发前人未发之言"，其结论显然不落窠臼，使人耳目一新，给人启迪。[②]

六　对洪承畴的研究

对洪承畴（1593—1665 年）的研究，在 20 世纪 80 年代后较多，多数学者承认洪承畴的积极作用，如李鸿彬认为洪承畴在清初统一过程中对减少杀戮、蠲免钱粮、安定人民等方面都起到了"积极作用"[③]。张宇权指出洪承畴降清与明末政治腐败、党争激烈、阶级矛盾尖锐等客观社会环境因素有关[④]。但也有不同看法，邱胜威即认为洪承畴为"'贰臣'的典型"[⑤]。王锺翰本未对洪承畴这位"盖棺"尚未"论定"的历史人物作深入研究，只因 1996 年为参加福建省石狮市举办的洪承畴学术研讨会，于是重读当时王宏志与李新达各自刚出版的同名《洪承畴传》，从而撰成《洪承畴的历史功过问题》一文，"仅就洪承畴出关援辽与招抚江南两件事的前后经过以及历史作用进行一次初步探讨"。在文中，王锺翰对洪承畴出关援辽之事进行探讨，指出王宏志与李新达有"许多相似的看法"，二者基本认为松锦之役的崩溃与洪承畴被俘的责任在腐败无能的明廷而不在洪氏，"清军的威胁诱降没有动摇松山军民对明朝的忠诚，然而明朝的腐败无能，见死不救，却使他们对自己的前途和命运失去了

---

① 王锺翰：《我和清史满族史研究》，载《王锺翰清史论集》第四册，中华书局 2004 年版，第 2818 页。

② 李鸿彬：《"只问耕耘　不问收获"——介绍中国当代清史、民族史和满学专家王锺翰教授》，《社会科学辑刊》1993 年第 6 期。

③ 李鸿彬：《试论洪承畴在清初统一过程中的历史作用》，《史学集刊》1984 年第 3 期。

④ 张宇权：《论洪承畴降清的客观原因》，《广西师范大学学报》1996 年第 S2 期。

⑤ 邱胜威：《一个"贰臣"的艺术典型——读〈李自成〉第三卷漫评洪承畴》，《江汉大学学报》1983 年第 2 期。

信心",因而王锺翰亦认为"洪氏虽无功但亦无过"。① 对洪承畴在招抚江南中的作用,王锺翰认为"王宏志说得好",肯定了王宏志的观点,认为"洪承畴作为清初开国功臣,本应属于基本肯定的人物。但是,由于儒家正统观念和大汉族主义情绪的影响,对这样一个历史人物,从历史上到今天,却一直受到非议。绝大多数否定洪承畴的人,只是简单地把他视为'汉奸',而对他的实际历史作用,竟很少有人进行认真的考察"。王锺翰还进一步指出,"今天应该站在各民族平等的立场上,以民族平等的观点看待和处理历史上的民族关系和民族问题,历史上汉族可以做历代王朝的全国最高统治者,少数民族也同样可以,为什么臣服于少数民族为首的人被看作'汉奸'呢?"因而,王锺翰也对李新达肯定洪承畴历史功绩的观点予以了支持,李新达认为洪承畴在当时的时代背景下,"为了明清两代统治者的利益,'劳苦碌碌一生','血气久衰,精力耗尽'"。"注意将目前利益与长远利益相结合",其"有些政策措施,客观上对于国家的统一,民族和睦,恢复生产等,还是有积极作用的"。王锺翰通过对王宏志、李新达二人关于洪承畴论述的考察指出:"知人论世,对历史上著名人物的功过是非,自不能脱离他们本人当时所处的时代背景而妄加评论",洪承畴"虽然生长于中国封建社会晚期,但他从小就受到孔孟儒家忠孝思想意识的熏陶,自然以一切听命于封建帝王的旨意而为自己行为的最高准则",现在评论历史人物"总不能以现代人的道德标准要求古人,时代不同,道德标准必然有所不同",洪承畴"兵败不能以身殉职而背明降清,是不应该有的事"。与史可法相比,洪承畴降清"减少了一些东南、江南、西南地区广大各民族劳动人民的痛苦和伤亡",他实行抚剿并用之策,杀了"少数明朝宗室",这"有利于清朝",也"有利于全国各族人民"。因此,王锺翰对洪承畴这样一个"有功也有过"的复杂历史人物予以了肯定,认为他"是一个基本上可

① 王锺翰:《洪承畴的历史功过问题》,载《王锺翰清史论集》第二册,中华书局2004年版,第873—877页。

以肯定的历史人物"。①

综上所述，王锺翰多从社会形势、民族平等宏观方面考察历史人物，还能从历史人物在历史上所起的作用出发评价历史人物，这些方法的综合运用为其得出公允的结论奠定了基础。

七 对施琅的研究

学术界对施琅（1621—1696 年）的论述也有许多，基本上褒其功绩，如陈明光、毛德传、彭云鹤等论述了施琅对祖国的统一、海防的巩固，加强台湾与大陆经济、文化的交流方面的贡献。② 王锺翰在 1982 年所撰《清政府对台湾郑氏关系之始末》一文，以及 1999 年所撰《施琅的历史功过问题》对施琅进行了论述。在前文中，王锺翰根据《清圣祖实录》《清史稿》以及施琅的《靖海纪事》等记载，简述了清廷对台湾关系的三阶段，并指出施琅在此期间逐渐受到朝廷重用，被提升为福建水师提督的过程。最终在清政府于康熙二十一年至二十二年（1682—1683 年）进攻台湾郑氏一役中，施琅成为"首建元勋者"③，肯定了施琅的历史性贡献。在后文中，王锺翰根据《清世祖实录》《清史列传》等记载，鉴于"几乎是以施琅与民族英雄郑成功相提并论"的观点，对前文关于清廷统一台湾的论述中，"以其功归之于施琅，但主其役者康熙也，故兹不复赘，所欲再加评述者乃施琅与洪承畴二人之历史功绩何以不同？又何以大同小异？"④ 王锺翰指出洪承畴与施琅二人几乎同时降清，但洪氏很快参与了镇压抗清斗争中，而施氏奉命出征台湾，则是在

---

① 王锺翰：《洪承畴的历史功过问题》，载《王锺翰清史论集》第二册，中华书局 2004 年版，第 878—890 页。

② 陈明光：《台湾回归话施琅》，《福建师范大学学报》1980 年第 2 期；毛德传：《施琅统一台湾的历史贡献》，《辽宁大学学报》1982 年第 1 期；彭云鹤：《施琅对统一台湾及东南沿海经济发展的贡献》，《北京师院学报》1983 年第 4 期。

③ 王锺翰：《清政府对台湾郑氏关系之始末》，载《王锺翰清史论集》第二册，中华书局 2004 年版，第 888、891、893、895 页；《施琅的历史功过问题》，载《王锺翰清史论集》第二册，中华书局 2004 年版，第 887 页。

④ 王锺翰：《施琅的历史功过问题》，载《王锺翰清史论集》第二册，中华书局 2004 年版，第 882、883 页。

30 年后清朝统治者平定三藩之乱以后，"全国上下人心向往大统一的当时的时代潮流之际"，这与"30 年前洪氏所处的民族矛盾上升为主要矛盾是大不相同的"。① 施琅虽然曾叛郑成功降清，但他"顺应历史潮流"，助清廷完成统一台湾大业，而且施氏"摈弃私心，服从大业"，"不敢因私仇（指施琅全家被郑成功所杀）而多伤生命"，最后做到了他所说的如果"郑家肯降，吾亦不杀"的诺言。因此施琅是"值得特别钦佩和尊敬"的，是应该给予"全面肯定的历史人物"。② 可见，王锺翰看到了施琅在减少人民伤亡方面所起的作用。

从王锺翰对施琅的评价可以看出，他不囿于前人的看法，善于将历史人物进行比较研究，以加深人们对历史人物的认识。同时，在其论述中尤其注重从社会发展趋势出发，考察历史人物是否对国家民族的统一与发展、人民生活的安定做出贡献，从而全面肯定了施琅在历史发展中的积极作用，这是坚持了唯物史观的基本原理。

八　对李光地的研究

李光地（1642—1718 年）作为清代康熙时期的理学名臣，在经学、文学等方面都取得一定成就，较早引起学界的关注，民国时期徐世昌认为其博学而又不拘门户③。随后，章太炎、梁启超等都对其作过论述，多涉及其政治思想④。20 世纪 80 年代以后，学界对李光地的研究逐渐增多，多以积极评价为主，如陈祖武对李氏的两部年谱与学术思想历程进行了考察，指出其新谱"为康熙朝的党派斗争提供了重要线索"⑤。许苏民比较系统地概述了李氏的生平、事迹与学术思想⑥。李鸿烈认为"卖

---

① 王锺翰：《施琅的历史功过问题》，载《王锺翰清史论集》第二册，中华书局 2004 年版，第 884—887 页。
② 王锺翰：《施琅的历史功过问题》，载《王锺翰清史论集》第二册，中华书局 2004 年版，第 884 页。
③ 徐世昌等编纂：《清儒学案》第二册，中华书局 2008 年版，第 1533 页。
④ 章太炎讲演、曹聚仁整理：《国学概论》，上海古籍出版社 1997 年版；梁启超：《清代学术概论》，中华书局 2010 年版。
⑤ 陈祖武：《李光地年谱略论》，《文献》1989 年第 3 期。
⑥ 许苏民：《李光地传论》，厦门大学出版社 1992 年版。

友""夺情"说乃是强加给李光地的罪名①。敬木认为李光地"夺情"等三案之说均不能成立，而且指出应从李光地"维护祖国统一""勤政恤民""辅创盛世"着眼进行评价。②

王锺翰在 1985 年发表的《陈梦雷与李光地绝交书》一文中，根据《榕村语录续集》《闲止书堂集钞》《松鹤山房文集》《陈省斋与李安溪绝交书》等记载，指出《陈梦雷与李光地绝交书》应该"撰于康熙二十二年的秋间"，"如果陈梦雷确实没有和李光地合谋蜡丸密疏的事，那么有关耿精忠内幕的情形和军事虚实这些方面的可靠消息，远通于省城（福州）六百里以外安溪深山的李光地何从得知"。③ 其实在《陈梦雷与李光地绝交书》中陈梦雷两次三番地提到张浩等证人都是被差往返传递消息的人，对此，"李光地本人也从来没有否认过"，"而李光地之所以始终否认与陈梦雷合谋蜡丸密疏，也曾说出了一些心里话，他说：'他（陈梦雷）以为抓住我，便不得不救他。不知他算计左了。惟其如此，我更难开口'"。后来，"事成功就，重赏升官，应该是陈、李二人都有份才是。结果却是一赏一罚，李高官厚禄、身近纶扉之荣；而陈背井离乡、远戍在外达十五年之久。从此李对陈'遂无一介，复通音讯'，视若陌生之人"，而"李光地始终没有营救过陈梦雷"，"陈深受其害地吐露了他心里话：'知人实难，择交匪易'"。因此，王锺翰指出："从今天眼光来看，封建社会里君臣、师友间的关系是尔虞我诈，惟利是图，什么事都干得出来的"，人们说李光地"伪善可耻""言而无信""出尔反尔"，虽为"煊赫一时的理学家，实则道貌岸然其外，卖友求荣其内"，这"不是没有道理的"。④ 后来，王锺翰在 1996 年发表的《李光地生平研究中的问题》文中，王锺翰根据《康熙起居注》《清史列传》《榕村语录续集》等记载，进一步指出："从光

---

① 李鸿烈：《关于李光地"三案"的辨析》，《福建论坛》1992 年第 4 期。
② 敬木：《李光地学术讨论会综述》，《福建论坛》1992 年第 6 期。
③ 王锺翰：《陈梦雷与李光地绝交书》，载《王锺翰清史论集》第二册，中华书局 2004 年版，第 1010—1013 页。
④ 王锺翰：《陈梦雷与李光地绝交书》，载《王锺翰清史论集》第二册，中华书局 2004 年版，第 1014—1017、1022 页。

地的理学思想和政治生涯看，单就理学方面，他撰有理性论著不下五十种之多"，而且"《榕村集》40 卷，《榕村语录》30 卷，均被收入《四库全书》中"，李光地"以权术投帝王所好，随机应变，前后应对有异，无非保护自己，讲程朱理学只是他猎取功名的一种手段"，但是却"不能说光地没有学问""不是理学家"，"也不能说他在政治生涯中没作过贡献"。① 李光地生长于极端专制的封建社会晚期，从小就受到"孔孟儒家忠孝思想意识的熏陶"，他"自然一切听命于封建帝王的旨意而行"，而且他"协助清军平定耿藩之功为最突出"。因此，对李光地的评价"是不能予以完全否定的"。② 王锺翰曾多次指出，"对历史上著名人物不能脱离当时他们所处的时代和社会而妄加訾议"，应该"知人论世"。③ 因此，王锺翰对李光地的评价多从当时的时代与社会背景出发，既分析其思想言行，也重视其历史功绩，因而对其评价出现了由全面贬斥到温和、公允的转变。

九 对陈宝琛的研究

陈宝琛（1848—1935 年）作为中国末代皇帝的老师，曾任翰林院编修等职，在中国近代史上有一定影响。在 20 世纪 40 年代王森然等考察了陈宝琛的生平、政治生涯等，多为积极的评价。④ 80 年代陈贞寿等评述了陈氏抵抗侵略的民族精神与晚年兴办教育、铁路等活动，也指出其维护封建统治所起到的消极作用。⑤ 90 年代对陈宝琛的讨论逐渐增多，多述其政治生涯、兴办教育活动等，对陈宝琛从爱国方面进行深入考察的论述尚属少见。

---

① 王锺翰：《李光地生平研究中的问题》，载《王锺翰清史论集》第二册，中华书局 2004 年版，第 1056、1057、1059 页。

② 王锺翰：《李光地生平研究中的问题》，载《王锺翰清史论集》第二册，中华书局 2004 年版，第 1050、1059 页。

③ 王锺翰：《李光地生平研究中的问题》，载《王锺翰清史论集》第二册，中华书局 2004 年版，第 1050、1059 页。

④ 王森然：《陈宝琛先生评传》，载《近代名家评传》，生活·读书·新知三联书店 1998 年版。

⑤ 陈贞寿：《关于陈宝琛的几个问题》，《社会科学战线》1983 年第 4 期。

1997 年王锺翰根据《闽县螺江太傅陈公年谱》《伪满宫廷杂忆》《"清流党"健将陈宝琛》《陈宝琛》与溥仪的《我的前半生》等文献记载，撰成《陈宝琛与末代皇帝》一文。首先，王锺翰简述了作为进士、翰林院编修、"清流党"的陈宝琛由于"甲申（1884 年）中法战争失败"，"以'荐人失察'被降职调用处分，落职回籍"，为"乡梓兴办"教育、铁路等的历史经过，还阐述了其在担任宣统帝师后，"对溥仪经常灌输'卧薪尝胆''遵时养晦''静待观变'等复辟思想"，简要地阐述了陈宝琛的生平与思想。其次，王锺翰对溥仪做了伪满的傀儡皇帝后，陈宝琛作为忠臣是否也成了汉奸的问题，作出了否定的回答。王锺翰指出："知人论世，必须对历史人物所处的社会环境和时代背景加以全面考虑综合分析，不以今日之标准苛求于古人，然后方可据事直书，不掠美，不隐恶，实事求是，还历史以本来面目。"这基于王氏对历史人物评价的理解，他认为，对"历史上著名的人物不能脱离当时他们所处的时代和社会而妄加訾议"①。陈宝琛正是由于从小受到封建"忠孝伦理思想熏陶"，晚年"矢志效忠清室"，有其"阶级和时代的局限性"，但陈氏坚持民族气节，"坚决反对溥仪投靠日本帝国主义充当伪满洲国皇帝"，是"爱中华民族的"。1931 年 12 月陈宝琛赴旅顺，"不顾郑孝胥辈阻拦，去见溥仪，叮嘱他要'静以观变，等待时机'"，"不是求得晋官加爵"，而是为坚决反对日本板垣大佐"怂恿"溥仪出任"满蒙共和国"的"总统"之事。陈宝琛劝溥仪"不要听郑孝胥的甜言蜜语，上日本帝国主义的圈套"。王锺翰根据 1935 年陈宝琛去世后的"祖服内藏有去长春上呈给溥仪的密折底稿"，密折所云的内容，"是指溥仪被郑孝胥辈所劫持，成为日本帝国主义的笼中之鸟"，这"是宝琛所始终坚决反对的"。因此，1932 年 9 月陈宝琛"以 85 岁之高龄老人，万里迢迢"赴长春"不是什么政治活动问题"，而是"宝琛临终前作为对溥仪最后一次忠谏的努力"。王锺翰最后指出陈宝琛"是爱国主义者"，而促使溥仪"投靠日

---

① 王锺翰：《李光地生平研究中的问题》，载《王锺翰清史论集》第二册，中华书局 2004 年版，第 1059 页。

本"的"郑孝胥辈是汉奸"。① 概而言之，王锺翰依据较多翔实而又确凿
的史料进行论述，从历史人物所处的社会背景出发，从陈宝琛维护国家
与民族的利益方面着眼，并较多地运用唯物史观方法对陈宝琛进行深入
研究，其结论既深刻又令人信服。

综上所述，王锺翰从 20 世纪 40 年代末开始考察了皇太极、康熙、
李光地、施琅等历史人物。王锺翰评价历史人物，本着"据事直书，不
虚美，不掩恶"② 的标准，坚持从唯物史观出发，注重从人物所处社会
背景、阶级地位及为国家的统一、人民群众生活的安定做出的贡献等多
方面综合比较考察分析历史人物。他的人物研究，史料运用丰富严谨，
论证考察详细深入，常常能发人所未发之言，见解独到，且"令人信
服"③，使人称叹。

第二节　明清政治事件研究

王锺翰对明清政治事件的研究主要涉及"明末三案"、清代孝庄太
后下嫁、康熙等人处理党争与雍正继位等，其中雍正继位问题为王氏 50
余年考察的重点。

一　对"明末三案"的研究

对中国历代宫廷中政治斗争、最高权力争夺与皇位继承等事件，人
们常喜闻乐道，也总想明白其真相。对"明末三案"，此前的孟森较早
地从"万历之荒怠"入手，阐述"三案"过程，作了简要的概括："光
宗之在位也，于朝事无所补裨，而惑于女宠，促其大命。为当时党局造
成红丸、移宫两案，作反覆祸国之资。红丸即李可灼所进，帝服而崩"；

---

① 王锺翰：《陈宝琛与末代皇帝》，载《王锺翰清史论集》第四册，中华书局 2004 年版，
第 2008—2012 页。

② 王锺翰：《〈多尔衮评传〉序》，载《王锺翰清史论集》第二册，中华书局 2004 年版，
第 809 页。

③ 王锺翰：《对清前期历史必须作综合比较研究》，载《王锺翰清史论集》第三册，中华
书局 2004 年版，第 1946 页。

"移宫案者，光宗崩后，选侍李氏占居乾清宫，由杨涟、左光斗建议，督促辅臣，力请选侍移居哕鸾宫"。① "梃击案"，孟森未作详述。后来，吴晗从东林党之争入手，主要论述"三案"长期之争的后果。他指出，"梃击""红丸""移宫"是当时的三大案，"成为当时争论最激烈的事件"。在这种情况下，政治上，"每件事情出来，这批人这样主张，那批人那样主张，争论不休"，"结果只有争论，缺乏行动，许多政治上该办的事没人管了"，万历皇帝"晚年根本不接见臣下，差不多一二十年不跟大臣见面，把自己关在宫廷里，什么事也不管"，"政治腐化，纪律松懈，很多重要的问题得不到解决，却专搞无原则的纠纷"。② 王锺翰于1983年在《文史知识》第1期发表《"清宫四大奇案"是怎么回事?》一文，"受到读者好评"。在1984年，他又被该刊邀请谈谈明末的"梃击案""红丸案""移宫案"三案的原委③。

（一）"梃击案"

王锺翰对明末"三案"的考察以概述为主，他指出，明神宗朱翊钧当政之时，朱常洛虽为皇长子，按照明朝"祖制"，费尽周折被立为太子，但他还长期笼罩在"更立"的阴影里。因为朱常洛为明神宗与地位卑微的宫女王氏"私幸"所生，不被神宗喜欢，十余岁才获准读书，而后又长期辍学，时常战战兢兢，胆小怯懦。所以，朱常洛被立为太子后，常担心太子之位随时会被受到其父宠爱的郑贵妃之子福王朱常洵夺走。万历四十三年（1615年）五月四日，"忽有一名叫张差的男子持梃（枣木棍）闯进太子所居的慈庆宫，击伤守门人，进入后被执"，太子朱常洛闻奏，"命交巡城御史刘廷元讯问。初讯，张'止称吃斋封讨，语无伦次。按其迹，若涉疯癫'"，后来该案"移刑部，郎中胡士相等欲以'疯癫'结案；而刑部主事王之采不同意，为之再讯，张乃供认为郑贵妃宫内的太监刘成和庞保所指使"。朝中东林党人怀疑郑贵妃要谋害太子

---

① 孟森：《明史讲义》，中华书局2006年版，第310—311页。
② 吴晗：《明史简述》，载《吴晗史学论著选集》第四卷，人民出版社1988年版，第51页。
③ 王锺翰：《关于明末三案的原委》，载《王锺翰清史论集》第一册，中华书局2004年版，第793页。

而且认为郑贵妃弟郑国泰是"主谋",这样做"好为福王（朱常洵）夺位",东林党人要求彻查追究。"神宗心动,郑贵妃大窘,乞求太子解围",皇帝朱翊钧看到该案牵扯到郑贵妃,又牵扯到太子,事情"闹大"了不好,神宗"遂不复深究",下令禁止株连,"但为了灭口,就把刘成、庞保、张差三人杀掉了,这事才告一段落。这就是明史上有名的梃击一案的经过情形"。①

（二）"红丸案"

王锺翰认为,万历四十七年（1619年）,明神宗驾崩,"光宗继位,不久患痢疾",召内侍崔文升医治,光宗服用崔文升的药以后,病情加重,"光宗召阁臣方从哲等商量后事"。"这时,鸿胪寺官李可灼进红丸,号称'仙丹'妙药,因传入诊,言病源甚悉",于是"光宗命速进药,朝臣不敢拿主意,李可灼看到这种情况,自己便先服了一丸,光宗随后也服了一丸,很感舒畅,等朝臣退出后,他又服了一丸,第二天,天还没明,就死了"。这就是明史上有名的"红丸"一案的情形。②

（三）"移宫案"

王锺翰指出,明光宗继位,郑贵妃因前福王之事,"恐不利于己,故请立李选侍（光宗宠妃）为皇后,李选侍也为郑贵妃求封皇太后,朝臣力争乃止。光宗不得已册封李选侍为皇贵妃了事"。泰昌元年（1620年）,光宗死,李选侍仍居乾清宫。皇长子（明熹宗朱由校）初立为太子,"大臣刘一燝、周嘉谟及言官杨涟、左光斗等怕李选侍挟帝以干政,乃奉太子暂居慈庆宫,迫李选侍移宫"。在熹宗即位的前一日,李选侍在刘一燝、方从哲等人的"力请"下,从乾清宫移居哕鸾宫。这就是明史上有名的"移宫"一案的情形。③

与对"三案"研究较早的孟森、对"三案"研究较多的吴晗有所不

---

① 王锺翰：《关于明末三案的原委》,载《王锺翰清史论集》第一册,中华书局2004年版,第793—794页。

② 王锺翰：《关于明末三案的原委》,载《王锺翰清史论集》第一册,中华书局2004年版,第794页。

③ 王锺翰：《关于明末三案的原委》,载《王锺翰清史论集》第一册,中华书局2004年版,第794页。

同的是，王锺翰不仅阐述"三案"的简要过程，还对"三案"的原因、性质等作了比较深入的探讨，王锺翰指出："东林党人与东林党人的反对派围绕着三案争端进行的大争吵，是一场你死我活的大搏斗。其实，三案事件本身，（东林党人与东林党人的反对派）各有自己坚持的正当理由，很难说谁是谁非"，它"只不过是明末派系斗争进入到最激烈的阶段"的事件。从天启初年开始，"宦官头目魏忠贤得势擅权"，一些东林党的反对派以及一些地主官僚投靠到魏氏门下，"拼成阉党"，他们"无恶不作"，将"主张追究梃击、红丸、移宫"三案的人就"指为东林党人"，并对其进行"一网打尽的血腥镇压"。后来，"逆阉杀人，则借三案；群小（东林党的反对派）求进，则借三案。经此二借，而三案全非矣"，这场明末统治阶级内部的激烈斗争，"直到明亡才告结束"。[①] 王锺翰的看法也基本被一些学者所赞同，商鸿逵根据《明史·顾宪成传》指出，魏忠贤"得势，争论'三案'之人，'率指目为东林，抨击无虚日。借魏忠贤毒害，一网尽去之，杀戮禁锢，善类为之一空'"[②]；阎崇年依据《明史纪事本末》的记载，指出"'明宫三案'成为党争的题目"，"'魏忠贤杀人则借三案，群小求富贵则借三案'。明末宦官魏忠贤专权，阉党跋扈，使本来腐败、黑暗的明末统治更加腐败、更加黑暗"。[③] 由此可见，王锺翰对这一问题的认识是符合历史实际的，因而得到了学术界的赞同。

二 对清代政治事件的研究

（一）对多尔衮独裁与专政的研究

多尔衮作为清帝国重要的开拓者，对他的研究，20 世纪 30 年代后逐渐兴起，孟森主要论及其与孝庄太后关系之事；萧一山对多尔衮未作专门、系统的探讨；郑天挺对多尔衮的称号等进行了较多的研究，他根

---

① 王锺翰：《关于明末三案的原委》，载《王锺翰清史论集》第一册，中华书局 2004 年版，第 794—796 页。
② 商鸿逵：《明末"三案"究竟》，《历史教学》1985 年第 6 期。
③ 阎崇年：《明亡清兴六十年》，中华书局 2010 年版，第 87 页。

据《清实录》《清史列传》《东华录》等记载，并从满族语言文字的角度进行考察，指出："皇父摄政王"为"最高爵轶"，多尔衮被称"皇父摄政王"是"由于左右之希旨阿谀，且其称源于满洲旧俗，故决无其他不可告人之隐晦原因在"，"'皇父摄政王'之一切体制均下于皇帝，与'太上皇'固不同也"。① 多尔衮一生称号较多，"天命、天聪时俗称九王，天聪赐号墨勒根代青。崇德元年封睿亲王，顺治元年十月封叔父摄政王，通称皇叔父摄政王"，甚至被称为"阿玛王"。② 总的来说，孟氏、郑氏均未对多尔衮的独裁与专政问题作深入的考察。

20 世纪 80 年代后对多尔衮的研究较多，涉及多尔衮的诸多方面，多数学者论述了多尔衮为清廷统一中国做出的贡献。例如：周远廉、赵世愉的《皇父摄政王多尔衮全传》主要论述了多尔衮从幼年到固山贝勒、亲王等时期协助皇太极伐明、进占北京、统一江南等事迹，也指出了多尔衮实行圈地、投充、逃人法、打击政敌、垄断朝政等问题③；郑克晟的《试论多尔衮在清初统一过程中的历史作用》④、张玉兴的《评摄政王多尔衮》⑤、李格的《多尔衮与清朝统治的建立》⑥、王思治的《多尔衮评议》⑦ 等文均突出了多尔衮在统一中的作用。

王锺翰对多尔衮研究，更多地从当时的社会背景入手，主要分析了多尔衮独裁与专政的根源问题。首先，王锺翰认为多尔衮独裁首先"是由于清朝初年之客观形势所然"⑧。王锺翰指出"多尔衮摄政时期（1643—1650 年），正值中国封建社会剧烈动荡之际"，"自顺治元年

① 郑天挺：《多尔衮称皇父之臆测》，载《清史探微》，北京大学出版社 2011 年版，第 66—67 页。
② 郑天挺：《多尔衮称皇父之臆测》，载《清史探微》，北京大学出版社 2011 年版，第 74、75 页。
③ 周远廉、赵世愉：《皇父摄政王多尔衮全传》，吉林文史出版社 1986 年版。
④ 郑克晟：《试论多尔衮在清初统一过程中的历史作用》，《历史教学》1986 年第 6 期。
⑤ 张玉兴：《评摄政王多尔衮》，《社会科学辑刊》1981 年第 6 期。
⑥ 李格：《多尔衮与清朝统治的建立》，《清史论丛》1982 年第 3 辑。
⑦ 王思治：《多尔衮评议》，载《清史述论》（上），故宫出版社 2016 年版。
⑧ 王锺翰：《多尔衮的独裁与专政》，载《清史满族史讲义稿》，鹭江出版社 2006 年版，第 200 页。

（1644 年）由多尔衮亲自统帅的铁骑旗兵迅速入关逐鹿中原，不及三年，全国大部分版图均已归入清朝版图，其形势之急转直下为中国前朝历史所未见"。可见，在当时客观的历史发展形势下，清王朝要在中原地区真正站稳根基，进而完成统一全国的历史大业，需要一个有着雄心和魄力的强有力的领导者来完成这样的目标，因而多尔衮所实行的独裁统治在某种意义上是由于当时客观历史形势所使然。

其次，王锺翰认为多尔衮的独裁与专政"与满族统治集团历代传承的传统政治取向密切相关"。他指出，"纵观清朝满族开国以来的历史，其最高统治集团内部的一些大小斗争事件无不对满族皇权与八旗制度的关系产生深刻影响"。满族最高统治集团入关前，为争夺权力先后经历"努尔哈赤与同胞兄弟舒尔哈赤之间二雄不并立""努尔哈赤与其长子褚英之间的父子相残杀""皇太极与三大贝勒四人同坐听政之争"等斗争。① 王锺翰进一步指出："多尔衮与世祖福临叔侄之间的斗争，或者可以说是清朝皇权二元化的冲突。"多尔衮的独裁与专政"就其实质而言，不过是满洲八旗制国家固有矛盾的继续。八旗制本身并不具有什么新的历史价值，只是由于借助新的历史条件和社会经济基础，才有可能使满族皇权取得了一定积极的成果。多尔衮为首的满族最高统治者一手推行的民族征服和压迫政策，给这种结合带来了严重的困难和阻碍"。多尔衮"后来虽然自己也意识到这一点，然而为时已迟，悔之晚矣！全国范围内的大规模的汉族对抗形势已经初步形成，历史注定满族贵族最高统治集团要走上极其艰难曲折的道路"。因此，"如果最高统治者'奋其私智而不师古'，'欲以力征经营天下'，就必然要付出惨痛的代价，并还要背上沉重的历史负担和包袱。这就是多尔衮摄政与专权时期不吸取前人经验所暗示后人的历史含义和教训"。②

总之，王锺翰注重从当时社会形势着眼，尤其从满族贵族集团权力

---

① 王锺翰：《多尔衮的独裁与专政》，载《清史满族史讲义稿》，鹭江出版社 2006 年版，第 201—202 页。

② 王锺翰：《多尔衮的独裁与专政》，载《清史满族史讲义稿》，鹭江出版社 2006 年版，第 200—202 页。

运转形势及其在入关前后由于社会经济基础、社会群众基础的改变而引起的变化进行分析，深刻地探讨了多尔衮独裁与专政的根源。他指出，这种状况的形成既与满族贵族集团权力历代传承的传统政治取向密切相关，又是清朝入关前后的政治、经济与社会客观发展形势、背景所决定的。

（二）对孝庄太后下嫁多尔衮问题的研究

关于孝庄太后（1613—1688 年）是否下嫁多尔衮的问题，王锺翰在1983 年发表的《"清宫四大奇案"是怎么回事?》、1987 年发表的《释汗依阿玛》文中作了较为深入的考察，认为太后下嫁确有其事。

第一，王锺翰根据"清末刊行的《苍水诗集》有句云'上寿觞为合卺樽，慈宁宫里烂盈门。春官昨进新仪注，大礼躬逢太后婚'"。对此，王锺翰认为这"即是指太后下嫁这件事说的"，"诗作者张煌言是清初人，与多尔衮同时，所说当有所本"。①

第二，王锺翰根据朝鲜《李朝实录》中"仁祖二十七年（1649 年，顺治六年）二月壬寅，亦有'皇父摄政王多尔衮'这样去'叔'字改称'皇父'的记载，它间接地透漏了多尔衮称皇父'已为太上'与太后相对称，正是太后下嫁的一个旁证。何况多尔衮之改称'皇父'不但明载于《清实录》与蒋良骐《东华录》等书中，即当时流传到今的许多档册和文告中，于抬写皇上处，一并抬写摄政王，而摄政王之上，或冠以'皇叔父'，或冠以'皇父'字样"。②

第三，王锺翰依据多尔衮在顺治七年（1650 年）"曾逼死肃王豪格，之后又纳其福晋为妻，是当时明载于谕旨和奏疏中的公开事实。豪格为皇太极长子，福临的亲兄，多尔衮的亲侄，此事可以无礼，又何责其无礼于兄嫂"。王锺翰还指出："满洲入关前的社会性质虽已由奴隶制迅速向封建制过渡，但很早以前女真人的落后习俗，如弟娶兄妻、妻姑侄妻

---

① 王锺翰：《释汗依阿玛》，载《王锺翰清史论集》第二册，中华书局 2004 年版，第1326 页。

② 王锺翰：《释汗依阿玛》，载《王锺翰清史论集》第二册，中华书局 2004 年版，第1319、1327 页。

的一些群婚制的残余，延续到入关初年，也是不足为怪的"，"可以推知，冠以'皇父'之称，必是多尔衮妻世祖之母，而后世祖尊之为父的"。①

第四，王锺翰还曾得到日本清史专家神田信夫"相贻"的《明清档案存真选辑》，内有顺治八年（1651年）正月二十六日尊皇父摄政王为成宗义皇帝祔享太庙恩诏，王锺翰据此认为："多尔衮生前确实曾经被加封为'皇父摄政王'的称号"，他再次引用"上寿觞为合卺樽，慈宁宫里烂盈门。春官昨进新仪注，大礼躬逢太后婚"这首诗，并进一步指出该诗"注明作于己丑，即南明桂王永历三年，清世祖顺治六年（1649年），正好是在多尔衮于顺治五年十一月改称'皇父摄政王'的第二年，时间适相符合"。②

根据以上的证据，王锺翰认为孝庄太后下嫁多尔衮"可以相信确有其事"③。

然而应该指出的是，王锺翰对太后下嫁之事的论证基本都是推断之言，都是根据间接史料得出的论断，根本没有直接而充分的史料证明此事。其实，他自己也坦承："太后下嫁诏书这第一手档案资料遗失是一大恨，从而使得国内外史学界对这一问题持不同观点的人，谁也说服不了谁。"④

这里，笔者对于王锺翰所运用的几条证据史料，不妨分析一下。

王锺翰首先运用的张煌言的相关诗句来证明。张煌言（1620—1664年），乃是生活在清初的一个抗清文人，本身是南明的大臣，他所著的《苍水诗集》中《建州宫词》有诗句记载太后下嫁之事，但此为文学作

① 王锺翰：《释汗依阿玛》，载《王锺翰清史论集》第二册，中华书局2004年版，第1330—1332页。
② 王锺翰：《释汗依阿玛》，载《王锺翰清史论集》第二册，中华书局2004年版，第1325—1327页。
③ 王锺翰：《"清宫四大奇案"是怎么回事？》，载《王锺翰清史论集》第二册，中华书局2004年版，第801—802页。
④ 王锺翰：《释汗依阿玛》，载《王锺翰清史论集》第二册，中华书局2004年版，第1329页。

品，很可能是一种夸张和虚构。而且，张煌言作为南明大臣，他在顺治时期远在江南抗清，根本不在北京。慈宁宫在清军入关之前即被李自成烧毁了一部分，后来被部分修缮，在顺治十年（1653年）又再修，孝庄太后也于此年入住。其实，多尔衮在顺治七年（1650年）就死去了，因此时间上也明显不吻合。

其次，王锺翰用"皇父摄政王"作为太后下嫁的佐证，也是值得商榷的。晚清光绪皇帝也曾尊称慈禧太后为"皇阿玛"，然而众所周知慈禧太后并未下嫁。所以说，不管是叔父摄政王还是皇父摄政王，都应该是对摄政王多尔衮的尊称，不能因此就认定孝庄太后下嫁给了多尔衮。清史专家阎崇年就指出："至今没有档案证明"太后下嫁之事①。

再次，王锺翰根据朝鲜《李朝实录》中"皇父摄政王多尔衮"这一称呼的记述以及早期女真族落后的"弟娶兄妻"等一些群婚制习俗，从而认定太后下嫁之事为真，也是值得商榷的。满族确有弟娶兄嫂之俗，但皇太极曾作过婚俗改革，明确表示不允许乱伦妻娶。因此，王锺翰据此认为"太后下嫁"是"可以相信确有其事"②，也是值得商榷的。

最后，朝鲜《李朝实录》有多尔衮"到皇宫后院"的记载之语，也不应断定"太后下嫁"之事为真。如果有太后下嫁之事应该是"住皇宫后院"而不应是"到皇宫后院"。多尔衮作为摄政王也可能为商议军国大事而前往后宫皇太后之处，不能因此断定有"太后下嫁"之事。而且朝鲜的史书也"没有'太后下嫁'颁诏告谕的记载"。③ 如若此事为真，清廷可能认为其不光彩，故意删去国内史料的相关记载，但朝鲜《李朝实录》中的记载清廷是无法删去的。实际上，大陆、中国台湾、朝鲜等的文献，均无太后下嫁诏书之类的明确记载。当时，顺治继位是政治

---

① 阎崇年：《清朝皇帝列传》，中华书局2010年版，第79页。
② 王锺翰：《"清宫四大奇案"是怎么回事?》，载《王锺翰清史论集》第二册，中华书局2004年版，第801—802页。
③ 阎崇年：《清朝皇帝列传》，中华书局2010年版，第78—79页。

斗争平衡的结果，多尔衮作为摄政王，如与太后结婚，理应布告天下，至目前清代的《清世祖实录》等许多官方文献中均未见此记载。而且，北京作为清代政治、文化的中心，文人、汉官、士人荟萃，其笔记文集等均未见关于太后下嫁之类的告谕等记载。

综上所述，王锺翰关于"太后下嫁这件事是可以相信确有其事"之观点是值得商榷的。迄今为止，学术界尚未发现更加充分和直接的史料证明"太后下嫁"之事为真。事实上，以孟森、孟昭信①、阎崇年、王思治②等为代表的大多数清史学者都坚持认为"太后下嫁"的传闻不实，笔者认为他们的看法还是比较合理的。对历史的考证除了要有充分直接的史料作为依据，还应有其他一些史料作进一步的佐证，有关太后下嫁之说，显然既无直接史料证实，也无其他史料佐证。

（三）对清代前期康熙等处理党争问题的研究

满洲贵族入关后，满汉人由于满汉民族矛盾群僚结党，互相攻讦；或为了帮助皇子争夺皇位继承权，群臣拉帮结派，明争暗斗，甚至危及皇权。有鉴于此，康熙等人曾对党争进行了严厉的惩处。对清朝前期的党争问题，学界已有相关论述。如胡佑安简要地指出，党争"加剧了吏治的腐败""加剧了政局的混乱""加剧了社会秩序的动荡不安"。③ 吉月轩也认为它"加剧了官场的倾轧""破坏了政令统一"等④。王佩环进一步系统论述了康乾时期朋党产生的根源以及"太子党""皇四子党""皇八子党""年隆朋党"，也论述了朋党具有"卖官""盗用公款""冒销军需""打击良善"等祸国殃民之弊。⑤

王锺翰从不同的考察范围论述了"皇权与八旗分权之争""满、汉

---

① 孟昭信：《神秘的孝庄皇后》，中国社会科学出版社 2008 年版，第 125 页。
② 王思治：《"太后下嫁疑案"辨证》，《历史研究》2012 年第 2 期。
③ 胡佑安：《略谈中国封建时代的朋党》，《理论学刊》1988 年第 3 期。
④ 吉月轩：《略谈中国封建时代的朋党之弊》，《晋中师专学报》1989 年第 1 期。
⑤ 王佩环：《康乾时期朋党之争及危害》，《故宫博物院院刊》1992 年第 1 期。

党祸""南北党人之争""朱、王理学之争"以及争夺皇位等"党争问题"①。王锺翰从顺治时期的社会形势入手，指出满族作为一个文化比较落后的民族入关并统治广大汉族和其他各族人民，"满汉由于民族立场的互异，对峙相抗，冲突不断"，"汉人或以结社结盟，图谋恢复亡明；或于朝中与满官相倾，成为风气"。②文人黄宗羲、顾炎武、王夫之等人多怀念故明，不与清廷合作，钱谦益主持江南文坛几十年，暗中与海上抗清名将张煌言、北方文豪吴伟业等人以图谋复明为"职志"，结盟结社。因此，早在顺治十七年（1660年），清廷就下令严禁社盟组织。后来，康熙以鳌拜"贪聚贿赂，奸党日甚，上违君父重托，下则残害生民，种种罪恶，难以枚举"的罪名除之③。在《清史满族史讲义稿》书中，王锺翰指出："康熙初年的中央政府大权操于四位辅臣之手，其中尤鳌拜一人专权把持政柄，其余三人索尼、苏克哈撒、遏必隆唯鳌拜之命俯首是从。这是因为鳌拜一介武夫，早在入关前，对扫平关外三省对抗武装势力做出了突出贡献；加之对弱冠的幼主康熙，不把他看在眼里，所以康熙初年的中央政府的大小事件，几乎由鳌拜一人说了算数。"④

康熙除去鳌拜等人后，"始得尽揽八旗兵权于皇帝一人之手"⑤，但由于"明季清初政治纷乱，社会败坏，学风陵替，一般士子不读书，人心涣散"，于是康熙大力提倡理学，"理学家辈出，然因门户之见，形成朱王理学之争，并与南北党争相呼应、相牵连"。⑥王锺翰指出："康熙认为朱（熹）、王（阳明）理学家讲学能坚持己见，是许可的，但各立

---

①　王锺翰：《清朝前期的党争问题》，载《王锺翰清史论集》第二册，中华书局 2004 年版，第 934 页。

②　王锺翰：《清朝前期的党争问题》，载《王锺翰清史论集》第二册，中华书局 2004 年版，第 934—937 页。

③　王锺翰：《清史满族史讲义稿》，鹭江出版社 2006 年版，第 222 页。

④　王锺翰：《清史满族史讲义稿》，鹭江出版社 2006 年版，第 222 页。

⑤　王锺翰：《清朝前期的党争问题》，载《王锺翰清史论集》第二册，中华书局 2004 年版，第 939—940 页。

⑥　王锺翰：《清朝前期的党争问题》，载《王锺翰清史论集》第二册，中华书局 2004 年版，第 941 页。

门户，结党相倾轧，则是绝对不许可的"①，而以徐乾学、王鸿绪、陈名夏、高士奇等人结成"南人党"与冯铨、刘宗正为首的"北人党"相互倾轧。清廷恐危及其统治的稳定，赐死了陈名夏等人，徐乾学作为会试主考官，康熙有意诏其与王鸿绪、高士奇等人修书，徐乾学不知来诏之意，"遂惊悸死"。与此相关，富可敌国的明珠也被斥，其他人员除王鸿绪外，基本被处理，"南北党争稍结"。②

康熙晚年诸皇子为争夺皇权与朝臣"互结党援，互相构陷，祸害甚烈"，王锺翰指出，康熙有 35 子、20 女，其中 24 子、7 女成年，诸皇子为争夺皇位大体分为四党：以皇太子胤礽为中心人物的胤礽党、皇三子胤祉党、皇八子胤禩党和皇四子胤禛党。在对待皇太子立与废的问题上，康熙反对皇太子集团的专横跋扈，甚至威胁皇权，因此将皇太子再立再废，而且谕令不准再议立太子之事。"胤禛目睹皇储位虚，诸邸公开角逐，又岂甘落人之后？""但胤禛为人阴险，貌似淡然与世无争……但其声势党羽，何亚于其他诸邸各党。"雍正继位后，"诸邸宾客多获重遣"，"特宥曾静死，刊颁《大义觉迷录》于全国各县学宫，特详华夷之辨，令士子习之，似纯为消除当时满、汉民族矛盾而发，实则为惩皇子诸党外谪各省之诸王邸下人散布流言蜚语而发"，但"乾隆一继位，立诛静、熙，尽毁《大义觉迷录》书版，禁止流行，是不啻乾隆为乃父翻中宫之案"。③

对康熙处理与皇权有关的党争问题，此前王树卿曾对从努尔哈赤到清末的帝、后皇权之争都作了系统论述④，而王锺翰的相关论述似显简要。不过，王锺翰对前人未作深入、系统考察的"满、汉党祸""南北党人之争"等诸多朋党问题进行了比较深入的探讨。后来，郑传斌再次

---

① 王锺翰：《清朝前期的党争问题》，载《王锺翰清史论集》第二册，中华书局 2004 年版，第 944 页。
② 王锺翰：《清朝前期的党争问题》，载《王锺翰清史论集》第二册，中华书局 2004 年版，第 940—942 页。
③ 王锺翰：《清朝前期的党争问题》，载《王锺翰清史论集》第二册，中华书局 2004 年版，第 944—946 页。
④ 王树卿：《清代的皇权斗争》，《故宫博物院院刊》1981 年第 4 期。

探讨了"康熙朝朋党对当时政治的影响",进一步指出了"康熙朝之所以朋党事件频频,而无党祸",是由于康熙时期"皇权高度集中"、康熙"高度警惕"与"处置适当"等原因。① 可见,王锺翰的研究或多或少对后世的考察有促进作用。

概括来说,王锺翰对清代前期康熙等人处理党派斗争问题的论述多从社会背景入手,简明扼要、条理清晰,基本按照"皇权与八旗分权之争""南北党人之争""朱、王理学之争"以及争夺皇位等问题的脉络进行了论述。他深刻地指出了由于满、汉之间文化和风俗差异反映出来的民族矛盾问题以及康熙时期皇权与八旗诸王之争等反映出权力集团的倾轧等问题,康熙等人对此进行了严惩,这使清朝"封建中央集权得到进一步的巩固和加强,矛盾得到基本解决",后来乾隆在康、雍两朝中央集权的基础上,"进一步加以发扬光大之,成为中国历史上封建王朝罕见的太平盛世"。②

（四）对雍正继位事件及相关问题的研究

王锺翰对雍正（1678—1735 年）的研究用力甚多,尤其对雍正继位之事,从 20 世纪 40 年代末期作的《清世宗夺嫡考实》一文开始,他就一直关注对雍正的研究,先后作近 10 篇相关文章进行探讨,主要涉及雍正出生、继位与其民族政策等问题。以下对王锺翰关于雍正的继位及其相关问题进行考察。

对雍正继位之事,从 20 世纪初期开始就引起孟森等学人论述,在中华人民共和国成立之前,专门研究清史的学者并不多,在 20 世纪"20—30 年代仍然是孟森、萧一山独享大名"③。孟森曾发表《清世宗入大统考实》一文,根据《清圣祖实录》《东华录》《大义觉迷录》等资料,进行了深入的分析,认为雍正"入承大统"系"巧取"所致④,而萧一山

① 郑传斌:《康熙朝朋党对当时政治的影响》,《河南师范大学学报》2004 年第 2 期。
② 王锺翰:《清朝前期的党争问题》,载《王锺翰清史论集》第二册,中华书局 2004 年版,第 934、946 页。
③ 王锺翰:《王锺翰学述》,浙江人民出版社 1999 年版,第 88 页。
④ 孟森:《清世宗入大统考实》,载《明清史论著集刊》（下）,中华书局 1959 年版,第 525 页。

对雍正继位之事的探讨甚少。孟森作为早期的清史大家，他的观点从 20 世纪 30 年代提出时就在学界与民间产生很大的影响。然而在 20 世纪 30 年代，王锺翰"虽然也就清史中的某些问题，如'清三通'、《四库全书简明目录》及清代则例等作过一些探索，但基本属于文献典籍的研究"①，并未产生很大的影响。

王锺翰真正"在清史学领域赢得一席之地，引起学术界注意，还是从雍正篡位的研究开始的"②。王锺翰从 1949 年发表《清世宗夺嫡考实》开始，然后在 1950 年发表《胤禛西征纪实》、1987 年发表《清圣祖遗诏考辨》、1990 年发表《年羹尧西征问题——兼论雍正西北民族政策》、1993 年发表《抚远大将军王奏档》等一系列文章，深入而全面地探讨雍正继位问题，引起学术界广泛关注，其观点也产生了很大影响。

王锺翰之所以关注雍正继位这一历史问题，是由于以下几个原因：首先，他认为雍正在位 13 年，在清朝统治中处于承上启下的地位，"自然是不能为治史者所忽视的"，应该有学者对雍正予以深入研究。其次，康熙以汉制立太子，后来"再立再废，父子兄弟之间视同敌国，夺嫡之争最烈"，"不能不增加人们对雍正继位一事的兴趣"，因而引起了他对此事研究的广泛兴趣。再次，是由于雍正继位问题既"与清代民族矛盾发生联系"，又与雍正、乾隆两朝民族统治政策的变化密切相关，因此治清史者不可不察。③ 最后，也是最为重要的一个原因是在王锺翰看来，"孟老在史料收集上尚未详尽"，对研究雍正继位有重要参考价值的《永宪录》，孟森没有利用④，在论证此事方面的材料收集不全，其结论也难以服人，王锺翰很不赞同孟森关于雍正继位后屠兄戮弟事件、年羹尧隆科多案与雍正夺位无关的观点。

正是由于上述原因，王锺翰先后撰述《清世宗夺嫡考实》《清圣祖

① 王锺翰：《王锺翰学述》，浙江人民出版社 1999 年版，第 86 页。
② 王锺翰：《王锺翰学述》，浙江人民出版社 1999 年版，第 86 页。
③ 王锺翰：《王锺翰学述》，浙江人民出版社 1999 年版，第 87—88 页。
④ 王锺翰：《王锺翰学述》，浙江人民出版社 1999 年版，第 87—88 页。

遗诏考辨》等论文，展开了对雍正继位问题的深入分析和考索①。他对这一问题的考察，是从以下几方面入手的，并得出以下结论：

其一，王锺翰认为雍正确实参与了"康熙朝嫡位之争"。

首先，他根据《清圣祖实录》、徐倬的《道贵堂类稿》中的"应皇太子教"诗及朱彝尊的《曝书亭集》等记载，探讨了诸皇子争夺皇位的背景。他指出："太子结党，密谋大事"，这是事实，"太子再被废后，无复有敢言者"。当时除"太子党"外，还有"皇四子党""皇八子党"等，"彼此勾心斗角，互相倾轧，无有已时"。②"皇八子允禩希冀为皇太子者久矣，与皇九子允禟、皇十四子允祯（即允禵）结为死党。其聚集党羽，欲杀害太子"，在拘禁太子时，竟有皇子上奏："欲诛允礽，不必出自皇父之手"，可以看出康熙晚年皇位"争夺之烈"，"骨肉相残，有如是者"。③

其次，王锺翰从雍正元年（1723年）《上谕内阁》的记载入手，指出雍正很多所言是"欲盖弥彰"。上谕内阁记曰："朕在藩邸……皇考知朕中立不倚，断无杀戮之事，是以命朕继承大统"；同年又谕曰："我圣祖仁皇帝为宗社臣民计，慎选于诸子中，命朕继承统绪"；还屡言："历年身居藩邸，享安闲之福"；"坦怀接物，无希望大位之心"；"不特不与人结仇，亦不与人结党"。④王锺翰认为雍正以上所述，"夷考其实，则大不然"，实为"阴险诈伪之极"。如《上谕内阁》雍正二年（1724年）闰四月十四日记载："皇考每训朕：诸事当戒急用忍。屡降谕旨。朕敬书

① 对雍正继位之事，清史学界持篡位说者与持正常继位说者历来争论不休。20世纪40年代至70年代左右，雍正阴谋篡位说在学界与民间广泛流传，20世纪80年代后，许多学者认为雍正是正常继位，如冯尔康的《康熙朝的储位之争和胤禛的胜利》、史松的《康熙朝皇位继承斗争和雍正继位》、李国荣与张书才合著的《实说雍正》、阎学仁的《雍正并非篡权——雍正即位考辨》、杨启樵的《雍正帝及其密折制度研究》、阎崇年的《清朝皇帝列传》均持此观点。
② 王锺翰：《清世宗夺嫡考实》，载《王锺翰清史论集》第二册，中华书局2004年版，第1064—1066页。
③ 王锺翰：《清世宗夺嫡考实》，载《王锺翰清史论集》第二册，中华书局2004年版，第1066页。
④ 王锺翰：《清世宗夺嫡考实》，载《王锺翰清史论集》第二册，中华书局2004年版，第1068页。

于居室之所，观瞻自警"①；胤禛还言皇太子"二阿哥断不可放出"，及其既死，曰"其身若在，仍属负罪之人"；雍正三年（1725 年）四月二十八日上谕明云："沈竹、戴铎乃朕藩邸旧人。"王锺翰尤其指出年羹尧为"川抚时所上的'今日之不负皇上，他日不负王爷'一折"及"雍正元年二折"为世宗多年图谋大位的"铁证"。那么，它们又是怎样的内容呢？雍正元年（1723 年）第一折为正月初二，其中有雍正与隆科多谈及年羹尧："此人朕与尔先前不但不深知他（年羹尧），真正大错了！此人真圣祖皇考忠臣，朕之良臣，真正当代第一超群拔类之稀有大臣也。"② 第二折为年羹尧日奏的奏折，日期为雍正元年正月十二，其中有："臣受恩最深，忠君之念不自今日。我皇上至孝本乎性能，自古帝王未有，此臣平日所深知者。"③

其二，王锺翰认为，年羹尧和隆科多是雍正密谋夺嫡的长期参与者，他们最终遭到诛杀灭口是必然的历史下场。王锺翰在论述"阿、塞、年、隆之狱"过程中指出："阿、塞在必诛之列，尽人皆知。独年、隆以功首而就夷戮，且年之显戮，犹在阿、塞之前，则不得其故。世或以年恃功骄蹇，不缴硃谕，为致死之由，当属皮相之论。若深察世宗之为人，则年、隆之戮辱，诚为不可避免之事。盖年、隆皆反复无常之人，非得其力，不足以成事，而对于其人，则早有戒心，用毕即杀之除之，早已预有成算，即使二人恭顺自矢，亦难免祸。不然，年尚可以骄蹇目之，隆则何说乎？此外则年、隆赞佐密谋时，必有许多不可告人之隐，若留活口，终是后患。"④ 进而，王锺翰还指出："年之诛也，尤早于隆。罪状至九十二款之多，实皆非必杀之罪。盖年之入雍正府，早在康熙四十

---

① 王锺翰：《清世宗夺嫡考实》，载《王锺翰清史论集》第二册，中华书局 2004 年版，第 1068、1094 页。

② 中国第一历史档案馆编：《雍正朝汉文朱批奏折汇编》第一册，江苏古籍出版社 1986 年版，第 2 页。

③ 中国第一历史档案馆编：《雍正朝汉文朱批奏折汇编》第一册，江苏古籍出版社 1986 年版，第 8 页。

④ 王锺翰：《清世宗夺嫡考实》，载《王锺翰清史论集》第二册，中华书局 2004 年版，第 1075 页。

八年前；而抚川时，世宗即责其有'今日之不负皇上，即他日之不负王父'之语为'无法无天'。所谓'无法无天'，即此密谋，只能存于心，不能宣于口。迨世宗即位后，年恳请见陛折云：'臣受恩最深，忠君之念不自今日，我皇上至孝本乎性成，自古帝王所未有，此臣平日所深知者。'可见年早预夺储之谋"，"雍正元年正月初二日未刊朱批年折云：'舅舅隆科多，此人朕与尔先前不但不深知他，真正大错了！此人真圣祖皇考忠臣，朕之功臣，国家良臣，真正当代第一超群拔类之稀有大臣也！'可见，世宗篡夺之谋，年、隆实预腹心之寄"。①

很明显，从王锺翰上述依据的记载与进一步分析来看，年羹尧与世宗确早有"密谋"。而且，王锺翰尤其强调年羹尧"罪状至九十二款之多，实皆非必杀之罪"，这是很值得注意的。另外，雍正继位之初，有些皇子明显反对雍正继承皇位，如无掌握北京军队实权的隆科多的支持，雍正在继位后能压住"反抗"、稳住"局势"吗？隆科多在雍正继位之前多年都无一罪名，而在雍正继位后怎么也突然有数十条罪呢？而且都是大罪、重罪，雍正显然是在有意找借口除掉隆科多、年羹尧等知道继位"内幕"的人，以便从根本上防止他们散布继位实情的言论。应该说，王锺翰的分析不无道理。

王锺翰又根据康熙四十八年胤禛奏疏，"此等（允禩、允禟）悖逆之人，何足屡烦圣怒。乱臣贼子，自有国法。若交于臣，便可即行诛戮"，可见，"世宗欲杀（允）禩、（允）禟之心，早已蓄于同为皇子时"。② 而且《文献丛编》第三辑中的《戴铎奏折》中的记载进一步论述："世宗图谋大位已逾二十年"，指出康熙五十七年李光地奉旨回京，"系为立储之事"，"乃语戴铎云：'目下诸王，八王最贤'，而铎密告之曰：'八王柔懦无为，不及我四王爷聪明天纵，才德兼全；且恩威并济，大有作为'"，"大人如肯相为，将来富贵共之"。雍正在继位以后，对其

───────────

① 王锺翰：《清世宗夺嫡考实》，载《王锺翰清史论集》第二册，中华书局2004年版，第1076页。

② 王锺翰：《清世宗夺嫡考实》，载《王锺翰清史论集》第二册，中华书局2004年版，第1073页。

政敌"苟非数十年以死相搏之仇恨","何必一一置之死地而后快意?"①王锺翰还指出，世宗曾自道在藩邸四十年，从旁观看，凡党恶渠魁，潜蓄邪谋，背公枉法之事，靡不洞悉。"而阿其那、塞思黑及同党之巨恶数人，自知平日叛逆之罪，为朕深知，必不能逃于诛戮，而怙恶之念愈坚。"②

从上面王锺翰所依据的记载来看，雍正在对皇位继承权的争夺中不但结党，而且蓄谋多年。王锺翰认为雍正自述的"历年身居藩邸，享安闲之福""坦怀接物，无希望大位之心"及"不特不与人结仇，亦不与人结党"等是"阴险诈伪"的假话的论断也是令人信服的。对此，戴逸主编的《简明清史》一书根据雍正对年羹尧奏折的朱批等记载，也指出：雍正"说得最甜"，"干得却最毒"。"除了已经剪除的诸皇子外"，还有年羹尧与隆科多等人"完全掌握了雍正的隐私"，"这可能是他们突然失宠、遭到杀身之祸的原因"。③

其三，王锺翰依据《清圣祖实录》《上谕内阁》《永宪录》的相关记载比勘分析，认为雍正篡立确凿有据。他指出："《实录》有意删改上谕之处，历历可考。""《世宗实录》成于乾隆十六年"，"《上谕内阁》颁于雍正九年。《永宪录》撰成在乾隆十七年，其凡例自谓皆录自邸钞。尝以三者对勘，《永宪录》虽间有漏遗删节，而语句尚保有最初之真面目。《上谕内阁》则已有修改痕迹。《实录》则又加修改。若以《实录》字字皆为信史，岂非谬误？不特此也，《圣祖实录》成书于雍正九年，《实录》中未见允祯之名。若非见于《皇清通志纲要》，后人决不知允祯为允禵之本名矣"。④"圣祖驾崩，世宗尚在南郊，乃云：'驰至问安，皇考告以症候日增之故'，而一字未提传位之事，固可疑

---

① 王锺翰：《清世宗夺嫡考实》，载《王锺翰清史论集》第二册，中华书局2004年版，第1078页。
② 王锺翰：《清世宗夺嫡考实》，载《王锺翰清史论集》第二册，中华书局2004年版，第1079—1080页。
③ 戴逸主编：《简明清史》，中国人民大学出版社2006年版，第449页。
④ 王锺翰：《清世宗夺嫡考实》，载《王锺翰清史论集》第二册，中华书局2004年版，第1080—1081页。

矣；证以遗诏之不在寅刻，果亲王允礼之不在寝宫，则录中所云，必非当日实事。此谋父之终可疑"，因此，王氏总结为"世宗篡立，确凿有据"。① 从王锺翰依据的材料及其分析来看，他的阐述是翔实的，结论是比较令人信服的。

《胤祯西征纪实》为《清世宗夺嫡考实》的姊妹篇，王锺翰在文中根据《抚远大将军奏议》《上谕内阁》等文献，指出皇十四子胤祯（允禵）不辱使命，在康熙五十九年将准噶尔部驱逐出西藏，恢复清廷对西藏统治的历史功绩。王锺翰根据康熙谕旨："大将军王是我皇子，确系良将，带领大军，深知有带兵才能。故令掌生杀重任。尔等（青海盟长亲王罗卜藏丹津等）或军务，或巨细事务，均应谨遵大将军王指示。如能诚意奋勉，即与我当面训示无异"等记载，认为："圣祖固畀胤祯以专征重寄，生杀予夺之权，集于一身，又为清代绝无仅有之事。"从王锺翰的引用与所述的内容来看，王锺翰虽没有明确说出，但他认为康熙本来指定的继承人为皇十四子胤祯。在康熙驾崩之际，胤祯远在千里之外，不能了解皇位继承的即时变化，军事上又受制于"熟悉西边情形"的年羹尧②，"徒拥虚号"，最终只能是雍正一纸诏书，胤祯"尽成束手矣"。他被囚禁 13 年，在雍正驾崩后被放出，时年 48 岁，已无雄心壮志了。

其四，王锺翰认为雍正伪造了康熙遗诏。后来，在《清圣祖遗诏考辨》文中，王锺翰用 20 世纪 80 年代收集到的文献《康熙起居注》《康熙遗诏》满汉文与《上谕内阁》《清圣祖实录》比勘分析，坚持认为世宗继承皇位系篡夺而来。他从目前仅存的汉文本和满文本两份《康熙遗诏》原件的对勘考订，证实了《康熙遗诏》先有汉文本，再译成满文本而有满汉文本，而两者均系从《面谕》增删、修改润饰而成。王锺翰对这些极为关键的史料作了深入的分析，他指出：

---

① 王锺翰：《清世宗夺嫡考实》，载《王锺翰清史论集》第二册，中华书局 2004 年版，第 1078—1079 页。

② 王锺翰：《清世宗夺嫡考实》，载《王锺翰清史论集》第二册，中华书局 2004 年版，第 1123 页。

目前出版的《康熙起居注》一书中康熙五十六年十一月二十日这一天之所以脱载《面谕》全文，恐怕是在圣祖死去后不久，为了寻找作为撰写《遗诏》的依据，《面谕》这一份最好的第一手资料势必要从起居注馆中被调出来，等到既被增删、修改润饰成为正式的《遗诏》之后，被提调出来的那份《面谕》也就自然不再送还起居注馆了。因此，今天《康熙起居注》中不见这份长达三千字的《面谕》的记载，也就一点不奇怪了。……还有一个问题需要解答的是，《面谕》既从起居注馆被调了出来，《康熙起居注》一书中所以没有记载，而在《实录》里又为什么将《面谕》全文一字不漏地被保存下来呢？惟一合乎情理的解答是这样的：按清制，《面谕》除了起居注馆保存有一份存档外，内阁大库存有另一份同样的存档。……当时《面谕》存档被提取去作为撰写《遗诏》的依据，而忘了再去内阁调取那另一份同样的《面谕》存档。到后来日子一久，纂修《圣祖实录》时又未及细检查勘，不但增删、修改润饰而成的《遗诏》被载入了《实录》康熙六十一年十二月十三日甲午之下，而长达三千字左右在内的《面谕》存档或许被认为与《遗诏》无关，所以才被收入《实录》康熙五十六年十二月二十五日乙巳之下，一直幸存至今。①

从王锺翰所依据的可靠的史料与深入的论证来看，王锺翰得出《康熙遗诏》是伪造的看法是可信的，这已经是对雍正继位问题相当深入的探讨了，是"对破译雍正继位之谜的一大突破"②。

王锺翰指出雍正继位问题与胤禩、胤禟被害及"年羹尧、隆科多之狱"有关，从整个事件来说，雍正"篡立是全部事件的核心"，康熙"立储贰不果"是"其起因"，而"剪除同党异己乃为其余波"。③后来，

---

① 王锺翰：《清圣祖遗诏考辨》，载《王锺翰清史论集》第二册，中华书局 2004 年版，第 1188—1189 页。

② 金恒源：《雍正帝篡位说新证》，《史林》2004 年第 3 期。

③ 王锺翰：《王锺翰学述》，浙江人民出版社 1999 年版，第 94 页。

王氏一直"坚持自己 50 年前的这一看法"①，也不赞同孟森所持有的世宗继位与雍正屠兄戮弟、年羹尧案以及隆科多案等无关的看法②。

同时，王锺翰还认为年羹尧出任川陕总督从多方"控制胤祯"，使胤祯处于"无所作为之地"，作为雍正"死党"的年氏为雍正"策划夺位"，其功不可没。"年（羹尧）在表面上对胤祯听命唯谨，称之为'大将军王'（时胤祯为固山贝子），尊重之无以复加"，但"暗地里，年在军糈和用人上，处处想方设法以控制胤祯"。特别在康熙驾崩后，"年羹尧代为管理军务，等于实授抚远大将军"，使雍正"能够顺利篡夺皇帝宝座"。③

其五，王锺翰认为康熙是被雍正、隆科多等人用参汤毒死的。王锺翰指出，后来关于康熙之死的种种传闻，散布人口，"并非事后野人之语，如云：'圣祖皇帝在畅春园病重，皇上就进一碗人参汤，不知何如，圣祖就崩了驾'"④。也就是说，王锺翰怀疑康熙是被雍正、隆科多等人用参汤毒死的。但是，应该指出的是，王锺翰的这一观点是值得商榷的。

南开大学常建华教授后来曾对此事作过深入的考证，他依据新出版的《清代起居注册·康熙朝》在《康熙帝不可能死于喝人参汤新证》文中举出了一些康熙对使用人参治病的看法：

> 其一，康熙三十二年（1693 年）元月十八日的记载：太医孙斯百等误用人参，以致皇上烦燥甚病，又妄言当用附子、肉桂等语。查律：合和御药误，不依对症本方，将医人杖一百。今孙斯百等罪甚重大，难以比律拟罪，应将孙斯百、孙徽百、郑起鹍、罗性涵俱拟斩。上曰："孙斯百等误诊朕病，强用人参，致朕烦燥甚病，又将他人所立之方，伊等阻隔不使前进，其后朕决意不用人参，病遂得

---

① 王锺翰：《王锺翰学述》，浙江人民出版社 1999 年版，第 94 页。
② 孟森：《清世宗入承大统考实》，载《明清史论著集刊》，中华书局 1959 年版，第 519 页。
③ 王锺翰：《年羹尧西征问题——兼论雍正西北民族政策》，载《王锺翰清史论集》第二册，中华书局 2004 年版，第 1241、1244、1252、1253 页。
④ 王锺翰：《清世宗夺嫡考实》，载《王锺翰清史论集》第二册，中华书局 2004 年版，第 1070、1079 页。

疼。今朕体痊愈，孙徵百……着从宽免死，孙斯百、郑起鹍、罗性涵俱从宽免死，各责二十板，永不许行医。"

其二，康熙三十八年（1699 年）九月十九日的记载，与康熙帝误用人参时隔六年，康熙帝谈到南方人因服用人参补药而加重病情的情形："南人一病不支者，具系动服人参之故，凡肚腹作泻，皆饮食不调所致，更服补剂，误人多矣，看来，人因水土，信然。"

不仅如此，根据《康熙朝汉文朱批奏折汇编》记载：同年（上文的康熙五十年，1711 年）九月康熙帝特别在大学士李光地奏折上朱批："坐汤好，须日子多才是，尔汉人最喜吃人参，参害人处就死难觉。"

再如中国第一历史档案馆所藏《康熙起居注》记载，康熙五十七年（1718 年）正月二十日，江南太仓人，大学士王掞劝康熙帝吃补血气的药，康熙帝回答说："南人最好服药、服参，北人于参不合，朕从前不轻用药，恐于病不投，无益有损。"①

很显然，常建华所用的史料是来自康熙本人所言，这是很有说服力的，他持"康熙帝不可能死于喝人参汤"的观点也是可信的。因此，王锺翰怀疑康熙服参汤而死之说是值得商榷的。

《清世宗夺嫡考实》一文为王锺翰在 20 世纪 40 年代末期撰成的，是王锺翰较早的作品。后来，王锺翰经过深入考证而又指出雍正伪造康熙遗诏，这极大地增加了"世宗篡立"的可能。不过，王氏"确凿有据"的论述也值得商榷，雍正篡权夺位毕竟没有直接证据。这些史料证明了胤禛为此事进行了长期的谋划且心地阴狠、假话连篇，但也不能排除康熙就是传位于雍正的可能，杨启樵就认为："以此作为（雍正）篡立的铁证，实无法苟同。"② 持篡位说者从王锺翰开始就坚持此观点，后来杨珍、金承艺、金恒源等学者赞同并坚持此说。其中金恒源进一步挖掘史

① 常建华：《康熙帝不可能死于喝人参汤新证》，《紫禁城》2011 年第 1 期。
② 杨启樵：《雍正帝及其密折制度研究》，上海古籍出版社 2003 年版，第 54 页。

料，论证了雍正继位之事中"'八人同受面谕'系雍正事后伪造"，以及"胤禛、隆科多在康熙临终前派兵反控畅春园（康熙住所）"并对康熙之死采取"秘不发丧"又"伪造遗诏"等措施。①

统而论之，王锺翰从 20 世纪 40 年代末就开始研究雍正继位这一历史疑案，50 多年来一直坚持雍正阴谋篡位说。从引用资料的范围与分析过程来看，王氏进行了深入的探讨，其研究超越了此前学者考察的深度，有创见并得到一些学者赞同。王锺翰的《清世宗夺嫡考实》一文为继孟氏之后以更翔实的材料对雍正继位问题进行更严谨的考证，也是王氏受到学术界关注的作品之一。该文发表后不久，洪业从美国写信给王锺翰，说："读《清世宗夺嫡考实》为之拍案叫好！"② 王俊义指出王锺翰对雍正继位问题的研究，"进一步论证了其四十年前的观点，且有新的补充和发展，在学术界引起了很大的反响"③。应该说，王锺翰的研究推动了雍正是否夺嫡问题研究的深入，并且产生了广泛的学术影响。

王锺翰在 1983 年发表的《"清宫四大奇案"是怎么回事?》一文中，还对"雍正被刺""狸猫换太子"等历史传闻进行了探讨，他认为《清实录》《清史稿》《清史列传》等重要史籍中无相关蛛丝马迹的记载，因此"不能证明世宗一定就是被刺"，只能等待"发掘清西陵"，"看世宗到底有无头颅"，"以证实被刺与否"，"狸猫换太子"也是"牵强附会"之说。④ 王锺翰指出世宗"好佛好道，多交剑客侠士"，"求长生吞丹药，以致暴崩，也有可能"。⑤ 可见，王锺翰坚持历史事件要经过严谨的考证才能作出比较可信的结论来。实际上，关于雍正之死，目前一些学者认为雍正很大可能的死因是服用丹药中毒而死，因为雍正在掌权后期也像

---

① 金恒源：《雍正帝篡位说新证》，《史林》2004 年第 3 期。

② 王锺翰：《王锺翰学述》，浙江人民出版社 1999 年版，第 95 页。

③ 王俊义：《赫赫清史大家　巍然一代宗师——重读王锺翰〈学述〉与〈清史论集〉兼论其学术成就与思想》，载《纪念王锺翰先生百年诞辰学术文集》，中央民族大学出版社 2013 年版，第 996 页。

④ 王锺翰：《"清宫四大奇案"是怎么回事?》，载《王锺翰清史论集》第二册，中华书局 2004 年版，第 805—807 页。

⑤ 王锺翰：《"清宫四大奇案"是怎么回事?》，载《王锺翰清史论集》第二册，中华书局 2004 年版，第 805 页。

古代其他帝王一样，追求长生不老、修道成仙，常与道士"混在一起"，命道士炼制"仙丹"。李国荣指出雍正朝《活计档》"披露了雍正炼丹的一些情况"①，从中可知，雍正对炼"金丹"之事很了解，他也服用了较多用硫黄、汞、铅等有毒物质炼成的丹药。还有，从雍正执政 13 年，但朱批数量如此之多，这反映了其主政时期勤政，也表明其有处理政务劳累致死的可能。另外，朝鲜《承政院日记》中记曰："雍正晚年贪图女色，病入膏肓，自腰以下不能运用者久矣，年且六十，其死固宜。"② 雍正当了七八年皇帝后，政敌镇压得差不多了，局势较为稳定以后，他可能放纵女色，这或许也是促使他暴亡的原因。

（五）对清代秘密结社、宗教起义的研究

清代的秘密结社、秘密宗教组织较多，这些组织不仅发展时间较长，而且多次发动起义，虽先后受到统治阶级的镇压，但也给当时的社会造成了较大的影响。因而，从 20 世纪 60 年代起就引起较多学者们的关注。如魏建猷、戴逸、蔡少卿、赫治清、秦宝琦、刘美珍等对天地会的发源地、创始时间、宗旨、性质等都有深入的研究③，喻松青对天理教的名称及其发展演变等作了系统的研究④，马西沙对八卦教的形成进行了比较深入的探讨⑤。王锺翰在 2005 年修改、2006 年出版的《清史满族史讲义稿》中，也论述了清代破产手工业者等贫困民众的秘密结社或利用宗教进行起义的问题。

王锺翰首先从清代中后期的经济、政治、社会等几方面分析清代秘密

---

① 李国荣：《雍正炼丹秘事》，《紫禁城》1996 年第 3 期。

② 杨启樵：《雍正帝及其密折制度研究》，上海古籍出版社 2003 年版，第 270 页。

③ 魏建猷：《试论"天地会"的性质》，《文汇报》1960 年 12 月 20 日；戴逸：《关于天地会的若干问题》，《文化报》1961 年 1 月 20 日；蔡少卿：《关于天地会的起源问题》，《北京大学学报》1964 年第 1 期；赫治清：《天地会起源"乾隆说"质疑》，《中国史研究》1983 年第 3 期；秦宝琦：《天地会起源"乾隆说"新证》，《历史档案》1986 年第 1 期；秦宝琦、刘美珍：《关于天地会历史上的若干问题》，载《明清史国际学术讨论会论文集》，天津人民出版社 1982 年版。

④ 喻松青：《天理教探研》，载胡绳武、马汝珩主编《清史研究集》第 4 辑，四川人民出版社 1986 年版。

⑤ 马西沙：《八卦教世袭传教家族的兴衰》，载《清史研究集》第 4 辑，四川人民出版社 1986 年版。

结社形成的社会根源。第一，"经济停滞"是一个重要原因。"截至乾隆时期，除江南一些商品经济发达的地区外，农民生产的粮食、棉茶主要满足自身的需要，所谓'男耕女织'即是对这种自给自足经营方式的最形象的描绘。""由于封建地主阶级享有政治经济的特权，又千方百计逃避赋税，小农就成为封建王朝纳税的主体"，"迨至乾隆时期土地兼并已日趋严重，而人口激增使得土地问题愈发尖锐"。第二，长期以来清廷采取"重本抑末传统政策"，并对海外贸易进行限制，使"商人的经济实力自然受到很大程度的削弱"，许多商人生计艰难甚至破产。第三，"鸦片走私与白银外流"使"已经处于停滞的经济更加陷入困境"。因此，许多破产的手工业者"无以为生"，希望加入"秘密结社""秘密宗教"来"改变命运"。[1]

进而，王锺翰逐一论述了白莲教起义、清水教王敦起义、八卦教暴动、台湾天地会起义的基本情况。

白莲教形成于宋代，宣扬"弥勒佛出世，普天同乐，在底层社会中广泛流传。由于白莲教的宗旨是战胜黑暗，以明王出世，进行煽动"[2]。该教在元代、明代都受到政府的镇压。入清后，清政府于顺治十三年（1656 年）下令取缔。在乾隆统治期间，清廷多次对白莲教及其支派进行大规模的搜捕与镇压。直至嘉庆九年（1804 年），"清军才把苟文润所率领的白莲教起义军歼灭，清政府为此付出了沉重的代价"[3]。

清水教为白莲教的一支，声称"饮水一瓯（杯或碗），可四十九日不食，因名其教为清水"[4]。山东人王敦，"多力有拳勇，尝为县役，因事被斥责，无以为生，遂抄缀中医成方、验方之书，为人治病颇验"[5]。

---

① 王锺翰：《嘉庆与白莲教》，载《清史满族史讲义稿》，鹭江出版社 2006 年版，第309—312 页。

② 王锺翰：《嘉庆与白莲教》，载《清史满族史讲义稿》，鹭江出版社 2006 年版，第318 页。

③ 王锺翰：《嘉庆与白莲教》，载《清史满族史讲义稿》，鹭江出版社 2006 年版，第318—320 页。

④ 王锺翰：《嘉庆与白莲教》，载《清史满族史讲义稿》，鹭江出版社 2006 年版，第313 页。

⑤ 王锺翰：《嘉庆与白莲教》，载《清史满族史讲义稿》，鹭江出版社 2006 年版，第313 页。

他加入清水教，以行医为传教手段。经过 20 余年的传教，王敦"吸收了一大批骨干"①。乾隆三十九年（1774 年）王敦准备发动起义，后被清廷镇压，王敦等人生死不明。

混元教始于乾隆三十九年（1774 年），教首为河南樊明德，原本"务农度日"，后"与人治病，颇有效验"，"倡立混元教教名"②。鉴于"混元教点化经中有'换乾坤''换世界'等煽动性语言"③，经乾隆批准，将樊明德抓捕后凌迟处死，该教遂被清廷取缔。

八卦教首领刘佐臣原为白莲教头目，乾隆三十七年（1772 年），该教被查封，部分首领被清廷抓获，得以逃脱的首领一方面"继续收徒传教"，一方面"发动暴动"。该教在乾隆朝后期很快被镇压。④

台湾天地会为乾隆中期在福建、广东一带建立的秘密帮会，其主要成员是肩挑贩运的个体劳动者。该会"仿照刘、关、张桃源三结义方式结盟"，其"内部组织极为严密，会员之间要靠隐语、暗号进行联络，因而天地会成立已有几十年之久，清政府对其一无所知，直到林爽文在台湾领导的天地会起义爆发后，闽浙总督常舒于乾隆五十一年（1786 年）十二月二十七日急奏派陆路提督任承恩领标兵 1200 名赴台湾进剿"时⑤，清廷才获悉。在乾隆五十二年（1787 年），该会林爽文领导的会员已达 20 余万人，乾隆五十三年（1788 年）被镇压，林爽文被处死，其余首领 20 余人被擒获并处死。⑥

总之，与此前学者研究有所不同的是，王锺翰偏重于从清代政治、

---

① 王锺翰：《嘉庆与白莲教》，载《清史满族史讲义稿》，鹭江出版社 2006 年版，第 313—314 页。

② 王锺翰：《嘉庆与白莲教》，载《清史满族史讲义稿》，鹭江出版社 2006 年版，第 314 页。

③ 王锺翰：《嘉庆与白莲教》，载《清史满族史讲义稿》，鹭江出版社 2006 年版，第 314 页。

④ 王锺翰：《嘉庆与白莲教》，载《清史满族史讲义稿》，鹭江出版社 2006 年版，第 314—315 页。

⑤ 王锺翰：《嘉庆与白莲教》，载《清史满族史讲义稿》，鹭江出版社 2006 年版，第 315—316 页。

⑥ 王锺翰：《嘉庆与白莲教》，载《清史满族史讲义稿》，鹭江出版社 2006 年版，第 315—318 页。

经济形势以及民众所处的状况等方面分析清代秘密结社、秘密宗教产生的社会根源，指出了当时秘密教会的成立既有其社会客观原因，也有广大贫民"寄托'换乾坤、换世界'"的愿望。① 同时，他也论述了一些秘密教会的发展及其组织的暴动及被镇压的过程，但较为简略。

（六）对"慈禧听政"的研究

20 世纪七八十年代对慈禧进行"垂帘听政"及与其相关的"辛酉政变"研究较多，论述各有侧重。如郭毅生分析了慈禧政变及其成功的原因②，袁定中探讨了慈禧发动政变与"垂帘听政"等过程③，任恒俊对政变中肃顺集团、奕䜣集团、两宫太后的权力关系进行分析④。在《清史满族史讲义稿》书中，王锺翰也概要分析了慈禧政变及其"听政"问题。

王锺翰对这一问题的考察也是首先以当时的社会历史形势着眼的。他指出，清廷经过太平天国运动之后，特别是"咸丰帝在位十一年，内忧外患，纷至沓来，大局糜烂，不可收拾"。咸丰病死后，不满五岁的同治帝继位，慈禧太后发动阴谋政变，处死、发配了肃顺、载垣等人。慈禧与慈安操纵实权，实行"听政"，"慈安人极老实而不管事，一切实权却操于慈禧一人之手"。她"之所以不为同治立后，因为她不愿做尊而不亲的太皇太后，自己要垂帘听政，要有实权"。同治死后，四岁的光绪继位，"清末五十年的政治大权实际上完全由慈禧太后一人操管着"。慈禧"宠用宦官李莲英等，贪污昏庸，卒酿乱阶"，她是"一个骄矜的贵妇，她没有政治家的眼光，思想又极顽固"，"不过是一个平常的妇人"，虽有"坚强的能力，灵活的手段"，但"知识不够，是受了时代教育的限制"，不能"过分地责备她"；"她维持清王朝的统治权，始终依赖曾、左、李等勘定大乱，佐治中央，不因无识的满、汉人等之排觗而移其信

---

① 王锺翰：《嘉庆与白莲教》，载《清史满族史讲义稿》，鹭江出版社 2006 年版，第 313 页。

② 郭毅生：《那拉氏（慈禧）是怎样篡权的？》，《中央民族学院学报》1977 年第 2 期。

③ 袁定中：《叶赫那拉氏（慈禧）"垂帘听政"的由来》，《文物》1977 年第 3 期。

④ 任恒俊：《论辛酉政变》，《近代史研究》1986 年第 1 期。

任之心，这也是难能可贵的事"。① 对此，阎崇年更深刻地指出，慈禧"在男权社会，一个4亿人口的大国掌权48年，的确不容易。但作为政治家，她却是不合格的。她没有起码的文化素养，对天下形势如同井底之蛙"②。

王锺翰还认为中国历史上"从古功成志满，人主喜心一生，而骄心已伏，奄寺（宦官）即有乘此喜而贡其谄媚矣；左右即有因此喜而肆其蒙蔽矣"。慈禧和同治"都是由喜而骄，以败坏天下事者，这是由于中国旧政治制度的关系而产生的。因为专制制度即令'开明'，也不能适应近代世界潮流，救国家，救民族，何况专制制度又根本不能开明，能以一国大政付诸一二妇孺之手而任其喜怒吗？"所以后来"中国人民揭竿而起的国民革命军在民主先驱孙中山先生的领导下"，顺应历史潮流，提出了"推翻清王朝，建立中华民国的响亮口号"。③

不过，王氏持有的慈禧和同治"都是由喜而骄，以败坏天下事者"的观点，似有商榷之处。这一看法或许是一方面原因。更重要的是，当时清代科技、工业已远落后于欧美，这使清朝的军事与国防相当落后。从19世纪初，中国处于闭关锁国的道光时期，西方"工业革命逐渐地从英国这个工业革命的发源地扩散到欧洲大陆，甚至扩散到世界其它地区"④，这使其武器也近代化。清代军队腐败、武器落后等是客观事实，明将袁崇焕曾使用从欧洲购得的"红夷大炮"⑤ 击伤努尔哈赤。可见，满洲贵族入主中原之前，中国的科技、军事工业已落后于欧洲。慈禧靠玩弄权术并依靠曾国藩、李鸿章等人"佐治"而维持政权近半个世纪，她治理大清帝国，"既没有理论素养，又无实践经验"，与其同时代或前

---

① 王锺翰：《光绪与慈禧听政》，载《清史满族史讲义稿》，鹭江出版社2006年版，第384—387页。

② 阎崇年：《清兴于合而亡于僵》，载《清朝皇帝列传》，中华书局2010年版，第387、388页。

③ 王锺翰：《光绪与慈禧听政》，载《清史满族史讲义稿》，鹭江出版社2006年版，第384—387页。

④ 刘祚昌、王觉非编：《世界史·近代编》（下），高等教育出版社1992年版，第89页。

⑤ 红夷大炮又名红衣大炮。

后的其他国家最高决策者又多为精干的强者，这更加剧了清朝在国际上的不利地位。如法国拿破仑、日本伊藤博文、俄国亚历山大二世等，英国虽然有女王，但实行首相制、议会制，而且维多利亚女王在任期间严格遵守宪法的规定，因此大清帝国的衰亡不可避免。①

　　总之，王锺翰从当时的社会形势出发，对慈禧发动政变与"听政"的过程、影响等进行了简要的分析，从制度方面提出了自己的一些看法，尽管有的观点有待商榷，但总体上说促进了学术界对这一问题的认识。

第三节　清代政治机构与制度研究

　　清代是中国封建君主专制集权发展的高峰时期，与之相伴随的机构与制度就成为学者关注的重要内容。王锺翰从 20 世纪 30 年代发表的《谈军机处》开始，就涉猎清代的官制与机构领域②；在 50 年代"自己钩稽"《三朝筹办夷务始末》等史料，发表《关于总理衙门》一文，对总理衙门资料作系统的梳理与总结③；80 年代又发表《清代官制简述》一文，对清代的封建机构与制度进行"再探讨"；90 年代又对内务府家世作考察，指出内府三旗成员地位的特殊性。其实学界在 80 年代之后对清代机构与制度的研究著述还是较多的，如张德泽的《清代国家机关考略》、李鹏年的《清代中央国家机关概述》等，他们大多偏重于对清代机构职能的介绍；也有对清代某一机关专门研究的著作，如王湘云的《清代内阁》、凌云的《清代内阁制度》等，但是像王锺翰这样将一些明清两代政治机关与制度进行深入比较的论述尚不多见。

一　对中央政治机构的研究

　　王锺翰对此问题的研究可分为军机处、内阁、总理衙门、理藩院等

---

① 阎崇年：《清朝十二帝总说》，载《正说清朝十二帝》，中华书局 2014 年版，第 273—275 页。
② 王锺翰：《王锺翰学述》，浙江人民出版社 1999 年版，第 126 页。
③ 王锺翰：《王锺翰学述》，浙江人民出版社 1999 年版，第 126 页。

部分，关于王氏对理藩院的研究在清代民族关系中专文探讨，以下就前几部分内容分别进行探讨。

（一）对军机处的研究

在清代政治机构中，军机处一直是众多学者关注的重点。1938 年王锺翰根据其师邓之诚在燕京大学历史学会的史学座谈会上的讲演词作整理、修改，征得邓氏同意后发表《谈军机处》一文。作者指出："清代大政所出的军机处"引起"近人颇多注意"，但只能"依稀仿佛，不能得其真像"①。而且"清亡将及三十年，老辈渐少，无人传述"，人们只凭梁章钜的《枢垣记略》等记载，"只能加以推想，当然不得要领"。②因此，作者认为欲知其详，还要依据《军机故事》《檐曝杂记》《行素斋杂记》《翁同龢日记》等诸书的记载。王锺翰从军机处与古代官制比较、军机处规制、军机处职掌三方面，"择其可信之言而言之"③，展开文章的论述。

其一，作者特别注重对清代军机处与历代中央机构的比较分析，这也是该文的显著特点。如王锺翰将成立于雍正七年（1729 年）的军机处与唐宋以来的枢密院相比④，指出："军机大臣为枢臣，章京为枢曹"，"枢密院始于唐末，以宦者为之"，"宋代枢密专管军事，与中枢称为二府，若以比五代时之枢密，总揽军政二端"，有相似之处，但"清代军机处非正式机关"。作者认为军机处只称之为"办理军机处"，军机大臣为"内廷差事"，所以"只有值庐，并无衙署"，其体制与宋代迥然不同，清代军机大臣除亲王、大学士外，亦有侍郎兼充，此与汉代尚书位

---

① 王锺翰：《谈军机处》，载《王锺翰清史论集》第二册，中华书局 2004 年版，第 1345 页。由于《谈军机处》一文主要为邓之诚的演讲稿，王锺翰只作了修改，此处简称撰写者为作者。

② 王锺翰：《谈军机处》，载《王锺翰清史论集》第二册，中华书局 2004 年版，第 1345 页。

③ 王锺翰：《谈军机处》，载《王锺翰清史论集》第二册，中华书局 2004 年版，第 1345 页。

④ 吕钊认为军机处成立于雍正八年（1730 年）。吕钊：《清代军机处的设立及其性质——兼与钱实甫同志商榷》，《历史教学》1963 年第 3 期。

卑权重亦颇相同。① 通过比较，可以看出清代军机处与历代中央机构既有联系又有其自身的特点。

其二，关于军机处的规制。王锺翰认为："军机大臣的额数皆由特简"，乾隆时增至四五人，军机大臣"首者称为领班，领班总领一切，末位军机往往为领班亲信"。章京，世人称之为"小军机"。对军机章京之选用，王氏指出皆由各部保送专补，成为定例。但论及军机处成立原因时，王氏仅指出"时值西北用兵，清世宗为集中事权起见"②。事实上，从当时的社会背景来看，皇位争夺历经波折，雍正得位后，势必要削弱满族王公大臣的权力，以维护皇权，西北军务所需应为其成立的重要原因之一。吕钊就指出"康熙时朋党林立"，诸王贵族的议政王大臣会议"具有与皇帝抗衡的实力"③。后来李治亭也认为："国初设内三院外，其军国政事，皆付议政诸王大臣，然半皆贵胄，不谙事务，宪皇（世宗）习知其弊，故设立军机大臣。"④ 可见，《谈军机处》一文尚未深入考察军机处的设立与当时雍正所处的权力状况及社会所需有很大关系。

其三，关于军机处的职掌。《谈军机处》一文将军机处职掌简要分为军机大臣与章京两类。对军机大臣的职掌，作者从"早事""见面折""奏片""传旨""承旨""廷寄""明发""电寄"等方面作了论述，指出军机章京有将"议旨呈由军机大臣改定"之职责，他们每日将折奏交内阁后归档，"三年缮修一次，保举最优"。同时，该文还认为："论军机处权能，章京位分虽低，隐握实权，势耀煊赫，仅稍次于军机大臣而已"，清廷"每次派大员赴外省查案时，亦有调章京为随从者"，因此，章京"出军机后，各省督抚以其熟悉政情，往往敬为上宾"。可见，根

---

　　① 王锺翰：《谈军机处》，载《王锺翰清史论集》第二册，中华书局 2004 年版，第 1346 页。

　　② 王锺翰：《谈军机处》，载《王锺翰清史论集》第二册，中华书局 2004 年版，第 1346 页。

　　③ 吕钊：《清代军机处的设立及其性质——兼与钱实甫同志商榷》，《历史教学》1963 年第 3 期。

　　④ 李治亭主编：《清史》（上），上海人民出版社 2002 年版，第 886 页。

据章京的重要地位，谓"军机处政本在章京，亦未为不可"。①

王氏又对军机处处理行政事务用"勤""速""密"三字概括。"勤"，"终年皇帝与军机大臣，除万寿及岁终数日外，几乎无一日不理事"。"速"，"每日摺奏多者至五六十件者，年终十二月二十五日为最末之一日"，折奏多至百余件者"皆于当天办完"。"密"，军机大臣被召见时，"太监不得在侧"，军机处"不准任何人窥探"，乾隆时"命御史一人稽查"。王氏的概括可谓精当，基本被后来的学者赞同。如刘子扬、季士家指出军机处班子精干与办事效率高等特点②。众所周知，军机处设置简练，军机大臣皆由皇帝特旨入值，而且其人员进退皆由皇帝决定，品级也不受制度限制。这样就把处理国家政务的中枢机构，完全处于皇帝的直接掌控之下，所以该文认为："清代政本在军机处，而军机处政本在章京。"③

总的来看，王锺翰对军机处设置、规制与职掌作了深入而系统的梳理与总结，在 20 世纪 30 年代的学术背景下，此为"最早对军机大臣的职务作过较详细论述"④，也是很有创见的学术前沿之作，这为后人继续研究奠定了重要基础。当然，尚有很多可以深入探讨的内容，如军机处与内阁等其他机构的关系、军机处整个发展过程的深入研究等。钱实甫曾指出："同内阁相比较"，军机处"固属无权"，但军机大臣"能够接近帝王，预闻大政"，并"有机会贡献自己的意见"。⑤ 可见，《谈军机处》一文对军机处的探讨尚属基础性考察，许多内容尚可以进一步探讨。

（二）对总理衙门的研究

关于总理衙门的研究，在中华人民共和国成立前，单士元梳理了总

---

① 王锺翰：《谈军机处》，载《王锺翰清史论集》第二册，中华书局 2004 年版，第 1348—1350 页。

② 刘子扬：《清代的军机处》，《历史档案》1981 年第 2 期；季士家：《浅论清军机处与极权政治》，《清史论丛》1984 年第 5 辑。

③ 王锺翰：《谈军机处》，载《王锺翰清史论集》第二册，中华书局 2004 年版，第 1350 页。

④ 陈生玺、杜家骥：《清史研究概说》，天津教育出版社 1991 年版，第 109 页。

⑤ 钱实甫：《清代的军机处》，《历史教学》1962 年第 9 期。

理衙门大臣年表之概况①，但未深入研究。1957 年王锺翰作《关于总理衙门》一文，对总理衙门进行了史实钩稽与基本考察。王锺翰之所以撰写此文，是因为在 20 世纪 50 年代前，"治清史者能言军机处者多"，"能言总理衙门者少"②，但咸丰十年（1860 年），"军机之权，转而移于总理衙门"，清廷"遂以办理各国通商事务为其当务之急"，总理衙门之设，"其重要性又可知"③，而《光绪会典》《清朝文献通考》及《总理衙门清档》皆"未尝详其沿革制度"④。于是，他根据《三朝筹办夷务始末》对咸丰、同治年间的总理衙门从其名称、组织、职权等方面进行了比较深入的考察。

1. 关于总理衙门的名称

王锺翰从总理衙门成立的历史背景入手指出，咸丰十年（1860 年）英国势力在中国最为"强悍"，而清廷志在灭捻为先，只为本阶级利益打算，背弃全体民族利益而不顾，一切唯外国列强之命是从。清廷于咸丰时期特设此机关，初名"抚夷局"，后改为总理衙门。⑤ 接着他考辨了总理衙门的名称变迁，他认为"总理衙门"名称中原来是有"通商"二字的，只是后来删除了。他根据《筹办夷务始末》（咸丰朝）"咸丰十年庚申十二月己巳"，"京师设立总理各国通商事务衙门"，清廷派恭亲王奕䜣、大学士桂良、户部左侍郎文祥管理，并"著礼部颁给钦命总理各国通商事务关防"等记载⑥，认为总理各国通商事务衙门的名称后来被删掉"通商"，出于清廷对外屈辱，以避"专办通商"之嫌。

---

① 单士元：《总理各国通商事务衙门年表》，《故宫博物院院刊》1990 年第 2 期。
② 王锺翰：《王锺翰学述》，浙江人民出版社 1999 年版，第 129 页。
③ 王锺翰：《关于总理衙门》，载《王锺翰清史论集》第四册，中华书局 2004 年版，第 2050 页。
④ 王锺翰：《关于总理衙门》，载《王锺翰清史论集》第四册，中华书局 2004 年版，第 2050 页。
⑤ 王锺翰：《关于总理衙门》，载《王锺翰清史论集》第四册，中华书局 2004 年版，第 2051 页。
⑥ 王锺翰：《关于总理衙门》，载《王锺翰清史论集》第四册，中华书局 2004 年版，第 2050—2051 页。

2. 关于总理衙门的组织

王锺翰指出在咸丰十年（1860 年），清廷设立抚夷局，并在内阁、部、院、军机处等各司员章京内，挑取满汉各八员，轮班入值，一切依照军机处办理。后来，"（抚夷）局设未久，即改总理衙门，而以王大臣、军机大臣兼领其事"。总的来说，总理衙门具有"亲王领班""总理大臣无定额，由军机大臣兼领，以重其事""总理大臣上行走及总理大臣上学习行走，全用军机章京制"三个特点，而且"俱仿军机处、亲王领班"的规制。帝国主义列强之所以要"亲王领班"，是因为当时帝国主义列强对清政府委派地方官员办理交涉的五口通商事务已感到不满，曾经屡次提出要求清政府委派品级、职位高的交涉人员，明显谋求交涉官员能具有决定问题的实权，以便外国列强在中国攫取更多的利益，这"打破清代一贯不变之成例"。①

从王锺翰对这一问题研究所参考史料的性质和数量，以及参考比较相关的研究论述看来，王锺翰对这一问题探讨是深入的，他的看法也基本被后世一些学者赞同。如钱实甫认为："总理衙门的出现正意味着中外反动势力相互勾结渐趋成熟。"②

3. 关于总理衙门的职权

总理衙门设立之后，其"职权繁重"，"除总理各国交涉事务外，同光间凡百维新事业，皆归总理衙门总其成"。对总理衙门的职权，王锺翰总结为通商、关税、交涉、学习外国等，而随着帝国主义侵略加剧，总理衙门事务逐渐繁多，又包括通商、关税、铁路、邮电、兴学等，后来逐渐变成职权繁多的"洋务衙门"。③

继王锺翰对总理衙门职权这一重要的问题探讨之后，清史学界在王锺翰考察的基础上作进一步探讨，如钱实甫简要比较了总理衙门与军机

① 王锺翰：《关于总理衙门》，载《王锺翰清史论集》第四册，中华书局 2004 年版，第 2052、2053、2055 页。

② 钱实甫：《清朝政权的半殖民化与总理衙门》，《历史教学》1963 年第 7 期。

③ 王锺翰：《关于总理衙门》，载《王锺翰清史论集》第四册，中华书局 2004 年版，第 2050、2068—2071、2073 页。

处的异同，并指出侵略者通过总理衙门这个"中枢机构对清政府逐步全面控制"①。吴福环论述了总理衙门与洋务运动的关系、影响等，他指出在整个洋务运动中，总理衙门倡导于先、主持于内，总理衙门与洋务运动密不可分。② 李文杰对总理衙门的内部成员的职责予以了详细阐述，系统探讨了章京制度与总办章京的职守、作用、变化、升迁情况③。总之，随着学术研究逐渐向前发展，学界的一些论述多以王氏的研究为基础，研究向纵深发展。

4. 关于总理衙门的通商大臣

王锺翰指出，总理衙门的通商大臣之设也"始于咸丰十年"，其"用意或在推宕外国交涉诸务"。通商大臣多由曾国藩、李鸿章等清廷重要官员"兼管"，他们除负责地方"外交之权"外，还负责维新事业，如路、矿、邮电、练兵、兴学、实业等事务。由于"北洋大臣之权太重"，所以后来"变为北洋派"，"清亡而演成北洋割据之局，实已种因于此"。④ 可见，对总理衙门中的通商大臣，王锺翰从当时社会已沦为半殖民地半封建社会的状况出发来探讨其职权范围。

王锺翰对总理衙门的研究，以"供习清史者参考，亦为自己日后深入研究之基础"⑤。按照名称、组织、职权及其通商大臣等几个方面进行整理、分析、归纳，详其沿革制度，也作出了一些具有创见的论断，为后人进一步研究奠定了重要的基础。

（三）对清代内阁的研究

学界一般认为，清代官制既有沿袭明制，亦有所变革，职责基本相同。王锺翰则不完全这样认为，他认为：清代的内阁制度虽沿袭明代，但是二者其实"名同实异"。1987 年，王锺翰在《清代官制简述》文中，根据《池北偶谈》《清世宗实录》《清史稿·职官志》《皇朝琐屑录》等

---

① 钱实甫：《清朝政权的半殖民化与总理衙门》，《历史教学》1963 年第 7 期。
② 吴福环：《总理衙门与洋务运动》，《河北学刊》1994 年第 1 期。
③ 李文杰：《总理衙门总办章京研究》，《史林》2010 年第 5 期。
④ 王锺翰：《关于总理衙门》，载《王锺翰清史论集》第四册，中华书局 2004 年版，第2073、2085、2088 页。
⑤ 王锺翰：《王锺翰学述》，浙江人民出版社 1999 年版，第 129 页。

记载，"特将两代官制因革损益嬗变之迹，条缕分析，犹详其不同于明或名同实异而属于清代官制改革上之重要者"① 予以了详细阐发。

早在王锺翰研究此问题之前，赵希鼎比较系统地考察了清代内阁制度，认为："清代入关后所行之内阁制度，仿自明代"，是"一个辅佐皇帝总揽全国政务的机构"，但军机处成立后，军机处逐渐影响内阁的职权与作用。② 季士家也认为："清代内阁是我国封建社会中'宰辅'的延续"，"内阁与六部关系很大"，随着军机处执掌范围的扩大，内阁成为"例行公事的机关了"。③ 张德泽阐述了清初文馆、内三院到内阁演变过程与内阁的职掌、权力变化等④。李鹏年简要介绍了清代内阁的由来及职权情况⑤。

王锺翰对清代内阁和官制的研究，能够自觉地从唯物史观社会形态与生产力发展状况等进行分析，他指出：满族是以一个生产力发展相对落后的少数民族入主中原的，挟其祖辈相传的旧制，为适应中原文化在内阁等官制上应该有许多改革。因此"清代官制多沿于明"，多为"满汉杂糅"的中央官制，"兼参用满俗"，明清两制度"交相混合掺杂"，"有因有革，损益参半，具有一代独创之特点"，清代的内阁制度亦是如此。王锺翰首先回顾明代内阁制度的创设缘起："明自洪武三十年（1397 年）罢丞相不设，由皇帝直接处理国政。永乐以后，大学士以五品入阁办事，官阶远在六部尚书、侍郎之下……是为内阁，成了事实上宰相。"然后，他指出：清代内阁制度的缘起与明朝不同，"清则反是，初设文馆，满语称笔帖赫包（满音 bthei bo，汉译书房）。后来改为内秘书院、内弘文院、内国史院，合称内三院"，后来在内三院基础上仿照明朝发展为内阁制度。清仿明设立内阁，其内阁大学士职务与明代略同，名虽尊而实不过皇帝身边私人秘书，缮写文书与谕旨而已。大学士品级顺治初定为满一品，汉五品，满尊汉卑，差别显而易见。雍正以后，权

① 王锺翰：《清代官制简述》，载《王锺翰清史论丛》第四册，中华书局 2004 年版，第2104 页。
② 赵希鼎：《清代内阁与军机处》，《开封师院学报》1962 年第 3 期。
③ 季士家：《清代内阁》，《历史教学》1963 年第 4 期。
④ 张德泽编著：《清代国家机关考略》，中国人民大学出版社 1981 年版，第 2—12 页。
⑤ 李鹏年等编著：《清代中央国家机关概述》，黑龙江人民出版社 1983 年版。

移军机处，不仅大学士无实权，亲王议政也形同虚设。必是满族军机大臣衔者为真宰相，汉员附和画诺而已。在此之前很少有学者关注这一点。王锺翰还补充说，到了清代末期，"汉人得预政"，李鸿章"始以文华殿大学士跃居于武英殿大学士宝鉴（满人）班列之上"，这是因为"清季政治腐败，国势不振，满族贵族日趋衰落"，"借汉人之力以支撑摇摇欲坠之局面"。①

总的来说，王锺翰认为清代内阁与明代内阁相比，"内阁大学士名同实异"②。如，王氏系统地论述了在清代内阁中满族人掌握实权、汉族人处于从属地位，尤其"殿阁之制，明代依次递升，清代表面上满、汉各半，实则汉大学士列在满大学士之下，只是作为陪衬罢了"③。后来，杜家骥也基本赞同王锺翰的看法，杜氏认为清代虽有"清承明制"之说，但随着政治、社会条件等变化，包括官制在内的各种制度与机构必然会有所改变，呈现清朝特有的特点。④

（四）对清代六部与大小九卿的研究

与清代内阁相同，王锺翰也是将明清两代的六部与大小九卿进行比较考察研究的。他根据《清史列传》《清史稿·职官志》《天咫偶闻》等记载，指出："明代大政出于六部，而以吏部为尤重，吏、礼、兵、工四部所属各有四司，分别掌管全国文武官员之黜陟赏罚，以及礼仪、学务和营造、水利诸务。"六部长官为尚书、侍郎，所属各司有郎中、员外郎、主事等管理官员，清代（六部）大体与明代相同，所不同者，清代之户部为十四司，刑部为十八司，于十四司之外增添直隶、奉天、督捕（原隶兵部，康熙间改入）三司，其他"如詹事府、鸿胪寺、光禄寺、太常寺、太仆寺、国子监等衙门，皆沿于明，终清未改"。但是最不同于明代的是，

---

① 王锺翰：《清代官制简述》，载《王锺翰清史论丛》第四册，中华书局 2004 年版，第2104 页。

② 王锺翰：《清代官制简述》，载《王锺翰清史论丛》第四册，中华书局 2004 年版，第2104—2105 页。

③ 王锺翰：《清代官制简述》，载《王锺翰清史论丛》第四册，中华书局 2004 年版，第2105 页。

④ 杜家骥：《清代官制特点简论》，《历史教学》2013 年第 8 期。

"清为复职,有一汉员,必有一满员,而满员班列汉员之前,与大学士基本相同"。这主要由于"满族以一个少数民族君临中原,统治全国最广大的汉族,不得不以统治民族自居而处处监督、提防汉族之故"。所以"依照清制,每司的掌印为满员,主稿则为汉人",说明办事乃汉人职责,实权操纵在满人之手,"俗所谓掌印即操'刀把子'者也"。①

此前的张德泽、李鹏年等大多详述了清代各部、院等职能,但对明清各部、院作比较论述较少。而萧一山认为:"部设尚书,满汉各一人,初定满洲一品,汉人二品,顺治十六年,改俱为二品。康熙六年,复改满洲一品。"② 与萧氏相比,王锺翰更深刻地指出了清代六部中满族人掌握实权。

对清代办理文书的笔帖式,王锺翰认为其为清代特有的职官,中央各部、院、寺、监均置,而且"其人数较多,几乎纯为满员"。笔帖式由于靠近权力中枢的机会多,品级虽低(最高者不过六七品,低则八九品),而升迁快,因此,满族人"趋之若鹜"以求"进身之一捷径"。③ 可见,满族人在职位升迁方面也比汉族有更多的机会。王氏的这一看法此前尚属少见。

众所周知,清代许多机构沿袭明代,设立太常寺、光禄寺、鸿胪寺、太仆寺等,大小九卿人员冗余,机构重叠。王锺翰深刻地指出从隋唐开始实行的六部制度,到明清二代已有大小九卿区别,清"不同于明而更有甚于明者,厥为清代之大小九卿均系满、汉复职","以致机构重叠,员额拥塞不堪,小九卿之在清代已成赘疣。无怪乎到了清季变法维新之际,小九卿中之太常寺、光禄寺、鸿胪寺、太仆寺、尚宝寺等,合并的合并,裁撤的裁撤,全给废掉了"。明清两代官制中,宗人府"专办皇族一家之私事,为二代相同。所不同者,清代宗人府设官,其长官为宗

① 王锺翰:《清代官制简述》,载《王锺翰清史论丛》第四册,中华书局 2004 年版,第 2106—2107 页。
② 萧一山:《清代通史》,华东师范大学出版社 2006 年版,第 412 页。
③ 王锺翰:《清代官制简述》,载《王锺翰清史论丛》第四册,中华书局 2004 年版,第 2107 页。

令，身带宗人府印钥，任以最受尊重的亲王，下设左右宗正、左右宗人，分别任以亲王、郡王、贝勒或贝子，其为满族贵族专缺，固无疑义"。因此，王锺翰认为，清代"六部因革损益、大小九卿重叠"，实权多"操在满员之手"，满族人任职较多，升迁也较快。①

王锺翰从明代到清代的历史演变中探讨了清代的六部与大小九卿等，他较多地从此前学界较少关注的明清官制比较方面入手，其研究既继承了前人的一些观点，也提出了一些自己的观点。实际上，善于从历史演变的比较中考察历史问题是他治史的特色，也使其立论更为严谨、论断更为公允。

（五）对内务府的研究

内务府作为清代创立的机构之一，其成员多被认为皇室"家奴"。郑天挺在 20 世纪 40 年代初步论及由包衣到内务府的发展及其与宦官的关系②，张德泽、李鹏年等论述了内务府的沿革、组织机构及其官员的职责等③，但他们对内务府成员家世等问题的探讨尚不深入。王锺翰也在 1987 年发表的《清代官制简述》中简要考察了内务府，指出内务府"多由明代的二十四衙门因革损益而来"，其职责分别掌管宫廷的典礼、库藏、服饰、赏赐、营造、牧场等。④ 1990 年在《内务府世家考》文中，根据《道咸以来朝野杂记》《关于江宁织造曹家档案史料》《总管内务府考略》《上谕八旗》《李煦奏折》等记载，对完颜氏、曹氏（曹寅）一家、李氏（李煦）一家、英和、法式善、英廉、基溥、百龄、钟杨、崇纶、明索、东贵与西贵、崇金、文董、巴克坦布、豫师、崇蒋、立杨、恒祺、延茂、英年等近 30 家内务府三旗（镶黄旗、正黄旗、正白旗）超过 100 位成员作了进一步的考证与辨析，指出："内务府所属三旗与八旗

---

① 王锺翰：《清代官制简述》，载《王锺翰清史论集》第四册，中华书局 2004 年版，第 2107、2108 页。

② 郑天挺：《清代包衣制度与宦官》，载《探微集》，中华书局 1980 年版。

③ 张德泽编著：《清代国家机关考略》，中国人民大学出版社 1981 年版，第 2—12 页；李鹏年等编著：《清代中央国家机关概述》，黑龙江人民出版社 1983 年版。

④ 王锺翰：《清代官制简述》，载《王锺翰清史论集》第四册，中华书局 2004 年版，第 2110 页。

为完全不同的两个独立的组织体系","彼此各自为政",其政治、经济以及社会地位都是不同的①,而且内务府旗人因是皇帝的"世仆",所以其与汉军旗人最大的不同是除内务府皇庄壮丁外,其他一般没有出旗的规定②,即"一日主,百年奴",但他们可以考试、捐纳为官,品级"虽不高",但多为盐政、织造、海关等"肥差",也可以"专折奏事"(即"密折"),其政治、经济和社会地位在清代"高于一般人","实际上的权力还凌驾于地方督抚之上",督抚在某些情况下"奏折还得通过他们向皇帝代递"。③ 王锺翰指出:内务府为"清代创制","宫中、府中分而为二,自成一系统,一扫秦汉以降历代宦官窃权之弊政"④。与郑天挺、张德泽、李鹏年的论述相比,王锺翰更体现考证特色,明确了内务府的家世及其与政治的关系,这为后人继续探讨提供了许多资料与值得借鉴的观点,也"拓宽了八旗研究的领域"⑤。

二 对地方政治机构的研究

王锺翰将此分为一般地方机构与边区特殊管理机构进行研究。由于后者在民族政策中论及较多,所以对王氏关于边区特殊管理机构论述的研究将在民族政策中部分论述。此处,仅论述其对一般地方机构的研究。

在 20 世纪 30 年代,王秉文的《满清时代中国地方官制》⑥、郭冠杰的《清朝地方官制述略》⑦,80 年代赵希鼎的《清代各省的政治制度》⑧、

---

① 王锺翰:《王锺翰学述》,浙江人民出版社 1999 年版,第 162 页。
② 王锺翰:《王锺翰学述》,浙江人民出版社 1999 年版,第 162 页。
③ 王锺翰:《内务府世家考》,载《王锺翰清史论集》第四册,中华书局 2004 年版,第 2031、2032 页。
④ 王锺翰:《清代官制简述》,载《王锺翰清史论集》第四册,中华书局 2004 年版,第 2109、2110 页。
⑤ 《纪念王锺翰先生百年诞辰学术文集》编委会:《王锺翰先生的学术成就和地位》,载《纪念王锺翰先生百年诞辰学术文集》,中央民族大学出版社 2013 年版,第 14 页。
⑥ 王秉文:《满清时代中国地方官制》,《北强》1934 年第 1 卷第 3 期。
⑦ 郭冠杰:《清朝地方官制述略》,《社会科学论丛》1931 年第 3 卷第 11—12 合刊。
⑧ 赵希鼎:《清代各省的政治制度》,《历史研究》1980 年第 3 期。

单士魁的《清代地方文职官概说》①、刘子扬的《清代地方官制考》以及张德泽、李鹏年的关于清代国家机关的论述等②，他们都较多地介绍了清代的地方官制机构、职权等，其中刘氏的论述最系统、全面，但像王氏这样，对明清地方官制进行对比研究的论述，尚不多见。

王锺翰在 1987 年发表的《清代官制简述》文中，根据《清史稿》《清世宗实录》《清高宗实录》等记载，指出清代"因地制宜"的地方官制"大体沿明而稍有损益、变革"。明代"临时差遣"的总督、巡抚到清代成为"省区一级的最高长官"，管理两省或更多省的军政事务。明代省区的长官布政使、按察使、都指挥使三司到清代"降为省区二级，几乎成了都、抚的下属"。与中央官制类似，清廷采取满汉复职，对满汉官员，表面上"一视同仁"，"实际上满多于汉"，清末为了维护统治，"汉人之出任都、抚者，多于满"。"明时省级三司并存"，"清初亦沿明代分（守）、巡二道之制，所不同者，明代为临时派遣，道无品级，视所带职衔而定"，清代自乾隆以后，道员成为地方实官，取消虚衔，定为正四品。省的次级府、厅基本"沿袭于明"，省的基层州、县"亦同于明"，清代的地方官，从州、县至都、抚，"总要聘请几位能干的而有学问的人，协助办理一切事物，称之为幕宾。俗称师爷"。③

概而言之，王锺翰多从明清官制比较中考察清代官制，虽为简述，也作出了清代官制"具有民族特点"等许多前人未明确提出的论断，如清代"内阁及六部皆沿于明"，但清代"大学士为正一品，故兼尚书，领班非亲王即满大臣"。理藩院、内务府及八旗都统衙门"皆为明代所无而清代所独创"。"明一官一职而清为复职"，清代"满员掌印，汉员主稿，且满员之位次在汉官之前"，"汉官群相画诺而已"，而且"京官多为满员"等。④

---

① 单士魁：《清代地方文职官概说》，《历史档案》1984 年第 3 期。

② 刘子扬：《清代地方官制考》，紫禁城出版社 1988 年版。

③ 王锺翰：《清代官制简述》，载《王锺翰清史论集》第四册，中华书局 2004 年版，第 2112—2117 页。

④ 王锺翰：《清代官制简述》，载《王锺翰清史论集》第四册，中华书局 2004 年版，第 2133 页。

三 对清代官员的任用与考核的研究

在王锺翰考察之前，李鹏年、张德泽论述了清代国家机构与职能①，王德昭论述了清代科举制度的由来、发展②，魏承恩与冯绍霆论述了明清科举制度对人才成长的消极作用等③，而王锺翰重点对清代官员的任用与考核方式问题进行了考察。

王锺翰根据《掌故备要》《皇朝琐屑录》《广阳杂记》等记载，阐述了清代官员的任用与考核问题，指出整个清代官制"沿于明而不同于明"，尤其是"明一官一职而清为复职"，清代官制具有"京官贵于外官""文官尊于武官""满官重于汉官"的特点④。清代"文官出身有正、偏二途"，"正途"分三类，其一，"科目，凡科举的进士和举人授官者"；其二，"贡生，凡由恩、拔贡生出授州同、州判、县丞、岁、优"等；其三，"荫生，又有恩，难之别，恩荫生为有大庆典而得官位者……难荫生，为死难的三品以上官之子弟授知州"等，"偏途有二：荐举与捐纳"。任官的称谓有授、补、转、改、调、坠六种。任官的类别有"管理实务""行走""兼充""加衔""稽察""差委""分发""署理"等。封爵之制有"酬庸（军功）""奖功（死难）""推恩（外戚）""加荣（孔裔）""备恪（明裔）"等。清代官员的考核，京官与外官不同，京官六年考核一次，"名曰京察"；外官三年考核一次，"名曰大计"。清代对"京、外文武各官考核甚严，处分与议叙各不相同"⑤。总的来说，王锺翰比较系统地简述了清代官员的任用、考核仕途的种类、任官的称谓、任官的类别、封爵与品级、官数与考核等，多为前人尚未

---

① 张德泽编著：《清代国家机关考略》，中国人民大学出版社 1981 年版；李鹏年等编著：《清代中央国家机关概述》，黑龙江人民出版社 1983 年版。

② 王德昭：《清代科举制度研究》，中华书局 1984 年版。

③ 魏承恩、冯绍霆：《明清科举制度对人才的摧残》，《河北学刊》1986 年第 5 期。

④ 王锺翰：《清代官制简述》，载《王锺翰清史论集》第四册，中华书局 2004 年版，第 2133 页。

⑤ 王锺翰：《清代官制简述》，载《王锺翰清史论集》第四册，中华书局 2004 年版，第 2123—2133 页。

详述，这填补了前人研究的不足。

综上所述，王锺翰对清代官制与国家机构的研究，在立足于翔实可靠的史料基础上，较早地对军机处与总理衙门等国家机构作了系统的考察研究，得出了翔实可信的结论；他还在追溯清代官制和国家机构历史渊源的基础上，总结了清代制度的独特性及其与明代制度的差异性。这些都显示了王锺翰扎实的历史研究功底与宏阔的学术研究视野，因此他的研究成果产生了广泛的学术影响。

第四节　清代民族宗教政策研究

众所周知，清代是以满洲贵族为主体联合各民族大地主阶级的多民族国家，统治者为了保持领土完整、边疆安宁、民族关系和谐等，制定了一些民族宗教政策、采取了一些具体措施。从 20 世纪 50 年代王锺翰转攻满族史开始，王锺翰在"考证某些民族问题的同时"，也"对清代的民族宗教政策作过一些阐述"。① 在 80 年代发表了《雍正西南改土归流始末》《试论理藩院与蒙古》等文，对清代民族政策作局部论述，90 年代发表了《年羹尧西征问题——兼论雍正西北民族政策》《论清代的民族宗教政策》等文，又对清代民族政策作了较为深入的考察。

一　关于清朝政府对东北的民族宗教政策研究

东北为满族的发祥地，清朝政府对东北民族政策也是史家关注的重要内容。在 20 世纪 80 年代论述较多，徐景学、赵秉忠指出满族统治者对东北少数民族编入八旗，设立姓长、乡长进行管理，后来由于清廷腐败，边防管理松弛，俄国趁机侵占大片领土。② 杨余练、关克笑等论述了清廷对东北少数民族设立姓长、乡长等管理及以民女代皇族"宗女"

① 王锺翰：《清心集》，新世界出版社 2002 年版，第 174 页。
② 徐景学：《浅论清代东北边疆的管理》，《学习与探索》1980 年第 1 期；赵秉忠：《清朝前期对东北地区的管辖》，《历史教学》1981 年第 6 期。

实行联姻等制度，并认为其对维护边疆稳定具有重要意义。① 刘先照、周朱流也认为清廷除了在"东北设姓长、路长、乡长等管辖"外，还"实行联姻结亲"，这些"民女"以皇室"宗女"身份嫁给边民后，她们"带去了内地的先进的生产方式、技术和生活习惯"，这对"当地经济文化的发展、民族融合和巩固边疆均起到一定作用"。② 马汝珩、赵云田指出在东北，主要实行"军府制度，有中央派将军分驻奉天、吉林、黑龙江三省，管理军政与民政"，军府制下的"旗、民分治"。对东北"编牛录"的少数民族，使其"隶属八旗"。对未编旗的"其他少数民族"，则利用其原"地域组织和氏族组织"，设"乡长、姓长、组长等加以统治"。③ 总的来看，上述主要论及了清廷对东北少数民族实行有效的联姻策略与军政管理之制，而偏重于对努尔哈赤时期的民族政策进行系统探讨的论述很少见。

王锺翰是在 1992 年发表的《论清代的民族宗教政策》一文中对清廷关于东北的民族政策进行探讨的，他根据《清太祖实录》《清太宗实录》《高宗纯皇帝圣训》和王先谦的《东华录》以及日本人今西春秋的《满洲实录》等记载，指出努尔哈赤"待之如骨肉手足"的盟誓使东北"来投努尔哈齐的甚众"，也为努尔哈赤笼络东北多民族部众奠定了良好的基础。随着八旗制的创立与完善，八旗制度中除满族外，还有蒙古、汉军等。从表面上看，凡被编在八旗下的民众，不管是满、蒙、汉军，还是其他被征服及归降的各民族成员，都享有同等的权利和义务，并且一视同仁。实际上，满洲统治者实行的政策"却是与元朝划分蒙古、色目、汉人、南人相类似的满洲、蒙古、汉军、汉人四等级的民族政策，不但不平等对待汉人，而且也不平等对待汉军队、蒙古族人、其他族人"，这鲜明地体现了满洲统治者的民族歧视政策。满洲统治者对东北境内各少数民族还采取招纳、吸收、融合的民族政策，为"满族共同体中注入了

---

① 杨余练、关克笑：《清廷对吉林边疆少数民族地区的统治》，《历史研究》1982 年第 6 期；《清朝对东北边陲民族的联姻制度》，《黑龙江文物丛刊》1984 年第 2 期。
② 刘先照、周朱流：《试论清王朝的民族政策》，《西北民族研究》1988 年第 2 期。
③ 马汝珩、赵云田：《清代边疆民族政策简论》，《清史研究》1991 年第 2 期。

不少新血液"。①

在宗教政策方面，"满族自古以来就信奉萨满教"，"沿黑龙江两岸各民族也普遍信仰萨满教，因而这里不存在宗教问题"。由于萨满教是一种"原始的多神宗教"，满族入关后，除了崇拜"自然天神地祇、山川神、祖宗板子"等传统宗教外，也崇拜"佛教中的观世音菩萨和历代汉人广泛崇拜的关公"等，满族贵族的"宗教政策是兼容并包的"，具有"一定的开放性"。②

总之，王锺翰从前人所略之处入手，探讨了努尔哈赤等满洲贵族在东北实行的民族与宗教政策。他依据一些有说服力的史实，既论述了努尔哈赤等满洲贵族实行"招纳、吸收、融合、开放"的民族政策与对萨满教实行较为开放的宗教政策，使东北的许多"部落族寨"皆为努尔哈赤等满洲贵族"所属"③，也深刻地指出了努尔哈赤等满洲贵族在东北地区实行与元朝相类似的民族歧视政策。

二　关于清朝政府对蒙古的民族宗教政策研究

关于满洲统治者对蒙古的民族政策，努尔哈赤曰："蒙古之人，犹此云然，云合则致雨。蒙古部落合则成兵，其散犹云收而雨止也。俟其散时，我当蹑而取之耳。"④ 这番话明确地反映了努尔哈赤对蒙古族的策略与思想，在蒙古人完全被征服之后，努尔哈赤这种对蒙古推行的"分而治之"的策略在整个清代的民族政策中都起着指导作用，而且很有成效。康熙曰："蒙古人各为扎萨克，不相统属。朕意伊等若各自管辖，愈善"，"昔太祖、太宗时招徕蒙古，随得随即分旗，分佐领，封为扎萨

---

① 王锺翰：《清代民族宗教政策》，载《王锺翰清史论集》第二册，中华书局 2004 年版，第 823—824 页。

② 王锺翰：《清代民族宗教政策》，载《王锺翰清史论集》第二册，中华书局 2004 年版，第 824—825 页。

③ 王锺翰：《清代民族宗教政策》，载《王锺翰清史论集》第二册，中华书局 2004 年版，第 824—825 页。

④ 《清太祖高皇帝实录》卷 8，《清实录》第 2 册，中华书局 1986 年版，第 549 页。

克，各有所统"①，"朕阅经史，塞外蒙古多与中国抗衡，自汉、唐、宋至明，历代俱被其害"，"而克宣威蒙古，并令归心如我朝者，未之有也"。② 可见，康熙继承了其先祖的蒙古民族政策，继续维持了北方民族地区的稳定。

王锺翰是在1984年发表的《试论理藩院与蒙古》与1992年发表的《论清代的民族宗教政策》等文中对蒙古的民族政策进行探讨的。他根据《清太祖实录》《清太宗实录》《清圣祖实录》《高宗纯皇帝圣训》《理藩院则例》等记载，指出清代于崇德元年（1636年）创设了管理少数民族事务的专门机构"蒙古衙门"，专管蒙古事务。崇德三年（1638年）改蒙古衙门为理藩院，随着清代统治区域的扩大，理藩院逐渐成为管理内外蒙古、察哈尔、青海、西藏、新疆及西南地区少数民族事务的机关。后来清政府又于光绪末年在改革官制中，改理藩院为理藩部。它规定"外藩蒙古不得越旗畋猎"，对越境游牧者，从相关的王、贝勒、台吉到庶民都要罚款。③

王锺翰认为满洲统治者入关以后对蒙古族沿袭了历代封建王朝汉族统治者对其他兄弟民族所采用的分而治之、不相统属的政策，而对蒙古族又稍加变化地采用盟旗制度。清代康熙、雍正、乾隆三朝约150年间，内外扎萨克蒙古增设分旗较多。此后至光绪朝扎萨克蒙古旗数量增加不大。这样一来，散住在我国北部与西北地区的广大蒙古人民分别被编置于二百多个旗的盟旗制度下，受到重重限制，始终被束缚在各自的土地上，永远不能结成一个统一的共同体，自然而然被清王朝驯服为工具。

清廷对蒙古人除了采用"众建以分其力"的旗盟制度外，还有"宠佛以制其生"的"以佛制蒙"宗教政策以及对蒙古上层贵族采取赏爵、朝觐、优恤、满蒙联姻等措施。④ 早在元代，藏传佛教在蒙古民众中已

① 《清圣祖仁皇帝实录》卷185，《清实录》第5册，中华书局1986年版，第4846页。
② 《清圣祖仁皇帝实录》卷180，《清实录》第5册，中华书局1986年版，第4759页。
③ 伊桑阿等：《大清会典》（康熙朝）卷142，《近代中国史料丛刊三编》第73辑，文海出版社2006年版，第7047页。
④ 王锺翰：《试论理藩院与蒙古》，载《王锺翰清史论集》第二册，中华书局2004年版，第827、829页。

经广泛流行，但在清代藏传佛教被用于政治目的。王锺翰指出清朝统治者之所以鼓励蒙古人信奉藏传佛教，就是为了更有效地统治北部蒙古族。如康熙毫不讳言地指出："朕以众蒙古俱倾心皈向达赖喇嘛，此虽系假达赖（指七世达赖），而有达赖喇嘛之名，众蒙古皆服之。"① 康熙 "不但悉达赖喇嘛之事，回子及外蒙古始末，与其祖父姓名俱知之。昔日达赖喇嘛存日，六十年来塞外不生一事，俱各安静"② 。可见，康熙时期对蒙古的政策确有其效。后来，乾隆也阐明了提倡藏传佛教的政治目的："各部蒙古一心归之，兴黄教，即所以安众蒙古，所系非小，故不可不保护之。"③

值得注意的是，在清代近三百年间，根据喇嘛教规，如果蒙古一家有三个或五个男子，必须有二或三个甚至四个男子出家当喇嘛，喇嘛不许娶妻生子。这种宗教政策长期在蒙古地区盛行，必然造成蒙古人口减少。王锺翰指出，在客观效果上清代对蒙古尊崇喇嘛的政策达到安定北方、巩固边疆稳定的作用。同时也应看到蒙古族经过清代近三百年的长期统治削弱，致使人口下降，成为清王朝民族政策的受害者，这一看法前人尚未明确论述。

王锺翰还总结清朝统治者对蒙古上层实行满蒙联姻等策略，以巩固其统治。康熙曰："朕思尔科尔沁，自太祖、太宗时归附，世世职贡，相为姻亲，历有年所。"④ 史亦载曰："有清蒙部，实多勋戚"，"天、崇开国，康雍御准，咸同之间，荡定粤捻，均收其助"。⑤ 此前华立、刘潞对此研究较为深入，华立对清代满蒙联姻进行了较为详细的考察，指出："清代大规模的、多层次的、持续的""满蒙联姻活动无论其政治意义，实施方法以及效果，都超过了前代"，"以联姻促联盟，以'姻好'促

---

① 玄烨：《御制文集》第 3 集，《清代诗文集汇编》第 193 册，上海古籍出版社 2010 年版，第 152 页。

② 玄烨：《御制文集》第 3 集，《清代诗文集汇编》第 193 册，上海古籍出版社 2010 年版，第 152—153 页。

③ 《卫藏通志》，《续修四库全书》第 683 册，上海古籍出版社 1995 年版，第 25 页。

④ 《清圣祖仁皇帝实录》卷 157，《清实录》第 5 册，中华书局 1986 年版，第 4598 页。

⑤ 赵尔巽等：《清史稿》卷 209，中华书局 1977 年版，第 8311 页。

'盟好'","具有明显的阶级性"。① 刘璐对后金与清初四帝婚配人员状况及政治特点进行了详细的研究,指出:"后金与清初四帝婚姻状态的变化,是与政权的取得、巩固、发展相平行的","皇帝的婚姻或是必须服从于政治的需要"。② 王锺翰在《试论理藩院与蒙古》文中提及了满蒙联姻之策,在 1992 年收入《中国妇女传记辞典》的《清太宗孝端文皇后博尔济吉特氏传》文中再次对此作了简介,指出满蒙"联姻是一种政治行为。努尔哈齐在统一女真各部的过程中,也深深懂得依靠自己的强大军事力量外,还需要利用灵活的联姻作为一种辅助手段,来扩大自己的势力的机会。据不完全的统计,清代近 300 年间,满蒙宗室王公联姻多达 86 次。其中蒙古后妃占 16 人,内外喀尔喀各部中又以科尔沁部最多,而且清太宗皇太极的五宫(二后三妃)和清世祖福临的四宫(二后二妃)均出自科尔沁部博尔济吉特氏一门","满蒙婚嫁不论辈分","蒙古人最重世谱氏姓,博尔济吉特氏为元朝的直系后裔,乃蒙古一大姓",清朝统治者为了维护其统治,所以皇室多次与蒙古族人联姻。"值得注意的是,联姻原本是借来扩大自己势力的机会,而亦有适得其反者。"如康熙十二年(1673 年)十一月,吴三桂反,袭爵的"布尔尼趁机作乱"。③

清廷对蒙古的这一策略,王锺翰虽然只作了简述,但进一步指出了满蒙联姻之策有时"适得其反"等,《试论理藩院与蒙古》"研究的问题是清政府对蒙古政策的得失",是一篇"开创性的文章"。④ 此后除了刘璐对此继续进行深入研究外⑤,杜家骥也对清代满蒙联姻作了更多的探讨⑥。

---

① 华立:《清代的满蒙联姻》,《民族研究》1983 年第 2 期。

② 刘璐:《论后金与清初四帝婚姻的政治特点》,《故宫博物院院刊》1991 年第 4 期。

③ 王锺翰:《清太宗孝端文皇后博尔济吉特氏传》,载《王锺翰清史论集》第一册,中华书局 2004 年版,第 204—206 页。

④ 《纪念王锺翰先生百年诞辰学术文集》编委会:《王锺翰先生的学术成就和地位》,载《纪念王锺翰先生百年诞辰学术文集》,中央民族大学出版社 2013 年版,第 23 页。

⑤ 刘璐:《清太祖太宗时满蒙婚姻考》,《故宫博物院院刊》1995 年第 3 期;《对清太祖太宗时期满蒙联姻的再认识》,《清史研究》1995 年第 3 期。

⑥ 杜家骥:《清朝的满蒙联姻》,《历史教学》2001 年第 6 期;《阿拉善蒙古与清廷联姻述评》,《民族研究》2001 年第 5 期;《蒙古亲王僧格林沁家族与清皇家的世代政治联姻考述》,《历史档案》2003 年第 1 期。

三　关于清朝政府对新疆、西藏与甘青地区的民族宗教政策研究

关于清朝政府对新疆的民族政策，罗运治论述了清高宗时期新疆的军府制、伯克制等行政制度，它有效地促进了新疆的稳定并基本被后几朝沿袭。① 潘志平论述了乾、嘉、道时期清廷在新疆的民族宗教政策，既实行民族隔离政策，也实行军府制管理下的伯克制，潘氏概括此时期清廷的政策为"振威为上，羁縻次之"②。王锺翰对新疆的民族政策的研究与上述在着眼点等方面有所不同。

王锺翰在 1990 年发表的《年羹尧西征问题——兼论雍正西北民族政策》与 1992 年发表的《论清代的民族宗教政策》对清朝政府关于新疆、西藏与甘青地区的民族政策进行了研究，在前文中，王锺翰根据《大清圣祖仁皇帝御制平定西藏碑文》《钦定回疆则例》《康熙御制诗文集》《圣武记》等记载，明确指出，他不赞同多年以来史学界以年羹尧西征青海"多杀喇嘛僧人"与"尽毁喇嘛庙"而定其为"历史上罪不容诛的一大罪人"的看法，他指出年氏之所以如此，是因为喇嘛僧人"参加了反抗清王朝的青藏地区的直接统治的活动"，执行者只将"蒙古喇嘛六人正法"，其余"俱令回家还俗"。年氏为了"维护统一的多民族祖国"，而执行了雍正踵其父对西北民族"分编佐领""不相统属"的民族与宗教政策而推行"驱准保藏"策略，年氏为了推行清廷民族政策与促进边疆稳定，其行为是"无可厚非的"。③ 可见，王锺翰从历史史实出发，对年氏为推行民族政策等目的的西征之事作出公允的评价。在后文中，王锺翰指出在新疆建省前，清朝统治者对天山路各民族采取旗治与民治"分而治之"的双重政策，天山北路不设府、州县、县而为旗治。旗治即凡旗人以及旗人与民人之间的民事、刑事等纠纷事件，由基层的佐领

① 罗运治：《清高宗时期统治新疆政策的探讨》，里仁书局 1983 年版。

② 潘志平：《论乾隆、嘉庆、道光年间清在天山南路推行的民族政策》，《民族研究》1986 年第 6 期。

③ 王锺翰：《年羹尧西征问题——兼论雍正西北民族政策》，载《王锺翰清史论集》第二册，中华书局 2004 年版，第 1249、1250、1251 页。

衙门管辖。新疆北部设立伊犁（今伊宁）将军及塔尔巴哈台（今塔城）副都统，驻有参赞大臣。伊犁、塔尔巴哈台与乌鲁木齐（都统）并为天山北路三大重镇，而伊犁将军则新疆南北兼而统之。

同时，王锺翰指出与北疆统治策略不同的是，清廷对南疆八城（喀什噶尔、英吉沙尔、叶尔羌、和田、阿克苏、乌什、库什、喀喇沙尔）维吾尔聚居区实行"伯克制"①。事实上，对清廷在新疆地区运用的"因俗而治"策略，此前学界有所论及，如赵云田、成崇德指出清朝统治者对清代前期民族成分复杂、各民族的社会发展很不平衡的问题，采取了"因俗而治、因俗设官"的民族政策②，并对这种政策的表现，作了详述。马汝珩、赵云田指出"清代边疆的民族政策的基本方针为'恩威并施、因俗而治'"③，并详细阐述了清朝统治者在东北、蒙古、新疆、西南、西藏等地区的政策及作用。

与马氏、赵氏等论述不同的是，王锺翰除了考察"因俗而治"的伯克制外，还进一步论述了清政府采取"限制新疆天山南北与内地人员来往的政策"及其"阻碍了西北边疆各族人民与中原内地主要是汉族人民经济文化的交流"等，如"原来新疆天山南北路各族进入内地'不限人数，一概俱准放入边关'，多则'成千人，或数千人，连绵不绝'。从康熙二十二年（1683 年）起，开始规定：（卫拉特四部）所遣贡使，有印验者限二百名以内，准入边关；其余俱令在张家口、归化城（今呼和浩特旧城）等处贸易"。卫拉特四部贡使入关之所以有 200 名限额，是因为清初满族统治者以为"不可使进入内地的人数太多，多则人杂，或偷买违禁之物，或与内地之人口角生非，引起纠纷；尤不可使其经常进入内地，以防其深知内地之路径与军事分布之虚实"。对内地"汉民前往回疆各城觅食佣工者，如无原籍年貌、执业印票，及人票不符，即行递解

---

① 王锺翰：《清代民族宗教政策》，载《王锺翰清史论集》第二册，中华书局 2004 年版，第 831 页。

② 赵云田、成崇德：《略论清代前期的"因俗而治"》，《青海民族学院学报》1983 年第 2 期。

③ 马汝珩、赵云田：《清代边疆民族政策简论》，《清史研究》1991 年第 2 期。

回籍，倘回户私自容留，查出治罪。内地汉回前往回疆贸易、佣工者……如查有擅娶回妇为妻，及煽惑愚回多方教诱，及当阿浑者"，也"治罪"。①

关于清朝政府对西藏与甘青地区的民族与宗教政策，陈鸣钟较早地指出清廷对西藏地区所做的政治改革和宗教改革"防止了大奴隶主勾结外力而进行的分裂活动"，这是"有积极作用的"。② 芈一之指出从西汉至明清都对甘青地区设置郡县、校尉等官制，实行了"因俗而治"的特殊政策，也实行了"羁縻""和亲"与尊崇藏传佛教等策略，有效地"维护了多民族国家的统一和封建政权的巩固"。③ 张羽新认为皇太极时期后金政权就在蒙古地区实行尊崇喇嘛教政策，并"联系西藏喇嘛教领袖人物"，以达到控制、笼络的目的④，但学者对清廷采取的军事行动论述较少。王锺翰偏重于强调清廷对西藏与甘青地区实行宗教与军事并重的策略，他根据康熙《御制诗文集》《大清圣祖仁皇帝御制平定西藏碑文》《前藏布达拉山东崖上第二碑文》《圣武记》《西藏奏疏》《沙俄给阿睦尔撒纳的四封信》等记载，指出关于清廷对甘青地区的民族政策，尤其是西藏地区，"清朝统治者明确地认识到，藏地全民虔诚信仰藏传佛教，要建立、巩固在这里的统治，必须解决好宗教问题。这里，宗教政策与民族政策是不可分的"，因此"清代统治者一直十分尊崇藏传佛教，大力提倡和利用藏传佛教，把它当作统治藏、蒙各族的一种工具"。清朝统治者除大力提倡与利用藏传佛教并且把它作为统治藏族的重要工具外，还从康熙时期起，为推行民族政策等目的对青藏高原进行几次大规模的军事进攻，在雍正六年（1728 年）清政府终于在西藏设立驻藏大臣，实

---

① 王锺翰：《清代民族宗教政策》，载《王锺翰清史论集》第二册，中华书局 2004 年版，第 831、832 页。
② 陈鸣钟：《清朝前期中央政府对西藏地方政治制度宗教制度的改革》，《史学月刊》1960 年第 1 期。
③ 芈一之：《论中国历史上对甘青民族地区的特殊政治制度——从"因其故俗"到"因俗而治"》，《青海民族学院学报》1984 年第 4 期。
④ 张羽新：《皇太极时期后金（清）政权的喇嘛教政策》，《西藏民族学院学报》1982 年第 3 期。

现了对西藏的直接统治。清廷所实行的民族宗教政策"有效地维护了祖国的统一和领土完整",是"值得充分肯定的"。① 这得到许多学者的赞同,如刘为指出清廷对西藏的民族宗教政策"适应了当时的实际情况",它"在一定时期内取得了很大的成功"。② 赵葆惠认为清朝政府吸取历代治藏经验教训,实行了有效的民族政策,实践证明是"极为成功的"③。

王锺翰依据康熙本人所言等可靠记载,考察了新疆、西藏与甘青地区的民族宗教政策,作出了深刻的、令人信服的论断。与此前研究不同的是,王氏认为清政府因俗而治、用宗教政策笼络的同时,又突出前人较少论及的清廷用武力征剿策略。这正如他最后的强调:清廷之所以能对西藏直接统治也由于"军事行动的成功"④。

四 关于清朝政府对西南地区的民族政策研究

关于清朝政府对西南地区的民族政策,众所周知,清政府采取了"改土归流"措施,康熙时期对西南土司改流之策尚属"草创"阶段,出于苗、彝诸族之自愿者为数不多。大张旗鼓地进行改土归流在雍正四年至九年(1726—1731年),"专办"者鄂尔泰,而实际遥控、主掌其事为清世宗胤禛。

在20世纪50年代,嘉弘认为清政府在改土归流的过程中残酷屠杀,对少数民族地区的风俗习惯、语言文字、宗教信仰等"强迫'同化'",改土归流"除了它的封建性外",还"充满极大的反动性"⑤。很明显,嘉氏对这一措施持否定意见。与此不同的是,70年代末期钟诚认为改土归流后,"生产关系得到一定的调整""农民的生产积极性有了提高""促进了社会生产力的发展"。同时,他也指出由于封建统治阶级实行的

① 王锺翰:《清代民族宗教政策》,载《王锺翰清史论集》第二册,中华书局2004年版,第833、837页。

② 刘为:《清朝施政西藏及其研究》,《中国边疆史地研究》1992年第2期。

③ 赵葆惠:《试析清朝的治藏政策》,《无锡轻工大学学报》2001年第3期。

④ 王锺翰:《清代民族宗教政策》,载《王锺翰清史论集》第二册,中华书局2004年版,第835页。

⑤ 嘉弘:《试论明清封建王朝的土司制及改土归流》,《四川大学学报》1956年第2期。

民族歧视与压迫政策，改土归流"不可能从根本上解决阶级矛盾、民族矛盾"。①

　　1980年，王锺翰发表《雍正西南改土归流始末》，1992年又发表《清代民族宗教政策》，探讨清廷关于西南民族政策。前文，体现王锺翰擅长考证的治史特色，他根据《雍正朝汉文朱批奏折汇编》《清世宗实录》《云南通志》《贵州通志》等记载，详述了西南土司制度的起源以及西南诸省彝族、苗族、瑶族、壮族等民族的经济、文化与社会发展状况，阐述了雍正在改土归流中用兵的顺序以及对东川、镇沅、长寨、谬冲、八达寨、邓横寨等多次战役的经过，甚至梳理了清廷在西南诸省流官的设置并制作《雍正西南三省流官表》，还兼论了鄂尔泰"重'剿'不重'抚'"的策略、改土归流的目的、得失及影响等，总结了雍正年间西南诸族改土归流之事是清代民族边疆政治史上的一件大事，其关系到西南诸省治乱兴衰。他认为清朝统治者改土归流的真正目的在于进一步加强清王朝对西南三省在政治上、经济上、军事上的直接统治。② 后文为王锺翰关于清廷对西南民族政策的概括性论述，基本为前文相关内容的总结。他根据《圣武记·雍正西南夷改流记》等记载，指出改土归流的政策，不但在当时，直到今天，也为"全国各族包括西南诸省各族人民所赞成"。经过改流，使原来"落后的奴隶制或农奴制改变为封建制"，是西南诸省，苗、彝各族"社会发展史上之一大进步"，它消除了"多年来土司、土官各自为政、独霸一方的割据局面"，对促进"祖国民族大家庭的团结、推动各民族间经济文化交往"，甚至对"统一的多民族国家的发展，均具有重大意义"。③ 很明显，王锺翰从西南民族地区经济与社会发展的长远眼光出发而肯定这一措施，但他对封建统治阶级民族歧视、压迫论述略少。不过，他比前人更为深入而翔实的考证、阐述，为

　　① 钟诚：《广西壮族地区改土归流初探》，《中央民族学院学报》1979年第3期。
　　② 王锺翰：《雍正西南改土归流始末》，载《王锺翰清史论集》第二册，中华书局2004年版，第1410页。
　　③ 王锺翰：《清代民族宗教政策》，载《王锺翰清史论集》第二册，中华书局2004年版，第840、841页。

他的立论比较全面、公允奠定了坚实的基础，其观点也被许多学者所认同。如陈一石、陈权青、李世愉等都认为改土归流顺应了西南地区社会经济、文化发展的需要，巩固与维护多民族国家的统一与发展具有相当重要的作用。① 对清代民族政策深入研究的马汝珩、马大正也指出清代的改土归流之事具有维护封建统治阶级对边区的控制的目的等，具有鲜明的阶级性。改土归流后，"土司势力膨胀的趋势已从根本上得到了控制"，土司的"割据性、独立性已不复存在"。同时，马汝珩、马大正还对雍正时期有利于改土归流客观的社会形势等作了比较深入的分析②。对改土归流的过程，与前人、同时代人所述相比，王锺翰的论述较为翔实，其《雍正西南改土归流始末》"是研究清代西南民族史的一篇较有分量"之作③，还有学者甚而更认为是"奠基之作"④。

总之，王锺翰对明清政治史，特别是清代政治史的研究成就斐然。其中，从 20 世纪 40 年代末期对雍正及其继位的研究是他以考证风格形成的代表作，也在史学界引起关注。中华人民共和国成立后，经过对唯物史观的学习与运用，他多从宏观上、社会经济形态与阶级关系等方面进行理论分析。他从 20 世纪 50 年代转向以民族史为重点的研究，在 80 年代后逐渐对清代民族政策的研究进行比较、梳理，其论述既广泛采用史料，进行严谨考证，也有深刻的理论归纳与总结。他更深入地分析了此前一些学者指出的清廷对民族地区管理体现了"因地制宜""因俗而治"的策略，提出了许多更深刻的看法。王锺翰"这些有关清代民族宗教政策的真知灼见，很快被学术界所接受"，在中国

① 陈一石：《赵尔丰与四川藏区的改土归流》，《四川师院学报》1981 年第 3 期；陈权青：《明清改土归流述略》，《湖南师院学报》1983 年第 3 期；李世愉：《试论清雍正朝改土归流的原因和目的》，《北京大学学报》1984 年第 3 期。

② 马汝珩、马大正主编：《清代的边疆政策》，中国社会科学出版社 1994 年版，第 382—406 页。

③ 刘小萌：《王锺翰先生的学术成就》，《清史研究通讯》1990 年第 3 期。

④ 王俊义：《赫赫清史大家 巍然一代宗师——重读王锺翰〈学述〉与〈清史论集〉兼论其学术成就与思想》，载《纪念王锺翰先生百年诞辰学术文集》，中央民族大学出版社 2013 年版，第 997 页。

近现代学术史上也具有重要影响。尤其值得注意的是，他"在文章中对蒙古盟旗制度的建立过程和作用、对清朝在蒙古、西藏地区大力提倡喇嘛教的意义和影响等方面的分析，丝丝入扣，令人信服，其观点至今仍被大学教科书所采纳"①。同时，他对清代政治机构、明清人物与政治事件等进行了深入的探讨，坚持"据事直书"，以及"力求还历史本来面目"等传统的史学研究标准②，也多体现综合比较研究的特色，这使其对人物的考察更为公允、客观。他不但总结出清代机构与制度的独特性，而且追溯其历史渊源，力争在历史宏观视野中考察清代国家机关对此前国家机关的继承与变革，其论述深入而又系统，为后人的进一步研究奠定了基础。

---

① 《纪念王锺翰先生百年诞辰学术文集》编委会：《王锺翰先生的学术成就和地位》，载《纪念王锺翰先生百年诞辰学术文集》，中央民族大学出版社 2013 年版，第 23、24 页。

② 王锺翰：《〈多尔衮评传〉序》，载《王锺翰清史论集》第二册，中华书局 2004 年版，第 809 页。

第三章　王锺翰的满族社会经济史研究

中华人民共和国成立后，王锺翰经过对唯物史观的学习与运用，探讨历史问题多从经济与社会结构着眼。他在 1956 年发表了《满族在努尔哈齐时代的社会经济形态》《皇太极时代满族向封建制的过渡》两文。1964 年发表《关于〈红楼梦〉的时代历史背景》一文，结合《红楼梦》的有关叙述，解析作者所处时代的清代经济发展状况。1979 年发表了《清代旗地性质初探》，1987 年发表了《满文老档中计丁授田商榷》，1988 年发表了《试析康熙之农本思想》，1988 年发表了《康雍乾三朝满汉文京旗房地契约四种》等文，对满族的社会经济发展状况作出了精湛而独到的研究。

第一节　对清朝入关前满族社会经济形态的研究

王锺翰对清入关前满族社会经济形态的研究，可分为努尔哈赤与皇太极两个时期。

一　努尔哈赤时期满族的社会经济形态

满族的社会形态，从努尔哈赤时期开始到后来的清代中后期经历了不同的发展阶段，是满族史、清史研究的重要内容。王锺翰对此进行了深入探讨，这也是其学风发生重大转变的开始。

中华人民共和国成立后，随着全国学习马克思主义理论高潮的到来，王锺翰在历史研究中也学习与尝试运用马克思主义唯物史观来分析历史问题，其"治学方法也由单纯的考据上升到与理论分析相结合"①，试图从历史总的发展趋势来考察历史问题。

当时，新中国史学界正开展关于中国古代史分期问题的讨论，虽然没有形成一致意见，但促进了相关历史问题的深入探讨。对国内各个兄弟民族在历史上所处的社会发展阶段如何划分便成为史学界迫切需要解决而又十分重要的课题之一。在这次学术讨论中，历史学家尚钺分析了入关前的满族社会，指出其"基本经济生活还是渔猎"，经济所反映的宗教"大抵还是生殖神的祖宗崇拜"。其文字在努尔哈赤时期由蒙古文字"加圈点符号制成满洲文字"。他认为："满洲族入关前，尚处在原始公社父（系）家长制解体，阶级社会的国家刚刚形成时期"，"未经过奴隶制阶段，即由原始社会转入到封建社会"。② 他的观点引起了一些学者的关注。

1956 年，受到党的百花齐放、百家争鸣方针的指导和鼓舞，王锺翰根据《明太宗实录》《明英宗实录》《清太祖实录》《建州闻见录》《满洲实录》《旧老城》以及朝鲜《光海君日记》等约 50 种中外记载，以探讨满族的社会形态分期来响应当时的学术讨论，他利用早期学习满语的优势，运用很多人没看到的满文史料进行比较分析，相继发表了《满族在努尔哈齐时代的社会经济形态》和《皇太极时代满族向封建制的过渡》两篇论文。在后来的三四十年，王锺翰又撰写了《满文老档中计丁授田商榷》《谈清入关前满族社会的分期问题》《清代前期满族社会的变迁及史料》等文章进一步探讨。

对努尔哈赤时期满族的社会形态，王锺翰指出："基本上，当时的满族可分为奴隶主与奴隶两大阶级。"③ 在 20 世纪 70 年代，由中国社会科学院民族研究所编写的，最后由王锺翰通纂的《满族简史》与他 20 世纪

---

① 朱诚如主编：《清史论集——庆贺王锺翰教授九十华诞》，紫禁城出版社 2003 年版，第 3 页。

② 尚钺：《清代前期中国社会之停滞、变化和发展》，《教学与研究》1955 年第 6 期。

③ 王锺翰：《满族在努尔哈齐时代的社会经济形态》，载《王锺翰清史论集》第一册，中华书局 2004 年版，第 84 页。

90 年代主编的《中国民族史》书中，关于满族社会形态的观点分别是："后金政权的建立，满族奴隶制经济获得迅速发展"①；"满族建国初，仍以奴隶制为社会的基本形态"②。在后来，他进一步总结说："历史事实充分证明：大约在努尔哈齐时期，满族的社会发展阶段，肯定属于奴隶占有制而不是属于氏族社会末期的家长奴役制。"③ 可见，他一直认为奴隶制为努尔哈赤时期满族社会的基本形态，他不赞同尚钺等学者的观点。

关于满族在努尔哈赤以前的社会状况，王锺翰根据《明太祖实录》等记载指出："女真人诚然是后来满族的前身，但这并不等于说在明以前的所有女真集团都属于后来的满族，因为属于女真系统范围以内的部落多，满族只不过是其中的一个而已。"关于爱新觉罗氏一族的兴起，"撇开它的始祖布库里雍顺为神女所生的神话部分不谈外，其中有历史可考，实自猛哥帖木儿"④。"早在 14 世纪末，在作为一个向前发展的女真集团尚未定居于赫图阿拉地方以前，即在搬到今吉林省东南的珲春一带的时期，它的社会内部已经有奴隶的存在。"如《明太祖实录》记曰：洪武十八年（1385 年）九月甲申，"女直（即女真）高那日、捌秃、秃鲁不花三人，诣辽东都指挥使司来归，自言：高那日乃故元奚关（珲春边）总管府水银千户所百户，捌秃、秃鲁不花乃失怜千户之部人也，皆为野人获而奴之，不盛困苦"，"从这以后，经过两个世纪的长期发展，'从最初的大规模的社会分工，产生了社会的最初的大分裂——主人与奴隶、剥削者与被剥削者两大阶级'。不可否认，这是满族社会发展阶段中的必然结果"。⑤"根据恩格斯关于社会发展规律的理论：'最初的大规模的社会分工，随着劳动生产率的提高，从而随着财富的增加，以及随着生产活动场所的扩大，在特定的历史条件的总和下，必然引起了奴隶制。'满

---

① 《满族简史》编写组编、王锺翰通纂：《满族简史》，中华书局 1979 年版，第 30 页。
② 王锺翰主编：《中国民族史》（增订本），中国社会科学出版社 1994 年版，第 769 页。
③ 王锺翰：《王锺翰学述》，浙江人民出版社 1999 年版，第 180—181 页。
④ 王锺翰：《满族在努尔哈齐时代的社会经济形态》，载《王锺翰清史论集》第一册，中华书局 2004 年版，第 74 页。
⑤ 王锺翰：《满族在努尔哈齐时代的社会经济形态》，载《王锺翰清史论集》第一册，中华书局 2004 年版，第 99 页。

族也不例外。"① 而且"在当时的满族社会里，同时还存在着'由氏族制度中发展起来的军事民主主义'"②。他后来又根据朝鲜《李朝实录》中的记载补充说："稽诸史实，在努尔哈齐兴起以前，由于长期存在着奴隶制因素，当时女真社会中流行着大量的奴隶买卖。"③

接着，王锺翰分析了努尔哈赤时期"奴隶制形成的物质基础"。他从当时的农业、采集、狩猎、手工业、商业等方面进行了考察。

首先，王锺翰根据明万历二十四年（1596 年）去过旧老城的朝鲜使臣申忠一的记述："无野不垦，至于山上，亦多开垦"，"田地品膏，则粟一斗落钟，可获八九石，瘠则仅收一石"，"秋收后，不即输入，埋置于田。至冰后，以所乙（疑系藏字）外输入"。而且明万历四十七年（1619 年），另一目击者而且在赫图阿拉被拘留过一年多的朝鲜人李民寏也有同样的记载："土地肥饶，禾谷甚茂，旱田诸种，无不有之。绝无水田，只种山稻。"努尔哈赤在 1617 年夺取开原、铁岭，在明天启元年（1621 年）攻下沈阳、辽阳，其辽河以东的大小七十余城"俱削发降"，于是努尔哈赤"徙诸堡屯民出塞（指建州），以其部落分屯开、铁、辽、沈"。同时，"招集辽人（指汉族），辽人或挈家还入。……不杀一人，尽剃头发，如前农作"。所以，在这一年内，只海州、辽阳两地，"计口授田"的就有"三十万日"，"日或作晌，以五亩计，合一百五十万亩之多。到这时，努尔哈赤领导的满族更加大踏步跨入辽河平原的广大地区，这是众所周知的"。而且从农业生产技术来看，"他们已大量在使用畜力犁田却是当时田地耕作的主要方面"。在畜牧业方面，申忠一曾曰："家家皆畜鸡、猪、鹅、鸭、羔、羊、犬、猫"，李民寏也指出了当时满族社会里："六畜惟马最盛，将胡（指满族贵族）之家，千百为群；卒胡（指满族自由民）也不下十数匹。"另外，当时的满族畜牧业，其中是以

① 王锺翰：《满族在努尔哈齐时代的社会经济形态》，载《王锺翰清史论集》第一册，中华书局 2004 年版，第 73 页。
② 王锺翰：《满族在努尔哈齐时代的社会经济形态》，载《王锺翰清史论集》第一册，中华书局 2004 年版，第 99 页。
③ 王锺翰：《满族在努尔哈齐时代的社会经济形态》，载《王锺翰清史论集》第一册，中华书局 2004 年版，第 632 页。

放牧马群为主，而且大半在五谷收获之后，才放到无耕田的旷野处，同时，牛马在农业生产上的使用，促进了农业的发展。①

其次，采集、狩猎经济，"在当时满族的生产部门中，仍占着相当重要的地位"。满族与明朝的交换物品中，"满族方面出售的，除各种兽皮外，还有人参、东珠，也是对外交换中的重要商品。此外，比较次于人参和东珠的如松子、蘑菇、木耳等"。② 所以，王锺翰认为以努尔哈赤为首的满族社会，无可置疑地是以农业为主、畜牧业为辅的农业经济社会。

再次，当时满族的手工业已经从农业中分离出来，手工业者主要靠出卖自己的劳动力为生，从事手工业技术不再是副业性质。手工业愈益分化，手艺和产品的多样性也日益发展了。"这从又一目睹者即1596年申忠一到旧老城去当'女直通事'即翻译的河世国的报道"："老乙可赤（即努尔哈齐）兄弟所住家舍……书员二名，瓦匠三名，则天朝（指明朝）命送之人云。……甲匠十六名，箭匠五十余名，弓匠三十余名，冶匠十五名，皆是胡人（指满族而言），无日不措矣。"③ 1619年李民寏所云："银、铁、革、木，皆有其工，而惟铁匠极工。女工所织，只有麻布、织锦、刺绣，则唐人（指汉族言）所为也"，而且"胡中衣服极贵，部落男女，殆无以掩体。近日则连有抢掠，是以服著颇得鲜好云。战场僵尸，无不赤脱，其贵衣服可知"，因此，当时满族的手工业生产还处于落后的状态中。④

最后，在满族的商业方面，已经出现了脱离农牧业的商人，"贸易相当发达起来，交换物有牲畜、各种兽皮，人参、东珠和奴隶等"⑤。

① 王锺翰：《满族在努尔哈齐时代的社会经济形态》，载《王锺翰清史论集》第一册，中华书局2004年版，第77—80页。
② 王锺翰：《满族在努尔哈齐时代的社会经济形态》，载《王锺翰清史论集》第一册，中华书局2004年版，第80、81页。
③ 王锺翰：《满族在努尔哈齐时代的社会经济形态》，载《王锺翰清史论集》第一册，中华书局2004年版，第81页。
④ 王锺翰：《满族在努尔哈齐时代的社会经济形态》，载《王锺翰清史论集》第一册，中华书局2004年版，第81—82页。
⑤ 王锺翰：《满族在努尔哈齐时代的社会经济形态》，载《王锺翰清史论集》第一册，中华书局2004年版，第83页。

　　王锺翰也利用阶级分析方法，探讨了努尔哈赤时期满族的阶级关系，他指出当时满族的生产关系基本状况："16 世纪的 70 年代至 17 世纪 20年代的 50 年间的满族社会生产关系是奴隶占有制"，在生产工具与生产资料私有制的基础上建立起来的剥削方式，"即生产资料与生产工具的所有者迫使买到的或掠夺来的并且可以任意鞭打与屠杀的奴隶进行劳动，并全部占有他们劳动产物。另外出租土地，以实物地租或赋役的形式占有田地耕作者的全部或部分剩余劳动。这就是当时满族社会生产关系的简括轮廓"。①

　　关于满族的阶级状况，王锺翰根据《清太宗实录》《满洲实录》《建州闻见录》《老档秘录》等记载，指出："如果从他们对生产资料的占有与分配关系及其在生产中的地位来考察，则奴隶主与奴隶两大阶级中又各有其显著的阶层分化。一般来说，奴隶主中有贝勒、额真、伊尔根、降民，奴隶中亦有阿哈、诸申、尼堪等几个阶级和阶层。"② 同时，在努尔哈赤时代，"满族自由民的总数，连女性及儿童在内，共约四五十万人，而男女奴隶为四五十万人，被保护民为一万八千户，约十万人。这样每个成年的男性满族自由民，至少有四五个奴隶与一二个被保护民。这与当时目击者李民寏所说'军卒（自由民）家有奴隶四五人'的话完全吻合"。对当时满族社会的阶级结构的特点，王锺翰归纳为："由于奴隶制的日益发展，大部分的奴隶主脱离生产、轻视劳动，特别在努尔哈齐后期由于进到了汉族居住的辽东农业地区，俘虏了大量的农耕奴隶，满族社会不得不开始向封建制转化"；"不但诸申可以占有阿哈和尼堪，而尼堪也可以占有阿哈的尼堪"；"阿哈不能当兵，诸申则有当兵的义务，但尼堪服兵役的比例少，大约占尼堪壮丁总数的二十分之一而已"。③

―――――――――

　　① 王锺翰：《满族在努尔哈齐时代的社会经济形态》，载《王锺翰清史论集》第一册，中华书局 2004 年版，第 84 页。
　　② 王锺翰：《满族在努尔哈齐时代的社会经济形态》，载《王锺翰清史论集》第一册，中华书局 2004 年版，第 84 页。
　　③ 王锺翰：《满族在努尔哈齐时代的社会经济形态》，载《王锺翰清史论集》第一册，中华书局 2004 年版，第 92 页。

很明显，王锺翰对当时满族社会的各阶级的人员及数量构成等进行了深入的考察。在较早的尚钺文中，没有对此进行深入的探讨，王锺翰的考察使其立论的可信度更大，目前也尚未发现在他之前有学者研究得到如此精深的程度。

王锺翰还对满族"庄园制'托克索'"（庄子、屯庄）的性质及其阶级状况进行了深入的考察。他根据《建州闻见录》《光海君日记》《清太宗实录》《明清史料》《宁古塔纪略》《满文老档》《满洲实录》等关于"托克索"的记载指出：努尔哈赤时期的"托克索是属于奴隶制社会的庄园类型的，在托克索内部奴隶是剥削的主要对象，奴隶主和奴隶是两个基本的对抗阶级"；"托克索的首领多是由努尔哈齐指派的……努尔哈齐'使其部酋长掌治耕获'，就是明证。……这些托克索里掌握实权的人（领催和庄头）已经不是普通的公社社员，而是托克索内奴隶主阶级的代表人物了"；"这时庄园制的托克索已经不是什么农村公社的一类独立自治单位，而是奴隶主国家政权机构的组成部分了"；根据李民寏所述，当时满族的婚姻关系"完全是一种不按辈分的婚姻关系"，1611 年"努尔哈齐将大批女子配给数千'寒苦旷夫'为妻，不够还出钱购买女子，使之完配"，这些"说明了氏族制度组织的解体"；关于满族当时的阶级斗争，王锺翰根据努尔哈赤曾说过"今汉人（即尼堪）、蒙古各国，杂处国中。其逃叛、盗贼、诈伪、横逆者，当细察之"，这显示被剥削阶级中间蕴藏着极大的反抗力量。①

对满族在努尔哈赤末期的社会状况，根据被俘的张春所言："尔国（指满族统治者）杀人已极，所获财富，衣食皆足；不识天时，不爱人民，用兵十五年（包括努尔哈齐的天命十年和皇太极天聪的前五年在内），专事杀掠，岂能成事？……天下之人，孰为畏死？从尔者杀，不从尔者亦杀，虽田野农夫，亦欲持锹镬而战矣。"由于"汉人的战俘不愿甘心作奴到底"而"叛逃"，所以"在努尔哈齐晚年刚刚攻到辽东地区

---

① 王锺翰：《满族在努尔哈齐时代的社会经济形态》，载《王锺翰清史论集》第一册，中华书局 2004 年版，第 97 页。

的十年里，曾经将大批的降人都统统杀掉，他采取的政策是一种无情的血腥镇压政策。……而当时以努尔哈齐为首的满族社会就是采取这种奴隶占有制社会"。① 具体来说，"从努尔哈齐领导的满族1621年进入辽沈地区以后直到他的孙子清世宗福临1644年迁都北京以前的二十年时间，是满族社会从奴隶制过渡到封建制社会的一个急剧的复杂的重要阶段"②。

王锺翰的观点，也是史学界基本赞同的看法，莫东寅、周远廉、李鸿彬、何溥滢等持基本相同观点，如，莫东寅指出在努尔哈赤时代的女真社会"已经形成了两个最大的阶级"，他们是"奴隶与奴隶主所有者"，同时，也兴起了一个小的封建阶级，"这正是先封建主义国家的过渡形态"。③ 何溥滢也指出："努尔哈赤兴起后的五十多年间，是奴隶制的发展阶段。"④

但是也有学者对此提出不同观点，郑天挺认为："1611年（明万历三十九年，辛亥）二月《清实录》记载曰：'太祖查本国寒苦旷夫（无妻男子）千余皆给配（选择女子给他做配偶）。中有未得者，发库财与之，令其自娶。于是民皆大悦。'""这种关心到奴仆家庭生活的思想情况，反映出当时的奴仆身份不同于西方奴隶社会的奴隶。奴隶社会不把奴隶当人看待，他怎么会关心到奴隶们的生活呢?"⑤ 所以郑天挺认为，努尔哈赤建国前的思想意识属于封建领主范畴，"努尔哈齐最初建立的政权就是封建制国家政权"。"满族建国时，既有和平民身份不同的奴仆存在，是否仍然属于奴隶社会? 不能。因为当时的主要生产者不仅是奴仆（aha），还有更广泛的平民男丁（haha）。"⑥ 但是郑天挺没有指出满族社

---

① 王锺翰：《满族在努尔哈齐时代的社会经济形态》，载《王锺翰清史论集》第一册，中华书局2004年版，第98页。

② 王锺翰：《满族在努尔哈齐时代的社会经济形态》，载《王锺翰清史论集》第一册，中华书局2004年版，第101页。

③ 莫东寅：《满族史论丛》，人民出版社1958年版，第135页。

④ 何溥滢：《满族入关前社会性质初探》，《社会科学辑刊》1979年第3期。

⑤ 郑天挺：《清入关前满族的社会性质续探》，《南开大学学报》1979年第4期。

⑥ 郑天挺：《清入关前满族的社会性质续探》，《南开大学学报》1979年第4期。

会奴仆与自由民的数量对比，因而他所说的"更广泛"一语就沦为空谈。

刘小萌从金国内外多种原因分析，认为："明代女真奴隶制未得到正常发展。"① 他还从政治经济学角度对奴隶与农奴的身份加以分析，指出，努尔哈赤时期庄丁为自己的有偿劳动与为庄园主的无偿劳动在时间上和空间上是分开的，这说明壮丁拥有一定的独立经济。他认为："对生产者的完全占有与不完全占有构成奴隶与农奴的基本区别……农奴主虽然可以买卖农奴却不能对之任意屠杀……金国法律禁止家主杀害或从肉体上残害奴仆，也印证了满族奴仆是农奴的推论。"② 他总结为："天命末年满族社会（是）农奴制社会性质。"③

笔者认为，根据生产力决定生产关系决定社会性质的马克思主义原理，研究者应深入考察劳动者在整个时期的具体情况，刘小萌对努尔哈赤末期满族奴仆为农奴的论断是很深刻的见解，王锺翰对努尔哈赤末期的庄丁考察是初步的。

王锺翰指出了生产资料与劳动成果归满洲贵族所有，大量被俘人员充当奴隶，而且几乎没有人身自由以及当时存在奴隶买卖等状况，他考察了处于奴隶地位的人、自由民等数量，这在当时很少有学者研究得如此深入，不足之处是他没有进一步指出从事生产的奴隶数量，而且"所能提出的还只是一个估计数字"④。

总的来说，王锺翰对努尔哈赤时期满族的社会形态的分析与考证是深入的、严谨的、有创见的。满族在努尔哈赤前期与中期有较大数量的奴隶存在，这种看法是令人信服的，也是许多学者赞同的观点。只是，在努尔哈赤末期从事生产劳动的庄丁的地位与对劳动成果的关系已改变了很多，努尔哈赤末期的满族社会应是农奴制占很大比重的社会了。

---

① 刘小萌：《满族从部落到国家的发展》，辽宁民族出版社 2001 年版，第 107 页。
② 刘小萌：《满族从部落到国家的发展》，辽宁民族出版社 2001 年版，第 223 页。
③ 刘小萌：《满族从部落到国家的发展》，辽宁民族出版社 2001 年版，第 223 页。
④ 王锺翰：《满族在努尔哈齐时代的社会经济形态》，载《王锺翰清史论集》第一册，中华书局 2004 年版，第 92 页。

二　皇太极时期满族的社会经济形态

关于皇太极时期满族的社会形态，王锺翰参考了《明清史料》《清太宗实录》《满文老档秘录》《朝鲜仁祖实录》《天聪朝臣工奏议》《满洲实录》及日本藤冈胜二译注的《满文老档》等约 30 种中外史料，从皇太极时期的生产力水平、大庄园制经济和租佃关系、社会变革中的阶级关系、政治制度等方面进行考察。

关于皇太极时期的生产力水平，王锺翰根据《满文老档秘录》《清太宗实录》《朝鲜仁祖实录》中关于皇太极的谕旨与去过辽沈地区目击者的报道等记载指出，皇太极时期的"农业生产成为当时满族社会的主要生产方式；不可否认的是，原来从事农业生产而又有较高农业生产技术的广大汉族农民，在这方面起到了相当大的作用"，"特别是辽河平原这一高度农业化了的地区和人民，到这时，已经成为满族社会经济中不可分割的组成部分"，而且"作为满族的统治者皇太极，对于农业生产技术各方面的改进也是极其重视的"。如天聪七年（1633 年）"告谕"曰："田畴庐舍，民生攸赖。劝农讲武，国之大经。尔等宜各往该管屯地，详加体察，不可以部务推诿。"崇德元年（1636 年）他又谕曰："至树艺所宜，各因地利：卑湿者可种稗稻、高粱，高阜者可种杂粮。勤力培壅，趁地滋润，及时耕种，则秋成刈获，户庆充盈；如失时不耕，粮从何来。"冶铁业"到皇太极时代更是突飞猛进"，纺织业"大体上能够自足自己"，"造船业也得到了相当的发展"，商业"不仅有已经脱离农牧业的大批商人的存在，而且还出现了市容异常繁华的商业城市"，商业税"在满族社会的国家财政经济中占有着很大的比重"。①

因此，皇太极时期满族社会的经济特征为："农业为主，本来只为自身消费而生产的农作物，进而采取了商品形式；畜牧业退到与小农经济相结合的家庭副业；狩猎、采集经济在这一时期内之所以作为农业的副业，

---

① 王锺翰：《皇太极时代满族向封建制的过渡》，载《王锺翰清史论集》第一册，中华书局 2004 年版，第 228—237 页。

主要是由于当作商品采集";"手工业一般作为农业的副业";"满族社会中不但有商人阶级的存在,而且作为当时满族的商业中心沈阳也形成了。因此,这一时期满族社会中自然经济的统治地位似已开始发生动摇了"。①

王锺翰指出:"这些买得的农人一无所有,身上穿的都是'百结单衣,不可忍视'。不言而喻,这'农所'里的一切设备,如耕牛、农具等等,全部由庄园主购置。""再从这些'农所'里所出产的作物来看,'农军'被迫进行劳动,劳动的产品全部为庄园主所有,显然也属于奴隶制性质。"后来,在1643年"增加四百日耕为一千日耕的条件下,势必要求用进步的生产关系的租佃制了"。这正如《沈阳状启》所记载的租佃状况。而且在皇太极时代,"大庄园制劳役地租的剥削关系基本上是继续着"。因此,满族在统治全国之前,"至少在皇太极时代,确已开始从奴隶制生产关系向封建制生产关系过渡","早在努尔哈齐末期的大庄园制中,已经存在着劳役地租的剥削关系,不过到了这一时期,劳役制已经发展成为阻碍生产力的桎梏,所以不得不由封建赋役制和租佃制取而代之了"。②

在皇太极时代,大庄园制劳役地租的剥削方式基本上是延续着的,逐渐被封建领主的租佃制所取代。同时,还有招降来的人民半入编户、半为俘的事情。③

关于皇太极时期满族社会变革中的阶级关系。王锺翰根据《清太宗实录》等记载,如天聪六年(1632年)满族处理被俘蒙人、汉人的俘虏和"归附"的人民,"自归化城及明国境所在居民,逃匿者俘之,归附者编为户",指出从被俘者中挑选一部分人出来"编为民户",已经相当普遍了。

王锺翰最后总结说:"到这一时代,在奴隶这一阶级中已经有着显

---

① 王锺翰:《皇太极时代满族向封建制的过渡》,载《王锺翰清史论集》第一册,中华书局2004年版,第239页。

② 王锺翰:《皇太极时代满族向封建制的过渡》,载《王锺翰清史论集》第一册,中华书局2004年版,第243—248、251页。

③ 王锺翰:《王锺翰学述》,浙江人民出版社1999年版,第187、188页。

著的阶层分化。换句话说，即奴隶正在向农奴的方向转化中"，"农耕奴隶是这一时期满族社会的各个生产部门中的主要力量"，"原先属于农耕奴隶性质的广大汉族农民以及其他各族人民，到这一时期已经有一大批脱离奴隶身份而转化为农奴了，即一小部分的家内奴隶也并不例外"，"尚未完全转化为农奴的另一部分农耕奴隶和家内奴隶，在这一时期已经具有一定的财产权，正在向农奴的方向转化"。① 一言蔽之，就是满族已经由奴隶制社会向封建社会转化。显然，王锺翰依据可靠的记载，对皇太极时期满族社会阶级关系作了相当深入的研究。

关于皇太极时期满族政治制度，王锺翰根据《满洲老档秘录》《清太宗实录》等记载指出，由于满族经济向前发展和对外战争的日益频繁，满族社会更需要强有力的国家法律制度等，才能适应当时客观形势的发展需要。

满族从努尔哈赤时代已经有"地域为主、血缘为辅"的牛录等"统一的政治组织"。后金的建立与改国号是满族发展的需要，随后，皇太极首先于天聪三年（1629 年）"废除'四大贝勒按月分值'的制度"，"形成'生死予夺之权，一刻也不许旁分'和'天无二日，民无二主'以及'天下定于一'等等封建观念"。皇太极在思想、行政机构、刑罚、婚姻、军事等方面"模仿汉制"，"努力推行了与中央集权政治相适应的中央统一制度"并使之"进一步的封建主义化"。"如要知正心、修身、齐家、治国的道理"，则有《孝经》《大学》《中庸》《论语》《孟子》等书，"我国六部之名，原是照蛮子家（明王朝）立的"；与汉法类似的十恶为："谋危社稷""谋毁宗庙、山陵及宫阙、谋背本国，潜逃他国""蛊毒魇魅""盗大祀神器及上服御器物""殴辱祖父母、父母""兄卖弟""妻告夫""与宗族通奸""奸人强劫财物""凡娶继母、伯母、弟妇、侄妇，永行禁止。……同族嫁娶，男女以奸论"。②

---

① 王锺翰：《皇太极时代满族向封建制的过渡》，载《王锺翰清史论集》第一册，中华书局 2004 年版，第 261、262 页。

② 王锺翰：《皇太极时代满族向封建制的过渡》，载《王锺翰清史论集》第一册，中华书局 2004 年版，第 262—265、269—270 页。

通过以上各方面总结，王锺翰最后从多方面、总体上论述皇太极时期的满族社会，"满族在统治全国之前，至少在皇太极时代，确已开始从奴隶制生产关系向封建制生产关系过渡"①。从目前的研究结果来看，他是"最早系统地提出这一观点"的人②。

对此观点，许多学者赞同，何溥滢指出："皇太极时代满族向封建制过渡。"③ 戴逸也指出："作为（当时）最高统治者的皇太极，一方面扶植封建制，削弱奴隶制"；"由于后金政权对封建制的扶植和一系列发展生产的措施，满族的社会经济进一步发展，封建农奴制逐渐代替了奴隶制"。④

王锺翰在 1996 年发表的《谈清入关前满族社会的分期问题》文中，对满族入关前的社会再次进行探讨，"还是认为满族在入关前基本上是奴隶社会"⑤。他根据《满文老档》《清实录》《顺治年间档》等记载，进一步总结了几条重要的根据。

其一，"《满文老档》上记载的'计丁授田'，即辽阳至海城一带土地共有三十万垧，是分给八旗官兵的，并不包括汉人在内。上谕后面提到乞丐、和尚，好像汉人分田还包括要饭的叫花子和和尚等类人似的，我不信，也没有找到当时其他材料来证明和尚、乞丐也分了田这一点。出现这段数字，我认为有两种可能：一是满族统治者企图宣传满汉一视同仁都能分到田，主要是宣传性的文告，实际上并没有那么去做；二是也许'计丁授田'这段文字不是上谕原文有的，是后来加上去的"⑥。从王锺翰运用多种确凿史料都"没有找到当时其他材料来证明和尚、乞丐也分了田"等论述来看，他的看法是可信的。

———————————

① 王锺翰：《皇太极时代满族向封建制的过渡》，载《王锺翰清史论集》第一册，中华书局 2004 年版，第 251 页。

② 陈生玺、杜家骥：《清史研究概说》，天津教育出版社 1991 年版，第 75 页。

③ 何溥滢：《满族入关前社会性质初探》，《社会科学辑刊》1979 年第 3 期。

④ 戴逸主编：《简明清史》，中国人民大学出版社 2006 年版，第 78—80 页。

⑤ 王锺翰：《谈清入关前满族社会的分期问题》，载《王锺翰清史论集》第一册，中华书局 2004 年版，第 676 页。

⑥ 王锺翰：《谈清入关前满族社会的分期问题》，载《王锺翰清史论集》第一册，中华书局 2004 年版，第 676 页。

其二，"天聪五年（1631 年）的'告主离异条例'不像我们想象那样解放奴隶"。"告主离异条例"，《清实录》"上也有记载，是说奴隶告发自己的主人奴隶主，奴隶本人就可以离开原主人。我过去曾经引用过这条材料来说明是向封建制过渡的标志之一。但现在看来，还得要看那个奴隶在什么情况下'离异'的。原来本是奴隶，后来告发了主人，得到允许可以离开，如果可以到任何地方去，那自然是解放奴隶了。但实际上，当时除非在特殊情况下个别奴隶告发奴隶主可以离开外，大多数情况下是，奴隶告发奴隶主，如果属实，则那个奴隶只能从一个奴隶主归到另一个奴隶主下，奴隶还是奴隶，所以不能说是解放奴隶。当然解放个别奴隶的情况也还是存在的"。很明显，王锺翰虽然参考了《清实录》等记载，但仍对其有些记载的真实性进行深入论证，并指出有些与事实不符的内容，可见，其治史之严谨。

其三，"据入关前后的《顺治年间档》（顺治四年至六年，1647—1649 年）记载，庄园壮丁穿的、吃的、用的，一切都来自奴隶主供给。这种情况也说明入关前后奴隶没有自己的独立经济。当然，庄头虽然也是奴隶身份，但他实际上是二地主，不算奴隶"。

其四，"满族入关前有奴隶买卖，与牛、马牲畜同市，奴隶有价格和纳税标准，离沈阳西边不太远的辽河西岸开城就有奴隶买卖市场。清入关后在北京宣武门外骡马市一带还有人市，说明奴隶制残余的长期存在。奴隶买卖是奴隶制社会的重要标志之一"。

最后，"清入关后迄今还没有发现土地买卖的地契。既没有土地买卖，满族社会只能还是奴隶制或封建领主制。如果以后谁发现了入关前重要的土地买卖地契的材料，我的观点可以修改。因为土地买卖是封建社会地主所有制的一个重要标志"①。

应该说，王锺翰依据翔实的、可靠的诸多史料，特别是《满文老档》等记载，对努尔哈赤与皇太极时期满族社会形态进行深入的研究，

---

① 王锺翰：《谈清入关前满族社会的分期问题》，载《王锺翰清史论集》第一册，中华书局 2004 年版，第 676、677 页。

得出了"满族在入关前基本是奴隶社会"的观点，是具有很大可信度的。

王锺翰对此的研究最终受到一些学者的认可，如刘小萌指出："两文（《满族在努尔哈齐时代的社会经济形态》《皇太极时代满族向封建制的过渡》）在学术界引起了较大反响，是建国以后满族史研究在理论与实践上的一个突破。同时也表明，先生的研究水平已超越传统史学考据鉴伪的范畴，达到一个新水平"①；朱诚如认为："1956 年，（王）先生发表《满族在努尔哈齐时代的社会经济形态》和《皇太极时代满族向封建制的过渡》两文，基本上理清了满族入关前的社会发展过程，给予后世学者以很大的影响"②；王俊义指出这两篇文章"对满族社会性质及其发展演变进程的论述，无论是史料运用，还是理论分析，都大大推动了对清前期历史的研究"③。而《满族在努尔哈齐时代的社会经济形态》与《皇太极时代满族向封建制的过渡》两篇文章为王锺翰的学术风格由注重考据到尝试依据唯物史观考察历史问题的开始。这也是他自己学风发生重大转变的开始，在其个人学术生涯中具有重要意义。同时，他在两文中的研究为史学界依据马克思主义唯物史观分析历史问题树立了典范。这是此二文给予整个学界的学术意义。

第二节　对康熙农本思想的研究

农业自古至今是民众赖以生存的基础，也是国家政权稳定之本。高度重视农业是古代社会圣贤君主的一项重要的治国之策。正因为此，康熙采取了许多促进经济发展与社会稳定的政策，如轻徭薄赋、兴修水利、治河重农等，对此学界的论述较多。例如：1961 年刘大年在《论康熙》

---

① 刘小萌：《王锺翰先生的学术成就》，《清史研究通讯》1990 年第 3 期。

② 朱诚如主编：《清史论集——庆贺王锺翰教授九十华诞》，紫禁城出版社 2003 年版，第 3 页。

③ 王俊义：《赫赫清史大家　巍然一代宗师——重读王锺翰〈学述〉与〈清史论集〉兼论其学术成就与思想》，载《纪念王锺翰先生百年诞辰学术文集》，中央民族大学出版社 2013 年版，第 995 页。

一文中较早探讨了康熙治国措施与思想，认为"康熙时期的经济政策，仍然是传统的重农抑末政策，农业和家庭手工业受到重视，独立手工业和商业的地位低下"，"对外贸易政策表现出来的却是一幅消极、保守的图景"①；1979 年夏家骏在《康熙在恢复发展清初社会经济中的作用——兼论康熙不是"重本抑末"》一文中论述了康熙在"恢复和发展清初农业生产中，采取了不少具有进步意义的措施"以及康熙的一些"'利商便民'政策及其成就"②；还有商鸿逵的《论康熙》③、李燕光的《康熙皇帝》④、宋德宣的《论康熙的农本思想及其特点》⑤、孙智萍与王智兴的《康熙恢复和发展农业生产的措施》⑥、袁森坡的《康熙初期改革苛政、发展生产的措施》⑦ 等文章，或部分或全面地论述了康熙的农业思想和政策问题。

王锺翰也在康熙农业思想方面做出了自己的研究探索，他以康熙的农本思想产生缘由、政策表现等内容为核心，全面深入地挖掘相关史料，对康熙的农业思想予以了分析阐述。

一 关于康熙农本思想的缘由

王锺翰认为明末清初几十年战乱之后，面对社会凋敝贫弱的形势，从而采取让步措施来恢复农业经济、扩大生产，此乃大势所必趋，情理之所必然，因此康熙必然倡导农本思想以稳定其统治。王锺翰根据《清圣祖实录》、康熙《御制诗文集》、《康熙起居注》、《宫中档》、日本西本白川的《康熙大帝》文献的记载指出，康熙之所以采取一些有利于国计民生的经济措施，如更名民田、奖励开垦、停止圈地、轻徭薄赋等，

---

① 刘大年：《论康熙》，《历史研究》1961 年第 3 期。
② 夏家骏：《康熙在恢复发展清初社会经济中的作用——兼论康熙不是"重本抑末"》，《学习与探索》1979 年第 3 期。
③ 商鸿逵：《论康熙》，《社会科学辑刊》1980 年第 2 期。
④ 李燕光：《康熙皇帝》，《辽宁大学学报》1983 年第 6 期。
⑤ 宋德宣：《论康熙的农本思想及其特点》，《满族研究》1986 年第 2 期。
⑥ 孙智萍、王智兴：《康熙恢复和发展农业生产的措施》，《中国农史》1989 年第 4 期。
⑦ 袁森坡：《康熙初期改革苛政、发展生产的措施》，《河北学刊》1991 年第 1 期。

这是由于"经历了明末农民大起义及清初的联明抗清斗争延续数十年之久，对封建统治阶层给予了沉重的打击"①。中原经济较为发达地区历经战乱，人丁减少，土地也大片荒芜。其中江南"人民多遭惨杀，田土尽成丘墟"②、四川"民无遗类、地尽抛荒"③，许多地方甚至"有可耕之田，而无耕田之民"④，所以到了康熙初年，清廷不得不更名民田，以促进农业生产、稳定社会。康熙二十四年（1685 年）清廷认为"凡民间开垦田亩，若圈于旗下，恐致病民"，规定"嗣后永不许圈"。⑤ 因此，王锺翰认为康熙采取发展农业，并秉持农本思想乃是大势所趋，情理之所必然。

另外。王锺翰也更深刻地指出康熙之所以"一生心目中念念不忘'居安思危'，处理思乱，（铭记）'水能载舟、亦能覆舟'的'民为邦本''以食为天'"的古训，是由于他"从历史上吸取农民起义的教训，远者如隋唐之际的农民大起义，近者则是明清之际李自成、张献忠领导的农民大起义"，而康熙又尤"以明为鉴"，"固由于他出生去明不远，许多事均系亲眼见闻；同时亦由于他天赋甚高，平日读书明理，善于从中取得有益的教训"。⑥

二 关于康熙农本思想的表现

诚如前文所言，康熙"一生心目中念念不忘'居安思危'，处理思乱，（铭记）'水能载舟、亦能覆舟'的'民为邦本''以食为天'的古训"，他确实是一位重视农业生产、提倡"以农为本"思想的皇帝。⑦ 王

---

① 王锺翰：《试析康熙之农本思想》，载《王锺翰清史论集》第二册，中华书局 2004 年版，第 970 页。

② 中国科学院编：《明清史料》（丙编），国家图书馆出版社 2008 年版，第 783 页。

③ 中国科学院编：《明清史料》（丙编），国家图书馆出版社 2008 年版，第 1000 页。

④ 《清圣祖仁皇帝实录》卷 36，《清实录》第 4 册，中华书局 1986 年版，第 3089 页。

⑤ 《清圣祖仁皇帝实录》卷 120，《清实录》第 5 册，中华书局 1986 年版，第 4129 页。

⑥ 王锺翰：《试析康熙之农本思想》，载《王锺翰清史论集》第二册，中华书局 2004 年版，第 981、982、983、984 页。

⑦ 王锺翰：《试析康熙之农本思想》，载《王锺翰清史论集》第二册，中华书局 2004 年版，第 981、982、983、984 页。

锺翰在深入考察康熙农本思想后，认为康熙的农本思想可以具体表现为以下几方面：

其一，康熙的很多诗词中体现了农本思想。王锺翰指出康熙一生中喜爱吟雨、咏雪，与他重视农业有关，康熙旨在孜孜汲汲，以国计民生为念，而且情词恳切。如，"《暮雨》——暮雨霏微过凤城，飘飘洒洒重还轻。暗添芳草池塘色，远慰深宫稼穑情"①，"《雨》——稼穑忧勤在建章，油云洒落满岩廊。凭窗喜雨雨方足，五谷秋成乐万方"②，"《塞外对雨》——奋雷殷殷鸣大泽，飞雨千山万山白。草色花香濯更新，荒风处处流泉脉。四望神京接塞云，雨声应得四郊闻。黍苗翼翼平畴远，多少农人话夜分"，"《六十一年春斋成书》——不误农桑事，须轻内外徭。风高林鸟静，雨足路尘消"。③ 值得注意的是，王锺翰还强调康熙"在咏雨的序言中对他所以吟雨的原因自己作了说明"，《喜雨诗十六韵并序》曰："朕抚御天下，每以民生为念，夙兴夜寐，无时少懈也。岁在丁卯（康熙二十六年，1687年），自春涉夏，蕴隆少雨，日更增甚，麦秋期至，农事堪忧"，"去岁（约在康熙五十年前后，1711年）八、九月，雨最多，民间俗说'封地雨'。故一冬少雪犹可支持。自交立春后不复云，所以望雨甚殷。昨晚密云四起，夜深甘霖即需，田间老幼，无不举手加颜，欢声载道。朕以民食为天，喜均一体，故赋七言近体，以示群臣"。④

其二，康熙在君臣的对话中经常流露出他的以农为本思想。如康熙十八年（1679年），康熙问奉命赈河南汝宁等府饥民左侍郎查库等，曰："百姓饥荒至极否？"查库言："汝宁等处犹为甚，遂平一路民困已

---

① 王锺翰：《试析康熙之农本思想》，载《王锺翰清史论集》第二册，中华书局2004年版，第972页。
② 玄烨：《御制文集》第1集，《清代诗文集汇编》第191册，上海古籍出版社2011年版，第393—394页。
③ 王锺翰：《试析康熙之农本思想》，载《王锺翰清史论集》第二册，中华书局2004年版，第972、973页.
④ 王锺翰：《试析康熙之农本思想》，载《王锺翰清史论集》第二册，中华书局2004年版，第973、974页。

极。"康熙曰:"倾者颁帑赈饥,灾民俱得均沾否?沿途雨泽俱及时否?麦穗丰歉如何?"查库言:"仰蒙圣恩颁赈,小民感诵皇仁,欢欣踊跃,无所不至。其沿途田亩得雪者一次,得雨者三次,麦苗俱大有起色矣。"同年,康熙又问浙江、江南、山东、直隶等地禾苗长势,吏部郎中雅思哈等奏:"黄河以南俱极丰穰,过河至山东泰安一路稍次之,泰安以北苦于久旱。臣等行至北路,闻亦得雨矣。"康熙又问:"山东饥荒州县,尔等俱经过否?"雅思哈等言:"经过数处,皆赖圣恩赈济,民得以再生。"康熙再问曰:"岁收可得几分?"雅思哈等奏言:"向前得雨,可望六七分也。"① 康熙四十七年(1708 年)直隶巡抚赵弘燮奏曰:"今据直属各府、州、县、卫、所将收成分数陆续呈报前来。臣查顺天、永平、保定、河间、大名、宣化六府属收成,俱有九分至十分。又顺德、广平二府属腴地收成有八、九分,薄地收成亦有六、七分,真定府属间有几州县得雨稍迟,其得雨先者收成八、九分,得雨迟者亦六、七分。"②

其三,康熙朱批奏折中的很多朱批可以很明显地显示他的以农为本思想。康熙朱批奏折内容丰富,是研究康熙思想的珍贵史料,王锺翰较多地引证了此类记载以论证康熙的农本思想。例如康熙非常关心农业收成,甚至担心米价过高对百姓生活不利,要求巡抚等臣僚上奏农业收成与粮食价格。康熙五十二年(1713 年)七月贵州巡抚刘荫枢奏曰:"贵州今岁,仰赖皇上洪福风雨调和,禾苗畅茂,四境如一,盛于往年",米价不高,"每市价银八九分至一钱一二分不等"。③ 康熙四十二年(1703 年)八月江宁织造曹寅在《恭请圣安》折中云:"皇上轸念民生,宵衣旰食,无一刻不以水旱荒歉为急务","俱蒙皇恩蠲免钱粮,江南上下连年丰熟,米价不出七钱上下"。康熙批曰:"闻江南收成,米价贱,朕心

① 王锺翰:《试析康熙之农本思想》,载《王锺翰清史论集》第二册,中华书局 2004 年版,第 974 页。
② 王锺翰:《试析康熙之农本思想》,载《王锺翰清史论集》第二册,中华书局 2004 年版,第 974—975 页。
③ 中国第一历史档案馆编:《康熙朝汉文朱批奏折汇编》第五册,档案出版社 1985 年版,第 96 页。

甚是喜悦。"① 如此之类的例证，在朱批奏折中在在多有，不胜枚举。

总的来看，王锺翰对康熙从经济基础上重农的思想与行为等作了较全面的论述，既指出此政策为了安定民众，也认为为了封建统治的需要。与前人相比，王锺翰的论述除运用其他学者常用的史料外，也较多地采用别人较少关注的康熙本人所作的诗词及其臣下的奏折等记载，这使其论断更有说服力。

第三节　对清代旗地的研究

清初，满族统治者沿用关外的做法，从汉人手中圈占了大量的田产，为满洲皇室与贵族占有、分配。左云鹏较早地考察了清代旗地的形成、演变以及"由奴隶制到农奴制演变的过程"等，认为入关后旗地是类似农奴制的形式，其经历了奴隶制庄园经济向封建租佃制经济过渡，主人对奴隶具有"极强的人身支配权"，奴隶受到"实物代役租"的剥削。② 杨学琛探讨了清代旗地的性质、旗地"由农奴制向封建租佃制的转化"以及"十八世纪中叶以后的旗地"等，指出与入关前比较，旗地的农奴制经济扩大，"成为清初旗地的主导形式"，后来逐渐"转变为封建租佃制"为主导的经济形势。③

有关清代的旗地问题，王锺翰在 20 世纪 70、80 年代发表的《清代旗地性质初探》《满文老档中计丁授田商榷》《康雍乾三朝满汉文京旗房地契约四种》等文，针对清代旗地的来源与性质、计丁授田以及京旗房地契约进行了考察。

首先，他在《清代旗地性质初探》一文中，他分析了旗地的各种来源与性质问题。他根据《清世祖实录》《大清会典事例》《皇清奏议》《清朝文献通考》《八旗通志》《顺治年间档》《总管内务府现行则例》

---

① 中国第一历史档案馆编：《康熙朝汉文朱批奏折汇编》第一册，档案出版社 1985 年版，第 100 页。

② 左云鹏：《论清代旗地的形成、演变及其性质》，《历史研究》1961 年第 5 期。

③ 杨学琛：《清代旗地的性质及其变化》，《历史研究》1963 年第 3 期。

等记载，指出："依其性质不同，（旗地）大体可分为'皇庄''王庄''八旗庄田'即一般旗地三大类。"王锺翰先从一般旗地开始考察，他指出一般旗地"主要是指旗兵占有的旗地而言"。一般旗地又可分为旗红册地、旗余地以及旗升地三种。"王庄即王公庄园"，它"属于满族王公贵族所有而具有身份性的世袭的收取'王粮'的土地"，其"种类也较多，有恩赐地、带地投充地和私庄地等"。"皇庄亦称官庄，是清皇室本身的私有地，有内务府官庄、盛京所属户部、礼部、工部官庄以及三陵所属官庄等。"① 王锺翰还认为从顺治年间起，大量的一般旗地很快向地主租佃制转化，满族统治者虽然主观上极力维护皇庄、王庄的农奴制庄园的长期性，特别是经过大约一百年关内汉族高度封建化经济形式的冲击，大约在18世纪后期满族社会走向封建化，这是历史发展的必然结果。在入关后，由于清代旗地中一般旗地即八旗旗地占有多数，这部分土地既可以买卖，又可以地租剥削，不准越旗买卖旗地仅是限制汉人的制度，数量较多的一般旗地的转化影响占比重较小的皇庄、王庄等向地主所有制经济转化，所以王锺翰认为入关后，旗地占有者的关系"主要变成为地主和佃农的租佃关系，即地主所有制占了统治地位"，"皇庄和王庄的经济在清初虽然仍以农奴制为主导形式，但从庄园的生产者成分中……壮丁之外，还存在老佃户和现佃户的租佃关系；又从庄园地亩的租银中……旗租剥削中同时就包含有国家赋税和地主地租的双重性质；从而可以肯定庄园中的地主所有制成分，是从入关后不久就早已存在。……越往后发展，地主所有制成分就日益增长。……汉族地主经济仍然是在起着首要的主导的推动作用"。②

与左氏、杨氏等人的论述相比，王锺翰偏重于考察清代旗地的类型、占多数的一般旗地的性质，还指出了不准越旗买卖旗地是针对汉人的政策，王锺翰的探讨与左氏、杨氏二人的考察各有侧重，王锺翰深入探讨

---

① 王锺翰：《清代旗地性质初探》，载《王锺翰清史论集》第一册，中华书局2004年版，第681、682页。

② 王锺翰：《清代旗地性质初探》，载《王锺翰清史论集》第一册，中华书局2004年版，第686、693页。

了前人未曾系统论述的清代旗地类型、性质等，较多地从唯物史观视角的社会形态、阶级结构等方面分析、归纳"旗地的不同形态，及其由领主经济向地主经济的演变过程，因此文之发表而趋向明朗化，这对理顺入关以后满族社会阶级关系的发展脉络不无启迪作用"①。其观点也基本被后来的学者所赞同，如何溥滢赞同入关后旗地广泛地采用的租佃制这一观点②。刁书仁认为关内旗地早在顺治初年就发生变化，即封建农奴制逐渐为租佃制所取代③。李帆也指出满族统治者"在辽沈地区设立的田庄采用的是农奴制剥削方式，他们入关后，就把这种剥削关系带进关内……另一方面，畿辅皇庄是设立在汉族聚居的直隶地区，这里生产力比较发达，租佃制剥削关系已存在很久，满族统治者在这里设庄不可能不受这种剥削关系的直接影响。因而，在皇庄的剥削制度中，农奴制与租佃制是并存的"④。

其次，他在《满文老档中计丁授田商榷》一文中，他深入考察了努尔哈赤时期的计丁授田情况。他根据《满文老档》《满文老档秘录》《清太宗实录》《大清会典事例》《清代满洲土地政策の研究》等中外史料记载，认为《满文老档》中的"计丁授田"对象是"对辽东地区广大汉民在内的满、汉人而言"，"从海州、辽阳等地征取来的 30 万晌田地则是要按男丁授田 6 晌平均分给驻扎在辽东地区的满洲贵族和八旗官兵的"。对"辽东汉民来说"，是"口头宣传""表面文章"，对"满洲八旗计丁授田才是说到做到，才是千真万确的"⑤，这"在清史界引起很大关注，《人民日报》海外版及日本《读卖新闻》等大小刊物均纷纷有所报道"⑥，也被一些学者赞同，如赵令志指出："由于八旗制度的性质和土地面积的

---

① 刘小萌：《王锺翰先生的学术成就》，《清史研究通讯》1990 年第 3 期。
② 何溥滢：《清前期满族旗地经营方式的考察》，《社会科学辑刊》1985 年第 2 期。
③ 刁书仁：《清代东北旗地的几个问题》，《长白学圃》1993 年第 9 期。
④ 李帆：《论清代畿辅皇庄》，《故宫博物院院刊》2001 年第 1 期。
⑤ 王锺翰：《满文老档中计丁授田商榷》，载《王锺翰清史论集》第一册，中华书局 2004 年版，第 604 页。
⑥ 刘小萌：《王锺翰先生的学术成就》，《清史研究通讯》1990 年第 3 期。

局限",那时的努尔哈赤等满洲贵族"不可能为辽东汉人授田"①。李治亭指出,所谓"计丁授田",并非真正实行"均田",在努尔哈赤进入辽东之后,将该地区因战争而荒芜的无主土地,首先分别授给各驻守当地的八旗满洲贵族及其士卒,而在战争中被掠掳的大批汉人,有的在其满洲王公贵族,包括将官之家为奴,有的在其庄园——托克索,供其役使。"他们名义上以成丁分得一份土地,但其所有权属于他们的主人,当然,也给'乞食之人,僧人'分地,但改变不了'计丁授田'的农奴制本质。"②

概括来说,王锺翰对"旗地的研究,从入关前'计丁授田',到清代中叶各种旗地制的演变,深刻地揭示了满族社会生活逐步冲破统治者的种种禁令,终于融入地主封建经济的发展潮流","这些研究,不仅反映了满族社会历史性的飞跃,同时也丰富了清史研究的内容"。③

最后,王锺翰还考察了康雍乾时期的京旗房地契约问题。中华人民共和国成立前,王锺翰"在北京厂肆访得的清初京旗满汉文典房地契约近二十张,乾、嘉两朝的居多",他选出其中康、雍、乾三朝满汉文京旗房地契约四张,"一一为之考释,俾有志从事探考旗地者之一助"④,在1988 年发表了《康雍乾三朝满汉文京旗房地契约四种》一文,根据《皇清奏议》《满洲旧惯调查报告》《东洋学丛书》《清代满洲土地政策の研究》《满语摘抄》《清史纪事本末》等中外史料记载,指出康熙初期"官员兵丁地亩,不许越旗交易"的规定,到康熙三十二年(1693 年)"同旗交产之事",已经"不是个别现象而是法律许可的普遍事实",至乾隆初期,"上等而显贵的旗下人反而将自己"的房地卖给了"下等而卑贱的旗下人"。这显示了"满族内部的阶级分化非常激烈,上下贵贱有别

---

① 赵令志:《再论"计丁授田"问题》,《中央民族大学学报》1997 年第 4 期。

② 李治亭:《必须还历史以真实——〈正说清朝十二帝〉质疑》,《文化学刊》2007 年第 5 期。

③ 《纪念王锺翰先生百年诞辰学术文集》编委会:《王锺翰先生的学术成就和地位》,载《纪念王锺翰先生百年诞辰学术文集》,中央民族大学出版社 2013 年版,第 14 页。

④ 王锺翰:《康雍乾三朝满汉文京旗房地契约四种》,载《王锺翰清史论集》第二册,中华书局 2004 年版,第 989 页。

的经济地位发生了显著变化",而且有些只有汉文而无满文的地契反映了"满人到了乾隆年间,平日生活上使用满语满文者日见减少,而通用汉语汉文者日益增多","旗地公开进行买卖"也已经合法。① 这一看法得到刘小萌的赞同,刘氏指出:"旗地买卖的合法化,正是旗地私有化的一个重要标志",这一事实与王锺翰"对旗地性质变化的估计正相吻合"。②

应该说,王锺翰"大量利用满文文献研究八旗问题,利用旗人契书来研究旗地和旗民关系","实开风气之先"③,而他对清代旗地的研究从性质到康雍乾地契的内容,由宏观到微观,注重充分运用史料深入分析、比较,其结论是深刻而公允的。

第四节　对《红楼梦》所反映的清代 社会经济状况的爬梳

学界现在已经普遍认识到《红楼梦》一书在反映清代社会与经济状况方面的价值,很多学者在这方面作出了探索。王锺翰对《红楼梦》一书的产生背景、作者情况及其所反映出的满族社会庄园中的经济演变形式、八旗生计困难、阶级反抗等问题就作出了较为深入的考察。

其一,王锺翰首先对曹雪芹的出身、经历与所属家族问题进行探讨。1921 年胡适的《红楼梦考证》对曹雪芹的家世、生平等"勾勒了一个大致轮廓"④,但由于胡适参考的资料较少,其有些考证结果也有很大的争议。1953 年周汝昌的《红楼梦新证》由上海棠棣出版社出版,依据《八旗满洲氏族通谱》、《八旗通志》、敦敏的《懋斋诗钞》、曹家三世的三轴诰命、裕瑞的《枣窗闲笔》等记载,对"从曹雪芹家族稳定籍贯,所属

---

① 王锺翰:《康雍乾三朝满汉文京旗房地契约四种》,载《王锺翰清史论集》第二册,中华书局 2004 年版,第 990、998 页。

② 刘小萌:《王锺翰先生的学术成就》,《清史研究通讯》1990 年第 3 期。

③ 《纪念王锺翰先生百年诞辰学术文集》编委会:《王锺翰先生的学术成就和地位》,载《纪念王锺翰先生百年诞辰学术文集》,中央民族大学出版社 2013 年版,第 14 页。

④ 刘梦溪:《红楼梦与百年中国》,中央编译出版社 2005 年版,第 104 页;宋广波编校注释:《胡适红学研究资料全编》,北京图书馆出版社 2005 年版,第 154、161 页。

的旗籍、几门重要亲戚的状况、盛衰的原因，到曹雪芹的生卒年和抄家后回到北京的行踪，以及晚年著书西郊的经过"等，都有独到的和系统的论述。① 周汝昌所用资料中，"有关曹家历史而足以帮助我们了解《红楼梦》史料，不仅超过那篇《考证》（指胡适的《红楼梦考证》）不知多少倍，抑或发现其中有许多不可饶恕的错误"②。王锺翰根据前人参考的《八旗满洲氏族通谱》《八旗通志》记载，也运用前人很少关注的《八旗杂档》，又以《曹家档案》《李煦奏折》《永宪录续编》等记载佐证，认为曹雪芹为内务府三旗成员，系满族，其父亲曹𫗧"原任员外郎"，曹𫗧"之祖（曹玺）与伯（曹）寅，相继为织造近四十年"，曹𫗧袭父曹寅江宁织造。曹寅"字子清，号荔轩，奉天旗人，有诗才，颇擅风雅"，曹寅"虽为皇帝玄烨的'家奴'"，但他的母亲"却是玄烨的乳母，自己的两个女儿又与王子结亲，关系非同一般"。江宁织造曹寅与苏州织造李煦、杭州织造孙文成三家"谊属至亲，而又同事多年，李煦之妹为曹寅之妻李氏"，"三处织造视同一体"。后来由于曹、李两家被卷入康熙晚年皇太子胤礽与诸皇子胤祉、胤禛、胤禩等结党争夺皇位斗争中，雍正元年（1723 年），胤禛一登位，就将袭承曹寅江宁织造的曹𫗧以"行为不端"而"查封家产"，与曹寅"谊属至亲，又同事多年"的李煦，也因"谄附阿其那（胤禩）"，雍正不仅将其抄家，而且"折磨而死"，杭州织造孙文成以"年已老迈"，"撤换了事"。至此，曹、李、孙三家真是"连络有亲"，"一荣俱荣"，"一损俱损"了。③ 曹寅"一家四、五代都有与清皇室有过极密切关系。这样一个封建官僚家庭，社会政治、经济情况和阶级关系又极其错综复杂，它对曹雪芹所精心结构的《红楼梦》，是不能不产生巨大的和深刻的影响的"④。

其二，王锺翰还考察了《红楼梦》所反映的满族贵族依靠田庄地

---

① 刘梦溪：《红楼梦与百年中国》，中央编译出版社 2005 年版，第 105 页。

② 周汝昌：《红楼梦新证》，上海棠棣出版社 1953 年版，第 27 页。

③ 王锺翰：《关于〈红楼梦〉的时代历史背景》，载《王锺翰清史论集》第三册，中华书局 2004 年版，第 1669—1671 页。

④ 王锺翰：《关于〈红楼梦〉的时代历史背景》，载《王锺翰清史论集》第三册，中华书局 2004 年版，第 1672 页。

租，放高利贷等获取大量财富而"尽情挥霍"的社会状况。王锺翰根据《清世祖实录》《清圣祖实录》《上谕内阁》《李煦奏折》《年羹尧奏折》等记载，指出，清军入关后，清代最高统治者下令圈占"北京附近十多个县周围 500 余里的田地"，"大规模的'圈地'前后进行三次"，后"又续有增圈，圈地总数共计 166838 顷，其中皇庄为 13272 顷，王庄为 13338 顷，八旗庄田即一般旗地为 140228 顷"。从皇帝到亲王、郡王、贝勒、贝子、公、将军等都"占有大量土地、大量财富、和众多奴婢"，他们通过高利贷、地租等形式"瓜分了广大劳动人民所创造出来的大部分，用来供其穷奢极欲地尽情挥霍"。康熙六次南巡"消耗民力民财达到了极点"，"这在《红楼梦》中是有所反映的"。康熙晚年，"皇太子既废，诸皇子为了争夺皇位，各立门户，竞相角逐"，甚至使用钱财贿赂拉拢，"胤禩得过胤禛银二十万两，胤禟曾得过胤禛银六万两，胤禟又得明珠之子揆徐家的银子百余万两"。"雍正继位之初，隆科多封一等公、年羹尧封三等功，'赐爵、赐金、赐第、赐园、赐世职、赐佐领'，尊荣富贵无比。"《红楼梦》中的"贾府，第一代曾封宁国公和荣国公，后来都衰落下来了，可是'而宅相连，竟将大半条街占了'……贾府盖造省亲别墅，把银子几万几万的花（第十六回），没有巨额的地租收入是无法这样大手大脚开支的"。"清圣祖玄烨也曾一次亲自把 100 万两银子借给两淮众商，公开放债收过利。"另外，"康熙六十年间，'地方官员滥征私派。苦累小民，不可胜数'"。《红楼梦》所描写的贾雨村"岂不正是康、雍时期一个典型人物"，他"中了进士"，"升为知县，'使地方多事，民命不堪'，后被参革职"。①

其三，王锺翰对《红楼梦》所反映的土地集中、八旗生计困难、庄园奴隶制残余的社会状况予以了深入考察。王锺翰根据《清高宗实录》、嘉庆《会典事例》、《八旗通志》、《皇朝经世文编》等记载，指出：《红楼梦》五十回中所载"宁国府鄂庄头送给贾珍的'一个禀帖并一篇账

---

①　王锺翰：《关于〈红楼梦〉的时代历史背景》，载《王锺翰清史论集》第三册，中华书局 2004 年版，第 1672—1675 页。

目'",里面有"大量的鹿、獐子、狍子、猪、羊、鱼、鸡、鸭、鹅等等",这"正好说明了它是属于关外皇庄、王庄的壮丁（农奴）向庄园主（领主）贡纳实物的剥削形式"。《红楼梦》中"揭露贾、史、王、薛四大家族大量霸占土地，疯狂掠夺财富的同时，也概括了像乡宦甄士隐、小京官王某（王成之父、狗儿之祖）等中产阶级的破落过程"。这"正是康、雍、乾三朝八旗生计问题日趋严重，京旗中满族旗员有一小部分返回村屯参加农业生产劳动的一个侧影"。同时，"由于入关之初满洲贵族强制推行农奴制庄园，使得满族社会的奴隶制残余，在整个清朝一代拖着一个长长的尾巴"。那些以被掠夺、被逼带地投充、买卖人口等形式形成的奴隶，有"根生土长的奴才"（第五十四回）、"两三辈子"（第四十五回）或"三四代的老妈妈"（第五十六回）、"三五代的陈人"（第六十三回）。"奴仆和主人的人身依附关系是极其严格的。所谓'一岁主，百岁奴'和'主子为阳，奴才为阴'（第三十一回）的说法，终清一代不改。"这些在《红楼梦》中"多不胜举"。①

其四，王锺翰对《红楼梦》所反映的奴隶阶级逃亡、自杀等反抗清廷的社会状况进行论述。王锺翰根据《清圣祖实录》《清世宗实录》《清诗纪事初编》等记载，指出："满族内部的阶级壁垒森严，阶级斗争也有它本身的特点。清初，逃亡是满族内部阶级斗争的主要形式，自杀则是消极反抗的一种手段。"《红楼梦》中的"霍启'逃亡他乡'（第一回），金钏被撵走后投井自尽（第三十二回），鲍二媳妇被逼上吊（第四十四回和第六十四回），以至晴雯病中被撵，受折磨而死（第七十八回），都是这些反映的例证"。

"《红楼梦》第一回描述的甄士隐一家因一场火灾，搬'到田庄上去住，偏值近年水旱不收，盗贼蜂起，官兵剿捕，田庄上又难以安身'这一激化的社会矛盾，是完全符合康、雍、乾时期的实际情况的。""《红楼梦》这一现实主义伟大杰作所反映的18世纪上半期所谓'康乾盛

---

① 王锺翰：《关于〈红楼梦〉的时代历史背景》，载《王锺翰清史论集》第三册，中华书局2004年版，第1676—1679页。

世’，正是一幅土地急剧集中和由此而引起的社会矛盾激化过程的缩影”，作为满族成员的曹雪芹，“通过自己的个人经历和所属家庭的遭遇，以及当时的社会政治、经济情况和阶级关系，在其不朽的文学巨著中作出了应有的恰如其分的反映，而不是简单的真人真事的直接反映。这是研究清史和满族史工作者所应特别重视的”。①

　　综上所述，王锺翰运用充分的史料论述了曹雪芹的家世，他广泛地联系当时的社会背景，将曹家放入当时的三家织造的关系中论述，深入而全面地揭示了曹雪芹的家世问题。同时，他还运用相当多的史料论述了《红楼梦》所反映满族贵族大量圈占田地，放高利贷、征收地租获取大量财富，过着挥霍、腐朽生活的现象以及清代中期以后八旗生计问题“日趋严重”，庄园中经济形态由奴隶制向农奴制转化的问题。这些研究，都显示了他善于从自身的历史学学术背景中考察《红楼梦》相关问题的研究特色。他的研究“对清史研究和红学研究皆有启发”②，尤其对《红楼梦》所反映的“康、雍、乾三朝最高统治集团内部的社会政治经济状况及其阶级关系”的研究都有较大的促进作用③。

　　总之，王锺翰对满族社会经济形态、清代旗地、康熙农本思想等进行了研究，他的探讨使这些问题更加明晰，结论也很有说服力，尤其是他对满族社会经济形态的考察，不但增添了当时史学大讨论的成果，也从严密梳理、动态把握历史事实的研究方法上作出了良好的示范，对当时学界有关古史分期等问题的讨论有着不可替代的价值。而且，他对很多问题的研究，都是以大量详细丰赡的史料作为论据，然后在精湛的分析考据基础上得出研究结论，因此结论有力，学界信服。

　　① 王锺翰：《关于〈红楼梦〉的时代历史背景》，载《王锺翰清史论集》第三册，中华书局 2004 年版，第 1680—1682 页。

　　② 李鸿彬：《文章成一家　桃李满天下——介绍我国著名清史与满学专家王锺翰先生》，载《庆贺王锺翰先生八十寿辰学术论文集》，辽宁大学出版社 1993 年版，第 645 页。

　　③ 王锺翰：《关于〈红楼梦〉的时代历史背景》，载《王锺翰清史论集》第三册，中华书局 2004 年版，第 1669 页。

第四章　王锺翰的民族史研究

从 20 世纪 50 年代初院系调整后，王锺翰的主要学术方向转入以满族史为重点的民族史研究领域，其内容大致可分为满族、达呼尔族与八旗蒙古族研究等。同时，他也主编了《中国民族史》《中国民族史概要》等著述，取得了卓越的成就。

第一节　王锺翰的满族史研究

20 世纪 50 年代，王锺翰就对满族入关前的社会经济形态进行了深入考察，运用唯物史观写成《满族在努尔哈齐时代的社会经济形态》《皇太极时代满族向封建制的过渡》两篇代表作，这在前文已有论述。随后，他又考察了明代女真人分布情况，撰写了《明代女真人之分布》一文。进入 80 年代，他又对满族的族源、名称与其先世的发祥地进行探讨，完成了《关于满族形成中的几个问题》《从满洲的命名谈起》《满族先世的发祥地问题》等系列论文。

一　关于满族的形成与发展研究

满族问题是王锺翰民族研究的重要组成部分，其内容可分为满族的族源、满族先世发祥地与一些满族概念的考证等以下几方面。

（一）关于满族的族源问题

众所周知，清代帝王较多地掩饰其对明朝的臣属关系，将"满洲"称为国。对"满洲"一词的来源，学界说法也各异，其中孟森的"酋长之尊称"之说影响较大。孟氏指出："当时满洲之部落"，后来"自称为满洲国"。① 20 世纪 30 年代，冯家昇归纳了清亮之意说、肃慎音转说、建州女真尊号满住说等十余种不同说法②。对满洲名称等问题，莫东寅认为："一六三六年（崇德元年）改国号为大清，清即金的音转"，这是"为了避免惹起汉族人民对历史上金朝侵略者的种族仇恨"。③ 郑天挺指出，"满洲"为部落之名，努尔哈赤"为了掩盖自己这一支系在建州女真的地位"，将建州改为"满洲"④。1981 年，王锺翰发表《满族形成中的几个问题》一文。该文从满语语言学角度出发，根据《清太宗实录》、《满洲源流考》、《满洲老档秘录》、日本学者今西春秋的《满和对译满洲实录》等相关文献，认为满语中诸申与女真两名称为同音异译，而且诸申旧释为"满洲"，本指女真人中的自由民。后来由于阶级分化，诸申降为贱民之意，不能再用以通称全族。同时，满族统治者为"避明代汉人对宋代女真人的反感"，把"诸申（女真）这一旧称改为满洲"，国号"金"改为"清"也是这一原因⑤，这与莫东寅的看法较为相似。阿桂等撰，孙文良、陆玉华点校的《满洲源流考》认为："满洲本部族名"，"满洲本作满珠，二字皆平读"，"今汉字作满洲"，"实则部族，而非地名"，"章章可考也"。⑥ 显然，由于清廷的隐讳导致史料的缺乏，人们根据不同的史料进行探讨，观点就易有差别。

对满族的族源，孟森据《史记·五帝本纪》《竹书纪年》《国语·鲁语》史籍，认为女真古时作肃慎⑦。王锺翰赞同此说，但也经历了一个

---

① 孟森：《女真源流考略》，载《明清史论著集刊续编》，中华书局 1986 年版，第 3 页。

② 冯家昇：《满洲名称的种种推测》，《东方杂志》1933 年第 30 卷第 17 号。关于"满洲"名称来源的说法主要有：罗斯牧师的"清亮"说；市村瓒次郎的"勇猛"说；"勿吉、鞨鞨"转音说与"肃慎""满节"音转说；史禄国的"满珠"说；伊文贞夫的"满仲"说；哥尔斯基的"满咄"说；章太炎的梵文"文殊师利"说；孟森的建州女真尊号"满住"等。

③ 莫东寅：《满族史论丛》，人民出版社 1958 年版，第 125 页。

④ 郑天挺：《从〈清太祖实录〉看满族的族源问题》，《社会科学战线》1983 年第 3 期。

⑤ 王锺翰：《关于满族形成中的几个问题》，载《王锺翰清史论集》第一册，中华书局 2004 年版，第 127、128 页。

⑥ （清）阿桂等撰：《满洲源流考》，辽宁民族出版社 1988 年版，第 1、2 页。

⑦ 孟森：《女真源流考略》，载《明清史论著集刊续编》，中华书局 1986 年版，第 3 页。

逐步深入的认识过程。在《关于满族形成中的几个问题》一文中，他指出，"从明代女真人往后倒推上去，女真出于靺鞨，靺鞨出于勿吉，历代史书记载，斑斑可考；再往上推，顶多可以追溯到两汉、三国的挹娄为止。这些文献资料尚可依稀稽考，引以为据。至于满族最早先民——肃慎的说法：一则先秦古籍中寥寥数语，文献不足，难以征信"。在满族史的内容方面，可否把肃慎的全部史事都包括进去，"是值得研究的另一个问题"。① 随着考古工作者在东北地区的考古发掘，大量的考古资料提供了肃慎为满族祖先的有力证据，王锺翰的观点亦随之变化。考古工作者在黑龙江、吉林两省的肃慎遗址中普遍发现鼎、鬲、石镞、原始农业生产工具、农作物颗粒、纺轮和猪骨，同地区的挹娄遗址中亦有相似的文物出土。这"与史籍记载完全相符"。因此，王锺翰认为："考古发掘资料与史书记载的相互补充印证""两者出土文物的相似"，印证了"肃慎是满族的最早先民这个说法，是不容置疑的"。因此，在编写满族史时，"不但要把它最早先民的肃慎包括在内，而且还必须把从肃慎以下经挹娄、勿吉、靺鞨以至金代女真人在内等各族的迁徙、发展以及变化过程，有系统地、概括地一一加以交代清楚"。②

很明显，王锺翰除参考中外史籍记载外，还参考了考古发掘的新成果，以"补充印证"史书记载。他指出："肃慎为满族最早的先民"，历经挹娄、勿吉、靺鞨名称，直至发展到明代女真。同时，由于肃慎及其后裔在漫长的年代中"一次次地分化出去"，也与其他族人"合并或融合"，因此，他认为肃慎与其后裔"既有联系又不能等同"，但把上述各代相承的族系关系割裂开来，也"不能正确反映满族的历史渊源"。③ 从民族发展来说，各民族之间相互杂居，促进经济与文化交往，也为民族的融合与分化奠定了基础。事实上，明代女真主要分为建州、海西、野

---

① 王锺翰：《关于满族形成中的几个问题》，载《王锺翰清史论集》第一册，中华书局2004年版，第125页。
② 王锺翰：《关于满族形成中的几个问题》，载《王锺翰清史论集》第一册，中华书局2004年版，第126页。
③ 王锺翰：《关于满族形成中的几个问题》，载《王锺翰清史论集》第一册，中华书局2004年版，第125、126、127页。

人三部分，建州女真兴起后，许多被俘人员加入女真族，甚至在清军入关后，都有些民族成员加入，形成满族的主体。

对于孟森所持布库里雍顺为爱新觉罗氏始祖的观点，王锺翰基本赞同，但又根据《东北史纲要》等资料将孟森的研究推进一步。他认为，布库里雍顺四世以下五世、六世、七世等，诸酋长之名无考，"似必有脱文"，元末明初建州左卫的第一任都指挥使猛哥帖木儿（孟特穆）"为努尔哈齐的第十世祖而不是六世祖"。[①] 可见，他对前人的论述进行了深入的考察并提出了更具体的看法。

总的来看，王锺翰对"一些亟待解决而又比较复杂的问题"进行了许多开创性的研究。所用的资料是充分的并"一一为之陈述己见"，其论述"观点鲜明，立论严谨"，"为众多学者所赞许"。[②] "迄今为止，仍不失为最扎实严谨有说服力"的研究，"为学界广为接受的观点"。[③]

（二）关于满族先世的发祥地问题

由于满族人在清代具有相当大的影响，因此对满族人的诸多问题，较早地引起史家的关注，满族先世的发祥地便是其中之一。20 世纪 30 年代，陈怀、孟冲从部落沿革上阐明远古肃慎与明代女真的关系，指出清之先为女真之别部，"当辽金末造，有布库里雍顺者，始建国于满洲长白山东南鄂谟辉之野……是为清之始祖"[④]，但缺乏具体考证。孟森根据《元史·地理志》《明实录》《清太祖实录》《东国舆地胜览》等记载，指出："女真在明世为三种，而建州女真为清之正系"，建州女真之称由来已久，其"循长白山之北麓，至朝鲜境内之斡朵里族所住地，皆为建州女真生息之地"。[⑤] 王锺翰在 1990 年发表《满族先世的发祥地问题》一文，考察了成书于崇德年间的《满洲实录》，同时也参考了《旧满洲

---

① 王锺翰：《满族先世的发祥地问题》，载《王锺翰清史论集》第一册，中华书局 2004 年版，第 31 页。

② 刘小萌：《王锺翰先生的学术成就》，《清史研究通讯》1990 年第 3 期。

③ 《纪念王锺翰先生百年诞辰学术文集》编委会：《王锺翰先生的学术成就和地位》，载《纪念王锺翰先生百年诞辰学术文集》，中央民族大学出版社 2013 年版，第 12 页。

④ 陈怀、孟冲：《清史要略》，中华书局 1931 年版，第 1—2 页。

⑤ 孟森：《女真源流考》，载《明清史论著集刊续编》，中华书局 1986 年版，第 33 页。

档》《清太祖实录》等史籍记载，指出虽然三仙女为神话传说，但如实地反映了满族作为刚刚兴起的民族族源中"时间、地点"等历史事实。他又参考了《天聪九年档》的满文原文，指出镜泊湖的源头所出的长白山"很可能就相当于布库里山"。元末明初之际，猛哥帖木儿之族辗转迁移，洪武年间迁入朝鲜境内的斡朵里，斡朵里也成为猛哥帖木儿的称呼，后来斡朵里从长白山西北转入长白山东南之地，"其地理位置与两录（指《满洲实录》《清太祖武皇帝实录》）所记载的完全一致"①。因此，"满族爱新觉罗氏先世的发祥地，是以长白山为中心而展开活动的"，而"不是在黑龙江北岸"。② 可见，虽然王锺翰基本认同孟氏的看法，但也参考了更多的史料并进行了更为严谨的考证与分析，其结论也被其他学者赞同。如瀛云萍引康熙之言，"长白山系本朝祖宗发祥地"，并指出，清室及满人的发祥地"故址在今敦化市一带"③，而敦化市即靠近长白山。

（三）关于明代女真人分布问题

为了进一步弄清努尔哈赤兴起以前的女真诸部所处的社会阶段，王锺翰1956年发表了考证性的《明代女真人之分布》一文，主要从两方面进行考察。

首先，对明朝未设立卫所以前女真人的居住地的考察。

王锺翰根据《明太祖实录》和田青的《明初的满洲经营》、鸟居龙藏的《奴儿干都司考》等多种中外资料，指出"自佛出浑至乞列怜"，均有女真人居住。对明嘉靖年间重修的《辽东志》中提到"佛出"一地，王锺翰考证为"当然就是今天的珲春"。再根据《辽东志》卷首《开原控带外夷山川图》等资料，他指出明代尚未对女真人设立卫所之前，"经过黑龙江省的牡丹江流域，折而从依兰、汤原、桦川、富锦诸县，直到同江县一带，住有许许多多的女真人是毋庸置疑的"。而且在"今吉林省的东北和中部以及辽宁省的东部和北部当时都有女真人"居

---

① 王锺翰：《王锺翰学述》，浙江人民出版社1999年版，第145—146页。
② 王锺翰：《王锺翰学述》，浙江人民出版社1999年版，第146页。
③ 瀛云萍：《满族究竟发源於何地》，《满族研究》1986年第2期。

住着。所以，王锺翰总结为，在此时期"女真人不但居住在今珲春经过依兰、汤原、桦川、富锦等县到同江县……而且包括今吉林市的东南方以及今辽宁省的东北部直到鸭绿江边甚至辽阳市附近"①。

其次，从明朝的卫所中看女真人的居住地。

王锺翰对松花江流域的"海西女真"与黑龙江流域的"野人女真"等具体分布状况进行深入的考察。除《明太祖实录》等基本史料外，还有《辽东志》、《全辽志》、鸟居龙藏的《奴儿干都司考》等记载，另外还有永宁寺碑文、清末学者曹廷杰所著的《西伯利东偏纪要》等著述。②

第一，对松花江流域"海西女真"的考察。

"海西"一词"系指松花江流域一带而言"，"其实它所包括的范围更广，在明人的记载里，甚至有时把黑龙江流域也包括在内。不过正确的说法，海西主要应当指在今横贯黑龙江、吉林两省的松花江流域一带"。建州卫是1403年明统治者对"女真上层人物"设立的第一个卫。同年，明统治者又在"今黑龙江省的西南部和吉林省的西北部"设立一个兀者卫，"当然就是当时与建州卫遥遥相对的女真人的另一个居住区了"。在设立兀者卫的第二年，"又从兀者卫中分设了兀者左卫、右卫、后卫三个卫"。因此，"西起呼兰河，东起汤旺河，中间包括松花江流域一带在内""就是兀者诸卫所的女真人的聚居地"。③

第二，对黑龙江流域"野人女真"的考察。

野人女真一般被看作没有完全接受明朝统治的女真人，虽然有时被当作海西女真一样看待，但主要还是指居住在黑龙江流域下游特林一带的女真人。实际上，"历史史实证明，女真人早在15世纪初就已与明人有了直接往来，他们是后来发展形成为今天满族的祖先"。《明太祖实录》记载，为了有效统治此处女真人，明朝于1404年设立奴儿干卫，而

---

① 王锺翰：《明代女真人的分布》，载《王锺翰清史论集》第一册，中华书局2004年版，第754页。

② 王锺翰：《明代女真人的分布》，载《王锺翰清史论集》第一册，中华书局2004年版，第754—756、761、762页。

③ 王锺翰：《明代女真人的分布》，载《王锺翰清史论集》第一册，中华书局2004年版，第754—758页。

且"当时女真人聚住着的黑龙江下游一带，明统治者不但设有奴儿干卫和奴儿干都司"，还设有喜申、乌喇、顺民、古鲁等诸多卫。除了"今天尚保存有当时明统治者所建立的永宁寺碑文可以作证外"，1885 年曹廷杰曾亲自去过黑龙江流域的"特林地方，踏看过奴儿干都司的遗址，并将永宁寺的两个碑文拓了下来"，1919 年日本学者鸟居龙藏"也曾亲自去特林的丘坡上实行调查过，写了一篇关于奴儿干都司的考据文章"。① 这样，王锺翰就通过考察明朝在黑龙江流域对女真人设立的诸多卫所而廓清了女真人的分布。

另外，王锺翰还对明廷在女真地区设立 368 卫与 20 所的建置年月、现在所处的大致位置以及这些卫所在《明实录》《辽东志》《全辽志》《满洲源流考》著述中的名称，进行详细的考证、梳理、列表，这是一项极其繁杂的考证工作，它不但有助于澄清"对明代女真诸部所处的社会阶段"，"有力地驳斥了日本帝国主义御用文人为配合其主子制造一个伪满洲国"的舆论②，而且对满族的形成与发展的研究有推动作用。

后来，吕光天与古清尧对明代女真人分布进行较多的探讨，与王锺翰按照明代在女真地区设立卫所作为研究线索不同的是，直接阐述"建州、海西、'野人'"女真的分布，所用史料主要为《明太祖实录》《明宪宗实录》《清朝前纪》《清太祖实录》等国内史料，对王锺翰已经参考的《明初的满洲经营》《奴儿干都司考》等国外重要研究成果尚未采用③。因此，他们研究所参考史料的视野尚不如王锺翰宽广，而且也未对明代女真区域 300 余卫所作系统论述。显然，吕光天与古清尧的研究不如王锺翰的考察系统、全面。

总而言之，王锺翰在 20 世纪 50 年代，开创性地对明代女真人的分布状况进行深入的研究，以在女真分布区设置的卫所为线索，以明代官方史料为主要依据进行考察，佐之以碑刻与中外著述，采用史料比较充

---

① 王锺翰：《明代女真人的分布》，载《王锺翰清史论集》第一册，中华书局 2004 年版，第 761—767 页。
② 王锺翰：《王锺翰学述》，浙江人民出版社 1999 年版，第 149 页。
③ 吕光天、古清尧：《明代女真族的分布与发展》，《社会科学辑刊》1985 年第 2 期。

分，论证严谨、论断有说服力，"澄清了历史上的层层迷雾，不仅对民族史的研究同时也对边疆史地的研究作出了贡献"[①]。

（四）关于满族"国语骑射"与八旗生计问题

1982 年，王锺翰发表《国语骑射与满族的发展》一文，他根据《清太宗实录》、《国朝事略》、康熙《御制诗文二集》、乾隆《御制诗四集》、《皇朝经世文编》、金德纯的《旗军志》、邵楗的《啸亭杂录》等记载指出：满族入关后，"国语骑射"政策的破产是由于"满族人民与广大汉族和其他各族人民长期的经济、文化交流的需要和关系日益密切而逐渐发生变化的必然结果"，作为交际工具的"满语很自然失去了原有的重要性"。在此期间，满族又由"狩猎生活向封建农业经济迅速发展"，"骑射"自然也衰败，虽然满族统治者重视"国语骑射"，发展木兰行围制度，但那些参加围猎的八旗满洲成员，多数预先买好野鸡、野兔等，在交差时"临时插矢献之，而蒙花翎之赐"[②]。应该说，王锺翰运用充分史料从满族社会、经济基础的发展与变化着眼来分析满族"国语骑射"的衰败，其结论客观、公允，也基本符合史实。

王锺翰进一步考察了满族人口状况，指出满族在形成与发展的过程中，吸收了大量外族成员特别是汉族人，满族的人口"实际上成倍地增加了"。各民族杂居共处并"各自充实了自己本民族的物质生活和精神生活"，他认为这是历史上"民族的自然融合"，是"进步的现象"，所以入关后满族"不是衰退"，而是"向前发展了"[③]。入关后满族人口成倍增加虽是事实，但王锺翰论述也有值得商榷之处。如果专从人口数量来说，满族人口确实增加了，但满族文化受汉族影响很大，语言基本消失，满洲贵族等特权阶层，骄奢淫逸、追求享乐、畏惧艰苦，尤其作为重要军事力量的满洲八旗日趋腐化，以至于大都不堪重用或不堪一击，

---

① 李鸿彬：《文章成一家　桃李满天下——介绍我国著名清史与满学专家王锺翰先生》，载《庆祝王锺翰先生八十寿辰学术论文集》，辽宁大学出版社 1993 年版，第 640 页。

② 王锺翰：《国语骑射与满族的发展》，载《王锺翰清史论集》第二册，中华书局 2004 年版，第 851 页。

③ 王锺翰：《国语骑射与满族的发展》，载《王锺翰清史论集》第二册，中华书局 2004 年版，第 855、856 页。

从满族人员入关前擅长骑射等方面来说确已衰退。

　　清军入关后，满族统治者为了维护满洲八旗这支主要军事力量，便不断加强其军事职能而禁止满洲八旗人员从事农业生产。但随着人口的增加，饷有定数，清廷既不能无限制地增饷，仍不想让旗人参与生产而削弱其军事职能，因此出现了"八旗生计"问题。王锺翰认为，虽然满族统治者在康熙时采取"赏赐银两"、雍正时采取"增加兵额"、乾隆时采取"京旗移垦"等措施，但"八旗生计"问题仍然难以解决，在乾隆时，旗民由于多年适应了关内生活，"前往屯种的人本来就不多，而逃回北京的却不少"。① 王锺翰进一步指出，"八旗生计"问题是与"满族人口问题联系在一起的"，从努尔哈赤时期开始，满族人口就逐渐增加，康、雍、乾时"三百四、五十万左右"，道光时"四、五百万左右了"。② 他认为，满族人口增加，兵丁数量按比例也将增加，费用必然增多，此观点令人信服。不过，还有更多原因，如李乔认为八旗人口剧增导致的费用增加是原因之一。嘉道以后，由于清政府财政危机减发旗兵兵饷、上层旗人对旗民的盘剥及民人冒入旗籍而使粮饷者增多。③ 李尚英指出除了由于八旗人口不断增加外，物价上涨也是其原因之一④。郑川水论及了清廷实行的旗饷政策严重束缚八旗兵丁参加劳动的机会，使旗人产生寄生性，尤其对上层旗人生活上腐朽、能力上衰退有严重的影响。⑤ 可见，王锺翰对"八旗生计"问题的探讨，既提出了较有创见的看法，同时也为后人的深入研究奠定了基础。

　　（五）关于一些满语重要称呼的考释问题

　　王锺翰为了考察歪乃、皇父摄政王、阿其那与塞思黑等一些满语词

---

① 王锺翰：《国语骑射与满族的发展》，载《王锺翰清史论集》第一册，中华书局 2004 年版，第 852 页。

② 王锺翰：《国语骑射与满族的发展》，载《王锺翰清史论集》第一册，中华书局 2004 年版，第 852、853 页。

③ 李乔：《八旗生计问题述略》，《历史档案》1985 年第 1 期。

④ 李尚英：《论"八旗生计"问题产生的原因及其后果》，《中国社会科学院研究生院学报》1986 年第 6 期。

⑤ 郑川水：《论清朝的旗饷政策及其影响》，《辽宁大学学报》1985 年第 2 期。

汇的含义，1986 年发表《释玛法》《释汗依阿玛》，1991 年写成《满族贝子称王考》，1995 年撰写了《歪乃小考》，1996 年发表《释阿其那与塞思黑》，1998 年发表《再释阿其那与塞思黑与满族传统文化》，1999 年发表《三释阿其那与塞思黑》等文。在《释玛法》文中，王锺翰根据《御制增订清文鉴》及魏特所著（杨丙辰所译）的《汤若望传》、朝鲜《李朝实录·光海君日记》、《清太祖实录》、沈尧的《落帆楼文集·松筠事略》、吴振臣的《宁古塔纪略》、杨宾的《柳边记略》、《清史稿·孝义传》等记载指出，陈垣所称清世祖叫汤若望为爷爷，是因为其生母孝庄皇太后曾经拜过汤为"义父"的说法并不是事实。"玛法本来有二义：人伦的'祖'和老少上的'老翁'或'长老'。不从当时实际情况出发，而将所有的玛法均译作'老翁'或'长老'，固然不对；相反的话，把所有的玛法都译成'祖'或'爷爷'，也同样是错误的。"王锺翰又对孝庄曾经拜汤若望为义父的原因进行探讨。他指出，这"只是出自一蒙古妇女之口"，是否真实难以确定。而这一误传很可能是"由于当时耶稣会士之被称为 father，汉译作'神甫'或'神父'而误译为'父'或'义父'的缘故"。① 从王锺翰所用的材料与深入分析来看，其观点是令人信服的。

孟森根据蒋良骐的《东华录》等记载，认为清初摄政王多尔衮被尊称为"皇父摄政王"由"报功而来，非渎恩而来，实符古人尚父、仲父之意"。郑天挺根据国立北京大学文科研究院所藏有顺治五年（1648 年）十一月十一日覃恩大赦诏等记载，与"孟先生的看法基本趋于一致"，认为"多尔衮之称'阿玛王'即父王，疑当日世祖福临在宫中与多尔衮亦必有此称，则世俗所谓'寄父'也者"②。在《释汗依阿玛》一文中，王锺翰除了考察孟氏、郑氏所用资料外，还参考《清史稿·多尔衮传》、日本学者神田信夫赠送的《明清档案存真选辑》中的顺治八年（1651

---

① 王锺翰：《释玛法》，载《王锺翰清史论集》第二册，中华书局 2004 年版，第 1309—1314 页。

② 王锺翰：《释汗依阿玛》，载《王锺翰清史论集》第二册，中华书局 2004 年版，第 1318 页。

年）"正月二十六日追尊皇父摄政王为成宗义皇帝祔享太庙恩诏"等中外资料，其中有神田信夫所送重要的《恩诏》记载为：

> 奉天承运皇帝诏曰：有至德享鸿名，成大功宜膺昭报。皇父摄政王当朕躬嗣服之始，谦让弥光，迨王师没贼之时，勋猷茂著；辟舆图为一统，摄大政者七年。伟烈居以小心，厚泽流于奕世。未隆尊号，深歉朕怀。谨于顺治七年十二月二十五日祗告天地、宗庙、社稷，追尊为懋德修道广页定功安民立政诚敬义皇帝，庙号成宗；并追尊义皇帝元妃为敬孝忠恭静简惠助德佐道义皇后，同祔庙享。既举盛仪，应覃恩赦，合行事宜，条列于后。①

王锺翰指出：这份《恩诏》补蒋良骐《东华录》相关记载的不足，"多尔衮生前确实曾经被加封过'皇父摄政王'的称号，有大量的当时国内外官私文书和档案资料作为证明，是谁也不会否认的事实"②。但孟森、郑天挺所持"'皇父摄政王'低于'皇上'，与'太上皇亦不相同'之说不能成立；相反，适足证成'皇父摄政王'高于'皇上'，与'太上皇'正相同"③。对此，后世学者也赞同此说并认为："'皇父摄政王'就是一代帝王，确凿无疑。"④ 可见，王锺翰不囿于此前学者所述，以中外多种记载为依据进行更深入的探讨，其结论也被一些学者赞同。

在《满族贝子称王考》文中，王锺翰参考了《满洲实录》《清世祖实录》《抚远大将军王奏档》《年羹尧奏折》等史料记载指出，贝子称王乃是满族旧俗的遗留。康熙五十七年十月十二日授命皇十四子胤祯为

---

① 王锺翰：《释汗依阿玛》，载《王锺翰清史论集》第二册，中华书局 2004 年版，第1323 页。
② 王锺翰：《释汗依阿玛》，载《王锺翰清史论集》第二册，中华书局 2004 年版，第1325 页。
③ 王锺翰：《释汗依阿玛》，载《王锺翰清史论集》第二册，中华书局 2004 年版，第1324、1325 页。
④ 《纪念王锺翰先生百年诞辰学术文集》编委会：《王锺翰先生的学术成就和地位》，载《纪念王锺翰先生百年诞辰学术文集》，中央民族大学出版社 2013 年版，第 16 页。

"抚远大将军王"，这在康熙五十余年胤祯的诸多奏档等文献中，都有"抚远大将军王"为证。因此"不能说世宗胤禛之指责其胞弟胤祯称大将军王为'并无此例'（的说法）是没有根据和一点道理的"。这主要是因为"贝子称王乃满族世代相传的历史文化传统之旧俗，由来有自，非一朝一夕之故"，在"宋、明两代的女真文和最早颁行的满文中，勃极烈、勃堇或贝勒、贝子原本不过是一个部落的酋长或一个官员，开始译作王、大王或小王均无不可，而且贝勒和贝子还可以交相使用"。满洲贵族"入关前世代相传的旧俗"，"直到入关后长期未之或改"，而雍正二年（1724年）的一些《年羹尧奏折》显示，"到了圣祖逝世，胤祯争位失败，世宗继位成功后，年（羹尧）取胤祯而代之为'抚远大将军'，始不再称王"。"年羹尧不再称王，这是因为年只封公爵，不像胤祯之封有贝子爵位，贝子可以称王，而公不可以称王。""嘉庆戊辰（十三年，1808年）刊之《西藏奏疏》中引录的康熙末年在拉萨所立的三块碑文"显示"贝子称王旧俗，可以迄至乾、嘉之代亦仍相沿未改"。因此对满族"贝子称王"等旧俗来说，"时过境迁"，"依然犹存"，它"既非一朝一夕所能形成和发展起来的，自然也不是一朝一夕所能磨掉和消除的"。[1] 应该说，王锺翰对此的考证，依据的史料可靠、充分，结论令人信服。

1990年王锺翰应日本学术振兴会、东京外国语大学亚非语言文化研究所邀请，赴东京、京都等地参观、访问并在东京外国语大学亚非语言文化研究所作了一次学术报告，在报告中涉及"歪乃"这一历史问题，台湾大学历史系教授陈捷先认为"'歪乃'非人名，系职称名，为记录、秘书之辈"。当时与会的日本满学家神田信夫、松村润、河内良弘、细谷良夫和意大利满学家斯达理教授等人一致认为"歪乃"一词"一时殊难引申出作人名或职称之定论来"。[2]

鉴于此，在1995年王锺翰对"歪乃"之意进行考察，撰成《歪乃

---

① 王锺翰：《满族贝子称王考》，载《王锺翰清史论集》第二册，中华书局2004年版，第1337、1339—1343页。

② 王锺翰：《歪乃小考》，载《王锺翰清史论集》第一册，中华书局2004年版，第740页。

小考》，在文中，他根据《旧老城》与朝鲜《李朝实录》、《旧满洲档》、申忠一的《建州纪程图记》等关于歪乃的记载指出前人的不当之处。陈捷先教授以"歪乃"为外郎有误。虽然所举赵三外郎、卜三外郎、风苦外郎、哈空外郎等例，似有说服力。但"姑不论外郎与歪乃之读音有无区别，外郎与尼堪外兰或尼康外郎属于同一类型的词汇，当无疑义"。而陈氏引孟森之说，以为"尼康外郎即建州卫一首领之子，可以承袭卫职者。原作外郎，后改为外兰，故示其与汉名无关，以掩建州世受明官之迹"，更将学界对"歪乃"的解读引向歧途。对外郎的读音，恒慕义直接以外郎为员外郎转译之讹夺，王锺翰认为"未免失之武断"。因为"员外郎简称员外者有之，但从未有简称为外郎者"。随之，王锺翰考察了外郎一词的历史，指出外郎一词在汉唐早已出现，但从意义上看，"汉唐二代之外郎与后世之员外郎毫无关连"。《元曲选》《通典》著述等反映宋元"外郎之称，既非汉唐之民爵，并与明清之外郎无关"，而"明清之际，外郎之称与汉唐迥异"。因此"努尔哈齐时外郎一名，与其说是沿于明，不如说是从蒙元方面传入女真之为当也。因为金亡，女真人受元之统治近百年。加之，明朝三百年间，女真人的社会经济、文化、习俗受蒙古人的影响尤多于明朝人也"。①

其次，王锺翰指出数条依据，证明"歪乃"为人名而非职名。第一，申忠一"行抵旧老城之前，经过建州卫的一个支部落名叫'酋胡童歪地，胡家十余坐'，歪地旁注补'乃'，意谓此或即歪乃"。但此前《旧老城》"就有'酋胡童阿之夫，胡家二十座'"的记载。可见，"歪乃是'上国人'系明朝人，或即早已满化的汉人，歪乃当是满名，或冒童姓"。而且朝鲜《李朝宣宗实录》中关于申忠一的记载，曰："歪乃本上国人，来于奴酋处，掌文书云，而文理不通。"第二，《李朝宣宗实录》"有云：马臣本名时下……歪乃本上国人，来于奴酋处，掌文书云，而文理不通。此外之人更无解文者，且无学习者"。申忠一启云："臣

① 王锺翰：《歪乃小考》，载《王锺翰清史论集》第一册，中华书局2004年版，第740—742页。

（申忠一自称）言于歪乃、佟羊才曰：'我以满浦军官只持文书往复而已，又何句（勾）干膺此两都督（指努尔哈齐与舒尔哈齐）府重礼。'"第三，在《李朝宣宗实录》中"明代女真人名之末位带乃的字音，历历可考有如此者"，如"伊时乃，者里加罗吾乃，月虚乃，如虚乃，毛伊乃，所时乃，也乃，江乃，多伊乃，卧许乃，多乃，大伊乃，卜乃，介伊乃"等。①

王锺翰最后指出"歪乃"为"人名而非职称名"，"殆可断言也"。②显然，王氏对"歪乃"一词的考证所依据的史料是可靠的，又有其他记载佐之，因此其论断是令人信服的，有学者认为此文"得到了国内外学者的认同"③。

对"阿其那"与"塞思黑"，早期的清史学者稻叶君山、萧一山等认为其为"狗""猪"之意④。玉麟、商鸿逵基本赞同此说，认为其为骂畜生的话⑤。陈寅恪深不以为然。受陈启发，并考察了《满和辞典》《清史满语词典》《满汉大辞典》等典籍与相关史料，王锺翰分别在1996年撰成《释阿其那与塞思黑》、1998年撰成《再释阿其那与塞思黑与满族传统文化》、1999年撰成《三释阿其那与塞思黑》三篇文章。在《释阿其那与塞思黑》文中，王锺翰根据《满汉大辞典》《满和辞典》《清史满语辞典》《金史》等中外文献，从满族文化传统出发，指出"满族同汉族一样，在一般情况下，父母叫自己的儿子豚犬或狗彘是谦辞，不是骂人语；甚至男儿小时候的名字叫犬子的豚儿的，则是父母希望自己的儿子卑贱如犬豕，便于教养成人之意"，胤禩与胤禟改名为"阿其那"与

---

① 王锺翰：《歪乃小考》，载《王锺翰清史论集》第一册，中华书局2004年版，第742、743页。

② 王锺翰：《歪乃小考》，载《王锺翰清史论集》第一册，中华书局2004年版，第740—743页。

③ 常江：《补正清史　考本溯源——读王锺翰〈清史补考〉》，《中国图书评论》2004年第6期。

④ ［日］稻叶君山：《清朝全史》，但焘译，中华书局1914年版；萧一山：《清代通史》，华东师范大学出版社2006年版。

⑤ 玉麟：《"阿其那"、"塞思黑"二词释义》，《红楼梦学刊》1981年第1辑；商鸿逵等编著：《清史满语辞典》，上海古籍出版社1990年版。

"塞思黑","一出自改","一出他改",此与满语"狗和猪无任何联系"。① 《清世宗实录》曰:"诸王大臣等遵旨将允禩改名之处询问允禩,允禩自改名为阿其那,改伊子弘旺名为菩萨保。奏入,报闻"等"历史事实来考虑","不但阿其那与塞思黑二名均非出自雍正之口,阿其那是胤禩自改与塞思黑为(胤)祉、(胤)祺辈所改,而均为雍正所认可,要真含有狗、猪之义,像前文提到的,雍正连胤禩所说'一家'二字都不许可,怎么能让(胤)禩、(胤)禟自比狗、猪,或让其弟(胤)祉、(胤)祺把他们自己同父的两个弟弟比作狗、猪呢?"②

《再释阿其那与塞思黑与满族传统文化》一文中,王锺翰从满族命名的传统习俗、满族口语与传统文化等方面进一步对"阿其那"与"塞思黑"被引申为猪、狗的演变历程进行探讨。他指出:"无论如何,他们二人的改名都有被蔑视、轻贱之意,则是完全肯定的。"而玉麟认为"阿其那与塞思黑'这两个词来源于满族的群众口语,是满族在过去农牧游猎生活时习用的词,以后由于生产方式的改变,逐渐不那么使用了,但是使用满语的一些老年人,有时还用这两个词'"。阿其那就含有"讨厌和轻视的去吧、走吧的意思",所以玉麟认为:"雍正帝把胤禩改名为'阿其那'就是把他比作狗,像恶狗似的赶出去的意思。"玉麟又认为,"'塞思黑'满文 Seche 是从满语词根 Sechemi 猪刺伤人的意思变来的","后来演化到民间的语言中,就把一个人用恶语伤人比作野公猪用其长牙伤人"。陈寅恪和玉麟"对阿其那(轰狗的形声字)与塞思黑(取像与形体字)两个字义的诠释,久而久之,一传再传,人们自然而然地"从"狗猪的音译,引申为狗猪之义,也就无可厚非了"。王锺翰认为,虽然玉麟对阿其那与塞思黑二词诠释有其语言学根据,"但从历史事实来考虑",此说很难成立。③ 后来学者基本赞同王锺翰看法,如杜家骥指出

---

① 王锺翰:《释阿其那与塞思黑》,载《王锺翰清史论集》第二册,中华书局 2004 年版,第 1259、1260 页。

② 王锺翰:《释阿其那与塞思黑》,载《王锺翰清史论集》第二册,中华书局 2004 年版,第 1260、1276 页。

③ 王锺翰:《再释阿其那与塞思黑与满族传统文化》,载《王锺翰清史论集》第二册,中华书局 2004 年版,第 1267—1273 页。

"阿其那、塞思黑不是猪狗之义",王佩环指出:"阿其那、塞思黑并非确指猪、狗之意"①,张书才也认为:"'阿其那'与'塞思黑''猪狗之说实无根据"②。

1997年,沈原从改名者、满语的风俗等方面考察,根据《清实录》等相关记载,认为"如果'阿其那'一名中有'狗'等恶意,那么,允禩借以骂谁呢?是骂他自己,还是骂他的兄长清世宗?若骂的是他的兄长清世宗,则堂堂一国之君怎能容忍昔日的政敌、眼下的囚犯如此猖狂、如此恶毒?若是自骂,猜忌多疑的清世宗恐怕也怀疑允禩是在借机骂人,不会同意允禩改名为阿其那。'允禩自改名为阿其那',而这个名字又为清世宗所接受,说明'阿其那'这个词并不含有'狗''轰狗''畜生'等自骂或骂人之意'"。沈原又佐之曰:"在允禩改名后,允禟亦奉命自改其名,因'所拟字样,存心奸巧',经臣工参奏,清世宗命诚亲王等另拟,名之曰'塞思黑'",而且"从满族的风俗来看,狗既是家畜,也是忠诚的象征","过去的满族人以'狗''狗崽''狗皮'等命名,较为常见。仅在《八旗满洲氏族通谱》一书中,这样的人名就为数不少"。因此,"阿其那一名并无恶意"。沈原又根据《五体清文鉴》、安双成主编的《满汉大词典》、胡增益主编的《新满汉大辞典》等辞书考察了满语"表示各种狗的词汇",指出:akina(阿其那),"-na"为后缀,"以'aki-'起头的词只有四个,即:akiran,阿其兰,系清初部落名,又指阿奇兰城(今黑龙江省齐齐哈尔市西北200里,为明代海西女真叶赫部所建);akiya,昂刺鱼,与 kiyaku 同;akiyan,夹冰鱼,又称 akiyan nimaha;akiyambi,干透、冰透。这些词都有可能被允禩用以命名,考虑到允禩本人的处境,他以'鱼'为名,自喻为'俎上之鱼'的可能性更大些。也就是说,akina(阿其那)之名源自 akiran,意为'夹冰鱼',即夹在冰层里冻死的鱼"。因此,均可以"摒弃'阿其那满语狗也'的不实之说"。而"塞思黑"满文为 seshe,"从当时的实际情况来看,清

---

① 王佩环:《从新发现的满文档案再释阿其那与塞思黑》,《故宫博物院院刊》2000 年第 2 期。

② 张书才:《关于阿其那与塞思黑的满文原意》,《红楼梦学刊》2004 年第 4 辑。

世宗同意将允禵之名改为'塞思黑',必取'厌烦'之意。因为允禵自康熙年间参与储位之争以来的所作所为,使清世宗对他极为不满,'厌烦'透顶"。在《五体清文鉴》等满语辞书中,"表示猪的词汇比较丰富","无一与'塞思黑'音相近,可见'塞思黑'之意并非'猪也'"。沈原总结说,阿其那为"俎上之鱼""夹冰鱼",塞思黑为"讨厌的人(或东西)"之意。① 显然,沈原的研究较王锺翰更深入,王锺翰1998年在《再释阿其那与塞思黑与满族传统文化》文中未提沈原此文,似尚未注意沈原之文。

1999年,王锺翰对沈原之文已经关注,并根据近期获得各种官私文献资料所未载的几种满文文献,撰写《三释阿其那与塞思黑》一文以补充"沈文之创见"。他认为沈原"从满文档案文献入手,并结合当时的实际情况与阿其那、塞思黑二词各自所含的寓意,证实了二词的原义所出,考释有据,入情入理,结论是完全令人折服的"。王锺翰从"阿其那"满文的后缀进行语言学考察,进一步证实"阿其那"与"塞思黑"绝非满语的"狗"和"猪"之义,"胤禩自改阿其那,'寓意既深,用心亦苦,他承认自己在储位之争中失败,成为一条死鱼、俎上之鱼,任凭乃兄清世宗处置'",而胤禵改名为"塞思黑","与猪义不相干","它只能是一个'令人可厌的人'才合乎胤禵当时所处的身份以及被乃兄雍正认可的合理性"。②

很明显,王锺翰依据翔实的满汉文献等,对"阿其那"与"塞思黑"进行深入研究,提出了很有创见之说,并不断以更多的确凿史料进行更深入论证,大大加深了人们对这一问题的认识。

总的来说,王锺翰对"玛法""汗依阿玛""歪乃""阿其那"与"塞思黑"等满语词汇含义与爵位变化等问题的考察,不囿于前人的观点,多从满族风俗习惯与满族语言学等方面着眼,参考诸多中外文献记载并经过严谨考证,提出了一些很有创见性的看法,这无疑促进了学界

---

① 沈原:《"阿其那"与"塞思黑"考释》,《清史研究》1997年第1期。
② 王锺翰:《三释阿其那与塞思黑》,载《王锺翰清史论集》第二册,中华书局2004年版,第1277—1282页。

对此历史问题的深入探讨。

（六）关于八旗内满汉民族成分问题

八旗作为满族社会的组织形式，分为八旗满洲、八旗蒙古、八旗汉军三个部分，其中八旗满洲占有重要地位。入关前，它兼有军事、生产、行政等职能，入关后，它又对满族统治者维持其在全国的统治起到了相当重要的作用，因此较早地受到史家的关注。20 世纪 30 年代孟森撰写了《八旗制度考实》一文，阐述了八旗制度的起源及政治、军事作用，为该制度的研究奠定了基础[①]。50 年代郑天挺对八旗兵的户口编制、兵种、分布及绿营兵的分布等作了论述[②]。60 年代李旭分析了八旗制度的渊源，认为八旗为一种奴隶社会时期部落的组织形式[③]。80 年代对此论述较多，周远廉论述了八旗制度的改组、扩大的情形及维护满族统治的阶级性[④]；傅克东、陈佳华考察了八旗制的建立，以旗统族的组织形式，不同旗民的改旗、抬旗等形式与其中满、蒙、汉等关系[⑤]，但他们对满族形成中的满汉关系论述尚不深入、系统。

王锺翰在 1981 年发表《关于满族形成中的几个问题》一文后，1990 年又发表《满族八旗中满汉民族成分问题》一文，对八旗制度及其内部的满汉成员进行更为系统的探讨。在前文中，他根据《八旗满洲氏族通谱》《满洲名臣传》《八旗通志》等官方史料记载，也参考了盛昱的《八旗文经》、金德纯的《旗军志》、高士奇的《扈从东巡日录》、今西春秋的《满和对译满洲实录》等私家著述，他指出，在皇太极时期，许多被征服的鄂温克、达斡尔、赫哲、鄂伦春等民族被编入八旗形成新满洲（满语为伊彻满洲），而原来在努尔哈赤时期编入的民族称为老满洲（满语为佛满洲），老满洲演变成新满洲的过程中，"不断吸收、合并了大量外族成员"。满族统治者把东北边境的民族成员分三步吸收进满洲族，首

①　孟森：《八旗制度考实》，载《明清史论著集刊》上册，中华书局 1959 年版。

②　郑天挺：《清代的八旗兵与绿营兵》，《历史教学》1955 年第 1 期。

③　李旭：《论八旗制度》，载中华书局上海编辑所编《中华文史论丛》第 5 辑，中华书局 1964 年版。

④　周远廉：《清代前期的八旗制度》，《社会科学辑刊》1981 年第 6 期。

⑤　傅克东、陈佳华：《八旗制度中的满蒙汉关系》，《民族研究》1980 年第 6 期。

先把他们从原先住地迁到宁古塔，然后再移居盛京沈阳，最后定居北京成为新满洲的成员。这也可反映出"血缘关系已不再是决定满族社会关系的主要因素了"①。满族"作为一个历史范畴的民族，一部分成员加入进来"。对满族人员"出旗"，乾隆为了防止满族姓氏"汉化"，限制满人"冠汉字姓与改汉姓"，后来由于八旗兵生计问题，准许各省驻防汉军出旗为民而随便谋生，空缺以满族充补。在入关前，后金从明朝俘获较多的人员编入八旗满洲佐领内，到清代中期，"满族人口大量增加，而汉军旗人（包括那些身份不同而名称相同的皇室贵族庄园劳动者的'汉军旗人'）的人口增长更快更多"，清政府"为了解决八旗满洲即满洲的正身旗人的生计，并企图缓和汉军旗人的反抗斗争"，"放宽对八旗成员的控制，首先允许汉军旗人出旗为民"。入关后满洲旗下的汉人也没有停止过进出，主要有投充、通婚、过继、入旗、改旗、抬旗等方式。"清代汉军旗人的民族成分如何划分的标准只能按当时是否出旗为民作为一条杠杠：凡是既已出旗为民的大量汉军旗人或改回原籍的（如曾一度入旗的有名的方苞，就是一例），就应该算作汉族成员了，否则就应该把他们当作满族成员看待"②，陈佳华"同意这种看法"③，刘小萌指出"汉军旗人的族别问题，（王锺翰）先生提出了只能以是否'出旗为民'为准的主张。此文一出，引起强烈反响，推动了满族史的深入研究"④，王俊义也认为王锺翰提出的"民族是不断变化发展的，满族作为一个历史范畴的民族，与其他民族不断进行人员的交流，进而促进彼此关系的发展与融合"的看法"对后人的研究富于启迪"⑤。

在《清代八旗中的满汉民族成分问题》一文中，王锺翰依据《历代

① 王锺翰：《关于满族形成中的几个问题》，载《王锺翰清史论集》第一册，中华书局2004年版，第130页。

② 王锺翰：《关于满族形成中的几个问题》，载《王锺翰清史论集》第一册，中华书局2004年版，第131—133页。

③ 陈佳华：《八旗汉军考略》，《民族研究》1981年第5期。

④ 刘小萌：《王锺翰先生的学术成就》，《清史研究通讯》1990年第3期。

⑤ 《纪念王锺翰先生百年诞辰学术文集》编委会：《王锺翰先生的学术成就和地位》，载《纪念王锺翰先生百年诞辰学术文集》，中央民族大学出版社2013年版，第12页。

八旗杂档》《明神宗实录》《清世宗实录》《八旗世袭谱档》《大清会典》《八旗满洲氏族通谱》等官方史料的记载，指出由于满族统治者采取民族歧视与压迫政策，汉人投充加入旗籍，成为满洲共同体人员，同时也有投充的汉人从满族中分离出去，他认为从清初入关直到清中期二百年间，汉人投充满洲而被编入佐领下的"不下好几百万人"，投充汉人、逃亡或战争被俘以及后来逃亡恢复汉民族成分的约占三分之一，"或在百万左右"。[①] 清代满汉通婚较多，满族统治者只限制"满族女子不许嫁汉人，并不限制满人娶汉族女为妻"。同时，清初八旗与内务府无嗣的满族人，抱养他人之子为嗣的，只需报明本主，送部注册，加入该佐领壮丁内即可，在雍正二年（1724 年）有规定不准抱养汉人之子为嗣，但通过查实各旗皆有。

王锺翰认为，清廷对明末清初降清的洪承畴、施琅等人分旗安插于内务府三旗，此为入旗形式。对改旗与抬旗形式，20 世纪 80 年代周远廉作简要的论述。他指出，改旗为同等旗内成员的互相调动与八旗内不同佐领之间的改隶，抬旗为"建立功勋或上承恩眷"等旗人而言，改旗与抬旗"导致了民族成分的变化"。[②] 傅克东、陈佳华在《八旗制度中的满蒙汉关系》文中指出："'改旗'与'抬旗'是使八旗组织中满、蒙、汉成员的相互穿插交错的情况经常发生"，这"导致了民族成分的变化"，是值得重视的。[③] 王锺翰进一步指出，满族统治者还将清初各部落与汉人归附者编入满、蒙、汉八旗，同时在其中也时有改易，"内务府旗人可抬入满洲八旗"，或"由下五旗抬入上三旗"，甚至"直接由汉军抬入满洲旗内"。通过抬旗这种方式，"不在少数的汉人转化成了满族成员，这是完全可以肯定的"。[④]

概括来说，王锺翰依据充分史实对清代八旗中满汉民族成分进行深

① 王锺翰：《清代八旗中的满汉民族成分问题》，载《王锺翰清史论集》第一册，中华书局 2004 年版，第 151 页。

② 周远廉：《清代前期的八旗制度》，《社会科学辑刊》1981 年第 6 期。

③ 傅克东、陈佳华：《八旗制度中的满蒙汉关系》，《民族研究》1980 年第 6 期。

④ 王锺翰：《清代八旗中的满汉民族成分问题》，载《王锺翰清史论集》第一册，中华书局 2004 年版，第 163 页。

入考察，指出满族群体的成员由于政治、经济等原因在入关前、入关后都不断变化，这一研究"不仅对满族史的研究，对彰显中华民族形成历程、中国历史发展的特点都是有贡献的"①。

（七）关于满族在中华文化发展中的贡献问题

对满族在中华文化发展中的贡献，学界关注较早。20 世纪 50 年代齐思和就对少数民族在中华文化发展中饮食、服装、语言、美术等方面做出的贡献作了论述。② 六七十年代，学界对满族在中华文化发展中的贡献的考察仍不够深入。其中金启孮比较系统地论述了满语源于女真文化、蒙古文化和汉文化以及满族在服装、饮食、舞蹈等方面"不断丰富了祖国文化"③。80 年代对此问题的论述较多也更为深入，其中文学方面的论述较多。这些论述深入到满族在戏剧、文学、绘画、艺术、歌舞等方面，如陶立璠与吴重阳简述了满族作品《红楼梦》在中国文学史上的地位④、金启孮与乌拉熙春探讨了满族对戏剧的贡献⑤、朱眉权论述了清代满族诗人诗歌创作的杰出贡献⑥、肖韦初步考察了满族文学⑦、赵志辉综合论述了满族文学⑧、史习坤考察了满族作家对中国现代文学的贡献⑨、李德阐述了满族绘画与歌舞⑩等。90 年代前半期，学界对满族文化的论述少于 80 年代的论述，但论述偏重于某些方面，如王佑夫考察了清代满族诗学的主要贡献⑪、邓天红论述了清代满族文化发展的特点及历

---

① 《纪念王锺翰先生百年诞辰学术文集》编委会：《王锺翰先生的学术成就和地位》，载《纪念王锺翰先生百年诞辰学术文集》，中央民族大学出版社 2013 年版，第 14 页。

② 齐思和：《少数民族对于中国文化的伟大贡献》，《历史教学》1953 年第 7 期。

③ 金启孮：《满族文化的来源及其对祖国的贡献》，《学习与探索》1979 年第 4 期。

④ 陶立璠、吴重阳：《论少数民族文学对中国文学史的贡献》，《中南民族学院学报》1981 年第 1 期。

⑤ 金启孮、乌拉熙春：《满族对戏剧的贡献》，《学习与探索》1982 年第 6 期。

⑥ 朱眉权：《清代满族诗人诗歌创作的杰出成就》，《社会科学辑刊》1983 年第 1 期。

⑦ 肖韦：《满族文学初探》，《社会科学辑刊》1983 年第 1 期。

⑧ 赵志辉：《满族文学再探》，《辽宁大学学报》1984 年第 6 期；《丰富多彩的满族文学》，《民族文学研究》1985 年第 1 期。

⑨ 史习坤：《满族作家对中国现代文学的贡献》，《中央民族学院学报》1989 年第 4 期。

⑩ 李德：《满族绘画探略》，《满族研究》1987 年第 1 期；《满族歌舞》，《满族研究》1987 年第 3 期。

⑪ 王佑夫：《清代满族诗学的主要贡献》，《中南民族大学学报》1994 年第 3 期。

史地位等①。概括来说，20世纪90年代中期以前，学界对满族文化在中华文化中贡献的论述逐渐走向深入、系统与理论化，不过仍有可以更深入研究之处。

1996年王锺翰发表了《满族在中华文化发展过程中的贡献》一文，根据许多中外史料考察满族在中华文化发展中做出的贡献。与前述多有不同的是，王锺翰主要从满族创制满文、兴办官私学校、发展思想哲理、学习数理科技等方面进行专门论述。

第一，王锺翰概述了满族作为祖国民族大家庭中一个不断发展的民族，在其近300年的统治中，在"稳定社会秩序、促进经济发展、巩固祖国统一、抵御外来侵略、开拓周边疆土"等方面做出了"巨大贡献"。他根据《清太祖实录》、《清太宗实录》、日本神田信夫的《满洲旧档》等中外记载对满族人"创制满文"进行考察。努尔哈赤"于1599年命文臣额尔德尼、噶盖但等人'将蒙古字编成国语（即满语）颁行'创制了满文"。皇太极于1632年又命达海加以改进，加上"圈"或"点"形成新满文，此前无圈点的满文被称为"老满文"。而记载了努尔哈赤、皇太极时期政治、军事、文化、民族、宗教信仰等极为重要史料的《满洲老档》《旧满洲档》以及满、汉、蒙、藏"合璧"的《四体清文鉴》等史籍对"国内外从事满语文和民族史的研究，均具有很高的历史价值和实用价值"。② 此前，学界对满族创制满文等已有论述，如王涛简述了满族语言文字的创立与发展③、乌拉熙春阐述了满语与满族文化的关系以及满语的学术研究等④，而王锺翰主要运用多种文献比较翔实地论述了满文创制、发展及满文文献等，这也显示了他注重考证的治史特色。

第二，王锺翰根据《圣武记》《八旗通志初集》等记载对满族人创

---

① 邓天红：《试论清代满族文化发展的特点及历史地位》，《社会科学辑刊》1995年第3期。

② 王锺翰：《满族在中华文化发展过程中的贡献》，载《王锺翰清史论集》第二册，中华书局2004年版，第860、861页。

③ 王涛：《满族的语言文字》，《内蒙古社会科学》1982年第1期。

④ 乌拉熙春：《满族的语言和文化》，《满族研究》1992年第2期。

制"官私学校"进行研究。努尔哈赤时代，满族人"无论长幼"，"皆以行兵出猎为喜"，"人人娴于骑射"。皇太极继位后，在继承骑射传统的同时，下令诸贝勒、大臣子弟读书。满族统治者的目的，"固然是在提倡维护有清一代长治久安的统治地位，但客观上也使本民族人民的文化素质随之提高"。"清承明制，京师为国学，并设八旗、宗室等官学，直省为府、州、县学。"顺治元年（1644 年）后，"国学改为太学，亦称国子监"。清朝统治者"专取《四子书》及《易》《书》《春秋》《礼记》五经命题试士"。此外，清代还有八旗官学等。王锺翰也指出了在文化教育方面许多满族人入关后受汉族影响很大。由于满洲统治者入关后重视满族子弟官方教育，因此不到二十年"满洲八旗成员重文轻武，乃蔚然成风"，从顺治、康熙、雍正到乾隆等满族统治者，"虽然不止一次地告诫本民族成员要保持'国语骑射'的政策不变，而最后结果仍然有如乾隆写的一首五言古诗所云：'八旗读书人，假藉词林授。然以染汉习，率多忘世旧。问以弓马事，曰我读书秀。及至问文章，曰我旗人胄'"。可见，"'国语骑射'政策成了一纸具文"。① 对满族教育，学界较早进行了考察，如张国昌论述了清代满族教育的发展变化②、齐红深论述了包括清代之前满族教育的发展历程及其文化特征等③。王锺翰的论述基本概括了之前学界的论述，不过，他进一步指出了清朝统治者推行的"国语骑射"政策基本成了"一纸具文"等④。

第三，王锺翰参考了《圣祖仁皇帝圣训》《康熙起居注》《世宗宪皇帝圣训》等官方史料对满族人在发展"思想哲理"方面进行探讨。努尔哈赤设立书房、皇太极"改文馆，网罗汉族士子"等翻译《大明会典》《资治通鉴》《孟子》《三国志》《三国演义》等典籍学习"汉语文"，康

---

① 王锺翰：《满族在中华文化发展过程中的贡献》，载《王锺翰清史论集》第二册，中华书局 2004 年版，第 862—864 页。
② 张国昌：《满族教育在清代》，《满族研究》1986 年第 3 期。
③ 齐红深：《满族教育的发展过程及其文化特征》，《教育科学》1993 年第 4 期；《满族教育史研究中的几个问题》，《辽宁师范大学学报》1994 年第 3 期。
④ 王锺翰：《满族在中华文化发展过程中的贡献》，载《王锺翰清史论集》第二册，中华书局 2004 年版，第 862—864 页。

熙朝"满译'四书''五经'成"，到乾隆末年"《大藏经》译满亦成"，其他小说如《水浒传》《西厢记》《金瓶梅》"均有满文译本"。由于满族人善于吸收汉文化，因此，在"'康乾盛世'长达150年间，康熙、雍正、乾隆三位皇帝的统治思想虽各有特点，然总不出孔孟儒家思想范围外；虽然大同小异，而殊途同归"。① 对满族"思想哲理"，王锺翰论述较多的是康熙、雍正、乾隆等人的相关内容，实际上，学界对此已经作了深入、系统的研究。以康熙"思想哲理"为例，刘潞论述了康熙"确立程朱理学为清代官方哲学"等、宋德宣考察了康熙与朱熹理学观的异同等、高翔探讨了清初理学在"推行教化与封建伦理秩序的重建"方面的政治影响等、魏鉴勋对清代理学与反理学斗争进行辨析等。② 应该说，王锺翰此处对满族"思想哲理"方面只是概述。

　　第四，王锺翰根据《清史史料学初稿》《啸亭杂录》《中国满族》等记载对满族人在发展"文学艺术"方面进行研究。"清入关后，满族在文学艺术领域内，人才辈出，著述宏富，获得迅速发展，达到与汉民族同样高的水平。"著名词人纳兰性德、顾贞观、秦松岭、姜宸英等"角力争胜，雄杰一时"。文学、书画方面，文学家老舍、语言学家罗常培、书画家启功等人"在海内外享有很高的声誉"。文学家曹雪芹"以满族贵族生活为题材原型，创作出文学巨著《红楼梦》，而成为世界文化名人之一"，它"是一部举世瞩目具有反封建倾向的现实主义杰作"。③ 此前，对满族的"文学艺术"方面，学界的论述较多，肖韦与赵志辉等考察了满族文学④、

---

① 王锺翰：《满族在中华文化发展过程中的贡献》，载《王锺翰清史论集》第二册，中华书局2004年版，第864—866页。

② 刘潞：《康熙的文化政策》，《故宫博物院院刊》1984年第1期；宋德宣：《论康熙与朱熹理学观的异同》，《湖南师范大学社会科学学报》1989年第4期；高翔：《论清初理学的政治影响》，《清史研究》1993年第3期；魏鉴勋：《清代理学与反理学斗争辨析》，《社会科学辑刊》1988年第3期。

③ 王锺翰：《满族在中华文化发展过程中的贡献》，载《王锺翰清史论集》第二册，中华书局2004年版，第868页。

④ 肖韦：《满族文学初探》，《社会科学辑刊》1983年第1期；赵志辉：《满族文学再探》，《辽宁大学学报》1984年第6期；赵志辉：《丰富多彩的满族文学》，《民族文学研究》1985年第1期。

李德考察了满族绘画①、金玉书论述了满族京剧等②，王锺翰概述了《红楼梦》的艺术成就，对满族书画等方面的阐述也极略。

第五，王锺翰参考《圣祖仁皇帝圣训》《康熙皇帝与西洋传教士》等记载对满族人发展"数理科技"方面进行考察。康熙亲政后，看到法国传教士南怀仁"以充分的事实，论证西方立法之正确，发奋学习算学"。此后，康熙与国内外学者梅毂成、徐日升、南怀仁等研究天文、地理、算学、测绘、物理、医学等，在康熙的主持下编纂的《数理精蕴》《历象考成》《皇舆全览图》等书，"都具有很高的科学价值"。其中，《皇舆全览图》是"康熙'费三十年余年心力始得告成。山脉水道，俱与《禹贡》相合'，是清朝早期较有权威、精确程度远远超过前代的地图"。乾隆时期，清廷派何国宗等人到新疆测量地理，撰成"至今仍有参考价值"的《内府皇舆全图》。道光时期，"长于算学"的满洲人瑞诰撰成《筹算浅说》。满族人在清代的医学著述有文通撰的《百一三方解》、奇克唐阿著的《厚德堂集验方萃编》等。③ 应该说，对满族"数理科技"方面的研究，王锺翰主要简述了康熙重视科学技术的学习以及康乾时期的科技成就等，对此，学界此前相关的论述已经比较深入，如李迪与白尚恕考察了康熙与乾隆时期的科学实验④、郭永芳论述了康熙重视自然科学⑤、吕志毅阐述了康熙在自然科学史上的地位等⑥。可见，王锺翰对此基本沿袭前人的看法。

总的来看，王锺翰在唯物史观的指导下，依据诸多可靠的中外记载对满族人创制满文、兴办官私学校等行为在中华文化发展过程中的贡献

---

① 李德：《满族绘画探略》，《满族研究》1987 年第 1 期。
② 金玉书：《满族京剧演员金仲仁的艺术贡献》，《满族研究》1985 年第 2 期。
③ 王锺翰：《满族在中华文化发展过程中的贡献》，载《王锺翰清史论集》第二册，中华书局 2004 年版，第 869、870 页。
④ 李迪、白尚恕：《清代康熙、乾隆时期的科学实验》，《自然辩证法通讯》1981 年第 6 期。
⑤ 郭永芳：《康熙与自然科学》，《自然辩证法通讯》1983 年第 5 期。
⑥ 吕志毅：《论康熙帝在自然科学史上的历史地位》，《河北大学学报》1989 年第 Z1 期。

进行详人所略的论述，强调满族文化"充实和丰富了祖国的文化宝库"①。此文虽为简要的论述，但以其宏观、全面的视角，对满族文化的研究仍有许多补裨作用。

二　通纂《满族简史》

《满族简史》作为《中国少数民族简史丛书》之一，在 20 世纪 50 年代末由中国科学院民族研究所组织的编写组集体编写，其成员包括王俯民、王锺翰、傅乐焕等 30 余位满、汉、蒙、朝鲜、锡伯等民族的专家、学者组成，60 年代上半期由傅乐焕通纂初稿，70 年代中期又在王锺翰的指导下，对全书章节进行修订，最后由王锺翰通纂全稿，在 1979 年 8 月由中华书局出版②，1984 年获全国爱国主义历史通俗读物优秀奖，1986 年再版③。

（一）主要内容概述

《满族简史》是第一部关于满族历史与发展的学术专著④，其内容从满族先世肃慎的生活起，直至中华人民共和国成立之初满族人民支援解放战争的情形，以下简要述之。

1. 满族的族源

作者依据《国语》《史记》《后汉书》《逸周书》《旧唐书》《新中国的考古收获》等记载，指出："肃慎是我国东北地区最早见于记载的居民之一"，其"历代的后裔和满族是既有关联又不能等同，不应该把肃慎、挹娄、勿吉、靺鞨、女真的发展过程作为满族本身的发展过程"，但是，"在满族史中如果把肃慎以下迄至明代女真的世代相承的联系与满族割裂开来，也是不能正确反映满族悠久的历史根源的"。在长期的发展过程中，东北地区的女真人至元明时期发展很不平衡，其经济文化发展较

---

① 王锺翰：《满族在中华文化发展过程中的贡献》，载《王锺翰清史论集》第二册，中华书局 2004 年版，第 860 页。

② 《满族简史》编写组编、王锺翰通纂：《满族简史》，中华书局 1979 年版，第 272—273 页。

③ 王锺翰：《王锺翰学述》，浙江人民出版社 1999 年版，第 205 页。

④ 刘小萌：《〈满族简史〉评介》，《史学史研究》1983 年第 2 期。

快的部分大多在辽阳等地的辖区内，与汉族等兄弟民族杂居共处。后来，这部分女真人构成了"明辽东直辖卫所下女真人的重要来源之一"，而散居于松花江、黑龙江中下游等地处在"落后的发展水平"的女真人，"几经迁徙，逐渐发展"。到明代末期，这些民族形成了"新的民族共同体——满族"。①

2. 女真——满族的奴隶占有制及其向封建制的转化过程

在此部分，作者依据《明太祖实录》、《万历武功录》、《满文老档》、《清太祖实录》、《清太宗实录》、《建州闻见录》、朝鲜《李朝实录》等中外史料，指出："随着女真奴隶制经济稳定日益发展，各部间的经济联系日益密切"，奴隶主之间的兼并战争不断发生，努尔哈赤等满洲贵族在一个动荡的时代里崛起，完成了女真各部的统一事业，建立了军政合一的八旗制度并将许多被俘人员编成农庄，"满族奴隶制经济获得迅速发展"等。满洲贵族政权从1616年努尔哈赤建立后金政权到1636年皇太极改国号为"清"，其政治制度、经济模式、思想等方面受汉族影响很大，其社会形态由奴隶制向封建制迅速转化。作者还指出在入关前，满族人创制满文、翻译汉籍方面的成就以及"娴于骑射"保持信仰萨满教的习惯。②

3. 满族封建社会的发展

该书作者根据《清世祖实录》《大清会典事例》《啸亭杂录》《八旗通志初集》《皇朝经世文编》等记载，对满族从政治、经济、文化等方面进行阐述。首先，指出了满洲贵族率兵入关、"圈占畿辅民田""强迫汉人'投充'""强迫汉人剃发易服"等"弊政"。其次，考察了康熙、雍正、乾隆等人在反对新疆、青海、西藏等地的武装分裂与维护祖国统一做出的贡献，与满族人在诗文、经史、书画、鉴赏、藏书等方面的成就，尤其推崇曹雪芹所作的《红楼梦》，它以"满洲贵

---

① 《满族简史》编写组编、王锺翰通纂：《满族简史》，中华书局1979年版，第2—5、9、12、13页。

② 《满族简史》编写组编、王锺翰通纂：《满族简史》，中华书局1979年版，第17—23、27、30、32、48—50页。

族封建家庭生活的素材作为基础，广泛而深刻地反映了当时中国社会的现实"，把中国的古典小说艺术推向空前的高峰。最后，总结了满族封建领主经济到地主经济的发展与满洲封建统治阶级政治上日趋腐朽。这在经济上表现为很强的"寄生性"，"整个政治局面是：财政亏缺、吏治腐败、武备松弛"，对外逐渐丧失了抵御资本主义国家侵略的能力。①

4. 半殖民地半封建社会时期的满族

该部分内容在书中被分为上、下两章，论述半殖民地半封建社会时期的满族在政治、经济、文化等方面的状况，作者根据《八旗通志初集》《清宣宗实录》《咸丰朝筹办夷务始末》《同治朝筹办夷务始末》《清季外交史料》《啸亭杂录》《吉林通志》《东三省事略》《满族社会历史调查报告》等诸多史料记载，主要从政治、军事方面进行考察。首先，作者对满族人民的各种反抗侵略斗争进行赞扬，对满洲贵族的投降卖国活动进行贬斥。其次，作者论述了鸦片战争后，全国人民沦入半殖民地半封建社会，一些满洲贵族竭力维护腐朽没落的封建统治，而一些分化、破产的满族人民与其他民族人民在外国资本主义与封建主义的双重压迫下，从事反帝、反封建的斗争，特别是在辛亥革命后，反抗压迫、剥削等斗争更为激烈。再次，在经济方面，作者阐述的内容不是很多，指出了鸦片战争后，"在资本主义的政治经济侵略下，关内关外封建经济逐渐瓦解，满族贵族的皇庄、王庄进一步瓦解"，壮丁由于"加重了"的封建剥削负担而"逃亡或出旗为民的日益增多"，致使"满族封建经济逐渐解体"等。最后，作者简述了辛亥革命前后满族贵族在竭力维持满族宗室、八旗官学与风俗、宗教的同时，大多数满族人"早已通用汉语、汉文"，"通晓满语、满文的人已经很少"。满族统治阶级由于具有政治、经济的特权，"在辛亥革命前后，上学堂和出国留学，成为满族剥削阶级中的一种时尚"，"按当时的人口比例推算，满族的留学生、大学生、中

---

① 《满族简史》编写组编、王锺翰通纂：《满族简史》，中华书局1979年版，第53、55—57、70、87—89、94—96、105、106、108、109页。

学生与各民族相比确是最多的"。①

（二）主要成就与特点分析

概而言之，该书以唯物史观思想作为指导，体现详近略远等特色，具有较高的开创性等学术价值。主要表现在以下几方面。

1. 内容以政治、经济为主，详近略远

该书重视对满族发展中的政治、经济等方面的论述，尤其注重从社会形态上分析满族社会的发展，指出由于农业、手工业的发展，出现了贫富差别，随之出现了奴隶与奴隶主阶级。但发展水平并不一致，有些地方尚处于氏族社会时期。后来，由于经济与社会的发展，封建经济逐渐占主导地位，而后金与清政权的建立对满族在政治、经济等方面的发展起到了前所未有的推动作用。② 由于资料等方面所限，该书对满族史"下限写至一九四九年全国解放为止"③。作者始终坚持以唯物史观思想为指导，对满族社会经济形态、政治阶层、人物活动等作了系统的论述。这一特色在该书目录的编排中就表现得相当明显，如"第二章女真→满族的奴隶制及其向封建制过渡的转化过程"（第二章）第一节后金奴隶制政权的建立""（第二章）第二节满族封建关系的初步形成""第三章满族封建社会的发展""（第三章）第二节满族从领主经济到地主经济的变革过程""第四章半殖民地半封建社会时期的满族（上）""（第四章）第三节资本主义国家侵略过程中满族的动态""（第四章）第四节满族封建生产生产方式的解体""第五章半殖民地半封建社会时期的满族（下）"等。④

该书体现了详近略远的特色。作者对明代以前肃慎、挹娄、勿吉、靺鞨、金代女真人、元代女真人等女真祖先数千年历史的论述只用 32 开

---

① 《满族简史》编写组编、王锺翰通纂：《满族简史》，中华书局 1979 年版，第 116、123、125、129—132、137—139、148、149、153—156、176、182、183、185、187、219、227 页。

② 《满族简史》编写组编、王锺翰通纂：《满族简史》，中华书局 1979 年版，第 18、23、24、27 页。

③ 《满族简史》编写组编、王锺翰通纂：《满族简史》，中华书局 1979 年版，第 1 页。

④ 《满族简史》编写组编、王锺翰通纂：《满族简史》，中华书局 1979 年版，第 1—3 页。

纸 13 页，占全书内容的 5%，而对满洲贵族 1644 年率军入关至半殖民地半封建社会时期满族历史的考察用 32 开纸多达 183 页，占全书内容的 67%。

2. 体现鲜明的爱国主义思想

该书在出版说明中就明确指出：在"祖国的长期发展过程中，各族人民都做出过自己的贡献。各民族的历史都是祖国历史不可分割的组成部分。为了激发各族人民对自己历史的自豪感，发扬爱国主义精神，进一步加强民族团结"，编者"出版这一套《中国少数民族简史丛书》"。① 它赞扬了一些满族人物在清代与近现代抗击外国侵略中维护祖国统一、抵抗外国侵略等方面的事迹。同时，也对出卖国家领土主权的一些满族人物表示痛恨。如该书指出 1840 年英国武装侵略中国，清政府"既没有坚决抗战的决心，又不依靠人民的力量"，在战场上失败后，"接受了丧权辱国的条件，来保持其封建统治地位"②。1856 年沙俄侵犯中国东北后，以满洲贵族为首的清朝统治者，为了维持其摇摇欲坠的反动统治，"勾结外国侵略者，共同镇压太平天国革命运动，不惜出卖祖国的领土和主权"③。满洲贵族统治阶级"投降卖国，出卖领土主权，是外国帝国主义在中国的代理人"④，而"满族人民却和各族人民一样，为了捍卫祖国的领土，反对沙俄的侵略和殖民统治，进行了长期的英勇斗争，表现了中国人民反抗外国侵略的革命精神"⑤。"黑龙江以北、乌苏里江以东满、汉各族人民的抗俄斗争，是中国人民反抗外国资本主义侵略的一个重要组成部分。"在这共同斗争的过程中，满族人民包括爱国的八旗官兵在内，"为了捍卫祖国的边疆，反对沙俄的侵略和殖民统治，他们所进行的英勇斗争，表现了中国人民不甘屈服于帝国主义的顽强的反抗精神，不

① 《满族简史》编写组编、王锺翰通纂：《满族简史》，中华书局 1979 年版，第 1 页。
② 《满族简史》编写组编、王锺翰通纂：《满族简史》，中华书局 1979 年版，第 116 页。
③ 《满族简史》编写组编、王锺翰通纂：《满族简史》，中华书局 1979 年版，第 123 页。
④ 《满族简史》编写组编、王锺翰通纂：《满族简史》，中华书局 1979 年版，第 132 页，
⑤ 《满族简史》编写组编、王锺翰通纂：《满族简史》，中华书局 1979 年版，第 123 页。

愧为中华民族的优秀儿女"。① 由于该书较多地显示作者的爱国情怀，1984 年被评为全国爱国主义历史类读物优秀奖。

3. 史料丰富，内容生动

该书共 17 万余字，所引用、参考的中外书目达 120 余种。其中官方《魏书》、《隋书》、《清太祖实录》、《大清会典事例》、朝鲜《李朝实录》等重要的记载 60 余部；一般参考书目近 60 部，这为该书论述翔实奠定了基础。

该书简述了清军入关前满族社会的奴隶制经济、八旗制度、满族文字等，而对清军入关后满族从领主经济到地主经济的变化、八旗制度、满洲贵族投降卖国的活动、鸦片战争反抗侵略、参加反帝反封建的"五四"爱国运动、抗日战争、反对国民党的残暴统治与支援解放战争等论述尤显生动。如：

> 从 1946 年 6 月到 1948 年 10 月的两年半中，国民党接受大员一到抚顺，抚顺煤矿被破坏得极其严重：矿山铁路 60 公里，电机车 129 台，铁翻车 490 台，电铲 21 台以及其他设备都被破坏无疑。同时，本溪铁矿也遭破坏。当时在煤矿工人中普遍流行的一首歌谣："国民党真混蛋，接受大员装洋蒜，来到矿山到处窜，拆机器可不慢！有机车有风扇，到沈阳把钱换，吃喝嫖赌抽大烟。"这首歌谣如实地反映了当时国民党反动派破坏矿山设备的情形。
>
> 在东北地区，大多数满族居住在农村。国民党军队到农村抢掠更是肆无忌惮，所到之处"柜箱翻光，猪鸡吃光，财物抢光"，真是名符其实的"刮民党"军队。
>
> 不仅如此，国民党军队还到处拉夫抓壮丁，甚至连小孩也被抓去修碉堡。1946 年冬至 1947 年春，辽宁复县大甲河地区的满族男人，几乎全部都被抓去修碉堡。在风雪寒冬里，挨饿受冻的劳动，

---

① 《满族简史》编写组编、王锺翰通纂：《满族简史》，中华书局 1979 年版，第 131、132 页。

使百分之九十以上的人手脚冻坏。对国民党军队的这种罪行，满族农民诗人写诗骂道："国民党，狗汉奸，说讲起来万人烦，逼捐要税还不算，掳猪抓鸡不给钱；掘战壕修堡垒，修了一天又一天，连打带骂使人干，很怕八路来攻山，垮台不定哪一天！"这些被国民党军队一再糟蹋的满族农民，他们多么盼望共产党和解放军早日来临啊！①

同时，作者对满族风俗习惯、宗教信仰作简要的阐述，便于读者对满族的历史作全面的认识。

该书对满族历史与发展的论述简明扼要、体系完备。该书从1958年中共辽宁省省委领导、中国科学院民族研究所筹划到1979年出版，历经多次修改，较早地对满族族源、满族社会政治与文化等发展状况进行系统的考察、梳理。在当时的学术背景下，对少数民族史研究具有相当大的社会价值与学术价值。该书对促进中华人民共和国成立后国家进行大规模的少数民族调查与民族识别工作"功不可没"。在学术价值方面，对满族的族源等问题，该书根据《史记》《后汉书》《魏书》《新唐书》《旧唐书》等史籍进行严谨考证，较早地对满族从先秦的肃慎到后来的挹娄、勿吉、靺鞨、女真的发展状况进行考察、梳理，指出该民族既有其他民族的人加入，也有该民族的人分化出去的发展与变化。② 此外，该书还梳理了满族从公元前11世纪到1949年满族人活动的《大事年表》，这使读者非常清晰地看到满族全部的大事状况，也为满族历史与发展的相关研究提供了极大的方便。

不过，该书也似有需要继续完善之处。如对满族宗教、文化在不同时期的发展与变化论述似过于简略，而且金朝作为在女真族的发展上具有重要影响的时期，尚未列出金朝的世系表，以便更清晰地呈现金朝的历史。但瑕不掩瑜，总体上说，该书对满族历史的论述已经比

①　《满族简史》编写组编、王锺翰通纂：《满族简史》，中华书局1979年版，第228、229页。

②　《满族简史》编写组编、王锺翰通纂：《满族简史》，中华书局1979年版，第2页。

较系统了。

三 主编满族史研究论文集

（一）主编《满族史研究集》

该书收录了 14 篇文章，多为 20 世纪 70 年代末、80 年代初王锺翰与中国社会科学院民族研究所的诸位学者在满族史研究方面的论述，由中国社会科学出版社 1988 年出版。该书所收录的论文，"都是在前人研究的基础上"，从满族的形成、满族的族源、满族的旗地、八旗制度、康熙的思想以及满、汉、蒙等民族关系等问题进行论述。其中王锺翰的《关于满族形成中的几个问题》《清代旗地性质初探》《"国语骑射"与满族的发展》三文，论述了满族先世、发源地、汉军旗人、旗地的性质以及满族在入关后的发展等①，前文已经探讨，此不赘述。

书中论文所述既有王锺翰未作详述之处，也有与王锺翰所持观点相似或有所不同的看法。如杨保隆的《挹娄初探》深入地论述了满族先人"挹娄"的渊源、社会发展状况等，而王锺翰对此未作系统探讨。

杨学琛的《清代的八旗王公贵族庄园》一文论述了满族八旗王公庄园的建立、规模等，也指出满洲贵族在 1621 年 3 月"进入辽沈地区以后，王公庄园的规模扩大了，并且开始了向农奴制的过渡"，顺康年间"派遣包衣耕种的王公庄园"采用"封建农奴制的剥削方式"，清中叶以后"封建租佃关系完全代替了落后的农奴制剥削形式"。② 王锺翰认为，"就在入关后不久"，"奴隶或农奴"和"旗地占有者的关系主要变成为地主和佃农的租佃关系，即地主所有制占了统治地位，而领主制退居次要的地位"。③ 可见，杨学琛的看法与王锺翰较为类似。

当然，也存在观点与王锺翰不一致之处，杨学琛指出：努尔哈赤于天命六年（1621 年）实行"计丁授田，仿效明朝赋税旧制，对满、汉每丁给

---

① 王锺翰主编：《满族史研究集》，中国社会科学出版社 1988 年版，第 2 页。

② 杨学琛：《清代的八旗王公贵族庄园》，载《满族史研究集》，中国社会科学出版社 1988 年版，第 159、165、168 页。

③ 王锺翰：《王锺翰清史论集》第一册，中华书局 2004 年版，第 686 页。

地六晌。征收谷银，责令披甲当兵，充任各役，确立了封建土地所有制和封建赋役制度"，"到了天命末年（1625—1626 年），满族社会便已经基本上从奴隶制过渡到封建制"。① 而王锺翰在 1999 年出版的《王锺翰学述》一书中认为："大约在努尔哈齐时期，满族的社会发展阶段，肯定是属于奴隶占有制"社会②，在 2004 年出版的《王锺翰清史论集》一书中，"还是认为满族在入关前基本上是奴隶社会"③。把与自己观点迥异的作品收入自己主编的论著中，充分体现了王氏在学术上兼收并蓄的民主风格。

总的来说，王锺翰主编的《满族史研究集》详人所略地对满族史深入探讨且具有较大影响，"对国内外史学界十分重视的满族史研究，无疑起了促进作用"④。如杨保隆对挹娄从渊源、地域、社会性质及其与中原的关系等方面进行的翔实论述⑤，这是主编王锺翰都未曾深入、系统探讨之处，也必定较大地促进满族史研究的深入进行。

（二）主编《满学朝鲜学论集》

该书收录 22 篇文章，多为中央民族大学满学研究所、中央民族大学韩国文化研究所与特邀国内外相关领域的学者关于满族史历史与现状的研究成果。该书基本可分为将满族与朝鲜民族历史文化结合起来加以讨论的文章、满学研究的文章、朝鲜学研究的文章三种类型。⑥

该书于 1995 年由中国城市出版社出版，总体上说，20 余位学者对满族与朝鲜族在政治、语言、文化、宗教方面都有论述，既有现状"管窥"，也有简要阐述，但一些文章学术性不是很强。如徐玉良的《清代满族骑射溜冰体育项目的兴起和贡献》、尚海的《〈三位一体铸

①　杨学琛：《清代的八旗王公贵族庄园》，载《满族史研究集》，中国社会科学出版社 1988 年版，第 183 页。

②　王锺翰：《王锺翰学述》，浙江人民出版社 1999 年版，第 180、181 页。

③　王锺翰：《谈清入关前满族的社会分期问题》，载《王锺翰清史论集》第一册，中华书局 2004 年版，第 676 页。

④　李鸿彬：《"只问耕耘　不问收获"——介绍中国当代清史、民族史和满学专家王锺翰教授》，《社会科学研究》1993 年第 6 期。

⑤　杨保隆：《挹娄初探》，载《满族史研究集》，中国社会科学出版社 1988 年版，第 17—68 页。

⑥　王锺翰主编：《满学朝鲜学论集》，中国城市出版社 1995 年版，第 337 页。

丹青——巨幅满族皇史画卷大清历代帝王图〉创作散记》对满族的体育、艺术进行了简要的论述。其他一些论述王锺翰基本未作深入系统的研究，因此不作考察。

书中王锺翰的《歪乃小考》一文①，对"歪乃"的考证是很有创见的成果，这在前文已有考察，此不赘述。

总之，王锺翰主编的《满学朝鲜学论集》一书中诸学者的考证、论述对丰富与加深关于满族、朝鲜族的族源、历史与文化等方面的研究或多或少起到一些促进作用。

（三）主编《满族历史与文化》

该书收录 29 篇文章，是由参加中央民族大学满学研究所、承德市委宣传部、承德市民族宗教事务局、沈阳故宫博物院等十余家单位联合主办的"纪念满族命名 360 周年学术讨论会"的学者撰成的集体著述，1996 年由中央民族大学出版社出版。多为满族历史、语言等方面的研究论述，其中没有王锺翰本人的文章。该书总的来说，政治方面的论述有清入关前的统治政策、八旗官兵、满族习惯法、清初政治资源的富集等，文化方面的论述有清入关前的宫廷文化、长白山与满族的祖先崇拜、清末民初满汉语言的融合、满文音节因素等，宗教方面的论述有满族信仰的萨满教等。

由于王锺翰研究的重点领域是清代前期的经济、社会等，本书中对其所述主题深入考察较少，仅定宜庄的《清代绿营中的八旗官兵》，王锺翰曾在《清代八旗中的满汉民族成分问题》文中对八旗官兵进行较多探讨，故此处仅对二者所述进行考察，对本书中其他所述不作探究。定宜庄主要论述"由于旗人生计贫困的状况"不可挽回地走向恶化，乾隆、嘉庆、道光等"唯恐失去对旗人的控制"而"将旗人充补绿营的做法制度化"，"在营缺中明确规定出一定部分为满缺"，"对旗人加强束缚和控制作为稳固自己统治的一个重要因素予以特别重视，这正是一个政权走向衰落的迹象。而绿旗此时也濒临崩溃的边缘，对

---

① 王锺翰主编：《满学朝鲜学论集》，中国城市出版社 1995 年版，第 19—24 页。

绿营官兵的情绪和生计的考虑，便退而居其次了"。① 王锺翰对此，曾主要论述"编旗编佐领"，"投旗"，八旗中"入旗改旗和抬旗"，八旗成员"通婚与过继为嗣""冠汉字姓与改汉姓"与"出旗为民"等。②很明显，王锺翰论述八旗的重点与定宜庄有很大的不同，因此，不便更深入比较论述。

该书最后，有伊澈对 1995 年举办的"纪念满族命名 360 周年学术讨论会"情况进行简要的说明，肯定了此次学术活动对研究满族历史与文化的推动作用。伊氏还特别指出，主编王锺翰"自始至终参加了讨论，并为会议致了开幕词和闭幕词"，发表了"高屋建瓴的意见"。最后，伊氏也列出了中央民族大学满学研究所、承德市委宣传部、沈阳故宫博物院等 9 所主办单位、中国第一历史档案馆等 5 所协办单位的具体名称。③总之，该文是对此次学术会议的简要总结。

概括来说，王锺翰在 20 世纪 80 年代末至 90 年代中后期主编的《满族史研究集》《满学朝鲜学论集》《满族历史与文化》三部民族史集，书中作者论述特色不一，学术价值也有差别。其中，《满族史研究集》对满族名称、先世、八旗制度等的考察，论证翔实，论述深入、系统，学术性较强。

第二节　王锺翰对达呼尔、蒙古及锡伯等民族的研究

王锺翰在 1956 年、1957 年、1980 年分别撰成《达呼尔人出于索伦部考》《清初八旗蒙古考》《沈阳太平寺锡伯碑文浅释》等文，对达呼尔族、清初蒙古族与锡伯族等问题进行探讨。在前文中，王锺翰对"居住

---

① 定宜庄：《清代绿营中的八旗官兵》，载王锺翰主编《满族历史与文化》，中央民族大学出版社 1996 年版，第 88、91、94、99—101 页。
② 王锺翰：《清代八旗中的满汉民族成分问题》，载《王锺翰清史论集》第一册，中华书局 2004 年版，第 142、146、147、151、159、163、168 页。
③ 伊澈：《"纪念满族命名 360 周年学术讨论会"综述》，载《满族历史与文化》，中央民族大学出版社 1996 年版，第 307—311 页。

在黑龙江流域的呼尔哈部就是达呼尔人的前身"这一传统观点进一步辨析。他根据《御制增订清文鉴》《清太宗实录》《盛京通志》等诸多史籍，考察了松花江流域与黑龙江流域的呼尔哈部在天聪、崇德年间"招降""贡貂皮""赐饮"等记载，指出："呼尔哈部不是达呼尔人"，"达呼尔人出于索伦布"，"达呼尔人和呼尔哈部是没有多大关系的"。因此，很多史家试从有关呼尔哈部的记载里寻找有关达呼尔人的史实，但"结果并没有多少收获"。此外，他还对《清圣祖实录》中关于"打虎儿有一千一百余口"等记载进行研究，并指出被译作"打虎儿"是在康熙六年（1667 年）。①

总的来说，王锺翰主要以《清太祖实录》《清世祖实录》《满族源流考》《辽东志》等诸多官方史籍为根据，佐之以日本学者岛田好的《清初萨哈连部考》等记载，对达呼尔（即后文达斡尔）族名等进行了深入的考证。邓之诚批曰："无可补充之处，唯佳处文字不足以表达之。"②纪念王锺翰先生百年诞辰学术文集编委会则认为，他的研究，"彻底澄清了学术界久争不绝的达斡尔族族源问题，修正了前人认为达斡尔人来源于黑水国、来源于白鞑靼部或来源于契丹"以及日本学者提出的关于达斡尔人来源等诸多不确切的观点③。

在《清初八旗蒙古考》一文中，王锺翰根据《明清史料》《清太祖实录》《大清会典事例》《八旗通志初集》《满洲实录》等记载对八旗蒙古进行深入的考察。

首先，王锺翰从宏观上着眼指出，满族统治者稳定蒙古，对清朝国家安全有极为重要的意义：蒙古尤其是内蒙古"被征服"，"不但减去了清统治者后顾之忧，更重要的是清统治者在征服蒙古以后，使其变成这样一个'臣仆'，既有足够力量又肯唯命是从地充当着清王朝有用而可

---

① 王锺翰：《达呼尔出于索伦部考》，载《王锺翰清史论集》第三册，中华书局 2004 年版，第 1554、1557、1558、1567 页。

② 王锺翰：《王锺翰手写甲丁日记》，文津书店 2005 年影印版，第 303 页。

③ 《纪念王锺翰先生百年诞辰学术文集》编委会：《王锺翰先生的学术成就和地位》，载《纪念王锺翰先生百年诞辰学术文集》，中央民族大学出版社 2013 年版，第 22 页。

靠的支柱"。因此，蒙古特别是察哈尔蒙古"被编在八旗之下"，"是满族统治者在清初之所以能够战胜明统治者以及后来能够统治全中国将近三百年的重要因素之一"。①

其次，王锺翰进一步指出，从努尔哈赤开始的满族统治者征服喀尔喀蒙古，然后又征服察哈尔蒙古，并将其编成类似于八旗满洲的八旗蒙古，而此前被编入八旗满洲内的蒙古人仍处于其内，至此整个蒙古基本置于满族统治之下。他还根据《清太宗实录》中关于天聪九年编成八旗蒙古"详尽而明确的带有总结性的报导"以及"皇太极'其附满洲牛录下蒙古贝勒之人及内外新编入牛录内者'一语"②，指出："八旗蒙古的编制和八旗满洲并没有两样。"③ 傅克东、陈佳华在《八旗制度中的满汉关系》文中也指出八旗蒙古"旗制与'八旗满洲'同"④。"'十一旗'，是指在新编的八旗蒙古以外，尚有古鲁思辖布、俄木布楚虎尔和耿格尔、单把四人所辖的三旗而言"，天聪九年（1635 年）"编审的内外喀喇沁蒙古壮丁共一六、九五三名"⑤，陈佳华认为这"是符合历史事实的"⑥，而郭成康根据祁韵士《皇朝藩部要略》等记载，进一步指出古鲁思辖布为外藩蒙古⑦。可见，王锺翰的研究实际上给后来学者对这一问题的考察奠定了基础。

八旗蒙古的编立，"在这以前已被编入在八旗满洲下的一部分蒙古人依然存在"，历史事实证明，"直到清末为止，八旗满洲中仍有蒙古佐领

① 王锺翰：《清初八旗蒙古考》，载《王锺翰清史论集》第三册，中华书局 2004 年版，第1507 页。
② 王锺翰：《清初八旗蒙古考》，载《王锺翰清史论集》第三册，中华书局 2004 年版，第1510、1513 页。
③ 王锺翰：《清初八旗蒙古考》，载《王锺翰清史论集》第三册，中华书局 2004 年版，第1512 页。
④ 傅克东、陈佳华：《八旗制度中的满蒙汉关系》，《民族研究》1980 年第 6 期。
⑤ 王锺翰：《清初八旗蒙古考》，载《王锺翰清史论集》第三册，中华书局 2004 年版，第1512、1513 页。
⑥ 陈佳华：《八旗制度研究述略》，《社会科学辑刊》1984 年第 5 期。
⑦ 郭成康：《清初蒙古八旗考释》，《民族研究》1986 年第 3 期。

三十五个又两个半佐领之多"。① 满族统治者对八旗蒙古编入八旗的年龄一般为"六十以下十八以上",牛录"人丁满百"也不是绝对统一的,"大致上是以地域划为主要标志",这反映八旗制度"不再是以血缘关系为基础的氏族组织了"。② 而且,"在清一代,凡不属于八旗之下的:只编佐领而不编旗的编制,简称为'佐领制';既编佐领又编旗的编制,简称为'旗佐制';只有'盟旗制',乃是清朝统治者为了便于分而治之的政治目的,不惜在旗佐制之上,再套上一些表面上看是蒙古部落的原有民族形式,而实际上已受满族八旗制度的约束的,一种区别于其他各族的社会组织形式"③。此为王锺翰深刻而又系统的阐述,也被一些学者赞同,如郑玉英指出旗盟制度"加强了清军的军事力量","虽然封建领主制的性质没有变,但是大大加强了清王朝对蒙古地区的统治"④,陈佳华也认为"蒙古地区有只编牛录不编旗的事实"⑤。

最后,王锺翰还依据乾隆四年(1739 年)的《八旗通志初集》卷十一及卷十二所载的八旗蒙古佐领,深入考察并汇编成表,其中包括镶黄旗所属的 28 佐领、正黄旗所属的 24 佐领、正白旗所属的 29 佐领、镶白旗所属的 31 佐领、镶红旗所属的 22 佐领、正蓝旗所属的 30 佐领、镶蓝旗所属的 25 佐领等各自的设置年月、所属与管理人等。⑥ 从该表来看,上述佐领设置基本为天聪至康熙年间,佐领的管理人多有更换,这对八旗蒙古的研究无疑"有参考价值"⑦。

可以看出,对八旗蒙古,王锺翰依据诸多的史料,详述了清初"八

---

① 王锺翰:《清初八旗蒙古考》,载《王锺翰清史论集》第三册,中华书局 2004 年版,第 1513、1514 页。

② 王锺翰:《清初八旗蒙古考》,载《王锺翰清史论集》第三册,中华书局 2004 年版,第 1514、1515 页。

③ 王锺翰:《清初八旗蒙古考》,载《王锺翰清史论集》第三册,中华书局 2004 年版,第 1517 页。

④ 郑玉英:《试论清初八旗蒙古问题》,《辽宁大学学报》1983 年第 1 期。

⑤ 陈佳华:《八旗制度研究述略》,《社会科学辑刊》1984 年第 5 期。

⑥ 王锺翰:《清初八旗蒙古考》,载《王锺翰清史论集》第三册,中华书局 2004 年版,第 1518—1547 页。

⑦ 陈佳华:《八旗制度研究述略》,《社会科学辑刊》1984 年第 5 期。

旗蒙古成立和发展的过程，考订八旗蒙古的规制与特征"等，并对诸多佐领进行了深入的考证与梳理，"加深了人们对清初满蒙关系、八旗制度内容等问题的认识"。① 这在 20 世纪 50 年代的学术背景下，是很有创见的学术之作，为后人的研究奠定了重要的基础。

在《沈阳太平寺锡伯碑文浅释》一文中，王锺翰根据《清太祖实录》《清太宗实录》《吉林外记》《盛京通鉴》《盛京通志》以及铁玉钦的《沈阳太平寺锡伯碑考略》、赵展的《锡伯族源考》等史料记载与研究成果，首先，对碑文上"锡伯部族原先环海拉尔东南扎兰绰罗毕喇流域而居"的记载进行研究。他指出，《乾隆内府舆图》上"有绰尔比拉（'比拉'与'毕喇'均系满语'河'字的同音异译），一作'绰勒河'"，"据此可知，碑文上'绰罗'应该就是《舆图》上的绰尔"。明末清初的历史史实与文献记载亦可佐之，"天聪八年（1634 年）清太祖皇太极曾派霸奇兰等往征黑龙江，途中'席北绰尔门的地方'"，"席北即锡伯的同名异译"。而且努尔哈赤"曾经击败过'叶赫等九部之师'中的'北嫩河席北部'，北嫩河即今嫩江上游"。因此，王锺翰认为在 16、17 世纪，作为嫩江上游西北一支的"绰尔河流域即是锡伯人世世代代住牧的地方，与碑文所说相吻合"，这就"得以纠正前人把伯都讷当作锡伯人原住地的错误论断"。②

其次，王锺翰又对锡伯族人迁移情况进行考察。碑文记曰："以后在齐齐哈尔、墨尔根、伯都讷等处，被编成七十四个牛录。……于是康熙三十六、七、八年移入盛京，并分别派遣到各地驻防。"他指出，清朝人错误地认为"伯都讷就是锡伯人唯一的原住地"。日本学者岛田好也根据相关文献，肯定锡伯人的原住地只能在伯都讷而不能在嫩江上游西北一支绰尔河流域。王锺翰考察清代文献指出，康熙三十九年（1700 年）"黑龙江将军萨布素的奏疏中就有'锡伯等处'，康熙四十八年（1709 年）上谕也有'此系何处席北'的话，席北系锡伯的同名异译。很显

---

① 刘小萌：《王锺翰先生的学术成就》，《清史研究通讯》1990 年第 3 期。
② 王锺翰：《沈阳太平寺锡伯碑文浅释》，载《王锺翰清史论集》第三册，中华书局 2004 年版，第 1573 页。

然，'锡伯等处'和'此系何处席北'这些话，都充分说明锡伯人的住地不只一处的有力佐证"①。

再次，王锺翰又对锡伯人"编设佐领"情况进行探讨，碑文上记曰："被编成七十四个牛录（即佐领）。"他指出，根据《清实录》等记载，锡伯人正式编佐领是在康熙三十一年（1692年）。"就在这年夏四月，锡伯与封尔察、打虎儿，在齐齐哈尔披甲当兵的，共为一千名，附丁二千名；而锡伯与封尔察在乌喇（今吉林市）附近披甲当兵的，共为一千名，附丁二千名。"同年秋八月，"《清实录》上又说：'白都讷等处驻扎兵丁四千八百有奇，可编佐领八十，入上三旗'"，这与碑文上"七十四个牛录"的数目大致相符。而《吉林外记》却记曰："康熙三十一年……除吉林编锡伯人等十六佐领外，伯都讷编设锡伯佐领三十，这与《清实录》里'八十佐领'和碑文上'七十牛录'的数目均相差太大，这恐怕是因为仅就吉林、伯都讷两处编设锡伯佐领而言，并没有把齐齐哈尔等地也计算在内的缘故。"②

最后，王锺翰还对锡伯人"移入盛京驻防各地"的情况进行研究。碑文上显示锡伯人移入盛京是在康熙三十六、三十七、三十八年（1697年、1698年、1699年），这在康熙朝编纂的《盛京通鉴》、乾隆年间编纂的《盛京通鉴》均有记载。康熙朝编纂的《辽左见闻录》对康熙三十七年（1698年）西北（即锡伯）部落纳款入关之事更有细致的描述。因此，王锺翰指出，在康熙三十六、三十七、三十八年，锡伯人从"齐齐哈尔、墨尔根、伯都讷、吉林等处，相继移入沈阳和北京，并分别派遣到各地驻防"，"正是由于这个缘故，十年后，到康熙四十六年（1707年），众锡伯人等才醵金，在沈阳城北地载门外修建了一个太平寺，即锡伯族家庙。后经雍正、乾隆各朝，又几次重加修缮。作为锡伯族家庙的碑记，设立年代（1803年）虽不算太早，但它却将三百多年明末清初的

---

① 王锺翰：《沈阳太平寺锡伯碑文浅释》，载《王锺翰清史论集》第三册，中华书局2004年版，第1574页。
② 王锺翰：《沈阳太平寺锡伯碑文浅释》，载《王锺翰清史论集》第三册，中华书局2004年版，第1575页。

一段珍贵的锡伯族历史保存了先来"，因此是非常值得重视的。[1]

王锺翰依据充分而又确凿的史料记载，通过对沈阳太平寺锡伯碑文进行考证，并佐之以相关史料，从而深入研究了锡伯族原住地、迁移状况以及清代编佐领等，"订正了自清后期以来一些国内学者和日本学者岛田好等认为锡伯人原住地在伯都讷即今黑龙江扶余县的错误观点，并进而解决了锡伯人原住地和迁徙活动基本线索等重大问题"[2]。该文在国际上亦有相当影响，曾被译为德文，与意大利威尼斯大学斯达理教授所撰锡伯史稿合编为《锡伯族史专号》[3]，对锡伯族史的研究有很大的促进作用。

第三节　王锺翰的民族通史研究

王锺翰对民族史方面研究的成就，还包括主编了《中国民族史》《中国民族史概要》等著述，以下进行考察。

一　王锺翰主编《中国民族史》与《中国民族史概要》

（一）王锺翰主编《中国民族史》

对民族史的研究，从民国时期就逐渐受到重视，著述也较多，如王国维的《鬼方昆夷猃狁考》与《西胡考》、梁启超的《中国历史上民族之研究》与《历史上的中国民族之观察》、王桐龄的《中国民族史》、吕思勉的《中国民族史》、宋文炳的《中国民族史》、林惠祥的《中国民族史》、吕振羽的《中国民族简史》等。其中王国维偏重于对一些民族的考证；梁启超开始对近代中国民族系统研究与宏观考察，但其论述尚未深入且有大民族主义倾向；王桐龄对汉族的形成与发展作了深入、系统

---

① 王锺翰：《沈阳太平寺锡伯碑文浅释》，载《王锺翰清史论集》第三册，中华书局 2004 年版，第 1575、1576 页。

② 《纪念王锺翰先生百年诞辰学术文集》编委会：《王锺翰先生的学术成就和地位》，载《纪念王锺翰先生百年诞辰学术文集》，中央民族大学出版社 2013 年版，第 22 页。

③ 刘小萌：《王锺翰先生的学术成就》，《清史研究通讯》1990 年第 3 期。

研究，但体现大汉族主义；吕思勉研究了匈奴、鲜卑、丁零等民族源流，其论述偏重考据；宋文炳对汉、满、蒙古、回等民族分编介绍，条理清晰，同时关注边疆问题，体现爱国思想，但其论述较为简略；林惠祥提出了中国民族史四阶段分期，对华夏、百越、肃慎、匈奴、突厥等民族分编作系统论述，其所采用的史料丰富、论证严谨，但对民族的分期也体现以汉民族为中心，且对民族的论述尚不全面；吕振羽对民族史的论述体现以马克思主义唯物史观思想为指导，体现了民族平等，但其对民族的论述尚不全面。

中华人民共和国成立后，1989 年徐杰舜《中国民族史新编》、1990年江应樑主编的《中国民族史》与 1994 年王锺翰主编的《中国民族史》三部系统论述民族史的著作相继面世。其中徐杰舜独著的《中国民族史新编》打破历代王朝框架，按照包括汉族在内的各民族自身发展规律编写。分为导论、汉族、东北内蒙地区的少数民族、西北新疆地区的少数民族、西南西藏地区的少数民族、中南东南地区的少数民族等六部分，其论述系统、全面，详近略远，而且基本以一人之力完成，其对民族史研究的奠基与推动作用功不可没。江应樑主编的《中国民族史》按照朝代发展顺序主要论述周边少数民族的发展历程。该书在时间上写至清代中后期，这比徐杰舜著的《中国民族史新编》所述内容的时间"下限"稍长，但比王锺翰主编《中国民族史》所述内容时间"下限"稍短。江应樑主编的《中国民族史》虽然按照朝代顺序，但对全国的民族是"一视同仁"地论述，没有对哪个民族"高看"。而且，其论述语言精练、体系完整、内容全面，许多观点经过深入考证而得出。直到今天，该著作的许多论述仍有参考、借鉴价值。

1. 《中国民族史》的初版及修订

王锺翰主编的《中国民族史》是"国家哲学社会科学'七五'规划重点课题之一"的项目成果，在马列主义、毛泽东思想和邓小平理论的指导下，在国家民委的直接领导下，由国家民委、中国社科院民族研究所及中央民族大学的 16 位专家学者（王锺翰、杜荣坤、陈连开、刘先照、王辅仁、李金池、杨保隆、白翠琴、蔡家艺、萧之兴、胡起旺、胡绍华、白滨、刘小萌、陈理、苏发祥）集体完成，最后由王锺翰统阅定稿。该书还邀请了费孝通、杨静仁、白寿彝、翁独健、谭其骧、马曜六位教授作为顾问，由中国社会科学出版社1994年12月出版，1999年又出版增订本。该书出版后受到学界关注，先后荣获第九届中国图书奖（1995年）、北京市第四届哲学社会科学优秀成果特等奖（1996年）、中国人民大学吴玉章奖（1997年）、第六届文史社会科学优秀著作一等奖（1997年）等。①

全书包括绪论、正文、参考书目、后记等，记述了中华人民共和国成立前各民族的族源、政治制度、经济模式、文化艺术、风俗习惯、宗教信仰等多方面内容。全书1994年版本157万字，1999年增订本171万字，修订时，刘先照、王辅仁辞世，其编写部分由陈连开、苏发祥负责修订，除《绪论》作了必要的调整，两位编委"均尽可能尊重原稿，只作了个别词句的修订"，其余篇章仍由原作者修订。该书是目前字数最多的一部中国民族史，没有采用中国历史发展的王朝名称来写，而是以"中国各民族在不同时期的历史以及他们对中国历史所起作用的总体情况"写成。②

在理论方面，王锺翰主编的《中国民族史》初版及增订本都系统地阐述了几个关于民族的理论问题，两版本的内容基本相似。

其一，在民族史的研究中，"以唯物史观为指导，体现民族平等的精神"为该书的显著特色之一。该书指出："不能拿民族平等的原则去要求秦、汉、唐、宋、元、明、清任何一个王朝"，今天研究历史，"必须用马克思主义历史唯物主义的观点去观察和分析历史人物、历史事件和种种问题"，这就要求研究者"站在马克思主义的立场，把对历史人物、历史事件的评论置于当时的具体环境之中加以考察，把这个立场和方法用于民族研究"，要以"民族平等的原则贯穿于整个研究之中"。"具体来说，就是要站在民族的立场上，用同一个标准、一视同仁地去对待历史上的大民族和小民族、统治阶级和被统治阶级；用同一标准对待他们

---

① 王锺翰：《王锺翰学述》，浙江人民出版社1999年版，第226页。
② 王锺翰主编：《中国民族史》（增订本），中国社会科学出版社1994年版，第4页，《中国民族史》于1999年修订，但版权页仍为"1994年"，作者注。

彼此之间的交往和纷争，评价其曲直与是非。"① 这一理论问题较多地体现了 20 世纪八九十年代社会的意识形态与学术风格，梁启超、吕思勉、王桐龄等人所著的民族史由于时代所限而未体现这一特色，徐杰舜、江应樑等著的《中国民族史》中未体现得如此明显。

其二，民族形成问题。该书依据马克思主义经典作家关于"从部落发展成了民族和国家"的民族与国家起源规律，与恩格斯在《家庭、私有制和国家的起源》一书的附录《新发现的一个群婚实例》的按语，首先使用了"原始民族"的概念，指出："民族形成的时间，最早的应该是在原始社会后期。它早于阶级和国家的形成。"② 很明显，与上一理论问题相似，该问题也是在唯物史观思想的指导下进行探讨的。

其三，中国民族史涵盖的范围和中国"疆域"问题。该书从中国历史上中国"疆域"进行探讨，指出："古代的'中国'具有多义：一是指王朝京师之地……一是指华夏／汉族所建立的中原王朝……一是指春秋战国时期中原各诸侯国。"该书还认为："今天写中国民族史，应该既包括今天在中国疆域内的民族，又包括虽然今天不再境内、但历史上却在中国疆域内的民族；同时也包括今天中国各民族的先民；但元朝西侵地区应该排除在中国疆域之外。"③ 可见，该书力图最大范围地考察中国古代至现代各民族的状况。

其四，民族竞争问题。作者认为，自形成开始，各民族就在不断的竞争中发展、兴盛，甚至消失。该书指出，"从原始社会后期民族开始形成之日起，经过奴隶社会、封建社会到半殖民地半封建社会的漫长岁月中，民族是在竞争中发展、兴盛和消失的"，而民族竞争胜败的基本因素，"是社会生产力的发达程度，先进者胜，落后者败。但这并不是绝对因素。一些生产力相当落后的游牧民族，曾经战胜并统治生产力比较先进的以农业为主的民族"。该书还认为："从总的来看，应该是政治、经

---

① 王锺翰主编：《中国民族史》（增订本），中国社会科学出版社 1994 年版，第 16 页。
② 王锺翰主编：《中国民族史》（增订本），中国社会科学出版社 1994 年版，第 18 页。
③ 王锺翰主编：《中国民族史》（增订本），中国社会科学出版社 1994 年版，第 19、20 页。

济、文化、军事等多方面汇聚而成的综合力的强弱，是竞争成败的关键所在；但这种综合力永远受到生产力的助长或制约。"① 可以看出，该书从历史上对民族竞争进行考察，也明显是在唯物史观思想的指导下进行探讨的。

其五，中华各民族的个性与共性问题。该书对"近年来，中国民族史研究中提出了中华民族的个性与共性问题"进行探讨，指出："研究各民族的个性与共性的产生、发展和彼此关系，就要以汉族同各个民族的个性与共性作为两大单元来进行比较，同时，也要参照各民族之间的个性与共性问题才成。"汉族的个性和特点为：活动地域"以黄河流域和长江流域为主要区域"，汉族经济的主要特征是"以经营农业为主"，汉族的文化"在汉代以前是多元文化状态，汉以后直至民国时期，儒家思想和文化居统治地位"，汉族"有共同的民族心理特征"。少数民族的个性与特点为：他们"都有自己比较稳定的居住区域……大多数住在边疆……有些少数民族居住内地，但在小范围内仍有着自己聚居区"，"很多少数民族的经济结构以经营畜牧业为主"，"少数民族的文化呈多元状态……大多数少数民族没有自己的文字，所以他们的历史、文学等，主要为一种口头相传的方式借以传播和流传下来。……许多少数民族的文化受宗教的影响很深"，"少数民族都有自己的民族心理特征"。② 该书还指出："很多古代少数民族的社会制度都由原始制、奴隶制转化成为封建制"，"当然，还有很多仍处于不很发达的封建制，与汉族相当发达的封建社会相比，仍有很多不同之处，但社会性质是基本相同的"，因此"封建制是各民族在发展中产生的一大共性"。"很多少数民族接受了儒家思想和文化，使儒家思想和文化成为汉族与很多少数民族的一个重要的共同点。"同时，"在长期的历史进程中，彼此互相往来，进而政治、经济、文化交流中自然地、逐渐地形成了的"，这成为汉族和少数民族的共性形成的主要因素，"然而，某些个性当中，也有些共性是通过民族的

---

① 王锺翰主编：《中国民族史》（增订本），中国社会科学出版社1994年版，第20页。
② 王锺翰主编：《中国民族史》（增订本），中国社会科学出版社1994年版，第21—23页。

战争而相互促进的"，"到了现代，又经过中华人民共和国建立 40 多年来的变化，各民族的共性越来越多，同时某些个性也有所发展"。① 这些论断，显示出作者采用了一些新思想、新观点，同时也较多地受到唯物史观方法的影响。

其六，民族战争问题。该书根据列宁的观点，着重考察民族战争的性质及其阶级属性。其中指出，"西汉前期匈奴与汉朝之间的战争，西汉方面是自卫性质的反抗掠夺战争，当属正义战争。唐朝对后突厥的战争，是维护国家统一、反抗掠夺的战争。宋朝同金朝的战争，是反民族压迫的战争。清朝先后对蒙古准噶尔部噶尔丹、和硕特部罗卜藏丹津和大小和卓的战争，是维护统一，平息战乱的战争"。但对清朝统治者统一中国战争中出现的"扬州十日""嘉定三屠"的过度暴行，"那当然是应该彻底批判的"。② 同样，该书对战争的论述较多地体现了唯物史观的思想，反映了作者站在维护人民安定、促进社会发展的立场来评价战争的性质。

其七，民族英雄问题。作者认为，民族英雄应"有民族的因素"，"只有在民族关系上，才能反映出民族因素来"，"只能在民族之间的斗争中反映出来"。"每个少数民族，都是中华民族的一部分。历史上，每个少数民族在政治、经济、文化上的历史贡献，都为中华民族政治、经济、文化的发展起到了促进作用，作出了自己的贡献。某一个民族的民族英雄，就应该是中华民族的民族英雄。"作者还指出："岳飞是在汉族同女真族的斗争中、文天祥是在汉族同蒙古族斗争中、戚继光是在同倭寇的斗争中、郑成功是在同荷兰殖民主义的斗争中涌现出来的英雄人物，所以他们在历史上才被称作民族英雄。"现在，绝大多数女真族（满族）人、许多蒙古族人都是中国大家庭中的成员了，成吉思汗领导蒙古人民反抗金朝的压迫，"努尔哈齐统一了分散的各自为政的女真各部"，进行了反对明朝压迫的斗争。"这些人以及功业与他们类似的人，都应列入民

---

① 王锺翰主编：《中国民族史》（增订本），中国社会科学出版社 1994 年版，第 23—25 页。

② 王锺翰主编：《中国民族史》（增订本），中国社会科学出版社 1994 年版，第 25、26 页。

族英雄的行列"。① 很明显，作者根据时代变化，依据民族平等的原则来考察、评价民族英雄。

不过，旧版与增订版在对民族史论述内容、民族发展分期方面有所不同，主要表现如下：

在对中国民族论述的内容方面，王锺翰主编的《中国民族史》1994年版第一编第三章第一节中"史料问题及父权制以前的史影"在1999年版中被删去②。1994版第三编的第五章第二节"柔然"换成"羯胡"，第六章"氐与羌"变为1999年版的第七章的内容，第七章"西南夷与百越"改为1999年版的第八章内容。1994年版第六编第六章"彝苗瑶僮各族"变为1999年版的"彝、苗、瑶、僮"③。

在对中国民族发展的分期方面，1999年增订本的绪论部分对中国民族发展过程进行更为系统的概括，从中国各民族在不同时期的历史与他们对中国历史所起的作用的总体情况出发，"始终以民族为主线贯穿于全书之中"，将中国民族的发展分为七个时期④，它"不同清末至民国时代流行于世的以汉族作中心"，"或以王朝作中心为标准的分期办法"。⑤

该书1994年初版的分期为：

其一，传说时代至公元前221年（时间相当于传说时代至夏、商、西周、春秋、战国时期）。

其二，公元前221年至220年（时间相当于秦朝至汉朝时期）。

其三，公元220年至581年（时间相当于魏晋南北朝时期）。

其四，公元581年至907年（时间相当于隋唐时期）。

其五，公元907年至1206年（时间相当于五代十国、辽、宋、夏、金时期）。

其六，公元1206年至1840年（时间相当于元、明、清时期）。

---

① 王锺翰主编：《中国民族史》（增订本），中国社会科学出版社1994年版，第27页。
② 王锺翰主编：《中国民族史》（增订本），中国社会科学出版社1994年版，第1页。
③ 王锺翰主编：《中国民族史》（增订本），中国社会科学出版社1994年版，第5页。
④ 参见王锺翰主编《中国民族史》（增订本），中国社会科学出版社1994年版，第1—16页。
⑤ 王锺翰主编：《中国民族史》（增订本），中国社会科学出版社1994年版，第16页。

其七，公元 1840 年至 1949 年（时间相当于清后期、民国时期)①。

该书 1999 年修订版分期为：

其一，传说时代至公元前 21 世纪，时间上相当于旧石器时代、新石器时代与金石并用时代。作者从总体上阐述了中华民族在原始社会各部落集团及其相互关系，也指出了中华民族起源的本土特点与多元特点。

其二，公元前 21 世纪至公元前 221 年，时间上大致相当于夏、商、西周、春秋、战国时期。内容上包括夏、商、周三族及其建国、兴替和融合形成华夏的雏形。

其三，公元前 221 至公元 581 年，时间上相当于秦、两汉、三国、两晋、南北朝时期。内容上包括统一多民族国家的形成与南北各民族的融合。

其四，公元 581 年至公元 907 年，时间上相当于隋唐时期。内容上主要为中华各民族的政治、经济、文化得到了很大的发展，中华民族统一思想进一步加强。

其五，公元 907 年至公元 1271 年，时间上相当于五代十国、辽、宋、夏、金时期。内容上主要包括契丹、女真等民族的兴起及其建立的政权，各民族矛盾较为尖锐，出现对峙、混战局面，这客观上促进了民族间交流、融合、同化。

其六，公元 1271 年至公元 1840 年，时间上相当于元、明两代与清代 1840 年之前时期。这时期蒙古族、满族发展迅速，建立政权。汉民族在此时期的政治表现等相对较弱。

其七，公元 1840 年至公元 1949 年，时间上包括清代晚期与中华民国时期。内容上包括各族人民为中华人民共和国的成立而反帝国主义、封建主义以及国民党反动派的斗争。②

总的来说，对中国民族史的分期，该书的旧版与增订版都体现了马克思主义民族平等的原则，并都以民族发展为中心。相比而言，该书

---

① 王锺翰主编：《中国民族史》（增订本），中国社会科学出版社 1994 年版，第 4—18 页。
② 王锺翰主编：《中国民族史》（增订本），中国社会科学出版社 1994 年版，第 4—16 页。

1999 年的增订本将分期的时间进一步向前推进，使分期更细化，较多地利用了新发现的考古资料及研究成果。第六、第七分期更突出蒙古族与满族的发展与历史作用等。

2. 由比较看王锺翰《中国民族史》的内容及成就①

以下从中国民族的整体发展历程，对体系较为完备的徐杰舜所著的《中国民族史新编》、江应樑主编的《中国民族史》与王锺翰主编的《中国民族史》相比较，以便更深入地对王锺翰主编的《中国民族史》进行考察。

首先，在编纂民族史著作的方法体系方面。

王锺翰主编的《中国民族史》认为梁启超所著的《中国历史上的民族之研究》《历史上的中国民族之观察》与王桐龄所著的《中国民族史》"以汉族为中心"②，这是确实存在的。不过，王锺翰主编的《中国民族史》试图"探索出一条符合时代要求、更加科学的认识历史的新路子"，即"创立一个认识和表达符合中国各民族产生、发展、兴衰或消失规律的方法体系"，这个体系"要突破汉族'中心'论和王朝体系"。③ 依王锺翰之意，按照王朝顺序就不是"科学的认识历史的"路子，这种看法值得商榷。实际上，许多民族史著述虽以朝代为顺序，使其论述更有条理，但并没有以汉族为中心。如徐杰舜著的《中国民族史新编》虽然在某个民族发展中按照朝代顺序，但对总的民族按照东北、西北、西南、中南等区域划分来考察；江应樑主编的《中国民族史》虽然以王朝名称为顺序，但其内容按照东北、西北、西南等区域论述。这三部中国民族史都实际上基本坚持了民族平等的原则，没有以汉族为中心。以徐杰舜著的《中国民族史新编》的目录中的部分篇章为例：

---

① 参见李德龙《中国民族通史的集大成之作——王锺翰主编〈中国民族史〉评价》，《燕京学报》1997 年新 3 期；周用宜《评王锺翰主编〈中国民族史〉》，《历史研究》1995 年第 4 期；李远龙《高屋建瓴　各领风骚——建国以来出版的三部〈中国民族史〉读后》，《广西民族学院学报》1996 年第 4 期。

② 王锺翰主编：《中国民族史》（增订本），中国社会科学出版社 1994 年版，第 3 页。

③ 王锺翰主编：《中国民族史》（增订本），中国社会科学出版社 1994 年版，第 3 页。

第一篇　导论

第一章　中国是一个统一的多民族的国家

第二章　中国民族概况

第二篇　汉族

第一章　汉族的起源

第二章　汉族的形成

第三章　汉族的发展

第四章　汉族的文化

第三篇　东北境内蒙地区的少数民族

第一章　东北内蒙地区历史上的少数民族

第二章　东北内蒙地区当代的少数民族

第四篇　西北新疆地区的少数民族

第一章　西北新疆地区历史上的少数民族

第二章　西北新疆地区当代的少数民族

第五篇　西南西藏地区的少数民族

第一章　西南西藏地区历史上的少数民族

第二章　西南西藏地区当代的少数民族

第六篇　中南东南地区的少数民族

第一章　中南东南地区历史上的少数民族

第二章　中南东南地区当代的少数民族[①]

从上述徐杰舜《中国民族史新编》的目录中的部分篇章可以看出，徐氏虽然对一部分民族按照朝代顺序，但没有以汉族为中心，而且篇章条理清晰、突出了各民族的发展状况。而王锺翰主编的《中国民族史》一书的篇章结构避开了以往撰写史书多遵循的朝代顺序，但对有些民族的论述似显得比较分散。

其次，在编写内容方面的异同。

---

① 　徐杰舜：《中国民族史新编》，广西教育出版社 1989 年版，第 1—5 页。

第一，在中华民族的起源部分。

王锺翰主编的《中国民族史》论述了中华民族起源的特点及神话传说所反映的各部落集团等，以下试作探讨。

（1）中华民族起源的特点

对中华民族的起源，徐杰舜未作详述，他只说："根据考古发掘证明，早在远古的旧石器时代，在我国辽阔的土地上，就已经生活着各具特点的不同人类了。早期的元谋人、蓝田人、北京人；中期如马坝人、长阳人、丁村人；晚期如柳江人、山顶洞人……"[①] 江应樑主编的《中国民族史》认为，"在我国境内，滇中高原是人类起源的重要区域"，其根据是"迄今在滇中高原已经发现处于从猿到人过渡的古猿，其基本系列为一千四百万年前的开远古猿——八百万年前的禄丰腊玛古猿——三、四百万年前的元谋蝴蝶玛古猿，此外，在湖北建始、巴东地区也发现纤细型南方古猿牙齿化石"。[②] 王锺翰主编的《中国民族史》指出："目前古人类学与旧石器时代考古界已公认：在从猿到人进化过程中，腊玛古猿和南方古猿是人类的直系祖先"，作者根据 20 世纪 60 年代在云南发现的腊玛化石、70 年代在云南发现腊玛古猿头骨化石、80 年代在该区域附近发现元谋腊玛古猿、90 年代在湖北郧县发现同类型的人类头骨化石等，认为"从猿到人相衔接各个环节的发现，加上其他多数直立人的发现，证实我国应是人类起源的地区之一"。[③] 可见，该书对此作了较为系统、详细的论述。

王锺翰主编的《中国民族史》除了论述徐杰舜与江应樑所述的中华民族起源的炎帝族、黄帝族、东彝族、蛮夷族等多种传说外，还进一步总结了中华民族起源的土著性与多元性特点。王锺翰主编的《中国民族史》与江应樑主编的《中国民族史》都较为详细地介绍了旧石器时代的西候度、元谋人、蓝田人等文化遗址。这也是学界基本赞同的看法。同时，王锺翰主编的《中国民族史》认为，"中华大地是人类起源的地区之一，是蒙古

---

① 徐杰舜：《中国民族史新编》，广西教育出版社 1989 年版，第 3 页。
② 江应樑主编：《中国民族史》（上），民族出版社 1990 年版，第 15 页。
③ 王锺翰主编：《中国民族史》（增订本），中国社会科学出版社 1994 年版，第 4 页。

人种的故乡"，中华民族的祖先在漫长的进化中广泛分布，其范围已超中国之外。对中华民族起源的多元性特点，王锺翰主编的《中国民族史》认为，从遗址可以看出黄河与长江中下游新石器时代文化较多，各文化区系的文化内涵与面貌不能融合，因此其具有"多元性"的特点。① 如黄河中游以渭河、汾河汇集的平原为中心，分布着仰韶文化。黄河下游以泰山为中心，分布着大汶口文化。长江下游以太湖平原为中心，分布着河姆渡文化、马家浜·崧泽文化、良渚文化。长江中游以江汉平原为中心，分布着皂市下层文化、大溪文化、屈家岭文化等。辽西与燕山南北分布着红山文化。在甘肃宁夏的黄河上游地区，以陇西为中心的马家窑文化。华南地区以鄱阳湖——珠江三角洲为中心的山背文化、石崖文化。西南地区云南、贵州、四川新石器文化遗址。在东北北部、蒙古高原、柴达木盆地边缘也有细石器为代表的文化遗址。② 可见，与此前同类著述相比，王锺翰主编的《中国民族史》在理论观点方面的论述更为深入。

（2）中华民族起源的阶段

对中华民族起源的阶段，徐杰舜尚未论及，江应樑主编的《中国民族史》论述了由母系氏族时期到父系氏族时期民族群体的演变。王锺翰主编的《中国民族史》介绍了母系社会及其婚姻由血缘氏族内部婚姻转变为血缘氏族外部婚姻，由于氏族成员的增加，逐渐分出新的部落。

与江应樑主编的《中国民族史》相比，王锺翰主编的《中国民族史》更突出了生产力的发展、阶级的分化等内容，详细地论述了由于私有财产的积累与男子在生产及战争中的支配地位，氏族社会由母权制家庭变为父权家庭，出现了部落酋长为代表的权力中心与阶级分化、礼制的萌芽、城堡等。王锺翰除了参考此前许多学者常用的考古与研究成果外，也采用了许多20世纪80年代以后的考古资料及研究成果，如中国社会科学院考古研究所山西工作队、临汾文化局于1983年在《考古》上

---

① 王锺翰主编：《中国民族史》（增订本），中国社会科学出版社1994年版，第10—14页。

② 王锺翰主编：《中国民族史》（增订本），中国社会科学出版社1994年版，第10—14页。

刊出的《1978—1980 山西襄汾陶寺墓地发掘简报》、汪尊国在 1987 年 12
月 14 日在《文汇报》第 1 版刊出的《展现我国最早的人殉人祭现象——
为阐明我国奴隶制文明的发展提供确凿论据》与 1988 年在《东南文化》
第 2 期上刊出的《江苏新沂花厅遗址发掘纪要》、苏秉琦 1990 年在《辽
海文物学刊》第 1 期上刊出的《文化与文明》等。① 显然，与此前同类
著述相比，王锺翰主编的《中国民族史》的论述在史料、方法等方面均
有创新之处。

（3）中华民族起源的神话传说所反映的部落

对中华民族起源的神法传说所反映的部落，徐杰舜基本未作论述，江
应樑主编的《中国民族史》论述炎帝族、黄帝族、东夷族、蛮夷族等，也
指出炎、黄两族之间"有矛盾和斗争"，也"存在密切的依存关系，终于
逐渐融合为一体，形成中原地区的一个强大的民族共同体，成为中华民族
的一个重要组成部分"②，但叙述较为简略。王锺翰主编的《中国民族史》
介绍了父权制以前的盘古氏、伏羲、女娲、燧人氏、有巢氏、神农氏等各
种神话传说，也介绍了父权制时期黄帝、炎帝、太昊、少昊、三苗等各部
落集团及集团间的关系。同时，也论述了黄帝对炎帝之间的阪泉之战、黄
帝对两昊的战争、黄帝对蚩尤的冀州与涿鹿之战、颛顼对共工的战争、尧
与舜禹对三苗之战等，其中黄帝战胜炎帝、两昊，尧、舜、禹战胜三苗等，
这就促进了部落的融合，逐渐形成了夏、商、周三族。作者指出，"远古
时代各部落集团的这种融合与分化"，是"中华民族起源的进化过程"，它
"打破了部落与地方的隔绝状态，完成由地区性部落联盟向国家与民族的
过渡"。③ 可见，王锺翰主编的《中国民族史》对此部分论述较同类著述更
为翔实、明确，理论观点方面也有突破。

第二，在华夏及华夏五方格局的形成部分。

---

① 王锺翰主编：《中国民族史》（增订本），中国社会科学出版社 1994 年版，第 16—26
页。
② 江应樑主编：《中国民族史》（上），民族出版社 1990 年版，第 48 页。
③ 王锺翰主编：《中国民族史》（增订本），中国社会科学出版社 1994 年版，第 30—42
页。

　　徐杰舜简要介绍了由于生产力的发展，黄河流域的夏、商、周族与长江流域的楚、越诸族逐渐进入阶级社会，他们构成华夏民族的主源，徐氏对夏商周三族起源的论述尚不明确。江应樑主编的《中国民族史》较为详细地论述了夏族的来源、构成、其与四周诸族的关系，也介绍了商、周族的兴起、其与周边方国的关系、诸侯争霸、民族融合，还介绍了战国时期的北方、西方、南方等诸族。王锺翰主编的《中国民族史》在此部分中论述了夏、商、周时期中华民族的发展，也介绍了夏、商、周三族的起源与兴起等，认为"夏人初兴与建国在晋南"，夏族、商族的起源有"北方说""冀中说""晋南说""东方说"，对周族来说，"考古发现，陕西龙山文化（客省庄二期文化）主要分布在泾渭流域，于先周文化的分布重合"，先周文化分布"大致相当于今陕西省宝鸡地区和咸阳地区，以及甘肃省的庆阳地区和平凉地区东部"。① 不过，对夏周二族起源等学界长期争论的重要问题，王锺翰主编的《中国民族史》对此前相关学术成果的评述尚不全面，有些尚未提及。如翦伯赞根据安特生的《甘肃考古记》、阿尔纳的《河南石器时代之着色陶器》、步达生的《甘肃史前人种说略》、泷川龟太郎的《史记会注考证》等记载以及考古发现，认为："不仅夏族的文化出发于鄂尔多斯，即其人种，亦来自鄂尔多斯也"，"吴族实即夏族分支"，"越为夏族"，楚族为"夏族南徙的一支"，"鬼方在夏族中，为一最大的氏族"。② 江应樑主编的《中国民族史》指出"夏族源于西羌，他逐渐从西向东发展，迁徙到伊、洛、河、汾地区。夏族是以羌族为主形成的共同体"等③。而后来张国硕对此进行了深入研究，指出夏族族源有"豫西说""晋南说""山东说""东南地区说""四川说"，周族起源有"陕西说""泾水上游说""甘青说""山西说""黄土高原说"等，学界对夏商周三族的研究，"虽然取得了

---

　　① 王锺翰主编：《中国民族史》（增订本），中国社会科学出版社 1994 年版，第 47—52 页。

　　② 翦伯赞：《夏族的起源与史前之鄂尔多斯》，载《中国史论集》（合编本），中华书局 2008 年版，第 26、40、42、45、47 页。

　　③ 江应樑主编：《中国民族史》（上），民族出版社 1990 年版，第 58 页。

一定的进展，但令人信服、完美无缺的观点尚未出现。相对来说，有关夏族的起源，豫西说、晋南说的证据较充分些；关于商族的起源，山西说的说服力更强；关于周族的起源，则应把注意力集中在对山西说和陕西说的论证上"①。

王锺翰主编的《中国民族史》还介绍了诸侯争霸，秦、楚、齐、晋、鲁等国进行了社会与经济改革，逐渐强大，不断进行兼并战争，以及介绍分布在泰山以东以南东夷的起源与分布及其与夏商周的关系，长江中流域的濮与百越等民族群体起源与发展，陕西子午岭以西的氐与羌、西戎的起源与发展以及太行山附近北狄起源、分布、发展等。② 不过，根据马克思主义民族平等的原则，王锺翰主编的《中国民族史》将先秦四周各民族称为"东夷、南蛮、西戎、北狄"③，该书的这一称呼似值得商榷，以"东部民族、南部民族、西部民族、北部民族"更体现民族平等而无贬低之嫌。

总的来说，与徐杰舜著的《中国民族史新编》、江应樑主编的《中国民族史》相比，王锺翰主编的《中国民族史》对先秦民族的论述，运用资料较广泛，新近发现的考古资料与研究成果吸收较多，其论述也较翔实。

第三，在统一的多民族国家的建立和南北各民族的融合部分。

徐杰舜介绍了秦汉王朝的建立及其推行的各项制度对儒家"大一统"思想文化的发展的推动作用，同时，徐氏也介绍了汉族的民族意识、心理、生活习俗、饮食、服装、房屋、器具、风俗信仰等，其论述对近现代详述而对古代较略，属于典型的详近略远的论述。江应樑主编的《中国民族史》较为详细而系统地论述了春秋战国时期华夏主体民族的形成、秦代的统一多民族国家的建立、汉代多民族国家的继续发展与汉族的形成，同时，该书也介绍了对北方有重要影响的匈奴族的兴衰、肃慎与乌桓等东北民族、塞人等西域诸族、羌等西南诸族、蛮等江汉诸族、

---

① 张国硕：《夏商周三族起源研究述评》，《中国史研究动态》1996 年第 10 期。

② 王锺翰主编：《中国民族史》（增订本），中国社会科学出版社 1994 年版，第 46—119 页。

③ 王锺翰主编：《中国民族史》（增订本），中国社会科学出版社 1994 年版，第 79 页。

东南地区百越诸族等①，该书还对魏晋南北朝时期的拓跋等民族作了详细介绍。总的来看，江应樑主编的《中国民族史》对此部分论述既简明而又条理清晰。

王锺翰主编的《中国民族史》首先介绍了秦兼并六国、汉朝的建立及汉族的形成；其次阐述了汉族农耕经济的形成、汉族文字统一、儒家思想地位的确立等②；再次介绍了3世纪以后，东北地区的秽貊、东胡、肃慎等民族先后被夫余、高句丽、乌桓、鲜卑、挹娄等民族取代；最后介绍了乌桓、挹娄、鲜卑以及匈奴的起源、兴起与衰落等。值得注意的是，与江应樑主编的《中国民族史》相比，王锺翰主编的《中国民族史》对匈奴起源的论述除了指出王国维等学者研究外，还参考了新近的研究成果，如著名民族学家冯家昇认为匈奴异名多达32种等。

王锺翰主编的《中国民族史》还对当时匈奴分裂后迁居塞内的匈奴人作了进一步阐述，认为："除南匈奴外，又先后分解出屠各胡、临松卢水胡、铁弗匈奴三个重要的分支集团。屠各胡与南匈奴散居于今甘肃、陕西、山西三省和内蒙古自治区一带，其中以居住于山西省的部分为最多、最强。两部分匈奴人，在公元四世纪前30年间，曾联合在今山西和陕西二省建立'汉—前赵'政权。'临松卢水胡'居于今甘肃省河西走廊与青海省之间，5世纪前期于河西一带建立'北凉'。'铁弗匈奴'是鲜卑人与匈奴人融合后产生的一个分支群体，原居于今内蒙古河套一带，5世纪初年，在今陕北一带建立'大夏'国。"该书还详述了"汉—前赵""临松卢水胡""铁弗匈奴"三政权建立与灭亡的经过，指出："多数学者认为，匈奴人有语言，无文字"，"不仅善歌，而且善舞"，其"造型艺术和绘画很有特点，强烈体现游牧和狩猎生活的现实"，"崇拜自然神，祭祀天地、日月、星辰和祖先"，"实行氏族外婚制"，"实行厚葬"等。③

---

① 江应樑主编：《中国民族史》，民族出版社1990年版。

② 王锺翰主编：《中国民族史》（增订本），中国社会科学出版社1994年版，第130—135、199、201页。

③ 王锺翰主编：《中国民族史》（增订本），中国社会科学出版社1994年版，第200—224页。

可以看出，王锺翰主编的《中国民族史》避开朝代分期，较多地论述此时期影响较大的民族，较多地体现民族的发展，对前人的相关研究也有相当多的补充。不过，此种论述与江应樑主编的《中国民族史》论述相比，易导致对此时期有些民族的论述不系或稍略。如对建立前秦的氏族的政治制度介绍较略，对秦汉时期对北方有重大影响的匈奴与汉朝的关系介绍较为简略，文中尤其对匈奴奴隶制的形成、奴隶制政权的建立论述尚不十分明确，而且，对匈奴单于、铁弗刘虎与赫连勃勃部、匈奴独孤部刘库仁的世系未作介绍，使人们对匈奴后来的分支状况不明确。对匈奴各单于的世系表，林幹在 20 世纪 80 年代上半期考证得非常翔实①，但该书未引用。当然，一部民族通史所述不可能面面俱到，但对民族重要方面的制度、经济、文化、宗教、习俗等也应阐述明确，使读者比较全面、系统地了解。

第四，在中华民族的兴盛和祖国统一的加强部分。

此部分在时间上相当于隋唐时期。徐杰舜分东北内蒙古、西北新疆、西南西藏、中南东南等地区简述了这一时期的民族起源、经济、文化等。江应樑主编的《中国民族史》论述了此时期影响较大的突厥、回鹘、薛延陀、沙陀、吐国浑、吐蕃、党项、黑水靺鞨、室韦等民族，体系较为完整，基本论及了政治、经济、文化、宗教习俗等，对吐蕃赞普世系、南召世系、渤海世系等还简明列表。②王锺翰主编的《中国民族史》论述了隋唐五代时期诸民族的兴起、发展、衰落及其经济与文化状况等。第一章介绍了突厥的兴起、东突厥、西突厥、后突厥。突厥作为隋唐时期在北方有重大影响的民族，作者对其衰亡、融合，其与唐朝的和战关系叙述翔实，但论述的体系尚不全面。如该书未对突厥的经济、文化、风俗、宗教信仰等作明确介绍，也未考证或引用其世系。第二章介绍了回纥的族源、兴起与迁徙，但对回纥的政治制度介绍极少，对回纥的语言文字、宗教信仰等民族史的重要组成部分未作详细介绍。第三章介绍

①　林幹编：《匈奴历史年表》，中华书局 1984 年版，第 293—301 页。
②　江应樑主编：《中国民族史》（中），民族出版社 1990 年版，第 2、58、64、87、141、178、179、226、237、258、263、264、270、284、290 页。

了吐蕃的族源以及吐蕃王朝的建立、强盛、衰落，对吐蕃的政治制度介绍极少，对吐蕃的语言文字、宗教信仰介绍尚不翔实，而且对这一时期的赞普世系未作考实。实际上，此前的王辅仁、索文清撰写的《藏族史要》一书对藏族从公元 1 世纪至 1951 年藏族的大事年表梳理得非常清晰，也考证出了从 6 世纪后半期至 8 世纪中后期的吐蕃赞普世系[①]，但王锺翰主编的《中国民族史》未引用已有的学术成果。第四章介绍了彝族统治阶级建立的南召政权及其政治、经济、文化、外交关系等，作者对当时西南地区有重大影响的南召介绍非常翔实，略显不足的是，未进一步作出南召世系表。第五章介绍了莫徭、俚僚与东谢、西赵、乌蛮、白蛮等，对其语言文化、宗教信仰等研究民族需要关注的内容介绍尚不翔实。第六章介绍了靺鞨族及其建立的渤海国，也论述了室韦和库莫奚族的社会组织、政治制度、经济、婚姻、丧葬等状况，对其文化介绍尚不明确。

与王锺翰论述不同的是，江应樑主编的《中国民族史》详细考察了突厥汗国、后突厥汗国、西突厥、回鹘汗国、吐谷浑、吐蕃赞普、南召、渤海等民族与汗国的世系，并附表，更直观地呈现了许多民族的发展、衰亡、融合脉络，而王锺翰主编的《中国民族史》在此部分对民族间战争、臣属、贸易往来过程论述较多，对突厥、回鹘、吐蕃等民族重要方面的语言、文字、宗教、文化等论及极少，体系尚需补充完整。江应樑主编的《中国民族史》多从族源、政治体制、社会经济、语言文字、生活习俗、宗教信仰等几方面论述，对战争过程论述较略，而且，对有些民族或部落的消亡，列出其世系表，使读者很清楚地看到该民族的发展与衰亡状况。

可见，与江应樑主编的《中国民族史》在此部分论述相比，王锺翰主编的《中国民族史》在系统性、全面性、详略方面略显不足。

第五，在契丹、女真等民族迭起及其建立政权部分。

此部分大致相当于五代辽宋夏金时期。徐杰舜分区域进行简述。江应樑主编的《中国民族史》论述了契丹、党项、女真，西迁后的回鹘、

---

① 王辅仁、索文清编著：《藏族史要》，四川民族出版社 1981 年版，第 226—244 页。

藏族等民族，也分区域进行补充，如对"北方和西域诸族"与"西南、南方诸族"的论述，对这些民族几乎都论及了政治、经济、文化等。①王锺翰主编的《中国民族史》论述了宋、辽、金时期诸民族兴起、建立政权及其经济、文化状况。

王锺翰主编的《中国民族史》第一章介绍了契丹的起源、契丹国的建立及其政治经济、外交状况，还介绍了契丹族"春捺钵""夏捺钵""秋捺钵""冬捺钵"的"四时捺钵制"，这在其他同类《中国民族史》著述中未见论及，实属创见。江应樑主编的《中国民族史》从契丹的族源、阿保机建国、政治制度、契丹与中原王朝的关系，到契丹的牧业、农业、手工业经济状况以及经济制度、土地占有形式、阶级机构、赋役制度、语言、文字、宗教，甚至契丹的兵制、法律都作了详述，而且，还作了西夏世系表。对此，王锺翰主编的《中国民族史》对契丹与外族的战争与交往过程论述较多，而对其政治机构、赋役制度、语言、文字、宗教、兵制论述尚不明确，体系、内容也略显不完整。对女真族，江应樑主编的《中国民族史》从女真族的起源、金朝的建立、海陵王改革、金朝的灭亡等进行论述，还配有金帝世系表。

第二章介绍了女真族的族源、其建立的猛安谋克组织、金国与辽等政权的关系、女真语言文字、风俗习惯、宗教信仰等，王锺翰对女真的各方面叙述较为翔实。尤其值得注意的是，王锺翰主编的《中国民族史》对金朝灭亡后女真人状况作了进一步研究，这是徐杰舜的《中国民族史新编》和江应樑主编的《中国民族史》等同类中国民族史著作所尚未深入研究的内容。王锺翰主编的《中国民族史》认为金亡后，"留居东北地区的约有200万人"女真人死于战乱或"成了开元路和合兰府水达达等路下的女真人"，甚至有少数女真人"被迁移到江苏扬州、淮南芍坡屯田"，"逐渐与汉人一致，成了汉人的一部分"。"居住中原地区的200万女真人，遍布北方各省，但主要分布在中都

---

① 江应樑主编：《中国民族史》（中），民族出版社1990年版，第302、323、328、334、353、354、377、382、383、390、394、408、431、442、449页。

（今北京市）、河北、山东、河南各省"，"金末黄河以南、淮河以北是女真人最集中的聚居区"，中原地区女真人去向有二："其一，不少死于战乱"，"其二，极大多数与汉族融合"，许多女真人为了避战乱等原因而"习汉语、穿汉服、改汉姓"，"金亡后成了汉族的成员"。① 不过，王锺翰主编的《中国民族史》对金朝的土地制度、行政区划、法律、科举论及极少。同样，该书未有金朝世系表的叙述或引用。该书对党项族、白族、藏族的论述，体系完整、内容充实，但未呈现西夏王朝的历史演变，也未呈现西夏世系表。

第三章介绍了高昌回鹘、河西回鹘、黑汗王朝的疆域、政权、文化及其与中原王朝、辽朝、西夏的关系，但对其语言文字、宗教信仰未作明确阐述。

第四章介绍了党项族的兴起、建国、经济模式、文化状况及衰亡，对其宗教状况未作明确介绍。

第五章介绍了西突厥别部沙坨的兴起，其与唐朝的关系，其建立的后梁、后晋、后汉、北汉政权，但对政权的社会经济、文化状况、宗教信仰未作明确阐述。

第六章介绍了吐蕃族部进入封建社会、其内部出现割据的封建势力及其封建农奴制，同时也介绍了藏传佛教及其各教派的形成等。

第七章介绍了白蛮、大理国的经济与文化状况及僮、苗、瑶等民族的封建农奴制及其经济发展状况，但对该地区民族的宗教信仰未作明确介绍。

总的来看，与江应樑主编的《中国民族史》等相比，王锺翰主编的《中国民族史》在此部分内容、体系方面尚需充实，在对有些论述的详略方面，也似需调整。

第六，在蒙古族统一全国至满族兴起前的南北各民族部分。

该部分大致相当于元代至清代以前。与上述类似，徐杰舜对此分

---

① 王锺翰主编：《中国民族史》（增订本），中国社会科学出版社 1994 年版，第 509、510页。

区域进行简述，显得清晰明了。不过，其介绍略简。王锺翰主编的《中国民族史》比较详细地介绍了蒙古族统一中国时期的蒙古、维吾尔、回回、吐蕃、女真等诸民族的经济与文化状况。第一章阐述了蒙古族的兴起、蒙古国的建立及其扩张，同时也介绍了忽必烈统一全国与元朝的兴衰。总体上，在该章中，尤其详述蒙古族的源流与兴起之初的政治、经济等方面内容。对蒙古族的族源进行了较为深入的探讨，该书不但认为"东胡说最有说服力"，而且指出相关根据，即：首先，"东胡后裔诸族语言，与蒙古语有共同祖源"，这在《南齐书·魏虏传》与拉施特《史集》中均有相关记载。其次，"从历史史实来看，有可靠的文献依据"，"据《史集》记载，蒙古人最初驻居于名叫额尔古涅昆的陡峭山岭中"，"后纷纷奔向草原"，"据汉籍文献记载，额尔古涅昆即指额尔古纳河流域的山地。它就是早期蒙古人生息繁衍的地区。新、旧《唐书》记载，当时其（蒙古人）众大部分分布于今呼伦湖（俱轮湖）周围及额尔古纳河流域一带。与《史集》所载正好互相印证"。第三，"'蒙古'一词，是'忙豁勒'的音变，源于《旧唐书·室韦传》的'蒙兀室韦'（《新唐书·室韦传》作'蒙瓦'）"，"《炀王江山录》始被称为'蒙古'，'蒙古'二字，实系'女真语重译'（韩儒林《穹庐集》语）。后成吉思汗建国，号称'大蒙古国'。于是'蒙古'一词，便以蒙古人自称而为世人所知"。[①] 这在徐杰舜著的《中国民族史新编》与江应樑主编的《中国民族史》等同类著述中尚未如此深入探讨。

第二章阐述了蒙古国的分裂与衰亡，蒙古族的社会制度、经济模式、文化艺术、生活习俗、宗教信仰等，与其他版本的《中国民族史》相比，王锺翰主编的《中国民族史》还详述了蒙古族的语言、文字、婚姻、丧葬、禁忌等，这使读者对蒙古族的认识更为全面。

第三章介绍了高昌维吾尔族及其与元朝的关系，东察合台汗国、叶

---

① 王锺翰主编：《中国民族史》（增订本），中国社会科学出版社 1994 年版，第 586、587 页。

尔羌汗国以及回回民族的形成、发展及其经济、文化状况等。该书对维吾尔族论述比较全面,详述了从巴尔术阿而忒的斤开始就有许多维吾尔人参与历次蒙古人的战役,由于"纪律严明"与"所向克捷"等原因而受到成吉思汗与忽必烈等统治者的重用,这使维吾尔人在元代具有相当的影响。在本章中,该书对回族的形成、分布、经济、艺术、教育、宗教、婚姻、丧葬、禁忌等民族史的重要部分作了相当详细的论述,这些在此前其他同类中国民族史中尚未如此深入论述。因此,王锺翰主编的《中国民族史》在此处较多地补充了前人论述的不足。

第四章介绍了蒙元时期统治者对藏族地区的政策、藏传佛教各教派、藏族经济文化的发展状况,此部分介绍得相当翔实。

第五章介绍了元代辽阳行省管辖下的女真族人、女真族人的再度兴起,该书对此介绍相当全面、系统。

第六章介绍了彝、苗、瑶、僮等南方各民族的农奴制经济、土司制度的由来及弊端、南方各族反抗民族压迫及抗倭斗争等,对文化与宗教状况介绍较少。江应樑主编的《中国民族史》论述了蒙古族的族源、兴起、蒙古帝国的建立、元朝的建立、元朝的行省制、屯田、宣政院、蒙古族的社会经济生活、西北诸民族的政治、经济状况,同时,也介绍了藏族的政治、经济、文化状况以及云南诸民族的政治、经济、文化状况。最后,还介绍了明代维吾尔族、回族、壮族、苗族、彝族的族源与政治、经济与文化状况。

总的来说,在此部分江应樑主编的《中国民族史新编》对民族的阐述体系较全面,内容简明扼要,在概述蒙元时期国家对全国民族的治理后,又分"东北诸民族""西北诸民族""藏族""云南诸民族"等区域论述了民族区域的政治、经济、文化状况等[①],如此论述,文中更能包括更多的民族及其状况。王锺翰主编的《中国民族史》对吐蕃、女真、蒙古民族分专题详述,该篇最后一章阐述了"彝、苗、瑶、僮各族",

---

① 江应樑主编:《中国民族史》(下),民族出版社1990年版,第1、36、65、70、73、78、84、92页。

又将该章分为"南方各民族社会经济的发展""土司制度对南方各民族的统治""南方各民族人民反抗压迫及抗倭斗争"三部分论述。① 该篇对土司制度作为重要专题来论述,对其原因、影响等论述非常全面、深入,这在其他同类《中国民族史》著述中尚属少见。不过,美中不足的是,该部分对这地区民族偏重于政治、经济的介绍,对民族语言文化、宗教习俗状况基本未作论述,而且除南方这些民族,对这一时期东北、西北等地区除蒙古族、畏兀儿、吐蕃族以外其他民族基本未作明确阐述。

第七,在满族统一全国和各民族的进一步发展部分。

该部分时间上相当于清初至鸦片战争时期。徐杰舜的《中国民族史新编》偏重于介绍此时期各民族的起源、经济状况、风俗习惯等,但仍然略简。江应樑主编的《中国民族史》首先从清朝统一中国、清朝从中央到地方设立的管理民族事务的机构、清朝对边疆的开发等方面概述了清代统一多民族国家的巩固与发展状况;其次,该书分东北各族、蒙古族、西北各族、西南各族、东南各族、中南各族等部分,论述了满洲贵族入关至雍正统治时期蒙古族、维吾尔族、回族、藏族、彝族、白族、苗族等政治、经济、文化状况。② 虽然该部分"下限"较短,但该书论述体系完备、内容充实、详略适当,既对此时期影响较大民族进行阐述,也兼顾对其他民族的发展及历史进行考察。

王锺翰主编的《中国民族史》也分满族、蒙古族、藏族、西北各族、东北各族等部分论述了满族统一中国时期诸多民族的政治、经济与文化状况。具体来说,第一章介绍了满族的形成与建立国家政权,清军入关后满族的经济从封建农奴制向地主制转化,满族民族成分的发展,满族在文化、艺术等方面的贡献,也论述了满族统治阶级的腐朽与八旗生计的恶化等。该部分内容,王锺翰主编的《中国民族史》对满族的介绍最为详细、深入、全面,这或许与王锺翰对满族的研究从事的时间长、

———————————

① 王锺翰主编:《中国民族史》(增订本),中国社会科学出版社 1994 年版,第 585、613、646、676、679、720、734、751 页。

② 江应樑主编:《中国民族史》(下),民族出版社 1990 年版,第 191、196、198、210、216、230、248、278、367 页。

用力较多等因素有关。对清军入关前满族的社会形态的看法基本沿袭王锺翰在 20 世纪 50 年代发表的《满族在努尔哈齐时代的社会经济形态》与《皇太极时代满族向封建制的过渡》二文的观点，徐杰舜的《中国民族史新编》与江应樑主编的《中国民族史》亦基本持此看法，如徐杰舜的《中国民族史新编》认为"努尔哈赤时形成的满族是一个奴隶制民族"，此后"在历史发展中它经历了从奴隶制民族向封建制民族"过渡①；江应樑主编的《中国民族史》认为，"公元十五世纪初，由于女真人社会生产力的提高，需要大量劳动力，一方面加紧从战争中掠夺汉人和朝鲜人为奴，一方面把奴隶固定在奴隶主的庄园里"进行劳动，到 16 世纪末，有些平民也沦为奴隶，"1621 年，努尔哈赤攻占辽阳和沈阳前，女真社会已孕育着封建化的萌芽"。② 王锺翰主编的《中国民族史》的看法较为明确些，如该书指出："满族建国初，仍以奴隶制为社会的基本形态，当用武力攻占辽沈并以统治者身份居住在当地以后，却不能不被当地比较先进的封建关系所征服，于是开始向封建制度迈步。"③ 王锺翰主编的《中国民族史》还对满族入关前八旗制度、旗地形态等作了详细论述，尤其详述了"'新满洲'入旗""八旗生计恶化"、满族宗教、满族习俗、满族教育等内容④，这给读者相当完整的满族社会认识，也是徐杰舜的《中国民族史新编》与江应樑主编的《中国民族史》等同类著述中未曾阐述或极少提及之处。

第二章介绍了蒙古族归附清廷、蒙古族社会的政治、经济、文化的发展状况等，王锺翰主编的《中国民族史》详述了土尔扈特蒙古回归祖国等，这是徐杰舜的《中国民族史新编》与江应樑主编的《中国民族史》二书未曾系统论述的内容。不过，王锺翰主编的《中国民族史》对这时期蒙古族人重要方面的宗教信仰论述尚不十分明确。

---

① 徐杰舜：《中国民族史新编》，广西教育出版社 1989 年版，第 167 页。
② 江应樑主编：《中国民族史》（下），民族出版社 1990 年版，第 187 页。
③ 王锺翰主编：《中国民族史》（增订本），中国社会科学出版社 1994 年版，第 769 页。
④ 王锺翰主编：《中国民族史》（增订本），中国社会科学出版社 1994 年版，第 796、797、804—808、811 页。

第三章分区域介绍了清代西北、东北诸民族，主要包括维吾尔族、哈萨克族、柯尔克孜族、乌孜别克族、锡伯族、俄罗斯族、塔塔尔族、塔吉克等族的族源、社会经济、阶级关系、文化艺术等，也较为详细地阐述了达呼尔族、索伦族、鄂伦春族、赫哲族、朝鲜族等，王锺翰主编的《中国民族史》的论述偏重这些民族社会经济状况，对风俗习惯论述较少。

第四章也是分区域论述，首先介绍了彝族、白族、纳西族、哈尼族、拉祜族、傈僳族、基诺族、独龙族、傣族、佤族、布朗族等西南民族与壮族、苗族、瑶族、侗族、水族、毛南族、黎族、畲族、土家族、高山族、京族等中南民族，其次阐述了西南土司制度的腐朽、落后及其危害与清政府的改土归流的经过、影响等，最后论述了彝族、傣族、白族、苗族、瑶族、布依族、土家族等人民反对清政府压迫、剥削的斗争等，仍然偏重于论述政治、经济等，对民族风俗、文化等重要方面介绍尚少。

第五章介绍了清廷统治西藏之前藏族的状况、清朝初年西藏的政局、西藏政治制度的变迁、清代前期西北与西南地区的藏族的管理等[1]，对此时期清廷在西藏推行的对西藏有长期影响的黄教及其影响从政治方面论述较多，但对此时期藏族经济、教育及其变迁等重要方面基本未作介绍。

总的来说，王锺翰主编的《中国民族史》对此部分的论述，基本包含了各民族的政治、经济、文化、宗教、风俗等方面的内容。不过，该书对有些民族论述的体系与详略的把握尚需充实与调整，如对满族、蒙古族、藏族的形成、发展比较详细、全面，对西南及南方民族的论述偏重于民族斗争、起义过程，对壮、苗、彝、瑶等民族重要的文化、风俗习惯、宗教信仰阐述略显不明确。

第八，在各民族人民的反帝反封建斗争和中华民族的解放部分。

该部分时间上相当于鸦片战争至中华人民共和国成立前。徐杰舜的

---

[1]　王锺翰主编：《中国民族史》（增订本），中国社会科学出版社 1994 年版，第 763、773、815、850、895、940 页。

《中国民族史新编》简要地介绍了满族、维吾尔族、藏族、壮族等，他偏重于介绍各民族的人口状况、经济模式、文化、风俗等。王锺翰主编的《中国民族史》对民国时期的满、蒙古、藏、汉等诸民族的语言文化、经济状况、风俗习惯、宗教信仰等未作介绍，仅论述了民国时期的满、蒙古、藏、汉等诸民族反抗清政府与国民党反动派的腐朽统治、残酷压迫的斗争与支援全国解放运动①，内容上尚未全面。

具体来说，王锺翰主编的《中国民族史》在此部分详述了以下内容：第一章介绍了欧美列强对各民族地区的入侵与各民族地区社会、经济的变化，也论述了鸦片战争中各族人民的反侵略斗争、北方民族抗俄斗争、新疆各族人民反对阿古柏入侵的斗争、西藏人民的抗英斗争、南方各族人民抗法英等国入侵斗争、台湾人民抗击美日等国入侵的斗争；第二章介绍了西南、东南各族人民参加反抗清政府的太平天国运动以及咸丰年间贵州、云南等地反抗清政府的大起义，也阐述了以内蒙古的蒙古人民为主体的反对封建主义的"独贵龙"运动、以西北的回民为主体的反对清政府掠夺与压迫的回民大起义；第三章介绍了孙中山先生的"民族主义"、辛亥革命时期各民族的革命运动、各族人民反对分裂祖国的斗争；第四章介绍了五四运动时期各族共产主义先进分子、中国共产党早期民族纲领的制定、各民族地区革命根据地的建立、红军长征经过少数民族地区的状况；第五章介绍了各族人民参加的抗日救亡运动与武装抗日的斗争；第六章介绍了国民党统治下各族人民的苦难与反对国民党腐朽统治与残酷剥削的斗争并获得解放。②

王锺翰主编的《中国民族史》主要论述了此时期的满、蒙古、藏、汉等诸民族反抗斗争与参加全国解放运动，比徐杰舜的《中国民族史新编》与江应樑主编的《中国民族史》论述民族发展的时间范围更长，内容更丰富，许多内容反映了时代发展与变化。但对此时期各民族的政治、

---

① 王锺翰主编：《中国民族史》（增订本），中国社会科学出版社 1994 年版。
② 王锺翰主编：《中国民族史》（增订本），中国社会科学出版社 1994 年版，第 966、972、974、985、995、1000、1003、1008、1011、1017、1021、1032、1036、1041、1045、1049、1058、1061、1070 页。

文化、宗教及其发展变化等尚未论及。事实上，在从清末至中华人民共和国的成立这一百余年中，中国的许多民族在风俗、文化教育等重要方面发生了诸多变化，这在该书中尚未阐述。如清末时期，随着国门渐开，率先走出国门的载沣等满洲亲贵，认识到"辫发的不雅"，"即行剪发"，这"在满人中开风气之先，在社会上影响很大"，"皇族、满洲子弟"等随之"义无反顾"地剪发，"剪发之风"从京城"迅速蔓延"。后来，此"风潮"使包括满族在内的许多人民"面貌焕然一新"。[①] 1901 年清政府在推行"新政"之际，开始重视对蒙古等地区的开发，1902 年，蒙古族喀喇沁王公桑诺尔布创办"蒙古族有史以来的第一所新式学校"崇正学堂，"对过去清统治者不许蒙人学习汉文所造成的知识空缺进行必要的补课"，这"表明 20 世纪初蒙古族在向近代化过渡之际，走的是一条与甲午战后汉民族地区的共同道路，即把兴学育才放在发展社会经济的首位"。[②] 显然，这种思想与之前蒙古族教育思想变化相当大。

（二）王锺翰主编的《中国民族史概要》

在《中国民族史》出版后不久，王锺翰又主编了《中国民族史概要》。该书于 2004 年 5 月由山西教育出版社出版，42 万字。具体来说，第一编由刘小萌执笔，第二编由达力扎布执笔，第三编由萧之兴执笔，第四编由陈楠执笔，第五编由胡少华执笔，第六编由胡起旺执笔。全稿于 1999 年基本脱稿并由刘小萌副主编统阅全书，邸永君审核，王锺翰列为主编。[③]《中国民族史概要》的编委与《中国民族史》（后文称原著）变化较大，各编者对其论述的内容侧重各异，而且分区域论述，但其内容多为对原著的概括。其绪论就有许多内容相似于原著。与原著相比变化较大的是，该书分期采用朝代演变顺序：一、传说时代（公元前 221年前）；二、秦汉时期（公元前 221 年至公元 220 年）；三、魏晋南北朝时期（220 年至 581 年）；四、隋唐时期（581 年至 907 年）；五、五代

---

① 刘小萌：《清代北京旗人社会》，中国社会科学出版社 2008 年版，第 802、803 页。
② 刘志琴主编：《近代中国社会文化变迁录》第二卷，浙江人民出版社 1998 年版，第 260—263 页。
③ 王锺翰主编：《中国民族史概要》，山西教育出版社 2004 年版，第 541、542 页。

十国、辽、宋、夏、金时期（907 年至 1271 年）；六、元、明、清中期
（1271 年至 1840 年）；七、清朝后期、民国（1840 年至 1949 年）。① 该
书对原著的民族平等、民族形成、中国疆域、民族竞争等七个理论问题
论述相当简洁。尤其值得注意的是，该书内容上分为东北诸民族、北方
诸民族、西北诸民族、西藏民族、西南诸民族、中东南诸民族等几部分，
作者对各区域的少数民族基本按照时间顺序，从先秦述至民国时期，还
附有思考题，这便于对读者学习参考。

《中国民族史概要》对原著从结构上调整，实际上是对原著一些缺
乏整体性论述的补充。此前徐杰舜著的《中国民族史新编》也分区域论
述，他分为导论、汉族、东北内蒙古地区、西北新疆地区、西南西藏地
区、中南东南地区等少数民族，对汉族部分专文论述。由于王锺翰主编
《中国民族史概要》与徐杰舜著的《中国民族史新编》都按区域论述，
因此以下对二者进行比较。

在东北诸民族部分，《中国民族史概要》简要从诸多民族的起源与发
展状况，介绍了秦以前的肃慎、东胡、秽貊等民族，也介绍了秦代至明代
的夫余、高句丽、乌桓、鲜卑、契丹、挹娄、勿吉、靺鞨、渤海、女真等
民族与清代及以后的满族、鄂伦春、鄂温克、赫哲、达斡尔、朝鲜等民
族。② 对此，《中国民族史新编》也对东北与内蒙古地区的少数民族进行论
述，介绍了历史上与当代民族，如肃慎、挹娄、东胡、柔然、蒙古、满等
民族。③ 两部民族史对东北地区民族均基本以简述为主，《中国民族史概
要》对满族的发展介绍比徐氏的《中国民族史新编》详细、明确。

在北方与西北诸民族部分，《中国民族史概要》首先简要介绍了匈
奴的起源，其建立奴隶制国家的政治、经济与文化状况；其次介绍了蒙
古族的起源、发展及蒙古族建立蒙古帝国的状况；再次介绍了元代、明
代、清代蒙古族的发展状况；最后介绍了羌、氐、月氏、乌孙、丁零、

---

① 王锺翰主编：《中国民族史概要》，山西教育出版社 2004 年版，第 1—11 页。
② 王锺翰主编：《中国民族史概要》，山西教育出版社 2004 年版，第 19—122 页。
③ 徐杰舜：《中国民族史新编》，广西教育出版社 1989 年版，第 107、110、116、122、
128、138、142、147、157、160、174、179、188、202、210、220、226 页。

敕勒、柔然、突厥、薛延陀、黠戛斯、回鹘、回、撒拉、东乡、保安、哈萨克、柯尔克孜、塔吉克、乌孜别克、俄罗斯、塔塔尔等诸多民族的源流与社会经济状况等。① 对此，徐氏论述了古代突厥、月氏、回纥、吐谷浑等民族，也介绍了当代的回族、维吾尔族、哈萨克族、塔吉克族、柯尔克孜族、俄罗斯族的经济、文化、宗教信仰等。② 相比之下，《中国民族史新编》详述了裕固、柯尔克孜、维吾尔等民族包括服饰、节日、礼仪、婚姻、宗教信仰等在内的状况，内容体系更显完备。《中国民族史概要》较为详细地论述了匈奴等在古代有重要影响的民族之源流、建国、经济、文化等，但其考证性尚不明显，多为介绍。

对西藏与西南地区的民族，《中国民族史概要》首先介绍了7世纪前西藏苏毗、羊同、白兰、附国、吐谷浑等，尤详吐蕃王朝的建立及其在宋代、元代、明代、清代的社会、文化发展状况等。其次介绍了彝族、白族、纳西族、傈僳族、哈尼族、拉祜族、基诺族、景颇族、独龙、彝族、傣族等民族的起源与社会发展状况。③ 而《中国民族史新编》介绍了历史上吐蕃与现代的藏族的经济、文化、宗教信仰及其与中原王朝的关系等④。相比而言，《中国民族史概要》对吐蕃王朝、南诏国等在宋、元、明、清时期与中原王朝的关系等介绍系统、详细、明确，而对该地区民族的宗教、习俗、服饰、婚姻、丧葬等阐述不如《中国民族史新编》的明确。

对东南诸民族，《中国民族史概要》在第一章介绍了此区域的考古发掘与壮族、布依族、侗族、水族、仫佬族、毛南族、黎族、苗族、畲

① 王锺翰主编：《中国民族史概要》，山西教育出版社 2004 年版，第 132、148、198、210、217、232、244、259、278 页。

② 徐杰舜：《中国民族史新编》，广西教育出版社 1989 年版，第 233、236、238、247、251、255、259、263、266、274、278、285、290、293、301、314、324、331、340、344、347 页。

③ 王锺翰主编：《中国民族史概要》，山西教育出版社 2004 年版，第 304、339、382、393、409、430、453 页。

④ 徐杰舜：《中国民族史新编》，广西教育出版社 1989 年版，第 351、354、373、387、393、399、411、414、417、421、430、439、444、449、457、461、470、474、478、482、486、490 页。

族、土家族等民族分布状况；第二章介绍了百越各族的起源、秦汉时期的越人、唐宋元明时期的僚族、俚族以及壮族、侗族的文化；第三章介绍了蛮人的起源与分布、秦汉至隋唐时期的蛮人、宋元明清时期的蛮人以及苗、瑶、畲等民族的文化；第四章首先介绍了土家族的族源、分布及经济文化状况，其次介绍了高山族分布及经济状况，最后介绍了京族的起源、分布及其经济状况。① 对此，徐氏论述了历史上苗蛮与百越等民族的起源、经济与文化状况，同时，也简介了现代的苗、侗、土家等民族的经济、文化、宗教信仰状况等。② 同样，《中国民族史新编》对此论述也较为简明，但对此地区民族的政治、经济、文化、风俗、服饰、宗教等内容论述较全面、明确。

总之，徐杰舜著的《中国民族史新编》与王锺翰主编的《中国民族史概要》两部民族史基本从分区域对民族发展进行介绍，王锺翰主编的《中国民族史概要》基本廓清了中国民族的发展状况，对中国民族史的研究有一定的促进作用。不过，由于其内容基本由原著《中国民族史》的内容概括、删减而成，而未运用较多的史料进行考证，基本为对中国民族介绍性阐述。而且，该书对一些民族状况阐述的全面性尚需完善。

二 王锺翰主编民族史著的特点、方法

此前，学界对王锺翰主编的《中国民族史》已有所论述，如周用宜的《评王锺翰主编〈中国民族史〉》、李远龙的《高屋建瓴 各领风骚——建国以来出版的三部〈中国民族史〉》、李德龙的《中国民族通史的集大成之作——王锺翰主编〈中国民族史〉评价》、王锺翰的《王锺翰学述》与《清心集》以及《纪念王锺翰先生百年诞辰学术文集》编委会编写的《王锺翰先生的学术成就和地位》等。这些论述，虽有值得借

---

① 王锺翰主编：《中国民族史概要》，山西教育出版社 2004 年版，第 469、478、505、524、529、533 页。

② 徐杰舜：《中国民族史新编》，广西教育出版社 1989 年版，第 495、499、502、509、513、518、521、526、531、534、541、549、555、559、563、575、584、587、592、596、600、605、612 页。

鉴之处，但总体显得过于简要。总的来说，该书主要具有以下特点与
方法：

第一，以唯物史观思想为指导。

中华人民共和国成立后，王锺翰经过对唯物史观的学习，其研究历
史的方法也受到影响。其对努尔哈赤与皇太极时期满族的社会经济形态
研究较多地从当时的经济基础、满汉奴隶与农奴在推动社会形态向前发
展中的作用分析，其通纂的《满族简史》从满族从低级到高级发展的社
会形态入手，体现了满族大众的历史作用，平等地看待满族统治阶级与
被统治阶级的历史作用。王锺翰主编的《中国民族史》"始终以民族为
主线贯穿于全书之中，它不同于清末民国时代流行于世的以汉族为中心，
或以王朝作中心为标准的分期方法。这就是最大的差别所在"，该书较多
地体现了"以历史唯物主义为指导"。① 在主编《中国民族史》时，王锺
翰明确地指出了这一思想：

> 今天研究历史，必须用马克思主义历史唯物主义的观点去观察
> 和分析历史人物历史事件和种种历史问题，这就要求我们站在马克
> 思主义的立场，把对历史人物、历史事件的评论置于当时的具体环
> 境之中加以考察，把这个立场和方法用于民族研究，要求我们以民
> 族平等的原则贯穿于整个的研究中。具体来说，就是要站在民族平
> 等的立场上，用同一个标准、一视同仁地去对待历史上大民族、小
> 民族、统治阶级和被统治阶级；用同一个标准对待他们彼此之间的
> 交往和战争，评价其曲直是非。②

虽然王锺翰主编的《中国民族史》、江应樑主编的《中国民族史》、
徐杰舜著的《中国民族史新编》三部民族史都在唯物史观指导下对中国
几乎所有民族从低级到高级的发展进行考察，但王锺翰主编《中国民族

---

① 王锺翰主编：《中国民族史》（增订本），中国社会科学出版社 1994 年版，第 16 页。
② 王锺翰主编：《中国民族史》（增订本），中国社会科学出版社 1994 年版，第 16 页。

史》体现以唯物史观为指导尤为鲜明。如该书指出中国"很多古代少数民族的社会都是由原始制、奴隶制转化为封建制。尽管到了民国时期，还有一些少数民族的社会处于原始社会、奴隶社会，但绝大多数的少数民族都已进入封建制。当然，还有很多仍处于不发达的封建制，与汉族相当发达的封建社会相比，仍有很多不同之处，但社会性质基本相同"①，以及"经济基础的变化促使上层建筑"变革等②。

第二，坚持民族平等的原则，理论有所突破。

由于对少数民族的长期歧视政策，封建统治阶级往往以"统治民族的利益作为判断民族间是非的标准"。王锺翰主编的《中国民族史》在民族平等原则的指导下，对一些民族的看法进行纠正。如隋末农民起义者刘黑闼联合突厥不是"勾结""引突厥入寇"，汉族联合少数民族共同反对封建剥削与压迫是正义之举。同样，蒙古族与满族统一中国的战争也是符合历史发展趋势的。③ 同时，该书"突破封建正统思想和狭隘的民族观束缚"，"全面、系统、公正地反映中国各民族的历史"。④ 从各民族发展出发，将中国民族的发展划分为七个阶段，即传说时代至公元前21世纪、公元前21世纪至公元前221年、公元前221年至公元581年、公元581年至公元907年、公元907年至公元1271年、公元1271年至公元1840年、公元1840年至公元1949年。⑤ 对此分期，作者运用考古资料，从总体上阐述了中国原始部落与部落集团的关系，以及中华民族起源的本土与多元特点。同时，也根据各民族的发展、兴衰的史实，对各民族的历史作用及重大历史事件的影响，进行了重点论述。这比此前的相关著作更翔实。

王锺翰主编的《中国民族史》还对民族研究的七个理论问题进行阐述，即如何用唯物史观指导及体现民族平等、民族形成问题、中国民族

---

① 王锺翰主编：《中国民族史》（增订本），中国社会科学出版社1994年版，第24页。
② 王锺翰主编：《中国民族史》（增订本），中国社会科学出版社1994年版，第910页。
③ 王锺翰主编：《中国民族史》（增订本），中国社会科学出版社1994年版，第16—17页。
④ 王锺翰：《王锺翰学述》，浙江人民出版社1999年版，第223—224页。
⑤ 王锺翰主编：《中国民族史》（增订本），中国社会科学出版社1994年版，第4—16页。

史涵盖的范围及中国的"疆域"问题、民族竞争问题、中华民族的共性
与个性问题、民族战争问题、民族英雄问题。对此理论，体现了作者以
唯物史观为指导的基本前提，平等对待各民族，也体现了学界新近的研
究成果，尤其注重对民族心理及共性与个性的考察与评价，体现了时代
的特征。该书根据列宁指出的"必须弄清楚，这场战争是由什么样的历
史条件造成的，是由哪些阶级进行的，是为了什么而进行的"① 等内容，
认为西汉王朝反对匈奴的掠夺是正义性的战争，唐代为了维护国家统一
而反对后突厥掠夺的战争、宋朝反对金人的掠夺、清廷为维护国家统一
反对噶尔丹及大小和卓叛乱等战争，均属于"正义性质"。② 对民族英
雄，该书认为民族英雄首先要体现民族关系的立场，戚继光同倭寇做斗
争、郑成功驱赶荷兰殖民者而收复台湾，像戚氏、郑氏均为民族英雄。
不过，由于对民族英雄的理解不同，对民族英雄的看法也有差别。如该
书认为，"每个民族都有自己的民族英雄"，"凡是中国某个民族的英雄，
也是中华民族的民族英雄"。"岳飞是在汉族同女真族的斗争中"涌现出
来的人物，"文天祥是在汉族同蒙古族的斗争中"涌现出来的人物，所
以"他们才被称为民族英雄"。③ 这一论断是有争议的。实际上，应该分
清本民族的英雄与中华民族的英雄的概念区别，否则，结论将会对"民
族英雄"的概念含糊不清。

　　应该说，该书对民族研究具有相当大的指导作用，正如李德龙指出，
该书"理论深刻，高屋建瓴"④。

　　第三，史料丰富，内容比较充实。

　　首先，王锺翰主编的《中国民族史》从历史史实出发，广泛运用
各种民族文献、碑刻、考古资料等。全书除了运用学界常用的《史记》

---

　　① 《列宁全集》第三十卷，人民出版社 2017 年版，第 78 页。

　　② 王锺翰主编：《中国民族史》（增订本），中国社会科学出版社 1994 年版，第 25—26
页。

　　③ 王锺翰主编：《中国民族史》（增订本），中国社会科学出版社 1994 年版，第 26—27
页。

　　④ 李德龙：《中国民族通史的集大成之作——王锺翰主编〈中国民族史〉评价》，《燕京
学报》1997 年新 3 期。

《新唐书》《旧唐书》《资治通鉴》《晋书》《太平御览》《辽史》《元史》等各种史书外，还参考了《吐鲁番文献合集》、《福乐智慧》、《白史》、《东胡民族考》（日）、《中亚中古史》（俄）、《阿古柏伯克传》（英）、《西突厥史料》（法）等中外 400 余种历史资料。还广泛运用新近的考古资料，如 1988 年第 12 期《辽海文物学刊》刊出的辽宁营口金牛山人类头盖骨、1991 年 2 月 3 日《中国文物报》刊出的湖北郧县发掘的人类头盖骨等。①

其次，王锺翰主编的《中国民族史》根据新近发掘的考古资料并运用人类学方法对中华民族起源进行深入考察，指出中华民族起源的"土著"与"多元"特点。该书对此的研究从中国考古发掘的直立人、蓝田人、郧县人、北京人、和县人、金牛山人、丁村人、大荔人、马坝人、山顶洞人入手，到早期智人、晚期智人的活动区域，又根据铲形门齿的结构特征，指出："我国应是人类起源的地区之一；中华民族决非来自中华大地以外的任何地方。"这否定了"欧洲开始有人认为中国人种与文化来自埃及"的说法。②

最后，王锺翰主编的《中国民族史》根据不同地区的考古发掘资料，指出中华远古人在互相隔离的情况下，各自根据本区域的环境条件，创造了具有地方特色的文化，但各区域文化发展也很不平衡。其中有渭河、汾河、洛河等流域的黄河中游地区仰韶等文化，以泰山为中心的黄河下游地区大汶口等文化，以太湖为中心的良渚等文化，以江汉平原为中心的大溪等文化，以辽西及赤峰为中心的红山等文化，以黄河上游陇西为中心的马家窑文化，以鄱阳湖—珠江三角洲为中心的石崖等文化，云贵川藏地区的卡诺等文化，在东北北部、蒙古高原、塔里木盆地边缘发现细石器时代的文化等。③ 从不同区域的考古发现可以看出，中华民族起源的"多元"性。这对此前相关研究是较大的理论突破，同时该书

---

① 王锺翰主编：《中国民族史》（增订本），中国社会科学出版社 1994 年版，第 6—7 页。
② 王锺翰主编：《中国民族史》（增订本），中国社会科学出版社 1994 年版，第 4—5 页。
③ 王锺翰主编：《中国民族史》（增订本），中国社会科学出版社 1994 年版，第 8—14 页。

还"广证博采，重点突破"①。

另外，王锺翰主编的《中国民族史》"博大精深，融会贯通"，不仅体现在该书150多万言，"更在于它在宏观上高瞻远瞩，从民族发展的角度出发，记述了整个中华民族形成、发展、演变的历史"，"不仅包括中国历史上生产力水平最高，政治、经济、文化最发达的汉族，也包括历史上出现的所有少数民族"。"既研究民族之间的斗争，也探讨和平时期民族间的交流与融合"，而且所述在"空间范围""时间跨度"等方面都对同类著述多有超越②，共"包含了56个民族的历史"③。

或许由于王锺翰研究的主要领域之一为满族史的原因，其主编的《中国民族史》对满族的形成与发展等论述最翔实、全面、系统，有些内容体现了学术界最新的研究成果，此前其他版本的中国民族史的论述尚不如此。这极大地补充了前人论述的不足。作者所述内容直至中华人民共和国成立，此前，其他同类民族史书籍对中华民族参与太平天国运动、辛亥革命、五四运动、抗日战争等史实论述极少，而且其他版本的中国民族史由于编写较早，对新的学术成果吸收不够，这使其学术价值有所逊色。

当然，王锺翰主编的《中国民族史》也有一些不足之处。首先，该书打破王朝顺序，导致对一些民族不同时期发展状况等论述尚不十分明确，而且对有些民族的论述比较"分散"。因此，该书的论述时序性、条理性等似尚待完善。对此，江应樑有过相关论述："'王统论'的思想应彻底否定，但王朝发展史则是我国古代史中最重要的组成部分。王朝的兴衰更替是社会、经济、文化发展的必然产物"，"各王朝的称号及发展顺序是客观存在的历史事实"，多年来已被人们广泛接受。此外，"各王朝的兴衰大都与各民族发展的历史有着内在联系"，

①　李德龙：《中国民族通史的集大成之作——王锺翰主编〈中国民族史〉评价》，《燕京学报》1997年新3期。

②　李德龙：《中国民族通史的集大成之作——王锺翰主编〈中国民族史〉评价》，《燕京学报》1997年新3期。

③　《纪念王锺翰先生百年诞辰学术文集》编委会：《王锺翰先生的学术成就和地位》，载《纪念王锺翰先生百年诞辰学术文集》，中央民族大学出版社2013年版，第24页。

而"民族关系史的基本内容又是各少数民族与中原王朝的关系"。为了能准确地叙述中国民族发展的历史,江应樑主编的《中国民族史》"除按照历代王朝的兴衰时间撰写外,也注意了各民族出现时间早晚问题,如某个少数民族在历史上出现的较早,但其兴盛强大却在若干年后的某个朝代",作者"在阐述时则集中在这一朝代,使读者对这个民族的起源、发展有一较完整的了解,不因某王朝的兴亡而造成零散分割之感"。① 其次,该书对一些民族的论述详略、体系似需充实。如对北方民族论述比较详细,而对南方民族论述似过略;对少数民族史论述较多,对汉族论述很少。而江应樑主编的《中国民族史》对诸多民族、国家消亡的总结中列有明确的世系表,以给读者完整的、系统的认识。王锺翰主编的《中国民族史》对古代有重要影响的民族大致位置及对有的民族迁移状况未用插图标出,尤其对几次有重要影响的民族大迁徙、融合,甚至民族消亡的状况没有用图表等形式标明,尚未给读者明确的认识。该书最后一篇,作者仅论述了1840年至1949年各族人民反抗清朝的腐朽统治、辛亥革命时期维护祖国统一的斗争,中国共产党领导的各族人民武装抗日战争、解放战争。对这一时期100余年各民族的政治、经济、文化、风俗变迁等状况论及极少,有的甚至尚未提及,使读者感到此时期100余年各少数民族发展中只有斗争事件,而无其他内容。《中国民族史概要》为对其原著《中国民族史》的简要概括,学术性突破很少,对汉族的论述较少,对其他民族论述的体系、详略等也有待调整与充实。

统而论之,中华人民共和国成立后,王锺翰学习了唯物史观的方法,并在此思想的指导下对以满族史为重点的民族史进行研究,在民族的形成与发展等理论总结方面有相当大的突破。同时,由于他曾受邓之诚等史家重考据的指导与训练,在民族史的研究中也注重资料的充分性、准确性等,这些都为他论述深刻,立论客观、公允奠定了基础。

---

① 江应樑主编:《中国民族史》(上),广西人民出版社1989年版,第12、13页。

第五章　王锺翰对历史文献的
整理与研究

王锺翰对历史文献的整理与研究，包括 20 世纪 30 年代研究了"清三通"、50 年代至 70 年代整理朝鲜《李朝实录》中的女真史料、80 年代前后点校了《清史稿》《清史列传》等史籍、90 年代主编了《四库禁毁书丛刊》等要籍并考察了《圣武记》等著述。

第一节　整理朝鲜《李朝实录》中的女真史料

1959 年至 1962 年间，王锺翰被调至沈阳参加《满族简史》的编写工作。工作之余，他通阅了朝鲜《李朝实录》并辑录、出版了约 20 万字的《朝鲜〈李朝实录〉中的女真史料选编》。朝鲜李朝近 600 年，几乎与明、清两代相始终。由于受传统思想的影响，中国的封建统治阶级对边疆少数民族时有轻视、隐讳，对其历史的记述或语焉不详，或故意掩盖事实。朝鲜《李朝实录》作为朝鲜官方编写的重要史籍，包含许多涉及朝鲜与中国明清两代贸易、赏赐、抢掠等史实，既可补明清正史记载的不足，也可证明清代其他史书记载的真伪，具有重要的史料价值。

王锺翰参加《满族简史》编写工作时，用约 3 年时间从辽宁省档案馆辑录约 20 万字的《朝鲜〈李朝实录〉中的女真史料选编》，依编年体例整理了朝鲜太宗（1401—1418 年）、世宗（1419—1450 年）、文宗（1451—1452 年）、端宗（1453—1455 年）、世祖（1456—1468 年）、睿宗（1469 年）、成宗（1470—1494 年）、燕山君（1495—1505 年）、中宗

（1506—1544 年）、明宗（1545—1567 年）、宣祖（1568—1608 年）、光
海君（1609—1622 年）、仁祖（1623—1649 年）时期女真族与明朝的交
往情况。这一时期，史料记载野人女真向明朝进贡或获赐方面的内容较
多，也有女真人在明朝东北地区抢掠汉族之事。另外，有许多记载涉及
女真人"不事耕嫁，以渔猎为业"的经济模式以及"凡有战死者比烧
之"的风俗等。① 其中"不少关于女真人在朝鲜国北部的生产和生活资
料，为孟森、吴晗两位先生的书中所未收，略可供明代女真史和清朝开
国史方面的研究参考"②。

总体上，王锺翰辑录的 550 余处关于女真族史料，其中涉及女真族
人抢财物、牲畜、杀虏人口、虐待其他族人致使其逃亡的记载 340 余处，
约占总体的 61%；涉及女真族人向明朝进贡并获得赏赐的记载 40 余处，
约占总体的 7%，另有 32% 内容为朝鲜君臣关于对女真防卫、贸易的对
话、往来文书等。③ 这些朝鲜史料真实地反映了明朝与女真族贸易、朝
贡、赏赐情况及二者接壤地区的长期混乱的社会状态。

20 世纪 30 年代初期，吴晗在清华大学任教时，为了"研究明代历
史中的问题"，开始了辑录《朝鲜李朝实录中的中国史料》工作。1961
年整理完成，包括两国从朝鲜恭愍王元年（1354 年）到甲午战争时
（1894 年）的政治经济联系、朝贺往来、文化交流等方面的记载。④ 吴晗
整理《朝鲜李朝实录中的中国史料》耗时远超王锺翰整理女真史料的时
间，字数多达五六百万字，在时间跨度、内容方面远多于王锺翰辑录、
整理的史料。这些史料共十二册，一百三十九卷，"可以印证或补充中国
方面的记载"。⑤ 王锺翰主要辑录朝鲜太宗（1401—1418 年）至仁祖
（1623—1649 年）间的女真史料，大约二十万字，尚不及《朝鲜李朝实

---

① 王锺翰：《朝鲜〈李朝实录〉中的女真史料选编》，载《王锺翰清史论集》第一册，中
华书局 2004 年版，第 340—343 页。
② 王锺翰：《清心集》，新世界出版社 2002 年版，第 192 页。
③ 根据王锺翰《朝鲜〈李朝实录〉中的女真史料选编》（载《王锺翰清史论集》第一册，
中华书局 2004 年版）中的内容进行统计。
④ 吴晗辑：《朝鲜李朝实录中的中国史料》第一册，中华书局 1980 年版，第 1—3 页。
⑤ 吴晗辑：《朝鲜李朝实录中的中国史料》第一册，中华书局 1980 年版，第 1—3 页。

录中的中国史料》约二十分之一。王锺翰所辑史料，有的只有一句话，有些超过一千字，而且其中包含女真抢劫其他民族、进贡与获得赏赐等多方面内容。以下按内容分类与吴晗所辑史料进行粗略比较。

王锺翰辑录的女真史料有些已经吴晗辑出，有些则被吴晗忽略。王锺翰辑出而吴晗尚未辑出的女真史料总数 290 余处，占王锺翰所辑女真史料总数 550 余处的 53%。很明显，这些史料补充了吴晗所辑女真族史料的不足。这些史料仍多以女真族与其他民族战争、女真族抢掠其他民族的财物与人口等为主，反映贸易与交换的史料居少数。例如：

朝鲜太宗十年(明永乐八年，1410 年) 四月辛卯，"童猛哥帖木儿寇北边，帖木儿弟于虚里与吾都里仇老甫也等结毛怜遗种，合步骑百五十余人，至庆源雍丘站，掳女二十二名、马十四、牛八头而去"①。

朝鲜太宗十年（明永乐八年，1410 年）四月辛未，"赵涓还自吉州，入见。上曰：'兀良哈等又侵我边鄙，杀人害物，宜具情状，奏于朝廷'"②。

朝鲜世宗四年（明永乐二十年，1422 年）十月，"野人三十人入义州之境，杀其人民，焚其禾谷而去"③。

朝鲜世宗十四年（明宣德七年，1432 年）十二月戊戌，"崔闰德启：'臣闻间延等处口子居民，每为野人所掳。臣愿亟择地筑城，以谨防御'"④。

朝鲜世宗十六年（明宣德九年，1434 年）二月乙卯，"嫌真兀良哈及杨木答兀等七十余骑掠东良北野人人口、牛马，东良野人给

① 王锺翰：《朝鲜〈李朝实录〉中的女真史料选编》，载《王锺翰清史论集》第一册，中华书局 2004 年版，第 339、340 页。
② 王锺翰：《朝鲜〈李朝实录〉中的女真史料选编》，载《王锺翰清史论集》第一册，中华书局 2004 年版，第 340 页。
③ 王锺翰：《朝鲜〈李朝实录〉中的女真史料选编》，载《王锺翰清史论集》第一册，中华书局 2004 年版，第 348 页。
④ 王锺翰：《朝鲜〈李朝实录〉中的女真史料选编》，载《王锺翰清史论集》第一册，中华书局 2004 年版，第 359 页。

日：'朝鲜军马四千余人今到斡木河，贼惊惧弃牛马奔还'"①。

朝鲜世宗二十八年（明正统十一年，1446年）四月丁巳，"野人五十余名寇平安道茂昌郡，杀五人，虏十七人、马四匹、牛八头"②。

朝鲜成宗六年（明成化十一年，1475年）六月癸卯，"建州贼寇边屡矣，而兵至二千，未有如今日也"③。

朝鲜成宗十二年（明成化十七年，1481年）四月乙卯，"唐人朴经曾为毛怜卫野人所掳，至是来投平安道满甫镇；王命吉为建州卫野人所掳，来投平安道渭原镇；李山等三人为建州野人所掳，来投平安道义州镇；崔俊为建州卫野人所掳，来投永安道钟城镇"④。

朝鲜中宗三年（明正德三年，1508年），"咸镜道观察使"高荆山曰："初革甫乙下之堡，欲其远贼薮、避贼路也，反为贼所侵。……臣久在北方，熟知野人之情，虽父子之间，一有嫌隙，则残害常加，无异仇敌，况其他人呼？"⑤

部分涉及进贡、赏赐、交换等史料，略列如下：

朝鲜太宗四年（明永乐二年，1404年）四月癸酉，"赐兀良哈万户波乙所及百户布衣，万户夹衣、笠、靴各一，绵布、黑麻布、白苧布各一匹；百户三人各黑麻布一匹、白苧布一匹；通事黑麻布一匹"⑥。

朝鲜太宗十一年（明永乐九年，1411年）二月丙申，"赐童猛

① 王锺翰：《朝鲜〈李朝实录〉中的女真史料选编》，载《王锺翰清史论集》第一册，中华书局2004年版，第365页。
② 王锺翰：《朝鲜〈李朝实录〉中的女真史料选编》，载《王锺翰清史论集》第一册，中华书局2004年版，第394页。
③ 王锺翰：《朝鲜〈李朝实录〉中的女真史料选编》，载《王锺翰清史论集》第一册，中华书局2004年版，第436页。
④ 王锺翰：《朝鲜〈李朝实录〉中的女真史料选编》，载《王锺翰清史论集》第一册，中华书局2004年版，第443页。
⑤ 王锺翰：《朝鲜〈李朝实录〉中的女真史料选编》，载《王锺翰清史论集》第一册，中华书局2004年版，第485页。
⑥ 王锺翰：《朝鲜〈李朝实录〉中的女真史料选编》，载《王锺翰清史论集》第一册，中华书局2004年版，第325页。

哥帖木儿谷百五十石"①。

朝鲜太宗十三年（明永乐十一年，1413 年）十月己卯，"女真子弟四十人来，赐米豆，人各五石"②。

朝鲜世宗三年（明永乐十九年，1421 年）正月癸酉，"野人来献土宜"③。

朝鲜世宗九年（明宣德二年，1427 年）四月丙子，"礼曹判书申商启曰：'野人希其赏贵，今春来朝者至百有六十余人，衣胜贵与。臣恐难支，请使来朝者有疏数之节。'上曰：'诸种野人，若指挥以上，则虽无定数，来者不多，其余择其可朝者上送，岁不过百人。'令边将以此为恒"④。

朝鲜世宗十年（明宣德三年，1428 年）正月乙未，"都督佥事童猛哥帖木儿、斡朵里千户童末乙大等三人，阔儿看（按，一作骨看）兀狄蛤千户照郎哈等二人，各献皮物，回赐布三十六批"⑤。

朝鲜世宗十三年（明宣德六年，1431 年）正月甲戌，"童权豆等七人来献海青及土宜，并献其父猛哥帖木儿及千户赤古乃所献土宜"⑥。

朝鲜世宗十三年（明宣德六年，1431 年）正月庚寅，"斡朵里（按，即吾都里）千户阿罗介、阿都赤、毛多好等九人来献土宜，

---

① 王锺翰：《朝鲜〈李朝实录〉中的女真史料选编》，载《王锺翰清史论集》第一册，中华书局 2004 年版，第 343 页。
② 王锺翰：《朝鲜〈李朝实录〉中的女真史料选编》，载《王锺翰清史论集》第一册，中华书局 2004 年版，第 345 页。
③ 王锺翰：《朝鲜〈李朝实录〉中的女真史料选编》，载《王锺翰清史论集》第一册，中华书局 2004 年版，第 347 页。
④ 王锺翰：《朝鲜〈李朝实录〉中的女真史料选编》，载《王锺翰清史论集》第一册，中华书局 2004 年版，第 354 页。
⑤ 王锺翰：《朝鲜〈李朝实录〉中的女真史料选编》，载《王锺翰清史论集》第一册，中华书局 2004 年版，第 355 页。
⑥ 王锺翰：《朝鲜〈李朝实录〉中的女真史料选编》，载《王锺翰清史论集》第一册，中华书局 2004 年版，第 356 页。

命馈之。野人等争坐而斗,令壮士曳出门外"①。

朝鲜世宗二十二年(明正统五年,1440年)正月癸丑,"野人书契到礼曹,令本馆审视印迹,若印书明白而不识别者,附过至五次,罢其职,仍习篆字,待次年叙用"②。

朝鲜世祖九年(明天顺七年,1463年)八月甲午,"谕咸吉道都节制使康纯曰:'将谕铁器及水铁农器,与野人互市者,已令严禁'"③。

朝鲜中宗三十四年(明嘉靖十八年,1539年)五月乙未,"倭人、野人来馆于京者,交通商人,私贸禁物"④。

吴晗所辑中国史料数量庞大,仅就女真史料而言,也远超王锺翰所辑。女真族人抢掠他族的史料在吴晗所辑中占有相当的数量,以下对吴晗辑出而王锺翰尚未辑出的女真族史料进行考察,以女真族人抢掠他族史料之部分为例:

朝鲜太宗时期(1401—1418年)

乙酉五年(明成祖永乐三年,1405年),"二月辛未,李愉等回自东北面。愉启曰:'兀狄哈等不从朝廷使臣之命'"。三月"己酉,遣上护军申商于东北面,谕童猛哥帖木儿以勿从朝廷使臣之命也",四月,"壬午,赐女直万户仇老、百户好时罗、通事金龙奇等物"。六月"丁亥赐女真万户甫也银带一腰,衣服一称"等。⑤

---

① 王锺翰:《朝鲜〈李朝实录〉中的女真史料选编》,载《王锺翰清史论集》第一册,中华书局2004年版,第357页。

② 王锺翰:《朝鲜〈李朝实录〉中的女真史料选编》,载《王锺翰清史论集》第一册,中华书局2004年版,第384页。

③ 王锺翰:《朝鲜〈李朝实录〉中的女真史料选编》,载《王锺翰清史论集》第一册,中华书局2004年版,第422页。

④ 王锺翰:《朝鲜〈李朝实录〉中的女真史料选编》,载《王锺翰清史论集》第一册,中华书局2004年版,第517页。

⑤ 吴晗辑:《朝鲜李朝实录中的中国史料》第一册,中华书局1980年版,第206—209页。

朝鲜世宗时期（1419—1450 年）

壬寅四年（明成祖永乐二十年，1422 年），"十月丙戌，兀狄哈二百余人寇庆源府"，"壬辰，召三议政、六曹参判以上议御兀良哈之策。皆曰：'此小寇也，其道兵足以挡之，不必远遣禁军'，上曰：'战之胜负，系一人之勇怯'，乃以上护军金孝诚为咸吉道助战"，"择内禁卫侍，家在咸吉道而壮者二十三人，率赴庆源"。"谕兀良哈曰：'汝等自古诚心归顺，故国家待之极厚。今背德喜恩，再犯边境，何也？如有边将不遵抚恤之义，待之以薄者，汝等随即申闻，自有处置，何至犯边呼？如其不悛，将命将征讨，宜审思之。'""庚戌，野人三十余人潜入间延、江界、义州之境焚掠穀禾而去。"[①] 乙巳七年（明仁宗洪熙元年，1425 年），"三月甲戌，上谓使臣曰：'本国北门江界、间延等处，建州卫都司李满住、指挥童修甫荅等，托以乞粮，各率管人下等连续出来，留连不还。倘若生变，其祸不测'"。"野人散处山谷，迁徙不常，拿捕无由"等。[②]

朝鲜文宗时期（1451—1452 年）

辛未元年（明景帝景泰二年，1451 年），"六月壬午，咸吉道都节制使李澄玉启：'李满住言于庆兴伊沙山住女真朴伊泰'"，朴伊泰云："予欲取白头山北南罗耳夫尼卫或庆源地。"[③]

三月，"建州三卫女直野人"，"来犯我边，抢去人口"等。[④]

朝鲜端宗时期（1453—1455 年）

癸酉（明景泰四年，1553 年），二月"野人旁观（朝鲜世祖），都司巫英使人禁其聚观，虽白杖乱下而不能禁也"等。[⑤]

朝鲜世祖时期（1456—1468 年）

丙子二年（明景泰七年，1456 年），二月"建州卫李满住子都

① 吴晗辑：《朝鲜李朝实录中的中国史料》第一册，中华书局 1980 年版，第 301 页。
② 吴晗辑：《朝鲜李朝实录中的中国史料》第一册，中华书局 1980 年版，第 325 页。
③ 吴晗辑：《朝鲜李朝实录中的中国史料》第二册，中华书局 1980 年版，第 469 页。
④ 吴晗辑：《朝鲜李朝实录中的中国史料》第二册，中华书局 1980 年版，第 476 页。
⑤ 吴晗辑：《朝鲜李朝实录中的中国史料》第二册，中华书局 1980 年版，第 484 页。

万户李豆里、指挥李阿具等，来献土物。癸卯建州卫李满住、左卫童山、右卫都督童罗郎只等，各遣人来献土物。壬子，野人李豆里启曰：'父满住年老，然闻殿下即位，欲来朝。但经由咸吉，则道路阻修。若开平安旧路，虽农月亦来。请许之。'上曰：'夏月上道，虑阻雨水，且有喝疾。予将许平安旧路，可待秋来'"。① 戊寅四年（明英宗天顺二年，1458 年），五月庚戌，"平安道观察使元孝然驰曰：'野人李满住子伊澄巨等十二人到满浦，欲上来。'御扎谕元然曰：'李满住子伊澄巨又来。满住之子多而一一上来，必是利赏赐耳。若每率十余人渐至数十人，则难应付，可设司阻之。若不得已，厚待上送如例'"等。②

朝鲜睿宗时期（1469 年）

己丑元年（明宪宗成化五年，1469 年），十月甲子，"建州野人等收拾兵马千余人，往高丽地面报复"等③。

朝鲜成宗时期（1470—1494 年）

辛卯二年（明宪宗成化七年，1471 年），十月辛未，野人"遥呼曰：'我等贼杀国民，罪当万死。今既悔恨，愿以财产赎罪'"④。五月丙午，"唐人李坚、崔松曾为建州野人所掳，至是逃来方山镇。差司译院正崔有江押解辽东"⑤。乙未六年（明宪宗成化十一年，1475 年），二月辛巳，"永安北道节度使鱼有沼驰启：'贼三十余骑直抵稳城郊外，纵火积禾三十余所。城中人射中贼一人，遂散去'"，壬午，谕鱼有沼曰："建州之贼于前年十二月二十二日寇理山，今正月二十三日寇昌洲，二十五日寇碧园，退屯于碧园十五里之地，或曰三千余骑，或曰四千余骑，或曰八千余骑。以此观之，虽不至八千，亦不下三、四千，是非小贼。李满住种落统数百耳，

① 吴晗辑：《朝鲜李朝实录中的中国史料》第二册，中华书局 1980 年版，第 494 页。
② 吴晗辑：《朝鲜李朝实录中的中国史料》第二册，中华书局 1980 年版，第 503 页。
③ 吴晗辑：《朝鲜李朝实录中的中国史料》第二册，中华书局 1980 年版，第 600 页。
④ 吴晗辑：《朝鲜李朝实录中的中国史料》第二册，中华书局 1980 年版，第 609 页。
⑤ 吴晗辑：《朝鲜李朝实录中的中国史料》第二册，中华书局 1980 年版，第 615 页。

必是并左右普花秃、童仓种落而又请兵于诸种也"等。①

朝鲜燕山君时期（1495—1505 年）

明孝宗弘治十年（1497 年），五月辛亥，"兵曹启曰：'今遣清礼，一以探道路迂直，一以知彼人之情伪。近来野人不服，频来作贼，西方之民被耗久矣'"等。②

朝鲜中宗时期（1506—1544 年）

壬申七年（明武宗正德七年，1512 年），"七月甲戌，野人千余名寇甲山府近处。庚辰，咸镜道兵使尹熙平驰启曰：'六月十八日，野人五十余骑将入寇稳城，令境内各部落酋长，各领麾下战却之'"，甲申"野人二千余人"分道入寇等。③

朝鲜明宗时期（1545—1567 年）

癸亥十八年（明世宗嘉靖四十二年，1563 年），八月癸丑，"特进官余绛曰：'咸镜道六镇近来疲惫已极，人民凋残，苟失农作，则反以胡地为乐而投之，极为寒心'"，"甫乙下则关防尤重，城底胡人最多"，"最难镇抚"等。④

朝鲜宣祖时期（1568—1608 年）

乙酉十八年（明神宗万历十三年，1585 年），九月庚辰，平安兵使曰，"胡人二十余名屯聚炊饭。不意挟击，胡人等多数逢战奔北"，"追击，斩头五级，割耳，所持箭弓上送"等。⑤

朝鲜光海君时期（1609—1622 年）

己酉元年（明神宗万历三十七年，1609 年），三月辛卯，"老贼（指努尔哈赤）之来也，于北道则迂而且险，于西路则近且坦。贼之来路，虽难预定，兵使柳珩尽心国事，勇往直前，做事可嘉，拜

---

① 吴晗辑：《朝鲜李朝实录中的中国史料》第二册，中华书局 1980 年版，第 619 页。
② 吴晗辑：《朝鲜李朝实录中的中国史料》第二册，中华书局 1980 年版，第 763 页。
③ 吴晗辑：《朝鲜李朝实录中的中国史料》第三册，中华书局 1980 年版，第 860 页。
④ 吴晗辑：《朝鲜李朝实录中的中国史料》第四册，中华书局 1980 年版，第 1481、1482页。
⑤ 吴晗辑：《朝鲜李朝实录中的中国史料》第四册，中华书局 1980 年版，第 1519 页。

辞之日，已于臣等讲论此事"等①。

朝鲜仁祖时期（1623—1649 年）

明朝天启四年（1624 年），十一月壬子，"贼虏来袭之患，朝夕可虑"，"奴酋八将军为讬称山行，自铁阳、宽奠等处搜捕剃汉，无论老弱，尽数厮杀，而还向城中"等②。

此外，吴晗辑出而王锺翰尚未辑出关于女真族人与他族贸易、进贡等关系的史料也有一定数量，略举如下：

朝鲜太祖四年（明洪武二十八年，1395 年）九月己巳，"吾都里上万户童猛哥帖木儿等五人来献土物"③。

朝鲜太祖四年（明洪武二十八年，1395 年）十二月癸卯，"上即位，量授万户、千户之职，使李豆蘭招安女真"④。

朝鲜太祖六年（明洪武三十年，1397 年）正月丁丑，赐吾良哈等五人，吾都里童猛哥帖木儿等五人，"各绿䌷绢""布苎布"等⑤。

朝鲜太祖七年（明洪武三十一年，1398 年）正月己酉朔，吾都里"来献方物"⑥。

朝鲜太宗二年（明建文四年，1402 年）正月甲申朔，吾良哈五人"献毛皮箭羽"。丁亥，吾良哈八人"来献土物"⑦。

如前所述，吴晗辑录《朝鲜李朝实录中的中国史料》，耗时三十余年。王锺翰仅"利用工作之余"，"为编纂《满族简史》搜集补充资

---

① 吴晗辑：《朝鲜李朝实录中的中国史料》第七册，中华书局 1980 年版，第 2861 页。

② 吴晗辑：《朝鲜李朝实录中的中国史料》第七册，中华书局 1980 年版，第 3227、3228 页。

③ 吴晗辑：《朝鲜李朝实录中的中国史料》第一册，中华书局 1980 年版，第 132 页。

④ 吴晗辑：《朝鲜李朝实录中的中国史料》第一册，中华书局 1980 年版，第 134 页。

⑤ 吴晗辑：《朝鲜李朝实录中的中国史料》第一册，中华书局 1980 年版，第 140 页。

⑥ 吴晗辑：《朝鲜李朝实录中的中国史料》第一册，中华书局 1980 年版，第 145 页。

⑦ 吴晗辑：《朝鲜李朝实录中的中国史料》第一册，中华书局 1980 年版，第 166 页。

料"①。因耗时较少且有专题资料搜集的目的，王锺翰所辑史料在数量上远不如吴晗丰富。但毕竟也辑出了吴晗未曾注意的部分资料，其价值不容忽视。

第二节 整理与研究中国历史文献

20世纪50年代末，毛泽东、周恩来指示中华书局组织人员点校、出版"二十四史"。60年代中后期，"前四史"点校完毕并出版。"文化大革命"开始后，此项工作中断。70年代初，毛主席与周总理指示继续点校，王锺翰参与《清史稿》的点校工作。《清史稿》校看清样基本完成之际，中华书局又委托王锺翰"独力点校"《清史列传》。后来，王锺翰还独自点校了《清鉴易知录》，独自校读了《道咸以来朝野杂记》等史籍。②

一 参与点校《清史稿》

1911年清朝覆亡，后袁世凯下令设置清史馆，聘请赵尔巽为馆长编纂《清史稿》。赵氏去世后，柯劭忞代理馆长。该书先后有100余人参与编写，1928年"竣工"，共536卷，800余万字。首次印刷1100部，其中400部被负责刊刻之一的金梁（另一位为袁金铠）携至东北并私自修改，并在关外发行，称为"关外本"。编纂者反对金氏修改，另行出版"关内本"，因此出现《清史稿》"关外本""关内本"的区别。由于参与者多为清朝遗老旧臣，该书在立场上拥护清王朝，对清廷丧权辱国的行为轻描淡写，反对革命，将太平天国、兴中会与同盟会领导的起义等说成"贼""匪""寇"作乱。鉴于这种反动立场，该部书籍在出版后一度被国民政府封存，禁止流行。另外，由于"众手成书"，时间仓促，完稿后又未经仔细核对、校正，以致繁简失当，年月、事实、人名、地

① 王锺翰：《清心集》，新世界出版社2002年版，第192页。
② 王锺翰：《清心集》，新世界出版社2002年版，第191—194页。

名等错误也较多。1971 年 8 月，王锺翰调至中华书局参与点校《清史稿》，同时调来的学者还有罗尔纲、刘大年、孙毓棠、启功，加上中华书局吴树平、何英芳，点校《清史稿》一组共 7 人。①

王锺翰等人在点校过程中，首先，以"标点、分段为主，也有少量的注，主要是关于三个版本的异同"。如卷 45 末注按语："关内本"与"关外一次本"均曾有《八线对数表》，由于"照抄通行的对数表"，其参考价值不大，所以删去。

其次，对其中"史实错误及同音异译的人名、地名、官名、部落名等一般不改动，只在本篇或同一个传内作统一"。对历史上少数民族的侮辱性的称谓改正，如"獞"改作"壮"、"猺"改作"瑶"等。②

大约半年后，刘大年调回参加《中国史纲》近代部分的编写工作。《清史稿》"看校样"的任务主要由王锺翰、吴树平、何英芳三人负责。最后"校样"工作全由王锺翰负责。对"全书从第一页到末页"，他"起码要看过三四遍以上"。即便如此，由于全书部头太大（共 529 卷、分装 48 册），"工作中的疏漏之处难以避免"。该书出版后，被"揭露的错标或失误虽不算太多"，"但为数也不少"。对存在的错误，王锺翰坦承自己"应该负大部责任"。③ 可见王氏严谨求实的治史风格与坦荡的胸怀。

通过点校该部书籍，王锺翰有所感悟。第一，"虽然《清史稿》存在这样那样的错误，但它仍有不可替代的价值"。编者根据《清实录》《清会典》及一些档案对此进行整理，这就便于读者"得到详细系统的有关清代史事素材"。而且，有些志、清末人物的列传取材于罕见的清国史馆档案，各朝实录、各朝起居注、各省奏折、历代军机处档案、方略馆档案、五朝会典、玉牒、各地官书公文及私家著述，史料价值更不容忽视。另外，各志中有许多重要的数字史料。如《兵制》记载京营八旗的兵数，在光绪、宣统之际为职官 6680 人，兵丁 120309 人，即实际京

---

① 王锺翰：《王锺翰学述》，浙江人民出版社 1999 年版，第 227、228 页。
② 王锺翰：《王锺翰学述》，浙江人民出版社 1999 年版，第 228—232 页。
③ 王锺翰：《王锺翰学述》，浙江人民出版社 1999 年版，第 230—233 页。

旗官兵总数为 126989 人。根据《满族社会历史调查》第 83 页（辽宁人民出版社 1985 年版）记载，该书编委"得到了曾任御前侍卫的正红旗满洲都统王衡永所藏的旧档，其中记载的京旗官兵人数是 126985 名，其中官员是 6676 名，士兵 120309 名。……据王衡永谈，此数直到民国 12 年向北洋政府索饷时，仍是这个数字，此数与《清史稿》所记仅差 4 人，可以作为《清史稿》所述的旁证"。①

第二，该书"不仅是有关清代史料的汇集，实际上还显示了当时清史的研究水平"。

其中一些论述受时代影响，"其本身可作为史学史研究的对象"，"有的研究心得对后人犹有启发意义"。它不仅为清史研究者"提供了研究清朝历史的史料"，还"提供了许多值得重视的研究线索及当时最新的研究成果"。② 所以，不能因《清史稿》的政治倾向，就轻易抹杀其价值。

王锺翰对《清史稿》进行过多年的严谨研究，对书中脱、误、倒等字作了修改，纠正了诸多谬误。如《曾国藩传》中"其平生学"，脱"志"，应为"其平生志学"。《藩部传二》中"领取蒙古资本"，"本"误为"木"。《陶模传》中"见玉门军赴西安"，应为"见玉门军赴安西"。③ 同时，他也指出了其对于历史研究的重要作用。这对清史研究无疑具有深远的影响。

二　独自点校《清史列传》

1976 年《清史稿》点校工作基本完成之际，中华书局安排王锺翰独自点校《清史列传》。书局要求按照《二十四史》点校体例，每卷末撰写《校勘记》。《清史列传》共 80 卷，编辑人不详，1928 年由上海中华书局出版。该书既没有序跋，也没有别的版本，王锺翰只能"钩稽群籍，博求旁证"。具体来说，先"弄清该部书籍稿本来源，然后顺藤摸瓜，

---

① 王锺翰：《王锺翰学述》，浙江人民出版社 1999 年版，第 232—235 页。
② 王锺翰：《王锺翰学述》，浙江人民出版社 1999 年版，第 233 页。
③ 王锺翰：《王锺翰学述》，浙江人民出版社 1999 年版，第 231 页。

选定几个工作底本进行校勘"①，之后再写《校勘记》。1980 年，王锺翰被调回中央民族学院，担任历史系副主任和教学工作，并继续从事《清史列传》的点校工作。该项点校工作前后共持续了 8 年，到 1985 年基本完成，1987 年正式出版。

《清史列传》分为八个部分，其一，宗室王公；其二，大臣；其三，忠义；其四，儒林；其五，文苑；其六，循例；其七，贰臣；其八，逆臣。王锺翰经过仔细考察《清史列传》的稿本来源，通过比较，基本断定该部书籍的稿本来源有三：

第一，"大部分抄自《耆献类征初编》，两书相同的传有 1278 个，几乎占《清史列传》2894 个列传的一半"。如现存的《大臣列传稿本》中的"额亦都、范文程、洪承畴、祁允格、陈名夏、孙承泽、费英东等传，是乾隆三十年（1765 年）国史馆第二次开馆重纂大臣中仅存的 7 个传"，《清史列传》"中的额亦都、费英东两传，既不同于《大臣列传稿本》，又与《满汉名臣传》大同小异，而与《耆献类征初编》完全相同，可见，这两个传确系抄自《耆献类征初编》"。②

第二，"小部分出自《满汉名臣传》，连同《耆献类征初编》重出的加在一起，总共有 426 个传，在《清史列传》中占 1/7 弱"。如《张鹏翮传》中"玉家堂缺口"的"堂"字，《清史列传》与《满汉名臣传》均误作"营"字，而《耆献类征初编》不误；又"按《南河志》"的"南河"是指南运河，《清史列传》与《满汉名臣传》均误作"河南"，显然是颠倒其字，而《耆献类征初编》不颠倒。又如《张廷玉传》中的"此所见与儿童何异"中的"见"字，"至魏征仆碑"中的"仆"，"交刑部拟定"中的"拟"字，《清史列传》《满汉名臣传》中作者均分别误作"为"字、"仆"字、"议"字，而《耆献类征初编》于此不误。可见，张鹏翮、张廷玉等传，《清史列传》的根据"只能是《满汉名臣传》"而非其他，"判断的方法仍然是同误同源的原则，探流索源，寻求

①　王锺翰：《王锺翰学述》，浙江人民出版社 1999 年版，第 235、236 页。
②　王锺翰：《王锺翰学述》，浙江人民出版社 1999 年版，第 239、240 页。

其出处".①

第三，部分出自原国史馆纂修的《大臣列传稿本》。例如《大臣列传稿本》中的《马尔泰传》《唐绥祖传》《恩长传》《奎兴传》等与《清史列传》中的相关内容"几乎完全相同，除个别字句偶有笔误外，甚至连一字也不差；而多数传记，一般都经过修改、删定，至于究竟是出于正本、副本还是清本，则不能一概而定"。除此以外，还有将近500个传来源未明，均不见于上述三种文献，是否出自早已散失的《大臣列传稿本》还需要进一步证明。②

该部书籍"当中的一部分是直接抄自《大臣列传稿本》，而另一部分则是通过《满汉名臣传》及《耆献类征初编》间接抄录的"。如《玉德传》在《清史列传》中"云：'玉德，瓜尔佳氏，正红旗人……命署山东东泰武道'，而《大臣列传稿本》则删去玉德的姓氏和旗籍，眉批：'玉德系雅德之弟，见《高宗实录》乾隆六十年五月'，在泰武道的'武'字旁添注一'临'"。又如《德楞泰传》，在《清史列传》中"作正黄旗蒙古人"，而在《大臣列传稿本》中作者将"蒙古"二字钩于"正黄旗"之前。③

王锺翰对该部书籍的点校"仍以标点、分段为重点"。除了根据原国史馆纂修的《大臣列传稿本》《满汉名臣传》《耆献类征初编》《国史列传》等记载与《清史列传》中相同的2000多个传"逐一互校"外，还参考《大清历朝实录》与各种史籍、档案"爬梳参稽，订误纠失……并一一说明理由及根据、来源"等，"下了别人所没有下过或很少会那样下的'死功夫'"，使"这次新点校本能够成为比较完善的、接近于原清国史馆历次所纂《大臣列传》的初稿本"。后来，他又撰写2692条10余万言的《校勘记》附于各卷之末，以供读者参考、复查。④

王锺翰在点校此部书籍过程中基本遵循以下几个原则：其一，"书中

---

① 王锺翰：《王锺翰学述》，浙江人民出版社1999年版，第239、241页。
② 王锺翰：《王锺翰学述》，浙江人民出版社1999年版，第239页。
③ 王锺翰：《王锺翰学述》，浙江人民出版社1999年版，第238、239页。
④ 王锺翰：《王锺翰学述》，浙江人民出版社1999年版，第242—246页。

凡遇年、月、日的讹夺或颠倒，一般不出校记，只有在上下文中不通或不合逻辑时，才出校记”；其二，“史实错误及同音异译的人名、地名、官名、部落名称等，一般不改动，只在本传内略作统一，不出校记”；其三，“清朝的避讳字，一律改回，凡遇明显的错误字及对少数民族带有侮辱性的字眼均加以改正，不再出校记”；另外，对“原文文理不通，或人名、地名等偶有脱误，一时查不到出处的地方都维持原状”。①

对该书的价值，王锺翰指出，由于清代“大臣列传几乎散佚大半以上”，如《清史列传》对清代人物“直接或间接转录下来，虽然其中不少属于第二手资料”，仍“不失为具有较高参考价值的资料”。《清史稿》与《清史列传》虽然都囊括有清一代300年间的人物传记，但前者所述人物往往过于简略，给全面了解相关人物带来困难。因此，《清史列传》的“史料价值是不言而喻了”。②

《清史列传》作为研究清史的重要史料，王锺翰不但考证出该部史籍的材料来源，也纠正了诸多讹、脱、衍、倒等谬误。这对清史研究具有相当大的促进作用。当然，以一人之力点校此书，疏漏与错误当然在所难免。胡凡曾指出该书诸多商榷之处。如该书卷十的第710页至第711页李光地传载彭鹏劾李光地疏、第712页康熙三十九年二月李光地上康熙书等处，都出现“标点不够准确”的现象③。

三　独自点校《清鉴易知录》

《清鉴易知录》为民国初年许国英沿袭康熙年间吴乘权主编的《纲鉴易知录》体例续写的清代部分，采用简明的编年体，“前面有纲，后面有目”，因而命为此名④。王锺翰点校时，“改正了书中出现的一些史实错误”与287个“明显的错别字”，并将这些错别字附于书末⑤，1987

---

① 王锺翰：《王锺翰学述》，浙江人民出版社1999年版，第247页。
② 王锺翰：《王锺翰学述》，浙江人民出版社1999年版，第246、247页。
③ 胡凡：《〈清史列传〉标点商榷四则》，《古籍整理研究学刊》2005年第4期。
④ 王锺翰：《〈清鉴易知录〉校订叙言》，载《王锺翰清史论集》第三册，中华书局2004年版，第1885页。
⑤ 王锺翰：《清心集》，新世界出版社2002年版，第217页。

年8月由北京古籍出版社出版。点校的同时，王锺翰也指出了该书的特色。

其一，"寓褒贬于叙事之中的春秋笔法"。王锺翰认为，许国英对清代帝王将相，包括慈禧的临朝听政，"举凡用人行政，国计民生，莫不留心考察"，并"加以评论，隐寓褒贬"。同时，许氏的看法也"反映出清末民初排满思想的时代特点"。

其二，详近略古。如鸦片战争以后70余年的近代史部分，"占全书篇幅的一半以上"。许氏"不但详细地叙述了鸦片战争的全部过程，而且指出战争的正义方是在中国人民一方"，林则徐、邓廷桢等人"为杰出代表人物"，清政府的统治阶级如"穆彰阿、琦善、伊里布之流则属于卖国求荣民族败类"。王锺翰还指出，许氏"对革命是赞同的"，许氏"关于太平天国运动"的论述"毫无一点微辞夹杂其间"。

其三，"详载一代历次签订的条约"。许氏搜集外交条约"约章成案、汇览为据"，这对"当时唤醒广大民众，发愤图强，振兴中华，废除不平等条约，起到了一定的积极作用"。①

王锺翰对《清鉴易知录》的校读，指出了该书的特色，对清代史籍的研究有一定促进作用。

四　校读《道咸以来朝野杂记》

《道咸以来朝野杂记》是一部记载清代从道光、咸丰至20世纪30年代北京掌故、旧闻的笔记。其内容涉及朝野诸多方面，"举凡帝系宗支、政局典制、园林宅第、寺庙古迹、节令游览、里巷所闻、市井风俗、人物轶事，均有所叙述"，对了解"这时期北京的社会面貌有一定的参考价值"。②

王锺翰指出该书主要存在以下几类不妥之处：其一，标点错误不当；其二，讹夺错别字；其三，小注窜入正文；其四；条文前后颠倒；其五，

---

① 王锺翰：《〈清鉴易知录〉校订叙言》，载《王锺翰清史论集》第三册，中华书局2004年版，第1885—1890页。

② 崇彝：《道咸以来朝野杂记》，北京古籍出版社1982年版，第1页。

原文被删而有损本意。前四个问需要理错乱、正讹夺、删衍羡、补阙脱，体现校雠学的真功夫。后一个问题也应三致其意，因其中涉及做学问的态度，如有不慎就会使"史学研究误入歧途"。

在校正该书文字、标点方面，王锺翰点校非常严谨。如：

原书第 9 页小注"每月六次御门大典"，"六次"下加逗号，指前面所言的简放员缺，这"与后面的御门大典别为一事"。第 65 页的"为明代侯废园"，"侯"字前应该空一字，即某某侯之意。第 90 页"于是开去一切"，"一切"之后手稿原有"乌布"二字，删去不成文。在原本目录一页，列有诸帝、宗支、朝局、朝士、外吏、世家、章制、收藏、宅第、市肆、风俗（婚丧附）、寺庙胜迹、节令、酒食、车马、游戏、琐闻等子目，读者观之，对内容一目了然，且正文条目前后大致以类相从，今印行本既将子目删去，又将正文条文挪移，前后颠倒者也复不少。如第 2 页中间"清朝皇帝首重骑射"，直到第 3 页第 1 行"一继皇子二子贝勒永基后"共 290 字，手稿原本另页所写，夹于上页"恭王府"条"园林亦佳"与下页"光绪十五年迁于今府"之间，因误抄入。其实，"清朝皇帝"起 290 字本三条，应在"恭王府"之前，而"光绪十五年迁于今府"则紧接于"园林亦佳"之后，方合。又如第 34 页"褡忽"以下至"未经目睹"一条，凡 118 字，手稿本在下条"车有方车"末小注"亦作间"三字之后。再如，第 102 页，"河督钟祥"与"大学士富俊"二条，按手稿均在"吏部侍郎继禄"之后。①

关于原文被修改而有损著者本意，王锺翰认为，由于著者多为清代遗老，该书中有许多关于封建迷信、落后习俗的叙述，这是在所难免的。如果只是为了破除迷信，反对落后习俗而大段大段地加以删削，不仅是对著者的不尊重，也是对历史的不尊重，甚至有抹杀历史事实、掩盖时代真相之嫌，如：

第 6 页最后一行"内城第一饭庄聚丰堂……京城四大凶宅，此其一宅也"条末"予为提调一切"下，手稿本尚有"夜深有人曾见怪异，先

---

① 王锺翰：《清心集》，新世界出版社 2002 年版，第 218、219 页。

时屡有言者，尚不信，至此始知实有其事"。又小注"聚丰堂正房东耳房一间，每逢演戏，即以此为包袱房，存衣处也。是日夜深，看包袱人见一旗装女子，靓装独坐，问之不答，以不识此人，何以至此，告之同人，群往观之，即进屋不见，始知其怪"。这虽是迷信不可取之处，但全部删去，上文所云"四大凶宅"之一的聚丰堂，则不知其成为凶宅也。

第21页第2行，"西广在大街路西"，此下手稿本有"据云系凶宅之一"七字，又下文"曹即故于此宅"之后也有"是否有风水之说不敢说"十字，今印本全部删去，则所谓"四大凶宅"又少了一个了。

第22页中间"光绪二十一、二年间"一条之首手稿本有"风水之说，虽不可尽信，然实有先兆焉，阴宅尤甚。当"等20字，此条之末又有"未及廿年而清社屋矣，长、英二公皆死于庚子之乱，长罢黜，英赐自尽。识者皆谓掘蛊之报，虽随员中亦有多不得其死，迹近迷信"。"迹近迷信"是当时不少人对自然现象的解释，删头去尾，反失其真。

第28页"其父钟公福，曾从长文襄底定西域"，此手稿本有"手擒张格尔"，删去，则张格尔为长龄部将钟福所擒这一事实竟被抹去。[1]

通过对《道咸以来朝野杂记》的校读，王锺翰指出，该书揭露了清朝末年统治阶级腐朽没落生活的一个侧面，对清代北京政治社会的研究是很有价值的材料。

五　研究"清三通"

王锺翰对《清朝通典》《清朝通志》《清朝文献通考》的研究，是从其在燕京大学求学时开始的。洪业在给三年级学生讲授"高年级史学研究法"的课程时，让王锺翰通过对"清三通"的研究，以比较其异同，并希望他"能从中发现一些清代制度的新材料"。王锺翰"不识深浅，竟一口应允下来"。虽然"这个题目太大，远不是一篇大学本科毕业论文能完成的"[2]，但他仍然在1938年撰成《清三通之研究》一文，"毕业

① 王锺翰：《清心集》，新世界出版社2002年版，第219、220页。
② 王锺翰：《王锺翰学述》，浙江人民出版社1999年版，第59页。

答辩，颇受谬奖"。作为导师的邓之诚，亦欣然签字认可。次年，该文改名为《清三通纂修考》并被推荐到燕京大学《史学年报》上发表①。实际上，改名后该文的内容与题目衔接得更准确、恰当。

首先，王锺翰考察了"清三通"的纂修情况。众所周知，清代从建立至乾隆初期，已近百年，国家统一、社会相对稳定，经济也获得相当大的发展，这为文化的发展提供了一定的基础。好大喜功的乾隆在思想与文化领域进行控制的同时，也沿袭顺治、康熙时热衷于编纂史书、整理典籍文化的传统，于 1747 年颁发上谕称："汲古者并称'三通'该洽，博闻之士所必资之也。旧刻讹缺漫漶，且流布渐少，学者闵焉。今载籍既大备矣，十三经、二十二史工具告藏；其内府所藏《通典》《通志》《文献通考》缮本，命经史馆翰林等详校……一仿新刻经史成式，以广册府之储。"随后，从多大学士与翰林院修撰，开始对杜佑的《通典》、郑樵的《通志》、马端临的《文献通考》进行校勘。同时，由于万历年间王圻所撰的《续文献通考》有排满之述，乃令张廷玉、梁诗正、汪由敦等人重修此书。乾隆三十二年（1767 年），清廷令继续纂修《续通典》《续通志》《续文献通考》。史载："全书现在告竣。……因思马端临《通考》原踵杜佑《通典》、郑樵《通志》而作，三书实相辅而行，不可偏废。"由于"《续通考》一书，从前所进各门，仅载至乾隆二十五年以前；而陆续呈进者，并纂入三十一年之事，先有体例，尚未画一；著交新开馆将二十四考概行增辑，编载事宜，悉以本年为准。增添各卷，即速缮呈览，以便刊版颁行。其《通典》《通志》二书，亦以三十一年为限，以期画一"。②

王锺翰根据《清高宗实录》《上谕》《清史列传》《国朝历科题名碑录》及私家著述等史籍，考证了"清三通"纂修兼总裁 7 人、纂修兼校对官 34

---

① 王锺翰：《王锺翰学述》，浙江人民出版社 1999 年版，第 62 页。
② 王锺翰：《清三通纂修考》，载《王锺翰清史论集》第三册，中华书局 2004 年版，第 1615—1620 页。

人姓名与入馆年月等，并指出全书大致成书于乾隆"五十一二年间"①。

其次，王锺翰研究了"清三通"的体例与取材。他指出："'三通'之书，杜氏开其端，马氏竟其委，郑氏其支流也。"清之三通，"分门别类，一仍三家之旧"，其内容"最称详备；惟以体例所限"，"兼编年纪事以为文，已包'典''志'而有之"，"书虽有三，足成巨观"。但"理事重复，递相模效，犹屋下架屋，床上架床，其可议者，正复不少"。考察体例取材的同时，王锺翰还对三部著述的内容进行深入考察，指出其"体例不同，互有详略，名虽异而实多同"。② 王锺翰也指出："《通典》之'州郡''边防'，《通志》之'都邑''地理'，即《通考》之'舆地''四裔'也。"当然，他还指出了三部著述的许多不同之处，笔者对此进行归纳，如表5－1所示③。

表5－1　　《清朝文献通考》《清朝通志》《清朝通典》比较表

"清三通"中有无相关内容	《帝系》《封建》二考	《兵考》《兵典》	《氏族》《六书》《七音》《谥法》《校雠》《图谱》《金石》《草木昆虫》	《象纬考》《天文略》《经籍考》《艺文略》《物异考》《灾祥略》	《食货》	"礼""乐""职官""选举""刑法"
《清朝文献通考》	有此内容	有此内容	无此内容	有此内容	该书析为"田赋""钱币""户口""征榷""市籴""国用"六门	有此内容
《清朝通志》	无此内容	无此内容	有此内容	有此内容	有此内容	无此内容
《清朝通典》	无此内容	有此内容	无此内容	无此内容	有此内容	有此内容

① 王锺翰：《清三通纂修考》，载《王锺翰清史论集》第三册，中华书局2004年版，第1627页。

② 王锺翰：《清三通纂修考》，载《王锺翰清史论集》第三册，中华书局2004年版，第1631、1637、1660页。

③ 王锺翰：《清三通纂修考》，载《王锺翰清史论集》第三册，中华书局2004年版，第1631—1645页。

王锺翰还列举诸多内容，证明"清三通"的来源主要为 15 类清代史籍。即《清实录》、《清国史》、起居注、玉牒、训谕、会典、通礼、律例、各部署则例、档案、御制诗文集、钦定诸书、帝志、器物、私家撰述。① 从王氏所列之内容来看，"清三通"源于《大清会典》与《御制准格尔全部方略》等"钦定诸书"较多。

最后，王锺翰对"清三通"的体例、内容作了总结。其"体例不同，互有详略，名虽异而实多同，故必折中归一"。而且"三通"之书，"取材既广，排纂自难划一，雷同遗误，在所不免"。② 大体而言，"以《通考》较为详尽，故昔人有'既读《通考》，可包它通'之论"。"然则合'三通'于一编，必以《通考》为蓝本，但采《典》《志》以补足之可也。"③

总之，王锺翰在 20 世纪 30 年代末期就充分运用《清高宗实录》《办理四库全书档案》《上谕》等重要的原始记载，既对"清三通"的编纂、体例及其所用材料等方面进行深入系统的、开创性的考察，指出其特色与不足之处，凸显了其前期历史研究偏重考证的特色。当然，细致的考证工作，也使其立论更有说服力、更能经得起时间的检验，为后人的深入研究奠定了坚实的材料基础。如陈建国考察了"清三通"，进一步指出了其时代背景、作者、资料来源，指出其编纂"人数众多、纂修历时久、又受到政府的支持，人力物力有保障"，而且其作者"所搜集到的史料十分丰富"，尤其是"官方的档案文书、各部统计的数据、诏令、奏议"及"兵、刑、钱、谷、人口、土地等经济资料的搜集"，这"更是私家修史所不能见到的或无法收集完备的"④，但陈氏对"清三通"较多地进行理论分析、概括，对其所采用典籍的考察尚不如王锺翰的翔实、系统。

---

① 王锺翰：《清三通纂修考》，载《王锺翰清史论集》第三册，中华书局 2004 年版，第 1645—1658 页。

② 王锺翰：《清三通纂修考》，载《王锺翰清史论集》第三册，中华书局 2004 年版，第 1631—1645 页。

③ 王锺翰：《清三通纂修考》，载《王锺翰清史论集》第三册，中华书局 2004 年版，第 1667 页。

④ 陈建国：《浅论"清三通"的史料价值》，《咸阳师范专科学校学报》1999 年第 5 期。

六　对清代则例的研究

清代则例，史家关注较早。邓之诚指出："有清一代政治制度，大约'例'之一字，可以概括无余。"① 1938 年，王锺翰在燕京大学攻读历史学硕士学位时，协助邓之诚整理清代则例，对这一领域的研究由此开始。一年后，邓之诚认为王锺翰已经有了一定基础，希望他能"就则例将清代政治与法律的演变过程摸索和清理一番"，王锺翰未假思索地承担下来。随着资料收集越来越多，王锺翰体会到，仅某一单独部院的情况已经很难完整地整理和概括，对整个清代则例这样复杂巨大的问题进行概括、总结更难。"无奈题目已定"，只能全力以赴地干下去。② 1940 年，洪业担心日美战争爆发会影响到燕京大学，要求王锺翰缩短"战线"，邓之诚"也极力赞成"③。于是王锺翰"穷日夜之精力"，对所收集到的则例进行分类、整理，并根据《东华录》《刑案汇览》《大清律例增修统纂集成》《理藩院》《内务府堂》《吏部处分则例》《刑部通行章程》《大清律例》等近 50 余种文献资料进行比勘、考察，最终撰成《清代则例及其与政法关系之研究》硕士学位论文。④ 在文中，王锺翰从多方面对清代则例进行分析、归纳、总结，虽然清代各部司、省府等各种则例之类的记载繁多、复杂，远不是一篇硕士论文所能容纳的，但他对此进行初步资料整理、归纳以及许多结论等为后人的继续研究奠定了基础。

1991 年，应邓之诚百年诞辰学术论文集编委会之邀，王锺翰又作《清代各部署则例经眼录》一文，以感谢其师"明清制首以重视则例"的教诲。该文对清代则例进行整理，并下标注其历次纂修的年月⑤，内容涉及宫中、宗人府、内务府、内阁、吏部、户部、礼部、兵部、刑部、工部、理藩院、都察院、太常寺、光禄寺、国子监、各部院、布政司等

① 王锺翰：《王锺翰学述》，浙江人民出版社 1999 年版，第 134 页。
② 王锺翰：《清心集》，新世界出版社 2002 年版，第 63 页。
③ 王锺翰：《王锺翰学述》，浙江人民出版社 1999 年版，第 67 页。
④ 王锺翰：《清心集》，新世界出版社 2002 年版，第 63 页。
⑤ 王锺翰：《清代各部署则例经眼录》，载《王锺翰清史论集》第三册，中华书局 2004 年版，第 1849 页。

十八部分则例。① 其中，内务府、吏部、户部、礼部、兵部、刑部、工部内容较多。

王锺翰对清代则例系统的探讨，虽有些为基础性的考察，但也产生了许多开创性的学术成果。如对则例在清史研究中史料价值的判断："有清一代 300 年间之事，清律固为一代大法，初暂用明律，几于全录明律旧文，以为比附之资。如内云'依大诰减等'，清初无大诰，亦援引为处分减等耳。自后虽屡经纂修，然仅续增附律之条，而律文终未之或改。一代舍律用例，叔季则舍例用案。故知终清一代行政，大约例之一字"可以概之。"清中央政府各部署均有规章细则"，且"名目繁多，有条不紊，皆秦汉以降所谓掌故、故事也"。"其时史学专家知矜贵档案矣，而不知则例即昔日档案之择要存汇者，且年远境迁，档案照例焚毁，今舍则例将无以取证，是则例之贵为何如也。"② 前文在20 世纪 40 年代初虽然"未能收其全功"，连他"自己初步预计的一半也未能实现"③，但比晚清律例大家沈家本、薛允升等"皆只言刑部例案之因革损益"系统、全面④。其内容涉及清代政治制度、各部法律、兵制、军事、民族等，甚至对清代则例由来、名称、种类作了系统分析。同时，该文还对则例与各部组织的资料进行总结、对则例在行政上的处分种类、效力进行简要归纳，甚至对清代捐官、捐马、捐兵饷、捐赈等多种捐例也进行了细致的梳理。后文中，王氏又对清代则例进行补充整理，显示其对清代则例史料价值的重视，这"对研究清代政治制度史有重要的学术价值"⑤。

---

① 王锺翰：《清代各部署则例经眼录》，载《王锺翰清史论集》第三册，中华书局 2004 年版，第 1849—1877 页。

② 王锺翰：《清代各部署则例经眼录》，载《王锺翰清史论集》第三册，中华书局 2004 年版，第 1847—1849 页。

③ 王锺翰：《清心集》，新世界出版社 2002 年版，第 63 页。

④ 王锺翰：《清代则例及其与政法关系之研究》，载《王锺翰清史论集》第三册，中华书局 2004 年版，第 1696 页。

⑤ 常江：《补正清史　考本溯源——读王锺翰〈清史补考〉》，《中国图书评论》2004 年第6 期。

七　研究《圣武记》

1990 年 7 月 8 日，《光明日报》第 3 版《史学》专栏上发表了任敏的《魏源与师夷长技以制夷》一文。对其观点，王锺翰"颇有同感，略书己见，仓促间成此小文，就教通人，亦兼应 1993 年《社会科学战线》创刊 15 周年纪念嘱稿之雅命"①。

学者对《圣武记》的考察，20 世纪 70 年代末以后较多，论述各有侧重。张书才指出《圣武记》关于白莲教起义记载中一些史实错误，如"清朝档案中没有一件关于刘松、刘之协以王发生为'牛八'的记载，而有王发生不是'牛八'的可靠证据"②。后来的王波认为《圣武记》所记格登山位置有误③。而对《圣武记》所反映的史学价值、史学思想也有学者探讨，如陈其泰详细地指出该书"揭露了清朝统治的腐败，总结历史经验为御侮提供鉴戒，显示坚决反抗侵略的爱国精神"等，同时，"它又存在封建色彩浓厚等严重局限性，但与其成就相比只居次要地位"④。吴宏岐、刘沛林论述了该书强调的"际海形势""当代军事地理"与"军事人才地理"等⑤。

与此前论述侧重有所不同的是，王锺翰主要以魏氏提出的"富国强兵之策"、该书的版本与流传等为重点进行论述。

首先，简介《圣武记》，点明中国沦为半殖民地半封建社会的原因。

王锺翰指出，魏源"最重经世致用之学"，"以当代人著当代史，最见功底，为乾嘉以降第一人，开近现代人读书论世的风气之先"。《圣武记》"全书采用纪事本末体，历叙清初开国、统一东北与内外蒙古、平定三藩、勘定回疆"等，也"详著有清一代典章制度，以及练兵整军、

---

① 王锺翰：《魏源与〈圣武记〉》，载《王锺翰清史论集》第四册，中华书局 2004 年版，第 1982 页。

② 张书才：《〈圣武记〉所记白莲教起义史料辨误》，《文献》1979 年第 1 期。

③ 王波：《魏源〈圣武记〉所记格登山位置有误》，《中国边疆史地研究》1992 年第 2 期。

④ 陈其泰：《魏源〈圣武记〉的史学价值》，《史学史研究》1981 年第 4 期。

⑤ 吴宏岐、刘沛林：《从〈圣武记〉看魏源的军事地理思想》，《衡阳师专学报》1989 年第 3 期。

攻守防御、筹饷购械，与夫战术战略，谠言谳议，无不备录"。魏氏"目击时艰，深感亡国灭种之祸日迫"，在书中，"奋起大呼，走笔之书，抨击清朝最高统治者以及王公大臣对东西列强之前倨后恭的错误认识和可耻行径"，并认为"中国之所以由强到弱，由盛到衰，由先进而后退"，"逐步沦入半殖民地半封建社会近百年来受人宰割、不克自主的被压迫、被剥削民族之林"，是由于清朝统治者"闭关锁国，夜郎自大，不师人长，匡我不逮，闭目塞听，但求苟安"的结果。①

其次，王锺翰论述了"魏氏之追述清初列祖列宗开国创业之"状况以及"康乾盛世之文治武功，极颂扬推崇之事"。魏氏指出："女真兵满万不可敌，况倾东北海之精锐，殚两神圣（清太祖、清太宗）之训练，夫何敌于天下不？"因此，清之初兴，"地之里未盈数千，兵之众不满万……能破明二十万之众"，满族从努尔哈赤崛起后，统一了各部女真，平定三藩，西南"云、贵、川"等地的"犹同割据"的土司，"至雍正间皆铲除殆尽"。② 可见，魏氏对以往清朝统治者的"文治武功"充满怀念之情。

再次，王锺翰阐述了魏氏在该部书提出的"富国强兵之策"。魏氏"从当时历史实际出发，指出清朝当局腐败无能，着着失策，而有识之士之呼声充耳不闻，固步自封，不图改弦更张，发愤图强，卒致海防屡屡失利，频年折将割地，丧权辱国，一蹶不振，年复一年，沦为近百年来被动挨打、受人摆布的半殖民地结局"。清廷应重视"兵不在多""用兵在有变化""御外侮在知己知彼"等御敌之策，以"救当时燃眉之急而解历朝积重难返之困境"。③

最后，王锺翰对该部书的刊本与流传情况等进行探讨。他指出，《圣武记》第一次刊本为道光二十二年（1842年）刊于江都（今扬州市）的古微堂本。道光二十四年，稍加修改，再刊于苏州，为第二次刊本；

---

① 王锺翰：《魏源与〈圣武记〉》，载《王锺翰清史论集》第四册，中华书局2004年版，第1982、1983页。

② 王锺翰：《魏源与〈圣武记〉》，载《王锺翰清史论集》第四册，中华书局2004年版，第1984、1985页。

③ 王锺翰：《魏源与〈圣武记〉》，载《王锺翰清史论集》第四册，中华书局2004年版，第1986、1987页，

道光二十六年（1846 年），又修改，重刊于扬州，为第三次刊本。清光绪四年（1878 年）由上海申报馆排印，广为流传，是清末民初最流行的普及本。1949 年前，上海中华书局有《四部备要》本；1984 年，北京中华书局又有标点本。其他翻印本尚未计算在内。王锺翰特别提到，《圣武记》第一次出版才两年，即有一部传入日本；1845 年和 1846 年两年内又连续传入三部。自此以后，逐年仍有传入。该书"得以在扶桑三岛广为传布，深受日本人赞赏"。王锺翰痛心地指出，魏氏"苦心孤诣"地"著书陈言，主张富国强兵之策，不见采于清廷，而见重于友邦，复得一'海外同治'之知音如佐久间象山其人者，宇宙虽大，而英雄所见略同，在远不在近也"。①

总之，王锺翰详人述略地考察了《圣武记》及其所反映的思想等，其论述简明扼要，同时，他也提出了一些自己的看法，这对《圣武记》的研究或多或少有促进与补裨作用。

八 研究《三国志》裴注

王锺翰在成都燕京大学期间，受陈寅恪的濡染与启发，将裴松之注文认真研究一遍，发现裴注有许多脱漏等问题。于是撰成《〈三国志〉裴注考证》一文，于 1945 年在闻宥先生主编的《中国文化研究辑刊》第 5 卷上发表②。该文从"裴氏注史方法""裴注搀入陈史""注文脱漏及其异同""所引书名及其撰人"等方面进行考察③，以下论之。

第一，关于"裴氏注史方法"。

王锺翰考察了裴松之《上三国志注表》《魏志·武帝纪》《魏志·蒋济传》《魏志·袁绍传》《蜀志·诸葛亮传》等注释及出处，指出："《裴注》全书为合本子注之体矣"，"即同源异释，合诸异释，列为子

---

① 王锺翰：《魏源与〈圣武记〉》，载《王锺翰清史论集》第四册，中华书局 2004 年版，第 1987、1988 页。
② 王锺翰：《清心集》，新世界出版社 2002 年版，第 80 页。
③ 王锺翰：《〈三国志〉裴注考证》，载《王锺翰清史论集》第四册，中华书局 2004 年版，第 2228 页。

注，以注于一较善本之下；亦即于大同求小异，最是实事求是之注史方法"。① 对此体例，杨翼骧进一步指出："在裴氏之前，为史书作注的已有很多，如马融、郑玄注《尚书》，贾逵、服虔、杜预注《左传》，贾逵、韦昭注《国语》，高诱注《战国策》，徐广注《史记》，服虔、应劭、韦昭、晋灼、蔡谟注《汉书》等，但都不外音义、名物、地理及典故的解释。到了裴氏注《三国志》，除了包括前人作注的内容之外，又补充事实、列举异同、考辨真伪、发表评论，实为前所未有的开创之作。这种注史，应当说是过去最好的方法。"② 缪钺也认为："在裴松之以前，注释古书者，大概都是训释文辞音义、名物制度，至于博采群书，补缺备异，则自裴松之始"，"此体例一开，对后世注书者影响甚大"。③ 可见，王锺翰的看法被一些学者认同。

王锺翰还指出，"虽然，裴氏注成，自比蜜蜂兼采，可谓详且精矣；唯论辩过多，自不无小疵可议之处"④。如《魏志》卷八《张鲁传》云：

> 张鲁字公祺，沛国丰人也。祖父陵，客蜀，学道鹄鸣山中，造作道书，以惑百姓。受道者，出五斗米，故世号"米贼"。陵死，子衡，行其道；衡死，鲁复行之。益州牧刘焉，以鲁为督义司马，与别部司马张修，将兵击汉中太守苏固，鲁遂袭修杀之，夺其众。
>
> 裴氏注引《典略》云：
> 光和中，东方有张角，汉中有张修。（中略）角为太平道。修为五斗米道。
>
> 末加按语云：
> 臣松之谓张修应是张衡，非《典略》之失，则传写之误。

---

① 王锺翰：《〈三国志〉裴注考证》，载《王锺翰清史论集》第四册，中华书局 2004 年版，第 2230 页。

② 杨翼骧：《裴松之与〈三国志注〉》，《历史教学》1963 年第 2 期。

③ （晋）陈寿：《三国志》（上），岳麓书社 2002 年版，第 10 页。

④ 王锺翰：《〈三国志〉裴注考证》，载《王锺翰清史论集》第四册，中华书局 2004 年版，第 2231—2234、2239 页。

而王锺翰证之曰："《张鲁本传》张衡即鲁之父，而张修为益州牧刘焉之别部都司马，其非一人昭昭也；且刘焉以鲁为督义司马，与张修将兵击汉中太守苏固，鲁遂谋杀修，安得以张鲁之父当之，裴说失之远矣。"①

第二，关于"裴注搀入陈史"。

王锺翰指出，"《三国志裴注》之误入正文，显而易见者，如《魏志》十三《王肃传评》，及《蜀志》十五《杨戏传赞》，均见钱大昕《十驾斋养新录》卷六《三国志注误入正文》条，钱氏考之详且审矣。其他如《蜀志五董厥传》，见钱仪吉《三国志证闻》卷中；《蜀志七法正传》，见赵一清《三国志注补》卷三七引姜西溟氏，及梁章钜《三国志旁证》卷二四引陈锦云氏；《蜀志十二谯周传》，见钱大昕《二十二史考异》卷十六；《吴志十二虞翻传》，见《二十二史考异》卷十七"等。②

第三，关于"注文脱漏"。

王锺翰指出："裴氏注文之脱漏处，殿本《三国志考证》颇有发明，然均为书名脱落者，他则未之见也。"此外尚有很多，王锺翰引用多种资料，指出《魏志·武帝纪》《魏志·文帝纪》《魏志·明帝纪》《魏志·高贵乡公纪》《魏志·袁绍传》《魏志·曹爽传》《魏志·夏侯玄传》《魏志·荀彧传》《魏志·荀攸传》等40余处均有记事脱漏之处。③

第四，关于"所引书名及其撰人"。

王锺翰对裴氏所引书名按时代、地理、人物、官制、杂书、文章、别传、家传、谱牒等十四类"以释文义"进行考证，并对"裴氏注所引诸书名及撰人之可考者，亦一一为之证补于每书之下，并注明《三国志》卷数及篇名"，"苟有异同及疑难处"，"稍加按语，不但示不相袭，

---

①　王锺翰：《〈三国志〉裴注考证》，载《王锺翰清史论集》第四册，中华书局 2004 年版，第 2239 页。

②　王锺翰：《〈三国志〉裴注考证》，载《王锺翰清史论集》第四册，中华书局 2004 年版，第 2239、2240 页。

③　王锺翰：《〈三国志〉裴注考证》，载《王锺翰清史论集》第四册，中华书局 2004 年版，第 2248、2249—2258 页。

且可便读者循览焉"。①

不过，王锺翰文中也有个别失误，如他沿袭了宋代以来称裴注篇幅超出陈寿原书数倍之说，实则并非如此，陈寿之书约36万字，裴注约32万字，裴注篇幅并不比正文多。②

应该说，王锺翰在陈寅恪的启发下，依据许多确凿而又翔实的记载较早地对《三国志》裴注进行了深入的研究。他一方面指出了裴松之在史学上的卓越贡献，同时也发现了《三国志》裴注的一些"脱漏"之处等，显示了其严谨考证的治史特色。这对《三国志》的研究具有一定贡献，也为后人的深入奠定了基础。如杨翼骧曾指出，虽然《三国志》裴注"不免有遗漏之处"，但其"提出了审查史料意见""发展了历史考证学""开展了史学批评"等，"裴注的成绩是巨大的……它的最主要的价值，在于广辑史料，提供了大量的具体事实，使后人获得了比较丰富的历史知识，在进行三国时代的历史研究时提供了很大的便利"。③

第三节 编著诸书

20世纪八九十年代，王锺翰还主编了《四库禁毁书丛刊》与《中国帝王后妃外传》，参与编写《〈中国历史地图集〉释文汇编·东北卷》。

一 主编《四库禁毁书丛刊》及其《补编》

由于乾隆皇帝为"维护专制朝廷的统治及忌讳"，以纂修《四库全书》为名，在全国范围内广泛"征调图书，进行严格审查"，"有删改、有抽毁，有全毁"，使"总数在十万部以上"的书籍遭到删改、禁毁。

20世纪90年代，在《四库全书存目丛书》《续修四库全书》开始编

---

① 王锺翰：《〈三国志〉裴注考证》，载《王锺翰清史论集》第四册，中华书局2004年版，第2259—2275页。

② 参见王廷洽《应正确认识"三国志"裴注的价值》，《上海师范学院学报》1983年第4期；《略谈〈三国志〉与裴注的数量问题》，《古籍整理研究学刊》1985年第3期。

③ 杨翼骧：《裴松之与〈三国志注〉》，《历史教学》1963年第2期。

篡之后，对劫后幸存的禁毁丛书的拯救工作逐渐受到国家的重视。于是，《四库禁毁书丛刊》编刊工程（以下简称《丛刊》）经全国高等学校古籍整理研究工作委员会批准立项，国家新闻出版署、国家古籍整理出版规划小组参与并指导，工作正式展开。其编委会由40余位专家学者组成，王锺翰担任该部书籍编篡的主编，何龄修、朱宪、赵放为副主编。

该部丛书基本以姚觐元的《清代禁毁书目》、孙殿起的《清代禁毁书知见录》、雷梦辰的《清代各省禁书汇考》、陈乃乾的《索引式的禁书总录》所述的图书为收录范围。为了避免重复，它"不是清代所有禁毁书籍的总汇，不收录乾隆以后的各种禁毁小说、戏曲"，因为那时期的小说、戏曲另有专门编印、出版。《丛刊》所录之禁毁书主要以刻本、活字本、抄本为主，石印本、铅印本、影印原刻本"酌情收录"，"点校本不予收录"。①

对《丛刊》的编辑工作，王锺翰反复要求编委们"兢兢业业地工作"，"以期无负于禁毁书的原作者和当年冒死收藏者，无负于现在的读者以及国内外学术文化界，更无负于高明来哲"。经过"三年周密、细致的准备和三年紧张、辛苦的工作"，终于2000年由北京出版社出版。全书共311册（含索引），收入书籍634种，其中经部10册收书16种；史部75册收书157种；子部38册收书59种；集部187册收书402种。该部丛刊具有如下特点：

第一，原始性。

《丛刊》所收典籍，只有极少数经过挖改，如吴应箕《楼山堂集》是将"违疑"字句改成墨订的重印本、王锡侯《望都县志》是挖削作者姓名的原刻本。这部分经过挖改的典籍，均留有痕迹，后人知道删减所在。不像《四库全书》的删改那样难于分辨，甚至具有欺骗性，"其余则大多为原刻本或禁毁前刊本、钞本，保留著作的原始性"。

第二，"丰富性"。

---

① 《四库禁毁书丛刊》编篡委员会编：《四库禁毁书丛刊》"编篡凡例"，北京出版社2000年版。

《丛刊》取材"范围广泛"。经、史、子、集四部中，"史部是禁毁的重点之一"，因此《丛刊》对此部分收录的内容比较丰富。其中关于"万历以后至明亡一段历史的书籍，特别是许多诏令奏议和多种续写陈建《皇明资治通纪》的史籍，实当时人记当时事的详尽著作"。另外，《丛刊》所收的被禁诗集也较多，如华淑《明诗选》、蒋珑《清诗初集》、魏宪《诗持》、朱琰《明人诗钞》、钱谦益《列朝诗集》等。这些诗集"千姿百态，五光十色，很能表现诗之王国的绮丽风采"，甚至有许多"人间罕见之本"。

第三，"珍稀性"。

由于四部禁毁书都是"劫后孑遗"，因此"除极少数在近代百年来曾经重刊外，其余大部分都成为孤本、善本、稀见本"。如周永春《丝纶录》收录明朝诏令，此为中国国家图书馆藏孤本。叶燦《读书堂稿》为中国科学院图书馆藏孤本、残本，只存卷九、十、十一、十二，全书多少卷尚不清楚。当然也有少许比较完备的孤本，如清华大学图书馆馆藏鲁之裕等《经史提纲》。总的来看，《丛刊》"所收孤本约占总数的百分之十五，善本约占总数的百分之七十五"，因此它"极为珍贵"。

第四，"作者的民族性"。

该《丛刊》所收各书的作者中，有许多"抗清英烈"，如熊廷弼、黄道周、陈子龙、金声等，反清士绅如叶向高、钟惺、茅元仪、钱谦益等，明遗民顾炎武、阎尔梅、吕留良等。因这些人物著作中"洋溢着民族精神"，表现出"强烈的'天下兴亡，匹夫有责'的社会责任心"和"不顾身家不贪禄位而尽忠宗国的凌云壮志"，成为中华传统文化凝结的精华成分。中国人要在世界民族之林中自强自立，这些著作的内容给人很大的启发。①

由于编纂人员又陆续收集许多珍稀书籍，2000年国家启动《丛刊》的补编工作，2005年由北京出版社出版，《〈四库禁毁书丛刊〉补编》

---

① 《四库禁毁书丛刊》编纂委员会编：《四库禁毁书丛刊》"编纂后记"，北京出版社2000年版。

（简称《补编》）全部为 90 册，共收书 290 种，其中经部 3 册收书 12 种；史部 27 册收书 73 种；子部 12 册收书 38 种；集部 48 册收书 167 种。《丛刊》及其《补编》合计 401 册，收书 924 种。①

该部丛书为学术界梳理、提供了珍贵的罕见典籍，也收集、补全了许多残本图书。由于该部丛书收录的孤本、稀见本图书较多，它对"理解清朝的统治政策"②，"公正、客观地研究明末清初的中国历史"③，"尤其是晚明史"都具有重要的价值④，因此，它"极大地扩充了"学者的眼界，具有很高的史料价值，"这是学术界一件功德无量的贡献，必将推动清史研究的深入发展"。⑤

二　主编《中国帝王后妃外传》

20 世纪 80 年代以来，随着对历史人物的研究与评价逐渐兴起，各种"全传""大传""评传"等传记体著述也逐渐增多。在此学术氛围下，王锺翰主编了《中国帝王后妃外传》，以补充"正史"中对帝王后妃论述过于简要的"诸多不足"。该套丛书共 10 册，总计约 200 万字，记述从大禹至清末溥仪，贯通 4000 余年，其内容几乎包括历代的帝王与后妃。

该书虽名为"外传"，但同样是真实的历史。其中神话、传说部分，书中都有明确交代，与真实历史相区别。该书参考《史记》《清史稿》以及见闻、笔记等各种可信文献，所述后妃言行、事迹，皆有事实根据。由于后妃人数众多，该书仅选择有代表性的人物及其相关事迹进行阐述，"揭示人物的千姿百态"，且兼顾详略，"适当做到大体平衡"，"不致畸

---

① 《四库禁毁书丛刊》编纂委员会编：《〈四库禁毁书丛刊〉补编》第一册，北京出版社 2005 年版。

② 宁侠：《四库禁书的研究史回顾（1883—2010）》，《阴山学刊》2011 年第 6 期。

③ 田款、魏书菊：《存史与证史——〈四库禁毁书丛刊〉及其文献价值》，《历史教学》2002 年第 4 期。

④ 李共前、菊秋芳：《试论〈四库禁毁书丛刊〉的文献学价值》，《图书馆理论与实践》2001 年第 4 期。

⑤ 《纪念王锺翰先生百年诞辰学术文集》编委会：《王锺翰先生的学术成就和地位》，载《纪念王锺翰先生百年诞辰学术文集》，中央民族大学出版社 2013 年版，第 21、22 页。

轻畸重"。各后妃及其事迹均独立成篇,即一事一题,自成首尾。"长则三、四千字,短则千余字。易读而不费时间,每册又以 18 万字为限,体现了短而精的特点。"该书在语言上力求"恢复和发扬司马迁的优良传统",写活历史人物,使故事情节完整而且通俗易懂。①

与后妃外传相关,王锺翰撰写了《清太祖大妃纳喇氏传》《清太宗孝端文皇后博尔济吉特氏传》并于 1992 年收入《中国妇女传记辞典》(清代卷)②。两文虽是对历史人物的简要介绍,但也包含对史事的精彩辨析。

在《清太祖大妃纳喇氏传》一文中,王锺翰除简要介绍纳喇氏身世之外,还对其殉葬一事进行了辨析。现存的满文旧档和朝鲜人的当时记载均可证实"满族先世女真人原有以人殉葬的古老传统习俗,迄至清初相沿未改"。皇太极"正好利用本民族历代相传下来的这一殉葬陋习,来达到争夺汗位的政治目的"。"大妃之死并非出于自尽以殉夫,而是被迫身亡,是符合历史事实的。"太祖与大妃两人情感真挚,清太祖临终留言,"虽不知所嘱云何,却很难想像恩爱夫妻会有强迫爱妻自尽之事"。③ 对此,此前的学术界多认为"大妃"被逼而殉。如王佩环与姜相顺在合撰的《努尔哈赤大妃考——兼谈皇太极争夺汗位经过》一文中,根据《清太祖实录》《满文老档》《满洲实录》等记载,已经指出"大妃""只是在'先帝(努尔哈赤)有命,虽欲不从,不可得也'的威逼面前,才不得不从殉的"④。黄展岳根据《满洲实录》《清太祖实录》等记载,也指出:"诸王以(努尔哈赤)'遗言'为借口,勒令纳喇氏殉死,为皇太极夺取汗位铺平了道路。"⑤ 爱新觉罗·恒顺根据《宁古塔志》等记载,也认为:"大福晋是不

---

① 王锺翰主编:《中国帝王后妃外传·先秦卷》,吉林文史出版社 1994 年版,第 1—4 页。

② 赵令志:《王锺翰先生学术简谱》,载《纪念王锺翰先生百年诞辰学术文集》,中央民族大学出版社 2013 年版,第 1027 页。

③ 王锺翰:《清太祖大妃纳喇氏传》,载《王锺翰清史论集》第一册,中华书局 2004 年版,第 111—113 页。

④ 王佩环、姜相顺:《努尔哈赤大妃考——兼谈皇太极夺汗位经过》,《史学集刊》1987 年第 2 期。

⑤ 黄展岳:《明清皇室的宫妃殉葬制》,《故宫博物院刊》1988 年第 1 期。

愿从俗而殉的，为诸王以太祖遗言威逼从殉的。"① 可见，王锺翰也基本赞同并沿袭此前学术界普遍看法。

在《清太宗孝端文皇后博尔济吉特氏传》一文中，王锺翰对清太宗孝端文皇后的论述研究性不强，多为简要介绍。他指出：清太宗孝端文皇后，"名佚，博尔济吉特氏，内喀尔喀蒙古五部之一的科尔沁部贝勒莽古思女"。年五十一，葬于昭陵。明万历四十二年（1614 年），科尔沁部贝勒明安之兄莽古思"以其女归努尔哈齐第八子皇太极为婚，即是孝端文皇后"，孝端文皇后生三女，"长女封温庄固伦长公主，名马喀塔，下嫁察哈尔部林丹汗之子额哲；次女封端靖固伦长公主，名佚，下嫁科尔沁部满珠习礼之侄祁他特；三女封永安固伦长公主，名佚，下嫁土谢图汗巴达礼之子巴雅思护朗"。这也反映了满蒙联姻之现象，"满蒙婚嫁不论辈分"，"然蒙古人最重世谱氏姓，博尔济吉特氏为元朝的直系后裔，乃蒙古一大姓，这就是清皇室之所以多次与其联姻的原因"。②

总的来看，王锺翰对两位后妃未作深入、系统的考察，基本以简介为主。关于王锺翰对满蒙联姻的考察在清代民族政策部分中已有论述，此处不作赘述。

三 参与编写《〈中国历史地图集〉释文汇编·东北卷》

在 20 世纪 60 年代末至 80 年代，王锺翰参与编写了《〈中国历史地图集〉释文汇编·东北卷》，内容涉及两汉至两晋辽西郡、隋辽西部、明辽东都司及辽东边墙、清盛京将军辖区的山川地名、都司、府县等古今地理位置、名称的考证。③

王锺翰主要根据《汉志》《后汉书》《水经注》《三国志·魏书》《三国郡县表》《晋志》《晋书·载记》《隋书》《资治通鉴》《辽志》

---

① 爱新觉罗·恒顺：《清初满洲人殉习俗与大妃之死》，《云南民族学院学报》1991 年第 2 期。

② 王锺翰：《清太宗孝端文皇后博尔济吉特氏传》，载《王锺翰清史论集》第一册，中华书局 2004 年版，第 204、205、206 页。

③ 谭其骧主编：《〈中国历史地图集〉释文汇编·东北卷》，中央民族学院出版社 1988 年版。

《括地志》《读史方舆纪要》《太平寰宇记》《嘉庆一统志》等记载，对明代辽东都司堡、所等 250 余地名与该地 7 座山、20 余条河流名称从出处、定位资料、定位地点进行仔细考证并列表。同样，他考证了盛京奉天府 150 余地名、锦州府 80 余地名、盛京辖区内 50 余山河名称并制作成表①，这极大地方便了人们了解东北地区的地理沿革，也为后人继续研究奠定了坚实的基础。这些地名的考证需仔细认真，并查找不同史料佐实，既耗时又耗力，体现王氏治史极为严谨的考实作风。

与之相关，王锺翰与陈连开合撰了《战国秦汉辽东辽西郡县考略》，1979 年发表于《社会科学辑刊》第 4 期。对撰此文之由来，作者指出："对于辽东辽西史地的考订，历来为学者重视。官修辽东志乘，以元朝修《辽阳等处图志》为最早，可惜此书早已散佚，而《大元一统志》辽阳行省部分，虽有辑本，也是残缺不全。明代毕功、任洛等修撰《辽东志》，其后顾祖禹撰《读史方舆纪要》及清代所修《盛京通志》《大清一统志》都对辽东辽西郡县沿革与地名留下了珍贵的资料。而清代考释《汉书·地理志》诸名家及李兆洛、杨守敬的历史地图，于两郡郡县地名的考订，也有很大帮助。近代，由于帝国主义的侵略，东北边疆危机深重，何秋涛、张穆、曹廷杰等人的著作，都是感于国难发愤图强之作，清末吴廷燮《东三省沿革表》及后来王树枏、金毓黻等编撰巨著《奉天通志》和金毓黻编集《辽海丛书》和撰写《东北通史》"等，对东北史地的考订提供了"很好的借鉴"。中华人民共和国成立以来，"佟柱臣、李文信、孙守道等同志都曾以考古资料为主考订周秦到汉晋东北疆域和郡县地名，并公开发表报刊"。鉴于此，本书"才得以综合文献与考古资料，吸取古今学者的成就，并借助前人难以得到的精确地图，对两郡县的历史与地名考订作进一步的研究"。②

首先，作者根据《汉志》《水经·濡水注》等记载，对辽东辽西两

---

① 谭其骧主编：《〈中国历史地图集〉释文汇编·东北卷》，中央民族学院出版社 1988 年版，第 1—6、62—64、216—234、292—307 页。

② 王锺翰、陈连开：《战国秦汉辽东辽西郡县考略》，载《王锺翰清史论集》第四册，中华书局 2004 年版，第 2199、2200 页。

郡的设置进行考察，指出辽东辽西"两郡设置，并非肇于秦皇，《史记·匈奴传》明确记载'燕有贤将秦开为质于胡，胡甚信之，归而袭破走东胡。东胡却地千余里。与荆轲刺秦王秦午阳者，开之孙也。燕亦筑长城，自造阳至襄平，置上谷、渔阳、右北平、辽西、辽西郡以拒胡'"。因此，"辽东辽西设郡，始于战国燕，秦因燕，汉又因秦"。关于两郡属县，"《汉志》载西汉辽东郡辖十八县……辽西郡辖十四县"，但后来略有变化。[①]

其次，作者根据《水经·辽水注》《辽东志》《后汉书·高句丽传》《盛京通志》《嘉庆一统志》等记载，对辽东郡各县地名进行考释，结果如下：

1. 襄平——今辽宁省辽阳市老城。

2. 新昌——今辽宁省海城县东北三十里向阳寨。

3. 无虑——今辽宁省北镇县东南大亮甲村。

4. 望平——今辽宁省新民县安平堡南大古城子。

5. 房——今辽宁省盘山县西牛古城子附近。

6. 侯城——今辽宁省沈阳市东南二十里古城子。

7. 辽队——今辽宁省辽阳市西南八十余里太子河西岸高驼子附近。

8. 辽阳——今辽中县茨榆坨公社偏堡子古城。

9. 险渎——今辽宁省台安县东南二十里孙城子。

10. 居就——今辽阳县亮甲山古城。

11. 高显——今辽宁省铁岭县城。

12. 安市——今辽宁省海城县东南十五里英城子古城。

13. 武次——今辽宁省凤城县东北三十五里大堡古城。

14. 平郭——今辽宁省熊岳县城稍东。

---

① 王锺翰、陈连开：《战国秦汉辽东辽西郡县考略》，载《王锺翰清史论集》第四册，中华书局 2004 年版，第 2200、2202 页。

15. 西安平——今辽宁省丹东市九连城公社瑷河尖古城。

16. 文（汶）——今辽宁省营口汤池附近英守沟古城。

17. 番汗（略）

18. 沓氏、沓——今辽宁省金县东南八十里大岭屯汉代古城。①

再次，作者根据《汉志》《辽志》《水经注》《三国魏志·武帝纪》《后汉书》《读史方舆纪要》《太平寰宇记》等记载以及最近的考古发掘，对辽西郡各县地名进行考释，结果如下：

1. 且虑——今辽宁省朝阳市迤西，不定点。

2. 海阳——今河北省滦县西南兴隆庄。

3. 新安平——今河北省迁安县西馆山。

4. 柳城（龙城）——今辽宁省朝阳市西南十二台营子。

5. 令支——今河北省迁安县西南赵店子。

6. 肥如——今河北省迁安县东万军山，两汉均属辽西郡。

7. 宾徒——今辽宁省锦州市北英城子。

8. 交黎（昌黎）——今辽宁省义县。

9. 阳乐——今辽宁省义县西偏南古城子。

10. 狐苏——今辽宁省朝阳市东南松树咀子。

11. 徒河——今辽宁省锦州市。

12. 文成——今辽宁省建昌县巴里罕古城。

13. 临渝——①前汉今辽宁省朝阳市东北，不定点。
　　　　　　②后汉移置今山海关。两汉均属辽西郡。

14. 絫县——今河北昌黎县南泥井街。前汉县，后汉起不见记载。②

———————

① 王锺翰、陈连开：《战国秦汉辽东辽西郡县考略》，载《王锺翰清史论集》第四册，中华书局 2004 年版，第 2204—2215 页。

② 王锺翰、陈连开：《战国秦汉辽东辽西郡县考略》，载《王锺翰清史论集》第四册，中华书局 2004 年版，第 2216—2223 页。

最后，作者指出，辽东辽西两郡的设立，是中国"东北古代历史发展的必然结果"。它说明，在中国"诸侯割据走上统一的中央集权多民族国家发展的最初阶段，东北即已包括在这个不可分割的统一体中"。而且，中国"东北各族民族，自古以来杂居共处，互相交往，种植畜牧，繁衍生息，共同开发和保卫了祖国的东北，使东北地区源远流长的历史，既和全国兴衰治乱息息相关，又具有浓厚的地方特色"。辽河流域自古是中国"东北扼要之区，也是古代中华文明发达较早的地区之一"。①

该文依据多种翔实而又确凿的史料，对辽东辽西郡及所属县的设置与变化进行深入而又开创性的考证，这无疑对东北地方史的研究有很大的促进作用。

总之，从 20 世纪 50 年代末开始整理朝鲜《李朝实录》中的女真史料，到七八十年代点校《清史稿》《清史列传》等为止，王锺翰整理、点校、考察了众多史籍。这不但大大开阔了他的学术视野，也提升了他的史学认识水平，对他从事历史研究，尤其在清史研究中所用史料的丰富性、准确性起到了很大的促进作用。而他之所以长期不懈地从事史料整理工作，和他对这项工作的深刻认识有关。晚年，王锺翰总结说：

> 我涉足清史研究至今已逾 60 年，始终认为，某一历史学科能达到何种成就，其基本条件之一，就是对史料的整理能进行到何种程度。以《元史》研究而论，所以能有今天的规模，是从钱大昕以来多少代人积累的基础上发展起来的。清史资料之浩繁，是其他任何时代无法相比的。正在发掘和尚在发掘的资料不可估量。除此之外。清史资料的另一特点是真伪夹杂。所谓伪，是指清代官修《历朝实录》等不少地方有意隐讳篡改极多，不单指野史逸文而言。因此，

---

① 王锺翰、陈连开：《战国秦汉辽东辽西郡县考略》，载《王锺翰清史论集》第四册，中华书局 2004 年版，第 2224、2225 页。

有计划地系统地进行整理，任务极为繁重。清史学科之所以相对落后于其他断代史的研究，从客观上说，就在于缺乏一个整理史料的阶段。从学科发展上看，缺乏这一步，就不可能真正取得丰硕的结果。孟森先生之所以能在清史研究领域中被视为奠基者，称为大师，我认为，严格地说，就在于他基本上理清了清代前期与明朝的关系，及努尔哈齐之前的世系，而他能做到这一点，又在于他对照《明实录》和《朝鲜李朝实录》，将建州女真的记载钩稽排比，完成了《明元清系通纪》16 册的撰述。孟森先生的经验说明，即使要在一个局部问题上获得突破，也需要多么巨大的整理史料的工作作为铺垫。①

---

① 王锺翰：《清心集》，新世界出版社 2002 年版，第 59 页。

第六章 王锺翰的史学思想

作为中国现代著名的清史学者，王锺翰在史学界辛勤耕耘了约 70 个春秋，留下了相当丰厚的历史研究成果，其中蕴含了丰富的史学思想。然目前学界虽对此有所论及①，尚有较多不足，如论者多指出王锺翰治史偏重考据与依据唯物史观的特色，但对二者之间的关系论述极少；王锺翰在历史人物研究中多用比较方法，其学术研究具有浓厚的学术报国思想，但学界亦只是一些简述或只言片语的介绍，很不系统深入。此处试对王锺翰史学思想从理论到方法，再到功能等方面，作一系统的梳理、总结。

第一节 历史考据只有在唯物史观指导下，才能做出更大成就

王锺翰重视严谨考据，这源于 20 世纪 30 年代他在燕京大学求学时受其师的影响与教诲。当时的燕京大学是几乎与北大、清华齐名的北方实证史学的重镇，汇集了邓之诚、洪业、顾颉刚等重视考证的知名学者。其中，邓之诚、洪业是对他影响最大最深的两位老师，对王锺翰严谨治学精神的培养与偏重考证学术风格的形成起到了很大的引导作用。

---

① 刘小萌：《王锺翰先生的学术成就》，《清史研究通讯》1990 年第 3 期；李鸿彬：《文章成一家 桃李满天下——介绍我国著名清史与满学专家王锺翰先生》，载《庆祝王锺翰先生八十寿辰学术论文集》，辽宁大学出版社 1993 年版，第 639—645 页；朱诚如主编：《清史论集——庆贺王锺翰教授九十华诞》，紫禁城出版社 2003 年版，第 1—5 页；王俊义：《赫赫清史大家 巍然一代宗师——重读王锺翰〈学术〉与〈清史论集〉兼论其学术成就与思想》，载《纪念王锺翰先生百年诞辰学术文集》，中央民族大学出版社 2013 年版，第 993—1002 页。

　　王锺翰主要是从清代典籍与制度的考证开始其学术研究之路的，这
"得益于邓文如师的指点"①，还有张尔田经常给他讲《清史稿》纂修经
过、清代典籍等②。此时期，王氏先后撰写了《清三通之研究》（在 1939
年发表时改为《清三通纂修考》）、《〈清史稿〉撰修之经过》等与清代
典籍有关偏重考证性的文章，此为他早期学术上偏重考据风格形成的重
要之作。燕京大学迁至成都后，在那里，他受到了陈寅恪的教诲与启发，
写成《三国志裴注考证》一文，这也是偏重考证的成果。

　　在 1949 年，王锺翰发表了《清世宗夺嫡考实》一文，此为他真正
"在清史学领域赢得一席之地，引起学术界注意"的成果③，其观点被许多
学者赞同。如该文发表后，洪业不久从美国写信给王锺翰，说："读《清
世宗夺嫡考实》为之拍案叫好！"一些清史学者说，他们"之所以对清史
产生兴趣"，就是由于"这篇文章的影响"。王氏自己也指出：他"以善于
考证出名，就是从这篇文章开始的"④。总之，在中华人民共和国成立前，
王锺翰受到了燕京大学诸师的教诲与影响，走上了史学考证之路。

　　中华人民共和国成立后，随着全国学习马克思主义理论高潮的到来，
作为从旧中国转变过来的学者，王锺翰努力学习马克思主义的理论知识，
虽然当时偏重考证仍是他作品的主要特色，但他相继发表的《满族在努
尔哈齐时代的社会经济形态》和《皇太极时代满族向封建制的过渡》两
篇论文，则开始尝试运用唯物史观方法来分析问题。这是他的学术风格
由注重考据到依据唯物史观考察历史问题转变的开始。从选题上来说，
这两文如果不是唯物史观的指导，而只凭考证这一手段，也是不可能写
成的。这是他自己学术路径发生重大转变的开始，在其个人学术生涯中
具有重要意义。而他的观点，既超越前人，也为后来学界所遵从。同时，
他的研究也一定程度地为史学界依据马克思主义唯物史观分析历史问题

　　① 《纪念王锺翰先生百年诞辰学术文集》编委会：《王锺翰先生的学术成就和地位》，载
《纪念王锺翰先生百年诞辰学术文集》，中央民族大学出版社 2013 年版，第 3 页。
　　② 王锺翰：《王锺翰学述》，浙江人民出版社 1999 年版，第 57 页。
　　③ 王锺翰：《王锺翰学述》，浙江人民出版社 1999 年版，第 86 页。
　　④ 王锺翰：《王锺翰学述》，浙江人民出版社 1999 年版，第 95 页。

树立了榜样。①

随后，他编纂的《满族简史》明清部分内容，从满族的氏族社会、奴隶社会、封建社会的经济状态与阶级关系的变化进行了全面的、系统的阐述，同时显现了人民群众在明代、清代所做的贡献，凸显了他坚持唯物史观的方法。此外，他在这一时期所写的中国通史通用教材《中国通史概要》，也以唯物史观为指导对中国社会从低级到高级的发展作了系统的概述。在全国少数民族社会历史调查、民族识别工作的影响下，他写了《达呼尔人出于索伦部考》等文章，表现了他想融入新社会而运用他擅长的考证来响应和服务于国家的民族调查。在文中，他依据唯物史观的指导，重视人民群众的作用，指出"满族统治者之所以能够很快将雅克萨城攻下来和取得历史上有名的'尼布楚条约'的胜利，是与达呼尔人参预其事及其贡献出自己的力量分不开的"②。

在中华人民共和国成立后，王锺翰共发表了80余篇文章，除上述《满族在努尔哈齐时代的社会经济形态》《皇太极时代满族向封建制的过渡》两文外，多数文章在显示考证特色的同时，更受到唯物史观思想的影响，在论题选择、研究视角、理性分析等方面，都无一例外地以唯物史观为指导，其学术研究与以往相比，风格呈现明显变化。在考察内容的范围与深度方面，王锺翰对清史、满族史中一些历史问题的研究扩大到从宏观上、整体上进行各方面的考察，"已不局限于就一人一事作细密的局部考证"，而是"就总体来剖析事物发展的全过程"③。如《明代女真人之分布》《雍正西南改土归流始末》《满族之今夕》《清代官制简述》《清代的民族宗教政策》等文非常明显地呈现了从宏观上考察这一变化，而其研究成果，也得到了学界认可。对此，王锺翰曾举例总结说："《清代的民族宗教政策》这篇文章，若按照我以前搞考证的路子，是写不出来的，我是有

① 参见李春保《王锺翰学术研究路径转变析论》，《史学史研究》2017 年第 1 期。
② 王锺翰：《达呼尔人出于索伦部考》，载《王锺翰清史论集》第三册，中华书局 2004 年版，第 1567 页。
③ 朱诚如主编：《清史论集——庆祝王锺翰教授九十华诞》，紫禁城出版社 2003 年版，第 3 页。

意识地运用正确的理论指导研究问题，也是我长时间思考得出的结果。"①

对此，王学典、陈锋指出：

> 历史与现实、过去与现在的完全隔离，不但不能导致"客观"历史的出现，反而会使历史学成为无源之水、无本之木。所以，唯物史观派的现实诉求为其学术发展提供了巨大的驱动力，其积极作用不可小视。②

> 迄今为止，对中国史学界影响最大的马克思主义著作是《家庭、私有制和国家的起源》，而《起源》所阐发的不过是盛行于19世纪的人类学理论，即单线进化的人类学模式。所以，《起源》对历史研究的指导，实际上也是早期人类理论与历史学的跨学科实践。至于马克思对经济史事实意义的强调和他的经济学理论及概念，特别是《资本论》对历史学家的启迪和支配，如在所谓的"资本主义萌芽问题"等讨论中所起的作用，更是触目皆是。③

> 今天看来，经济史是唯物史观派贡献最巨、生命力最长久的一个专门领域。即使是马克思主义理论在20世纪西方学界的主要敌人的波普尔，也曾这样评价马克思的贡献："在马克思之前没有严肃的经济史"，因此，"马克思对社会科学与历史科学"的一个"不可磨灭的贡献"，就是"强调经济条件对社会生活的影响"，"这可以说完全扭转了先前历史学家的观念"。历史哲学家（沃尔什）说："自从马克思以来，或者不如说自从19世纪末以来"，历史研究的"重点已经转移到经济史和社会史"，"人们日益接受……与政治因素相对而言的经济因素乃是历史变化中真正的决定因素"的"论点"。因此，唯物史观派史学先天具有注重经济史研究的特性。④

---

① 陈其泰、张越：《清史、民族史研究工作的回顾与展望——王锺翰教授访问记》，《史学史研究》1994年第4期。

② 王学典、陈锋：《二十世纪中国历史学》，北京大学出版社2009年版，第154页。

③ 王学典、陈锋：《二十世纪中国历史学》，北京大学出版社2009年版，第91页。

④ 王学典、陈锋：《二十世纪中国历史学》，北京大学出版社2009年版，第154页。

可见，中西方许多学者均重视以唯物史观指导来探索历史的发展路径，并"产生了重大的学术影响"①。

概而论之，王锺翰从单纯地偏重考据发展到以唯物史观为指导进行史学考据，其考据的内容由原来的微观到宏观，选题与视角也比以前更加宏阔，并运用发展的、全面的眼光考察历史问题，从生产力、经济基础、阶级状况等方面进行分析。这 80 多篇文章中不是没有考证，但其考证不再像以前那样单纯考证、独立的一事一人的考证，而是为唯物史观指导下研究宏观问题而做出的基础性工作；他此前的考证，可以说既是手段也是目的，但之后则只是手段，只是为唯物史观研究问题服务。对以唯物史观为指导进行历史研究，王锺翰在晚年多次谈道："要掌握好马列主义和毛泽东思想，这是最重要的一点"，史学工作者"一定要思想领先，要有马列主义历史观"，"当然不是靠贴标签挂在嘴上的马列主义，只会教条式地、机械地引用。而是在思想上一定要树立这种科学理论思想观点来指导自己的研究工作，运用基本原理来做研究工作的指南"。② 他强调："任何问题的研究都离不开科学理论的指导，历史研究尤其如此。实践证明，只有马克思主义的唯物史观才是指导我们学习历史、研究历史的科学理论。实际运用马克思主义理论的水平、能力越高，看问题和分析问题越深越广，也就越接近历史的真相。"③ 此足见王锺翰对以唯物史观指导历史研究的体会之深。

第二节　广泛运用多种中外资料，坚持综合比较的研究方法

首先，王锺翰在研究中很重视广泛运用多种中外资料，进行综合考察。如，在《清世宗夺嫡考实》文中，王锺翰参考了包括日本学者内藤

---

① 王学典、陈锋：《二十世纪中国历史学》，北京大学出版社 2009 年版，第 92 页。
② 陈其泰、张越：《清史、民族史研究工作的回顾与展望——王锺翰教授访问记》，《史学史研究》1994 年第 4 期。
③ 王锺翰：《"在止于至善"——庆贺白寿彝先生九十华诞感言》，载《王锺翰清史论集》第四册，中华书局 2004 年版，第 2517 页。

虎次郎的《清朝初期の継嗣问题》、今西春秋的《清の太宗の立太子问题》与《上谕内阁》资料在内的至少 40 种国内外文献资料。在《满族在努尔哈齐时代的社会经济形态》文中，他参考包括日本矢野仁一的《满洲史》、周藤吉之的《清朝入关前旗地的发展过程》、今西春秋的《满和对译满洲实录》以及《朝鲜仁祖实录》等在内的至少 50 多种中外著述；在《皇太极时代满族向封建制的过渡》文中，他参考包括《朝鲜仁祖实录》、藤岗胜二译注的《满文老档》等文献在内的至少 30 余种中外著述；在后两文中，还"首次在研究中运用满文资料"①，扩大了运用史料的范围，也是他成为首位运用较多满文资料研究满洲贵族入关前满族的社会形态的学者。在《清代旗地性质初探》文中，他参考近 30 种著述；在《满文老档中计丁授田商榷》文中，他参考了 20 多种中外著述，并在可能的范围内"尽量引用了一些满文档案和文献资料"②，另外还有 1956 年日本的《东洋文库》与朝鲜《李朝实录》等文献。这些域外史料的引入与各种资料的综合运用，使其史料的考察视野更加开阔，论证更加客观有力，立论也就更加扎实。

其次，王锺翰很重视综合比较的研究法。比较是人们认识事物的重要手段之一，也是人们认识事物的基本方法，其作用"就在于它能将各种不同事物的共性与差异从各个不同的角度鲜明地突现出来"③。王锺翰认为，由于清代前期正处于中国封建社会的后期，继承了历代封建王朝许多方面的思想与制度，但又有着不同于前代的许多特点。因此深入研究清前期的历史，综合比较是非常必要的方法。④"对清前期的历史，必须从当时的历史实际出发，从各方面、各个角度，纵的（上下古今）和横的（左右中外），在搜集掌握大量丰富资料的基础上，进行全面综合比较研究。"他认

---

① 《纪念王锺翰先生百年诞辰学术文集》编委会：《王锺翰先生的学术成就和地位》，载《纪念王锺翰先生百年诞辰学术文集》，中央民族大学出版社 2013 年版，第 8 页。

② 王锺翰：《我和清史满族史研究》，载《王锺翰清史论集》第四册，中华书局 2004 年版，第 2822 页。

③ 李振宏：《历史学的理论与方法》，河南大学出版社 1989 年版，第 414 页。

④ 王锺翰：《对清前期历史必须作综合比较研究》，载《王锺翰清史论集》第三册，中华书局 2004 年版，第 1944 页。

为，只有"经过多次反复综合比较研究，才能得出一个比较接近符合当时历史实际情况的令人信服的结论来"。[1] 他在研究满族社会形态时，运用国内外的各种史料进行对比论证，对努尔哈赤与皇太极时期满族自身的变化以及受明朝影响满族政治军事制度的变化、农业水平与各阶级人员构成与地位的变化等进行综合分析，清晰呈现了满族在入关前由奴隶制向封建制转化的过程，其研究的广度、深度和细致程度，远超前人。

在 20 世纪 80 年代中期，王锺翰写作的《论袁崇焕与皇太极》一文，非常典型地呈现了综合比较研究的特点。此前，学界虽然从不同方面考察了皇太极，但将其与袁崇焕并论者很少。他认为由于明王朝的腐朽，满族反对明王朝的民族压迫而建立后金国是顺应历史发展趋势的。努尔哈赤初期后金与明进行战争，其目的是为了反抗压迫，因此"正义性在以努尔哈齐为首的后金一方"。而在萨尔浒之役后，皇太极多次深入长城以南掳掠人畜，并大量役为奴隶，"正义性""前后是不相同的"。皇太极作为努尔哈赤的继承人顺应历史发展趋势，又使奴隶制快速地向封建制过渡，"仍不能否认他是满族杰出人物"。袁崇焕虽然受到历史局限性的限制而捍卫行将崩溃的君昏政暗的明王朝，但其反抗侵略，仍"是中华民族的一位伟大英雄人物"。他还指出袁崇焕之所以失败，皇太极之所以成功，不是由于个人才能，而是由于他们的地位有别，腐朽昏聩的明思宗"中了皇太极的反间计"。[2] 可见，王锺翰从社会发展的趋势出发，对历史人物知人论世，也不苛求古人，将皇太极与袁崇焕作对比考察，指出皇太极为满族英雄，袁崇焕抵抗侵略其精神可嘉。后来，王锺翰进一步指出，袁氏之死与皇太极的成功也"阐明了明清之际的社会风尚以及明亡清兴之必然性而非偶然性"[3]。实际上，很多在封建社会中做出一定贡献的人物，或多或少带有当时社会阶级上、认识上的局限，不能因

---

① 王锺翰：《对清前期历史必须作综合比较研究》，载《王锺翰清史论集》第三册，中华书局 2004 年版，第 1946 页。

② 王锺翰：《论袁崇焕与皇太极》，载《王锺翰清史论集》第一册，中华书局 2004 年版，第 183、191、195 页。

③ 王锺翰：《我和清史满族史研究》，载《王锺翰清史论集》第四册，中华书局 2004 年版，第 2817 页。

此否定其历史作用。王锺翰从后金与明廷的内部权力状况出发，详人所略地对比考察了皇太极与袁崇焕在双方权力机构中所处的地位、作用来探讨二人"一成一败"的原因。①

王锺翰对柳如是（1618—1664 年）与钱谦益（1582—1664 年）的考察亦较多体现了综合比较研究的特色。对柳如是，学者主要从考察陈寅恪所作的《柳如是别传》开始的，多以"女侠"、爱国之"才女"论之，亦有考证《柳如是别传》所述的史实及以此探讨明末清初的一些政治状况等。② 钱谦益作为明末清初的学者，多年来颇受争议，褒贬皆有。20 世纪 80 年代由于学术自由讨论的激烈开展，对钱氏的研究增多，如胡明论述钱氏重视诗与世运的诗学观念③，裴世俊比较系统地叙述了钱氏的生涯及文学理论，指出了钱氏欲用诗来匡扶世道的理念④，王俊义指出钱谦益作为明末清初的诗坛领袖在当时的学术演变中起到了重要的推动作用⑤，但多述其成就，将柳如是与钱谦益放在一起进行系统比较探讨的著述尚属少见。王锺翰研读《柳如是年谱》《柳如是别传》《北游录》《清世祖实录》《明清史论著集刊》《思旧录》以及瞿式耜的《瞿忠宣公集·报中兴机会事》等约 20 份（部）史料，在 1989 年为参加陈寅恪纪念论文集征稿而撰写《柳如是与钱谦益降清问题》一文，认为："柳苟不偶钱而名不扬"，"钱不得柳助而反清复明志不坚"，两者"相得益彰"⑥，"钱氏于顺治三年（1646 年）自京南旋，即与柳氏参预反清复明活动，四年（1647 年）因'谋反'被逮，因系四十日讼释，六年还

---

① 王锺翰：《王锺翰学述》，浙江人民出版社 1999 年版，第 114—116、118 页。
② 陈寅恪：《〈柳如是别传〉缘起》，《学术研究》1978 年第 1 期；周采泉：《"钱氏家难"考索——〈柳如是别传〉新证（选段）》，《社会科学战线》1982 年第 4 期；魏文峰：《〈柳如是杂论〉问世》，《文献》1986 年第 4 期；黄富源：《〈《柳如是别传》匡失四例〉质疑》，《贵州大学学报》1988 年第 2 期。
③ 胡明：《钱谦益诗论平议》，《社会科学战线》1984 年第 2 期。
④ 裴世俊：《钱谦益诗歌研究》，宁夏人民出版社 1991 年版。
⑤ 王俊义：《论钱谦益对明末清初学术演变的推动、影响及其评价》，《中国社会科学院研究生院学报》1996 年第 2 期。
⑥ 王锺翰：《柳如是与钱谦益降清问题》，载《王锺翰清史论集》第二册，中华书局 2004 年版，第 949 页。

家，以迄于康熙三年（1664 年）谢世。20 年间，钱、柳从事复明活动从未间断"①。柳如是能与顺治时期降清的礼部侍郎钱谦益结缡，其"最主要原因是由于钱氏能始终如一地尊重柳的个人自由"，钱氏待之以"男女平等"的观念，而柳氏助钱氏反清复明。王锺翰指出考察历史人物要知人论世，要综合考察，"不能只抓住一点不放"，人们"总得容许钱氏对清廷有一个认识过程"，"怎么能像清高宗所说钱既为清朝臣民，就不能再有眷恋故明之情了呢？"而"清高宗弘历对钱谦益的否定，显然出于政治上的一时需要"。②邓之诚、陈寅恪，甚至与钱谦益同时代的程先贞对钱谦益的诗词评价都相当高，"江宁邓文如（之诚）师尝云：'明清之际，毕竟以钱谦益诗为第一，实足继苏（东坡）、黄（山谷）而起，余人俱嫌笔弱'"。"钱谦益之笺《杜工部集》，注意诗史一点，寅（恪）老认为：'在此之前，能以杜诗与唐史互相参证，如牧斋所为之详尽者，尚未之见也。'""钱氏志在修明代史，钱诗不啻为一部明代的诗史。"因此王锺翰不赞同乾隆对钱谦益的"有才无行之人""大节有亏""实不足齿于人类"等评价③。

王锺翰将柳如是与钱谦益放于明末清初朝代更替的社会背景中研究，深刻地指出钱谦益由于得到柳如是的支持而反清复明之志愈坚，像钱氏这样"复杂而曲折的江南头面人物"反复于故国与新朝之间，这"大概是任何一次改朝换代中都会出现的"。④显然，王锺翰此文不囿于前人的方法与观点，以充分的史实为依据并综合比较分析，"多发前人未发之言，实是一篇水平很高的学术论文"⑤。可以说，正是由于王锺翰在历史

---

① 王锺翰：《柳如是与钱谦益降清问题》，载《王锺翰清史论集》第二册，中华书局 2004 年版，第 960 页。

② 王锺翰：《柳如是与钱谦益降清问题》，载《王锺翰清史论集》第二册，中华书局 2004 年版，第 953—955 页。

③ 王锺翰：《柳如是与钱谦益降清问题》，载《王锺翰清史论集》第二册，中华书局 2004 年版，第 953、958 页。

④ 王锺翰：《我和清史满族史研究》，载《王锺翰清史论集》第四册，中华书局 2004 年版，第 2818 页。

⑤ 李鸿彬：《"只问耕耘　不问收获"——介绍中国当代清史、民族史和满学专家王锺翰教授》，《社会科学辑刊》1993 年第 6 期。

研究中参考了丰富的史料，以唯物史观为指导，综合比较历史问题的各个方面、各个角度，才使问题的探讨更深入、全面。这是王氏研究历史问题的重要方法与突出表现，也是他结论客观公允的理论保证，其"研究态度和方法，无疑给人以宝贵的启迪"①。

第三节　注重从历史实际出发，全面地评价历史人物

从历史实际出发全面地评价历史人物，这是古今历史学家评价历史人物时力图遵循的原则，但事实证明，也并非人人都能做到，事事都能做到。王锺翰深明此理，因而尽可能予以付诸实践。

王锺翰认为，在评价中是否重视各类历史人物的功过，"不仅关系到对这些人物本身的褒贬"，"而且是理解这时期社会发展趋势不可缺少的因素"。② 因此，他评价历史人物，注重从全面着眼，同时也揭示时代特征，避免了脱离时代而论人的偏向。他对洪承畴、施琅、李光地、和珅等人物的考察较多地反映了这一思想。

对洪承畴（1593—1665 年）的考察与评价，在 20 世纪 80 年代后较多。学者对洪承畴的评价有所不同，如邱胜威指出洪承畴为"'贰臣'的典型"③，李鸿彬论述了洪承畴在清初统一过程中的历史作用④，王宏志认为评价洪承畴应以多民族国家为前提⑤，张宇权指出洪承畴降清与明末政治腐败、党争激烈、阶级矛盾尖锐等客观社会环境因素有关⑥。与此同时，对施琅（1621—1696 年）的论述也有许多，基本上褒其功

---

① 《纪念王锺翰先生百年诞辰学术文集》编委会：《王锺翰先生的学术成就和地位》，载《纪念王锺翰先生百年诞辰学术集》，中央民族大学出版社 2013 年版，第 20 页。

② 王锺翰：《王锺翰学述》，浙江人民出版社 1999 年版，第 114 页。

③ 邱胜威：《一个"贰臣"的艺术典型——读〈李自成〉第三卷漫评洪承畴》，《江汉大学学报》1983 年第 2 期。

④ 李鸿彬：《试论洪承畴在清初统一过程中的历史作用》，《史学集刊》1984 年第 3 期。

⑤ 王宏志：《评价洪承畴应以多民族国家为前提》，《清史研究》1996 年第 3 期。

⑥ 张宇权：《论洪承畴降清的客观原因》，《广西师范大学学报》1996 年增刊。

绩，如陈明光、毛德传、彭云鹤等论述了施琅对祖国的统一、海防的巩固，加强台湾与大陆经济、文化的交流等①。90 年代中后期王锺翰先后作文评述洪承畴与施琅，他原来也评价洪氏由于投降清廷而"大节有亏"，后来随着对洪氏的深入考察，他指出虽然洪氏"大节有亏"，但他当时处于"全国上升至首位的民族矛盾"的社会背景中，实行的抚剿并用之策，所杀的"少数明朝宗室"，使众多"广大劳动人民免遭流离失所之苦"，洪氏是"一个基本上可以肯定的历史人物"。② 施琅虽然曾叛郑成功降清，但他"顺应历史潮流"，助清廷完成统一台湾大业，而且施氏"不敢因私仇（指施琅全家被郑成功所杀）而多伤生命"，"值得特别钦佩和尊敬"。因此，施氏是应该给予"全面肯定的历史人物"，清廷统一台湾的大业"其功归于施琅"，"主其役者康熙也"。③ 很显然，王锺翰对洪氏与施氏，主要从其维护国家的统一、促进社会的稳定与发展的作用出发，从其于国于民的更大贡献着眼，而跳出了一朝一姓的历史局限，从历史的实际发展趋势着眼，给予评价，尤其他对洪氏评价的前后变化，更显示他评价历史人物的这一特色。对他的这一评价方法，一些学者也认同，如徐梁伯认为，评价历史人物应该根据其所处时代的要求，看其是否有利于国家、民族的最高利益，是否有利于当时的社会进步与发展以及服务于这一目标的思想、实践与个人品德进行综合考察。④ 瞿林东也认为，评价历史人物的功过得失、善恶是非，要察其言观其行，还要看其是否促进还是阻碍社会发展、历史进步。⑤

李光地（1642—1718 年）作为清代康熙时期的理学名臣，在文学、

---

① 陈明光：《台湾回归话施琅》，《福建师范大学学报》1980 年第 2 期；毛德传：《施琅统一台湾的历史贡献》，《辽宁大学学报》1982 年第 1 期；彭云鹤：《施琅对统一台湾及东南沿海经济发展的贡献》，《北京师院学报》1983 年第 4 期。

② 王锺翰：《洪承畴的历史功过问题》，载《王锺翰清史论集》第二册，中华书局 2004 年版，第 879—880 页。

③ 王锺翰：《施琅的历史功过问题》，载《王锺翰清史论集》第二册，中华书局 2004 年版，第 884—887 页。

④ 徐梁伯：《民国时期历史人物评价标准刍议——以林森为个案》，《江苏社会科学》2000 年第 6 期。

⑤ 瞿林东：《关于评价历史人物的是是非非》，《湖北大学学报》1997 年第 2 期。

经学、典籍训诂等方面皆取得一定成就，较早引起学界的关注，民国时期徐世昌认为其博学而又不拘门户①。随后，章太炎、梁启超等都对其作过论述，多涉及其政治思想②。20 世纪 80 年代以后，学界对李光地的研究逐渐增多，多以积极评价为主，如，陈祖武对李氏的学术思想历程进行了考察③，许苏民比较系统地概述了李氏的生平、事迹与学术思想④，李鸿烈认为"卖友""夺情"等是强加给李光地的罪名⑤，敬木认为李光地"夺情"等三案之说均不能成立，而且指出应从李光地"维护祖国统一""勤政恤民""辅创盛世"着眼进行评价⑥。王锺翰在 1985 年发表的《陈梦雷与李光地绝交书》文中，根据《榕村语录续集》《闲止书堂集钞》《松鹤山房文集》《陈省斋与李安溪绝交书》等记载，指出："从今天眼光来看，封建社会里君臣、师友间的关系是尔虞我诈，惟利是图，什么事都干得出来的"，人们说李光地"伪善可耻"，"言而无信"，"出尔反尔"，虽为"煊赫一时的理学家，实则道貌岸然其外，卖友求荣其内"，这"不是没有道理的"。⑦ 后来，在 1996 年发表的《李光地生平研究中的问题》文中，王锺翰根据《康熙起居注》《清史列传》《榕村语录续集》等记载，指出："从光地的理学思想和政治生涯看，单就理学方面，他撰有理性论著不下五十种之多"，而且"《榕村集》40 卷，《榕村语录》30 卷，均被收入《四库全书》中"，李光地"以权术投帝王所好，随机应变，前后应对有异，无非保护自己，讲程朱理学只是他猎取功名的一种手段"，"他心里很明白，理学思想一定要服从政治需要这一点，我们不难看出，光地在他一生的为人治学思想和政治生涯中，是贯彻始终的"。因此，王锺翰最后总结道："不能说光地没有学问""不是

---

① 徐世昌等编纂：《清儒学案》第二册，中华书局 2008 年版，第 1533 页。
② 章太炎讲演、曹聚仁整理：《国学概论》，上海古籍出版社 1997 年版；梁启超：《清代学术概论》，中华书局 2010 年版。
③ 陈祖武：《李光地年谱略论》，《文献》1989 年第 3 期。
④ 许苏民：《李光地传论》，厦门大学出版社 1992 年版。
⑤ 李鸿烈：《关于李光地"三案"的辨析》，《福建论坛》1992 年第 4 期。
⑥ 敬木：《李光地学术讨论会综述》，《福建论坛》1992 年第 6 期。
⑦ 王锺翰：《陈梦雷与李光地绝交书》，载《王锺翰清史论集》第二册，中华书局 2004 年版，第 1014—1017、1022 页。

理学家"，"也不能说他在政治生涯中没作过贡献"。① "对历史上著名人物不能脱离当时他们所处的时代和社会而妄加訾议"，要"知人论世"。"光地生长于极端专制的封建晚期，从小就受到孔孟儒家忠孝思想意识的熏陶"，他"自然一切听命于封建帝王的旨意而行"，而且他"协助清军平定耿藩之功为最突出"，所以对李光地的评价"是不能予以完全否定的"。② 可见，随着王锺翰对李光地研究的深入，他对其评价从当时社会背景出发，从宏观上、多方面着眼，也重视其历史作用，其评价由贬到较为温和、公允。这也正如赵翼评价历史人物，"揭示时代特征"，"对有争议的人物勇于提出自己独到的见解"。③

　　对和珅（1750—1799 年）的评价，人们多以"贪官"概之。王锺翰在 1987 年作的《〈和珅秘史〉序》文中指出："和珅的蠹国肥家，结党行私，贪赃枉法"，这是事实，但他"不是一个不学无术的人"，在"当时满汉大臣中能兼通满、汉两种语文者，已不多见，像和珅一人能通满、汉、蒙、藏四种语文确实是难能可贵了"，而且"工诗能绘事，非仅诵四书之辈可比"。和珅"于 1776 年（乾隆四十一年）擢御前侍卫，受命在军机大臣行走，授总管内务府大臣，一二十年间，升御前大臣、议政大臣、领侍内大臣，步军统领，同时兼吏、户、兵三部尚书，是集行政权、财权、兵权于一人之身"。"与其说清高宗在高居九重，日理万机，倒不如说是和珅在日夜操劳，总揽一切，更符合历史实际些"，虽然和珅贪腐，但"说和珅无才无能是不符合事实的"。④

　　在 2006 年出版的《清史满族史讲义稿》一书中，王锺翰再次论述了和珅，其内容涉及和珅家世、求学、得宠、失宠以及"君死臣亡"等问题。他指出，和珅"早年是在贫苦中度过的"，这"也许与和珅的母亲

---

① 王锺翰：《李光地生平研究中的问题》，载《王锺翰清史论集》第二册，中华书局 2004 年版，第 1056、1057、1059 页。

② 王锺翰：《李光地生平研究中的问题》，载《王锺翰清史论集》第二册，中华书局 2004 年版，第 1050、1059 页。

③ 白兴华：《论赵翼评价历史人物》，《北京师范大学学报》2000 年第 3 期。

④ 王锺翰：《〈和珅秘史〉序》，载《王锺翰清史论集》第三册，中华书局 2004 年版，第 1687—1689 页。

早逝不无关系"。和珅十岁入咸阳官学，这"不仅为和珅提供了一条入仕的捷径，也为他系统学习四书五经等儒家经典提供了有利条件，天性机敏的和珅在经过几年刻苦学习后，成为官学中的佼佼者"，和珅"不仅学习成绩优异，而且也擅长诗画"，乡试落第后充当侍卫，从此，和珅"得到一个可以接近皇帝的机会"。和珅作诗曰："纵马凌云去，弯弓向月看。莫嗟行役苦，时结圣人欢。"显然，"颇有政治抱负的和珅，强制自己迅速适应这种'虎猎涉山赞山元，秋高紫塞寒'，'途长频策马，语响乍惊禽'的生活"。①

乾隆死后，嘉庆"钦定"和珅以"贪婪无厌，蠹国肥家"等"二十大罪状"②，诛杀并"治罪"其"党羽"。王锺翰深刻地指出："酿成清王朝中衰的原因是多方面的，有体制的弊端，政策的因循，传统的制约，民生的凋敝，也有乾隆和和珅两人自身的弱点和局限。但说到底，乾隆和和珅只是加快中衰的进程，至于中衰的趋势，则是他们两人无法改变的。"③ 可见，王锺翰认为封建专制制度与专制思想阻碍了清中期政治、经济、文化等多方面的发展，这是乾隆与和珅处于当时的社会制度中，无法认识到的，也是他们无法改变的趋势。

王锺翰考察和珅，除了肯定其他学者持有的和珅贪腐的观点外，还从社会背景与和珅得宠、失宠的过程及协助乾隆处理政务等方面着眼，进行全面的分析评价，尤其指出和珅刻苦努力，精通满、蒙、汉、藏等多种语言文字，有能力"佐治"乾隆治理国家。可见，王锺翰对和珅的考察更为全面。

总的来说，王锺翰多将历史人物放在历史背景中，尤其注重从社会发展趋势与历史人物所做的贡献等方面出发，始终坚持"据事直书，不

---

① 王锺翰：《乾隆与和珅》，载《清史满族史讲义稿》，鹭江出版社 2006 年版，第 293—296 页。

② 王锺翰：《嘉庆与白莲教》，载《清史满族史讲义稿》，鹭江出版社 2006 年版，第 326、327 页。

③ 王锺翰：《嘉庆与白莲教》，载《清史满族史讲义稿》，鹭江出版社 2006 年版，第 320 页。

虚美，不掩恶"的标准考察与全面评价历史人物①，因而其论断更为全面、公允。郭沫若也指出：

> 我们评价一位历史人物，应该从全面来看问题，应该从他的大节上来权其轻重，特别要看他对于当时的人民有无贡献，对于我们整个民族的发展、文化的发展有无贡献。公平地说来，曹操对于当时人民是有贡献的，不仅有而且大；对于民族的发展和文化的发展是有贡献的，不仅有而且大。在我看来，曹操在这方面的贡献，比起他同时代的人物来是最大的。例如诸葛亮是应该肯定的人物，但他所凭借的西蜀，在当时没有遭到多大的破坏，而他所成就的规模比起曹操来要小得多。然而诸葛亮却被后人神话，而曹操被后人魔鬼化了。这是不公平的。②

可见，郭沫若对历史人物的评价从大方面着眼，强调其对人民与社会发展的贡献。当然，由于受诸多因素的影响，王锺翰对人物的考察难免存在不足。如，他在评价康熙时尚未将康熙置于同时代的帝王中进行比较分析，视野比较狭窄，而且他对康熙思想的消极作用也论述极少。

第四节　重视史学评论，强调史学工作者必须重视个人素质的培养

史学评论是史学发展到一定阶段的产物，对推动史学研究与史学理论的发展都具有重要作用③，自古以来受到史家的重视。王锺翰亦如此，20 世纪 80 年代后其所作史学评论的数量呈现增加的态势，反映了其晚

---

① 王锺翰：《〈多尔衮评传〉序》，载《王锺翰清史论集》第二册，中华书局 2004 年版，第 809 页。

② 郭沫若著作编辑出版委员会编：《郭沫若全集·历史编》（三），人民出版社 1984 年版，第 470 页。

③ 瞿林东：《中国古代史学批评纵横》，中华书局 1994 年版，第 1 页。

年时期史学评论成就的增多。

首先，王锺翰史学评论具有客观求实性。众所周知，"书法不隐"
"据事直书"是中国史学的传统风格，也是中国史学评论的特色之一。
王氏20世纪30年代在燕京大学求学期间就受到邓之诚、洪业、张尔田
等教授的治史教导与严格的史学研究训练，此后，他勤于钻研，逐渐形
成了严谨治史的作风，他指出"要尊重历史"，"尊重事实"，"这是一切
工作的前提"①，其多年认真点校史籍的实践也强化了他在史学评论中严
谨的态度，他认为研究历史"有档案材料比没有材料特别是没有档案材
料不知要好若干倍"，同时要对此进行辨别，"不问材料或档案文书的来
源和真伪"，就视之为"可信的第一手资料来证明什么也是徒劳的"。②
在《书〈道咸以来朝野杂记〉后》文中，王氏指出了标点错误、不当之
处、错别字、前后内容颠倒等多处。在《陈梦雷与〈古今图书集成〉及
助编者》文中，他从所用的文献资料等方面进行了深究，指出《古今图
书集成》的"原著者为陈梦雷而非蒋廷锡"，另有助编者杨文言、林佶、
金门诏、王汉倬等人。③在《孔飞力教授新著〈叫魂者〉的评介》文中，
他指出密奏制度"创始于康熙朝"，"盛行于雍正朝"，才"是比较可信
的"说法。④

其次，王锺翰的史学评论是辩证的，既指出优点也指出不足。如他
认为虽然《清史稿》存在"这样那样的错误"，但仍"有不可替代的价
值"⑤，虽然《清实录》"历朝多次篡改，讳饰之处甚多"，然而其中仍有
许多"第一手档案资料和原始实物文献所无或不及载"的内容⑥。实际

---

① 王锺翰：《王锺翰学述》，浙江人民出版社1999年版，第258页。
② 王锺翰：《清史研究与民族古籍》，载《王锺翰清史论集》第一册，中华书局2004年
版，第615页。
③ 王锺翰：《陈梦雷与〈古今图书集成〉及助编者》，载《王锺翰清史论集》第二册，中
华书局2004年版，第1041页。
④ 王锺翰：《孔飞力教授新著〈叫魂者〉的评介》，载《王锺翰清史论集》第四册，中华
书局2004年版，第2020页。
⑤ 王锺翰：《王锺翰学述》，浙江人民出版社1999年版，第233页。
⑥ 王锺翰：《〈清实录〉与清史研究》，载《王锺翰清史论集》第一册，中华书局2004年
版，第617页。

上，时至今日，学界也认为《清实录》等作为皇帝重要言行、事件的记录，仍然是研究清史非常重要的史料。在《〈盛京皇宫〉序》文中，王氏指出了该书是迄今"最称精美完备、图文并茂的一部宫廷史"，其具有突出"民族"性、"引用大量第一手档案文献资料""大量运用亲身实地勘察测绘的数据"等特点，也发现了其"语焉不详"等不足之处。①在《承前启后　新义不穷——何炳棣著〈中国历代土地数字考实〉读后》文中，他总结其"注重考证""综合具有新意""立论严谨"等特色，也指出作者"对造成这种状况（数字不实）原因的分析，似嫌不足"②，指出该书在引用明朝人资料方面也有不够严谨之处。在《〈清帝东巡〉评介》文中，他总结该书具有"资料充实""研究有素""考订审慎"三方面特色③，也指出其在康熙东巡盛京驻跸等问题的研究上所用材料方面的不足。从多方面进行的考察辩证，保证了他立论的公允性。

最后，王锺翰认为，要很好地开展史学评论，史学评论者，第一需有史德，应"言行一致"，"不能见风使舵"，"研究历史学不能违背客观事实任意歪曲。要说到做到，实事求是，绝不能明知是非科学的，你还要那样写，那是骗人"。④"要尊重历史，尊重事实。"王锺翰认为史籍中原来没有的东西固然不能任意增添，原来如此而不符合现今时代或社会需要的地方也不能擅自删削，历史就是历史，不能随风飘，这是一个学者应当坚持的态度，也是做学问的基本前提。或许投机取巧也能做出一些成就来，但那样所谓的成就是经不起历史长久考验的。没有真功夫的学术成果，转瞬间就成过眼云烟，不仅浪费自己的精力和才华，对国家来说也是一种浪费和损失。历史研究工作者必须坚持实事求是，这也是

①　王锺翰：《〈盛京皇宫〉序》，载《王锺翰清史论集》第三册，中华书局 2004 年版，第1584—1585 页。

②　王锺翰：《承前启后　新义不穷——何炳棣著〈中国历代土地数字考实〉读后》，载《王锺翰清史论集》第四册，中华书局 2004 年版，第 2316—2318 页。

③　王锺翰：《〈清帝东巡〉评介》，载《王锺翰清史论集》第一册，中华书局 2004 年版，第 717 页。

④　陈其泰、张越：《清史、民族史研究工作的回顾与展望——王锺翰教授访问记》，《史学史研究》1994 年第 4 期。

研究工作的前提条件。①

王锺翰强调："引用古人，或现代人的成果，谁讲的话就是谁的，谁的见解就是谁的"，"不要掠人之美，改头换面，变成自己的"，"运用今天的话就讲，就是职业道德。过去是讲史德，刘知几讲史家三长，章学诚在三长之外，又加'史德'，很重要。投机取巧，可以骗人于一时，或十年八年，但决不能骗人一辈子，终归要败露出来"。②

第二必须具备"完整系统的知识和一定阶段的个人独立思维的积累"。史学研究工作，"本质上属于一种个性思维长期自由探索的积淀和结晶"，"古往今来，许多大家都是孤立特行之士。所谓孤立特行，不是说关起门来不问政治、冥思苦想、毫无交流，而是指在正确的理论指导下，有一定阶段的独立思维过程。太史公游历名川大山，仍说'非好学深思，心知其意，固难为浅见寡闻道也'"，因此，史学工作者绝不能"忽视个人素质的培养"，"没有广博的学识和深层次的思考，就不具备成为大家的条件，而二者都是需要长时间的独自静学深思才能获得的"。③

另外，"在确立基准的前提下，尽量扩大知识面"。王锺翰认为研究历史对功底的要求很严格，不仅要学理论，包括史学理论、马列主义、毛泽东思想、邓小平理论以及一切对我们提出问题、分析问题、解决问题有帮助的理论知识，要熟悉典章制度，包括古文、音韵、地理、职官、年代、目录等在内的知识，还要学语言文字，多多益善，少数民族语言文字如满、蒙、藏、维、彝、朝鲜语等，外国语言文字如拉丁、法、德、英、日语，等等，这些都是工具，也是史学家的基本素养与基本功。④

总之，王氏尤其重视从所用史料的充分性、准确性出发，进行辩证、客观的史学评论，着眼于客观严谨的论证过程，并指出史学评论者须具

---

① 王锺翰：《清心集》，新世界出版社 2002 年版，第 223 页。
② 陈其泰、张越：《清史、民族史研究工作的回顾与展望——王锺翰教授访问记》，《史学史研究》1994 年第 4 期。
③ 王锺翰：《清心集》，新世界出版社 2002 年版，第 47、48 页。
④ 王锺翰：《清心集》，新世界出版社 2002 年版，第 218—223 页。

备言行一致的态度、完整系统的知识与"个人独立思维的积累"等条件，这为其史学评论公允、深刻奠定了基础。

第五节 以学术报国，强调史学的爱国主义功能

史学作为以人类社会发展过程为研究对象的学科，不可能脱离以往与现实社会，史学家在成长过程中，学术思想上、历史观上或多或少地带有时代的烙印。王锺翰的爱国主义思想最早源于他生活的时代之中。他的中学时代处于 20 世纪 30 年代中国的东三省领土被侵占的时期，那时对他"震动最大的一件事，就是'九·一八事变'"，他当时就产生了不能"光靠念死书本多争高分"①，还要有救国之心的思想。进入大学后，王锺翰受到其师洪业的爱国思想影响较大。洪氏在一次讲课前，愤然说道，日本人认为世界汉学中心"从来就不在中国"，"中国人没有能力"，大家一定要"把汉学中心抢回我们北平来"。② 这对王锺翰震撼很大，以致他"无法用语言文字表达出来"③，这是他"一生中最难忘的一课"④。日本之所以"积极研究满族史，不惜代价搜集史料、档案，考察风土文物，其根本目的在于为伪满洲国存在的所谓合法性提供证据，妄图将满洲国从中国脱离出去，成为日本控制的殖民地"⑤。王锺翰将选择清史作为研究方向的想法告诉邓之诚、洪业，"得到了他们信然首肯和热情支持"⑥。此后，他"比较自觉地"把学术研究与"国家命运联系起来"⑦。王锺翰至老年时期还进一步总结说，在他"所仰慕的长一辈老师和学者中"，"虽然学问各有所长，社会观念和生活态度也不一致，但有

---

① 王锺翰：《王锺翰学述》，浙江人民出版社 1999 年版，第 15 页。
② 王锺翰：《清心集》，新世界出版社 2002 年版，第 37—38 页。
③ 王锺翰：《我为什么专攻清史与满族史》，载《王锺翰清史论集》第四册，中华书局 2004 年版，第 2802 页。
④ 王锺翰：《王锺翰学述》，浙江人民出版社 1999 年版，第 39 页。
⑤ 王锺翰：《王锺翰学述》，浙江人民出版社 1999 年版，第 40 页。
⑥ 王锺翰：《王锺翰学述》，浙江人民出版社 1999 年版，第 40 页。
⑦ 王锺翰：《清心集》，新世界出版社 2002 年版，第 37—38 页。

一点却是相同的","那就是在国难当头的时候,都有着深沉的忧患意识,并以这种意识来支配着他们的学术探索"。陈寅恪先生、陈垣先生、邓之诚先生、顾颉刚先生、洪业先生全都如此,"他们不仅在学术造诣上达到很高的的境界,而且在人格上具有极大的吸引力和感召力","正因如此,才有那么多的学子仰慕他们,追随他们",才使中国在"经历患难之后尚能将其学术文化和道德传统不绝于缕地传承下来"。① 可以看出,王锺翰一生都在充满爱国的情感中从事历史的学习与研究。

爱国主义作为对祖国的忠诚与民族文化的热爱,是民族凝聚力的集中体现,其表现为强烈的民族自尊心、维护祖国的尊严与人民大众的利益。梁启超说:"史学者,学问之最博大而最切要者也,国民之明镜也,爱国心之源泉也。"② 李大钊认为,英雄豪杰"挺身而起为社会献身,在历史上留下可歌可泣的悲剧、壮剧","后世读史者不觉对之感奋兴起,自然而然的发生一种敬仰心"。③ 章太炎指出,"朝鲜亡后,日人秘其史籍,不使韩人寓目"④。学者的论述皆凸显了解本民族历史对增强爱国主义的重要性,王锺翰也有类似之看法,他认为,从长远看,一个国家、一个民族,如果"人民大众对本国、本民族的历史不了解",或者"不能正确了解","怎么能叫他们热爱本国、本民族呢?"⑤ 伟大的中华民族在人类文明漫长的历史发展进程中,"用自己的辛勤汗水""聪明才智"与"顽强精神缔造了悠久的历史和灿烂的文化","对人类的文明和社会发展"做出了不可磨灭的卓越贡献,"独具特色的中华民族文化",对"世界文化的进步产生过和正在继续产生着巨大的影响,为世界各国人民所叹服、敬仰"。因而编纂一部"汇集中华民族文化成就,介绍中华民族文化精粹,弘扬中华民族文化神韵"的《中国民族文化大观》对"振

---

① 王锺翰:《清心集》,新世界出版社 2002 年版,第 38 页。
② 梁启超:《新史学》,载《饮冰室合集》第一册,中华书局 1989 年版,第 1 页。
③ 李大钊:《老北大讲义:史学要论》,时代文艺出版社 2009 年版,第 40 页。
④ 章太炎:《读史与文化复兴之关系》,载《章太炎全集·演讲集》(下),上海人民出版社 2015 年版,第 538 页。
⑤ 王锺翰:《就民族史的教学和科研问题答——中央民院周报记者刘绍川问》,载《王锺翰清史论集》第四册,中华书局 2004 年版,第 2165 页。

奋民族精神，鼓舞革命斗志，增强中华民族凝聚力，激发民族自豪感"
等都具有"重大的现实意义和深远的历史意义"。① 中国的民族英雄"为
我们提供了一部爱国主义教育、民族团结教育的生动教材"，他们抵抗侵
略的"革命精神及其业绩"，"足以激励后人"②，缺乏对本民族英雄和传
统文化正确了解的人是"很难谈到爱祖国的"③。所以对中国人来说，
《中国少数民族革命史》"不仅可以作为研究各少数民族历史必备的专著
之一"，也可以作为"爱国主义教育的好教材"。④ 中华人民共和国成立
初期大力提倡中国近代史和农民战争史方面的研究，"这是十分必要的、
及时的"，直到今天，这些研究"为普及各族人民的爱国主义教育仍起
到了很大的作用"。此外，《资治通鉴纲目》《续资治通鉴纲目》和《清
鉴易知录》等被翻译成白话文出版，这"无疑对推动广大青年多了解中
国历史知识是有很大帮助的，同时对加强爱国主义教育也是非常有帮助
的"。⑤ 王锺翰引用列宁的"爱国主义就是千百年来巩固起来的对自己的
祖国的一种深厚感情"来说明这一问题⑥，指出人们应该认识到清代很
多"用满文撰写而成的文书档案和图录典册"，是"中华民族历史文化
遗产中的瑰宝"，也是"世界文化宝库中的一颗明珠"，"具有极高的历
史价值与研究价值"。⑦ 很明显，王锺翰从国家、民族发展的宏观角度着
眼，强调了通晓本民族、本国家的历史与文化可以促进爱国情感。有学

---

① 王锺翰：《〈中国民族文化大观〉序》，载《王锺翰清史论集》第一册，中华书局 2004
年版，第 697 页。
② 王锺翰：《〈中国历代少数民族英杰传〉序言》，载《王锺翰清史论集》第四册，中华
书局 2004 年版，第 2183—2184 页。
③ 王锺翰：《读史与爱国主义教育》，载《王锺翰清史论集》第四册，中华书局 2004 年
版，第 2022—2023 页。
④ 王锺翰：《〈中国少数民族革命史〉序》，载《王锺翰清史论集》第四册，中华书局
2004 年版，第 2180 页。
⑤ 王锺翰：《读史与爱国主义教育》，载《王锺翰清史论集》第四册，中华书局 2004 年
版，第 2022—2023 页。
⑥ 王锺翰：《读史与爱国主义教育》，载《王锺翰清史论集》第四册，中华书局 2004 年
版，第 2023 页。
⑦ 王锺翰：《〈满汉大辞典〉序》，载《王锺翰清史论集》第三册，中华书局 2004 年版，
第 1968 页。

者指出，王锺翰"终其一生，以才学立身，学术报国"，他对中国优良传统文化的"忠诚热爱、对学术的倾心投入和对兄弟民族特有的温情与敬意，是其取得成功的永恒动力与精神源泉"①，这个概括是准确的，是合乎王锺翰的实际情况的，可以说，这也正是其爱国主义的表现。

综上，王锺翰作为中国现代著名的清史、满族史学者，在中华人民共和国成立前，他受其师教诲，逐渐走上偏重考据的史学之路；中华人民共和国成立后，他依据唯物史观方法研究清史、满族史等，既继承了传统史学注重史料甄别、考证的传统，又以唯物史观为指导，从宏观上着眼，从社会经济形态、阶级关系出发，研究历史问题。同时，他广泛运用多种中外资料，将历史问题置于时代背景中进行综合比较，注重全面地考察历史人物的成就及其对社会发展的作用，作出辩证、客观的史学评论。其生活的时代与其师的影响促使他较早地认识到史学的爱国主义功能，并坚守一生。其史学思想既体现了时代的特征，也有自己的特色，并具有一定的代表性，而且对当今的史学研究仍有参考、借鉴价值。深掘此，既是研究其本人学术成就的重要方面，也可借以窥见当时一批史家的史学思想与成就，对理解和认知中国近现代史学思想的发展具有一定的学术意义。

---

① 邸永君：《寒云满眼忆吾师》，载《想念王锺翰》，新世界出版社 2013 年版，第 162—163 页。

结　语

　　纵观王锺翰的一生及其史学研究成果,可知无论其为人、学术成果,还是史学思想在学术界都具有重要影响。王锺翰考入燕京大学时,正值中国处于外敌入侵,面临危难之时,在其师邓之诚、洪业等爱国史家的感召下,愤然而又坚韧地以清史、满族史为重点研究领域进行学术报国。他所具有的强烈的社会责任感和对学术研究的严谨与坚持的优秀品质均值得后世学习。王锺翰作为清史、满族史深入研究的重要推动者之一,对清史、满族史研究的贡献,对该学科未来发展方向的思考等贡献,都是清史、满族史研究领域的巨大财富。王锺翰的史学思想与史学方法也是值得后辈学习和效仿的,他对唯物史观的学习与运用,对综合比较等史学方法的使用,都为后世学术研究提供了许多可以借鉴的途径。具体来说,可以从以下三方面来概括王锺翰的学术成就。

　　第一,以清史为重点的明清史研究。

　　对雍正继位问题,中华人民共和国成立之前,王锺翰就运用古今中外的甚至孟森未曾运用的史料进行重点研究,并对此前孟森所持雍正"入承大统"系"巧取"之说提出了诸多修正性看法,在学界产生广泛的影响,并为许多学者所赞同。后来,他继续著文对此问题进行更深入的探讨。一直坚持雍正继位系"夺嫡"之说,成为研究此问题的重要观点之一。而且,他还从满语语言学等方面对满族族源、八旗制度、歪乃、阿其那与塞思黑等问题进行研究,对前人所述多有突破,其结论多为后人所赞同。另外,王锺翰还对清代政治机构与历史人物进行了深入考察。他对清代机构的研究,立足于翔实可靠的史料,较早地对军机处进行系统的考察，梳理与研究总理衙门资料，又从明清官制与机构的总体比较视野下，既总结出清代机构与制度的独特性，又追溯其历史渊源。其论述对前人的研究既有继承又有发展，也为后人的进一步研究奠定了基础。对历史人物的考察，王锺翰注重从人物所处社会背景、阶级地位及为国家统一、社会安定所做的贡献等方面入手，既有宏观考察，也运用广泛、可靠的史料进行严谨考证，其观点多发前人所未发，其论述多详人所略，这些是他考察历史人物时坚持的一贯原则，是他论述客观公允的理论保证。

第二，以满族史为代表的民族史研究。

中华人民共和国成立之后，王锺翰在以满族史为重点的民族史领域有重要耕耘，《满族在努尔哈齐时代的社会经济形态》《皇太极时代满族向封建制的过渡》《清代的民族宗教政策》等文就是典型的代表，前两文尤受学界的广泛关注，并在学界产生了相当大的影响，后一文对民族的形成与发展等方面有相当大的突破。此外，王锺翰还通纂与主编了国家工程项目《满族简史》《中国民族史》等，从运用材料、框架体系、理论观点等方面均有诸多新的突破，受到国家相关部门的表彰。

第三，史料的校勘与整理。

王锺翰曾在邓之诚指导下整理清代则例，因此其硕士论文题目被邓之诚定为《清代则例及其与政法关系之研究》，这为他后来主要以清代制度入手研究清史奠定了基础。《关于总理衙门》《清代各部署则例经眼录》等文均为此类学术成果。王锺翰对清代制度与机构的研究，较早地对军机处作系统的考察与对总理衙门资料的梳理、研究，立足于翔实可靠的史料，既总结出清代机构与制度的独特性，又追溯其历史渊源。他在历史宏观视野中比较考察清代国家机关对此前国家机关的继承与变革，其论述为后人的进一步研究奠定了基础。

王锺翰耗时 10 余年对《清史稿》《清史列传》等史籍的校勘与整理，体现了他对待史料严格甄别与严谨的治史态度，也使他认识到史料的准确对史学研究的重要意义，因此他强调在治史中，首先要仔细甄别史料的真伪，其次广泛运用古今中外多种史料，他还多次强调，史学工作者应掌握几门必要的外语，外文史料对史学工作者扩大史料范围与开阔研究视野，甚至对学术交流等方面均具有相当重要的作用，这些思想在其著述中多有显现。晚年，他还参与并主编国家工程《四库禁毁书丛刊》及其补编等，这些史料的整理对后世的相关研究具有深远的意义。

总的来看，王锺翰一生以清史、满族史为重点的史学研究，具有以下风格：

首先，注重辨别史料的真伪并广泛运用史料进行深入考证性的研究。

由于早年受到邓之诚、洪业、顾颉刚等重视考据与后来点校史籍的影响，王锺翰多次强调在治史中，首先要仔细甄别史料的真伪，其次广泛运用古今中外多种史料，史学工作者应该掌握几门必要的外语，外文史料对史学工作者扩大史料范围与开阔研究视野，甚至对学术交流等方面具有相当重要的作用。《清世宗夺嫡考实》《满族在努尔哈齐时代的社会经济形态》《皇太极时代满族向封建制的过渡》等文所运用的史料数量多而且相当广泛，文中所用的史料不仅涉及古今的汉文，也参考诸多满文及日本的文献。在《清代旗地性质初探》《满文老档中计丁授田商榷》等文中，他运用的资料基本都超越前人，并在可能的范围内"尽量引用了一些满文档案和文献资料"①，他"继孟森之后"，"资料挖掘、专题开拓，研究深度等方面都大大超越了前人"②。各种满汉资料的综合运用，使其论证更加客观、有力。

其次，王锺翰经过对唯物史观理论的学习，著述多从宏观、全面等角度出发进行考察。

中华人民共和国成立后，在时代潮流的影响下，王锺翰在史学研究中学习与运用唯物史观的思想与方法，重视从宏观角度、社会形态等方面把握历史发展的脉络，其多具乾嘉考据特色的治史风格受到了唯物史观方法的影响，与原来只注重考证而无法得出结果相比，做出了一定的

---

① 王锺翰：《我和清史满族史研究》，载《王锺翰清史论集》第四册，中华书局 2004 年版，第 2822 页。

② 《纪念王锺翰先生百年诞辰学术文集》编委会：《王锺翰先生的学术成就和地位》，载《纪念王锺翰先生百年诞辰学术文集》，中央民族大学出版社 2013 年版，第 14 页。

成果,《满族在努尔哈齐时代的社会经济形态》《皇太极时代满族向封建制的过渡》《清代的民族宗教政策》等文为重要的代表作并受到学界广泛关注。此外,王锺翰通纂或主编的国家工程项目《满族简史》《中国民族史》等,从运用材料、框架体系、理论观点等方面均有新的突破,这使其在同类著述中受到好评并获得各种学术奖项。

王锺翰考察明清历史人物也较多体现了他的综合比较研究,具有宏观、全面着眼的特色。他认为,在考察中是否重视各类历史人物的功过,"不仅关系到对这些人物本身的褒贬","而且是理解这时期社会发展趋势不可缺少的因素"[1]。因此,他评价历史人物,注重从全面着眼,同时也揭示时代特征,避免了脱离时代而论人的偏向。他多将历史人物放在历史背景中,尤其注重从社会发展趋势与历史人物所做的贡献等方面出发,始终坚持以"据事直书,不虚美,不掩恶"的标准从宏观上考察与评价历史人物[2],因而其论断更为全面、公允。他对皇太极、袁崇焕、洪承畴、施琅、李光地、和珅等人物的考察较多地反映了这一思想。

王锺翰在从事历史研究的同时,也培养了相当数量的人才。他在培养研究生方面,共招收硕士2名,为定宜庄、刘小萌;国内外博士26名,分别为定宜庄、姚念慈、达力扎布、赵令志、祁美琴、杨海英、邸永君、柏华、陈小强、江桥、余梓东、张晶晶、李德龙、姚安、彭陟焱、成积春、李霞、韦泽、刘丽君、邱雪静、郑岩及中国香港的权纯姬、中国台湾的陈旺城和韩国的金在善、严爱景、文亨镇,指导博士后2名,为申友良、徐永志。他与其他院校共同培养的国内外硕士、博士多名,如朱诚如、岑大利及日本的柳泽明、美国的徐彤等。此外,他还有众多的"私塾弟子"[3]。这些育人成就在史家群体中也可谓成就卓著。

如果从1934年进入燕京大学求学算起,王锺翰的学术生涯长约70

---

① 王锺翰:《王锺翰学述》,浙江人民出版社1999年版,第114页。

② 王锺翰:《〈多尔衮评传〉序》,载《王锺翰清史论集》第二册,中华书局2004年版,第809页。

③ 赵令志:《王锺翰学术简谱》,载《纪念王锺翰先生百年诞辰学术文集》,中央民族大学出版社2013年版,第1026页。

年，他把学术报国之目标作为自己崇高的追求和夙愿，积极从事史料的校勘与整理，进行学术研究，厚积薄发，成果丰硕。《清世宗夺嫡考实》《满族在努尔哈齐时代的社会经济形态》《皇太极时代满族向封建制的过渡》等文都是具有相当影响的代表作。他还整理朝鲜《李朝实录》中的女真史料，通纂与主编了国家工程项目《满族简史》《中国民族史》，参与并主编国家工程《四库禁毁书丛刊》及其《补编》等，这些足以奠定其在清史、满族史研究领域中的大家地位。

　　要之，王锺翰作为 20 世纪最著名的史家之一，他的史学成就在史学界，尤其在清史与满族史研究领域具有广泛的影响，深入系统地研究王锺翰史学，不仅可以深掘其本身对清史、满族史研究的贡献及其具有的重要意义，也对更深刻理解和认知中国近现代史学发展与演变的过程具有相当重要的意义和价值，进而有助于深化对 20 世纪中国史学发展脉络的认识。

参考文献

一 档案

中国第一历史档案馆整理:《康熙起居注》,中华书局 1984 年版。

中国第一历史档案馆编:《雍正朝汉文朱批奏折汇编》,江苏古籍出版社 1986 年版。

中国第一历史档案馆、中国社会科学院历史研究所译注:《满文老档》, 中华书局 1990 年版。

二 古籍

(汉)司马迁:《史记》,中华书局 2013 年版。

(晋)陈寿:《三国志》,中华书局 1982 年版。

(唐)魏征等:《隋书》,中华书局 1973 年版。

(后晋)刘昫等:《旧唐书》,中华书局 1975 年版。

(宋)司马光:《资治通鉴》,中华书局 2013 年版。

(宋)欧阳修、宋祁:《新唐书》,中华书局 1975 年版。

(宋)郑樵:《通志》,中华书局 1986 年版。

(明)宋濂等:《元史》,中华书局 1976 年版。

(明)张煌言:《张苍水集》,上海古籍出版社 1985 年版。

(清)邵梿:《啸亭杂录》,中华书局 1980 年版。

(清)张廷玉等:《明史》,中华书局 1974 年版。

(清)阿桂等撰:《满洲源流考》,辽宁民族出版社 1988 年版。

(清)蒋良骐:《东华录》,齐鲁书社 2005 年版。

（清）章学诚：《文史通义》，上海古籍出版社 2008 年版。

（清）章学诚：《校雠通义》，上海古籍出版社 2009 年版。

三　著作

蔡美彪主编：《庆祝王锺翰先生八十寿辰学术论文集》，辽宁大学出版社
　　1993 年版。

陈尔玺、杜家骥：《清史研究概说》，天津教育出版社 1991 年版。

陈怀、孟冲：《清史要略》，中华书局 1931 年版。

陈涴：《皇太极》，黑龙江人民出版社 1983 年版。

崇彝：《道咸以来朝野杂记》，北京古籍出版社 1982 年版。

达力扎布主编：《中国边疆民族研究》第 9 辑，中央民族大学出版社
　　2015 年版。

戴逸主编：《简明清史》，中国人民大学出版社 2006 年版。

邓之诚著，邓瑞整理：《邓之诚文史札记》，凤凰出版社 2012 年版。

杜家骥：《满族联姻研究》，人民出版社 2003 年版。

顾颉刚：《顾颉刚全集》，中华书局 2010 年版。

胡绳武、马汝珩主编：《清史研究集》第 4 辑，四川人民出版社 1986
　　年版。

《纪念王锺翰先生百年诞辰学术文集》编委会编：《纪念王锺翰先生百年
　　诞辰学术文集》，中央民族大学出版社 2013 年版。

翦伯赞：《历史问题论丛》（合编本），中华书局 2008 年版。

翦伯赞：《中国史论集》（合编本），中华书局 2008 年版。

江应樑主编：《中国民族史》，民族出版社 1990 年版。

瞿林东：《中国古代史学批评纵横》，中华书局 1994 年版。

李大钊：《老北大讲义：史学要论》，时代文艺出版社 2009 年版。

李国荣、张书才：《实说雍正》，紫禁城出版社 1999 年版。

李鹏年等编著：《清代中央国家机关概述》，黑龙江人民出版社 1983
　　年版。

李振宏：《历史学的理论与方法》，河南大学出版社 1989 年版。

李治亭主编：《清史》，上海人民出版社 2002 年版。

梁启超：《清代学术概论》，中华书局 2010 年版。

梁启超：《饮冰室合集》，中华书局 1989 年版。

林幹编：《匈奴历史年表》，中华书局 1984 年版。

林惠祥：《中国民族史》，上海书店 1984 年版。

刘梦溪：《红楼梦与百年中国》，中央编译出版社 2005 年版。

刘小萌：《满族从部落到国家的发展》，辽宁民族出版社 2001 年版。

刘小萌：《清代北京旗人社会》，中国社会科学出版社 2008 年版。

刘子扬：《清代地方官制考》，紫禁城出版社 1988 年版。

吕思勉：《中国民族史》，吉林人民出版社 2013 年版。

吕振羽：《中国民族简史》，生活·读书·新知三联书店 1951 年版。

马汝珩、马大正主编：《清代的边疆政策》，中国社会科学出版社 1994
年版。

《满族简史》编写组编、王锺翰通纂：《满族简史》，中华书局 1979
年版。

孟森：《明清史论著集刊续编》，中华书局 1986 年版。

孟森：《明清史论著集刊》，中华书局 1959 年版。

孟森：《明史讲义》，中华书局 2006 年版。

孟昭信：《神秘的孝庄皇后》，中国社会科学出版社 2008 年版。

明清史国际学术讨论会秘书处论文组编：《明清史国际学术讨论会论文
集》，天津人民出版社 1982 年版。

莫东寅：《满族史论丛》，人民出版社 1958 年版。

《清代诗文集汇编》编纂委员会编：《清代诗文集汇编》，上海古籍出版
社 2010 年版。

商鸿逵等编著：《清史满语辞典》，上海古籍出版社 1990 年版。

沈云龙主编：《近代中国史料丛刊三编》，文海出版社 2006 年版。

《四库禁毁书丛刊》编纂委员会编：《四库禁毁书丛刊》第一册，北京出
版社 2000 年版。

宋德宣：《康熙思想研究》，中国社会科学出版社 1990 年版。

宋文炳：《中国民族史》，中华书局 1935 年版。

孙文良、李治亭：《清太宗全传》，吉林人民出版社 1983 年版。

谭其骧主编：《〈中国历史地图集〉释文汇编·东北卷》，中央民族学院
　出版社 1988 年版。

王德昭：《清代科举制度研究》，中华书局 1984 年版。

王辅仁、索文清编著：《藏族史要》，四川民族出版社 1981 年版。

王森然：《近代名家评传》，生活·读书·新知三联书店 1998 年版。

王桐龄：《中国民族史》，吉林人民出版社 2013 年版。

王学典、陈锋：《二十世纪中国历史学》，北京大学出版社 2009 年版。

王锺翰：《清史补考》，辽宁大学出版社 2004 年版。

王锺翰：《清史满族史讲义稿》，鹭江出版社 2006 年版。

王锺翰：《清史新考》，辽宁大学出版社 1997 年版。

王锺翰：《清史续考》，华世出版社 1993 年版。

王锺翰：《清史余考》，辽宁大学出版社 2001 年版。

王锺翰：《清史杂考》，人民出版社 1957 年版。

王锺翰：《清心集》，新世界出版社 2002 年版。

王锺翰：《王锺翰清史论集》，中华书局 2004 年版。

王锺翰：《王锺翰手写甲丁日记》，文津书店 2005 年影印版。

王锺翰：《王锺翰学术论著自选集》，中央民族大学出版社 1999 年版。

王锺翰：《王锺翰学述》，浙江人民出版社 1999 年版。

王锺翰主编：《满学朝鲜学论集》，中国城市出版社 1995 年版。

王锺翰主编：《满族历史与文化》，中央民族大学出版社 1996 年版。

王锺翰主编：《满族史研究集》，中国社会科学出版社 1988 年版。

王锺翰主编：《中国帝王后妃外传》，吉林文史出版社 1994 年版。

王锺翰主编：《中国民族史概要》，山西教育出版社 2004 年版。

王锺翰主编：《中国民族史》（增订本），中国社会科学出版社 1994
　年版。

吴晗辑：《朝鲜李朝实录中的中国史料》，中华书局 1980 年版。

吴晗：《吴晗史学论著选集》第四卷，人民出版社 1988 年版。

萧一山：《清代通史》，华东师范大学出版社 2006 年版。

徐世昌等编纂：《清儒学案》，中华书局 2008 年版。

许国英：《清鉴易知录》，北京古籍出版社 1987 年版。

许苏民：《李光地传论》，厦门大学出版社 1992 年版。

《续修四库全书》编纂委员会编：《续修四库全书》，上海古籍出版社
　1995 年版。

阎崇年：《明亡清兴六十年》，中华书局 2010 年版。

阎崇年：《清朝皇帝列传》，中华书局 2010 年版。

阎崇年：《正说清朝十二帝》，中华书局 2014 年版。

阎崇年主编：《满学研究》第 1 辑，吉林文史出版社 1992 年版。

杨启樵：《雍正帝及其密折制度研究》，上海古籍出版社 2003 年版。

张德泽编著：《清代国家机关考略》，中国人民大学出版社 1981 年版。

张世林主编：《想念王锺翰》，新世界出版社 2013 年版。

章太炎讲演、曹聚仁整理：《国学概论》，上海古籍出版社 1997 年版。

章太炎：《章太炎全集·演讲集》，上海人民出版社 2015 年版。

赵尔巽等：《清史稿》，中华书局 1977 年版。

郑天挺：《清史探微》，北京大学出版社 2011 年版。

郑天挺：《探微集》，中华书局 1980 年版。

郑欣淼等编：《清史述论》，故宫出版社 2016 年版。

中国人民大学清史研究所编：《清史研究集》第 4 辑，四川人民出版社
　1986 年版。

中国史学会、《中国历史学年鉴》编委会编：《中国历史学年鉴》
　（2002—2012），社会科学文献出版社 2014 年版。

中华书局上海编辑所编：《中华文史论丛》第 5 辑，中华书局 1964 年版。

周朝民等编著：《中国史学四十年》，广西人民出版社 1989 年版。

周汝昌：《红楼梦新证》，上海棠棣出版社 1953 年版。

周远廉、赵世愉：《皇父摄政王多尔衮全传》，吉林文史出版社 1986
　年版。

朱诚如主编：《清史论集——庆贺王锺翰教授九十华诞》，紫禁城出版社

2003 年版。

四 期刊报纸

爱新觉罗·恒顺：《清初满洲人殉习俗与大妃之死》，《云南民族学院学报》1991 年第 2 期。

蔡少卿：《关于天地会的起源问题》，《北京大学学报》1964 年第 1 期。

常建华：《康熙帝不可能死于喝人参汤新证》，《紫禁城》2011 年第 1 期。

常江：《补正清史 考本溯源——读王锺翰〈清史补考〉》，《中国图书评论》2004 年第 6 期。

陈佳华：《八旗汉军考略》，《民族研究》1981 年第 5 期。

陈佳华：《八旗制度研究述略》，《社会科学辑刊》1984 年第 5 期。

陈佳华：《王锺翰教授的清史及东北史地研究》，《中国边疆史地研究导报》1989 年第 2 期。

陈建国：《浅论"清三通"的史料价值》，《咸阳师范专科学校学报》1999 年第 5 期。

陈克进、滕绍箴：《略论皇太极的历史作用》，《社会科学辑刊》1982 年第 2 期。

陈明光：《台湾回归话施琅》，《福建师范大学学报》1980 年第 2 期。

陈鸣钟：《清朝前期中央政府对西藏地方政治制度宗教制度的改革》，《史学月刊》1960 年第 1 期。

陈其泰：《魏源〈圣武记〉的史学价值》，《史学史研究》1981 年第 4 期。

陈其泰、张越：《清史、民族史研究工作的回顾与展望——王锺翰教授访问记》，《史学史研究》1994 年第 4 期。

陈权青：《明清改土归流述略》，《湖南师院学报》1983 年第 3 期。

陈一石：《赵尔丰与四川藏区的改土归流》，《四川师院学报》1981 年第 3 期。

陈寅恪：《〈柳如是别传〉缘起》，《学术研究》1978 年第 1 期。

陈远：《消逝的燕京：大师风采》，《读者文摘》2012 年第 12 期。

陈贞寿：《关于陈宝琛的几个问题》，《社会科学战线》1983 年第 4 期。

陈祖武：《李光地年谱略论》，《文献》1989 年第 3 期。

戴逸：《乾隆初政和"宽严相济"的统治方针》，《上海社会科学院学术季刊》1986 年第 1 期。

单士魁：《清代地方文职官概说》，《历史档案》1984 年第 3 期。

邓天红：《试论清代满族文化发展的特点及历史地位》，《社会科学辑刊》1995 年第 3 期。

邸永君：《王锺翰师〈清史余考〉读后感》，《民族研究》2002 年第 1 期。

刁书仁：《清代东北旗地的几个问题》，《长白学圃》1993 年第 9 期。

定宜庄：《喜读王锺翰师新著〈清史余考〉》，《中国史研究动态》2002 年第 2 期。

定宜庄：《一部清史研究的力作——〈清史新考〉》，《中国社会科学》1992 年第 5 期。

杜家骥：《清朝的满蒙联姻》，《历史教学》2001 年第 6 期。

杜家骥：《清代官制特点简论》，《历史教学》2013 年第 8 期。

冯尔康：《康熙朝的储位之争和胤禛的胜利》，《故宫博物院院刊》1981 年第 3 期。

冯家昇：《满洲名称的种种推测》，《东方杂志》1933 年第 30 卷第 17 号。

傅克东、陈佳华：《八旗制度中的满蒙汉关系》，《民族研究》1980 年第 6 期。

高翔：《论清初理学的政治影响》，《清史研究》1993 年第 3 期。

郭冠杰：《清朝地方官制述略》，《社会科学论丛》1931 年第 3 卷第 11—12 合刊。

郭成康：《清初蒙古八旗考释》，《民族研究》1986 年第 3 期。

郭毅生：《那拉氏（慈禧）是怎样篡权的?》，《中央民族学院学报》1977 年第 2 期。

郭永芳：《康熙与自然科学》，《自然辩证法通讯》1983 年第 5 期。

何溥滢：《满族入关前社会性质初探》，《社会科学辑刊》1979 年第 3 期。

何溥滢:《清前期满族旗地经营方式的考察》,《社会科学辑刊》1985 年第 2 期。

赫治清:《天地会起源"乾隆说"质疑》,《中国史研究》1983 年第 3 期。

胡凡:《〈清史列传〉标点商榷四则》,《古籍整理研究学刊》2005 年第 4 期。

胡明:《钱谦益诗论平议》,《社会科学战线》1984 年第 2 期。

胡佑安:《略谈中国封建时代的朋党》,《理论学刊》1988 年第 3 期。

华立:《清代的满蒙联姻》,《民族研究》1983 年第 2 期。

黄富源:《〈《柳如是别传》匡失四例〉质疑》,《贵州大学学报》1988 年第 2 期。

黄展岳:《明清皇室的宫妃殉葬制》,《故宫博物院院刊》1988 年第 1 期。

吉月轩:《略谈中国封建时代的朋党之弊》,《晋中师专学报》1989 年第 1 期。

季士家:《浅论清军机处与极权政治》,《清史论丛》1984 年第 5 辑。

季士家:《清代内阁》,《历史教学》1963 年第 4 期。

嘉弘:《试论明清封建王朝的土司制及改土归流》,《四川大学学报》1956 年第 2 期。

金成基:《论皇太极》,《中国史研究》1979 年第 4 期。

金恒源:《雍正帝篡位说新证》,《史林》2004 年第 3 期。

金启孮:《满族文化的来源及其对祖国的贡献》,《学习与探索》1979 年第 4 期。

金启孮、乌拉熙春:《满族对戏剧的贡献》,《学习与探索》1982 年第 6 期。

金玉书:《满族京剧演员金仲仁的艺术贡献》,《满族研究》1985 年第 2 期。

敬木:《李光地学术讨论会综述》,《福建论坛》1992 年第 6 期。

瞿林东:《关于评价历史人物的是是非非》,《湖北大学学报》1997 年第 2 期。

李德龙:《中国民族通史的集大成之作——王锺翰主编〈中国民族史〉评价》,《燕京学报》1997 年新 3 期。

李德:《满族歌舞》,《满族研究》1987 年第 3 期。

李德:《满族绘画探略》,《满族研究》1987 年第 1 期。

李迪、白尚恕:《清代康熙、乾隆时期的科学实验》,《自然辩证法通讯》1981 年第 6 期。

李帆:《论清代畿辅皇庄》,《故宫博物院院刊》2001 年第 1 期。

李格:《多尔衮与清朝统治的建立》,《清史论丛》1982 年第 3 辑。

李共前、菊秋芳:《试论〈四库禁毁书丛刊〉的文献学价值》,《图书馆理论与实践》2001 年第 4 期。

李国荣:《雍正炼丹秘事》,《紫禁城》1996 年第 3 期。

李鸿彬:《试论洪承畴在清初统一过程中的历史作用》,《史学集刊》1984 年第 3 期。

李鸿彬:《"只问耕耘 不问收获"——介绍中国当代清史、民族史和满学专家王锺翰教授》,《社会科学辑刊》1993 年第 6 期。

李鸿烈:《关于李光地"三案"的辨析》,《福建论坛》1992 年第 4 期。

李华:《康熙对汉族士大夫的政策》,《社会科学辑刊》1980 年第 3 期。

李乔:《八旗生计问题述略》,《历史档案》1985 年第 1 期。

李尚英:《论"八旗生计"问题产生的原因及其后果》,《中国社会科学院研究生院学报》1986 年第 6 期。

李世愉:《试论清雍正朝改土归流的原因和目的》,《北京大学学报》1984 年第 3 期。

李文杰:《总理衙门总办章京研究》,《史林》2010 年第 5 期。

李细珠:《政治转型期历史学家的因应与境遇——读金毓黻、顾颉刚、夏鼐日记》,《史学月刊》2016 年第 4 期。

李燕光:《康熙皇帝》,《辽宁大学学报》1983 年第 6 期。

李治亭:《必须还历史以真实——〈正说清朝十二帝〉质疑》,《文化学刊》2007 年第 5 期。

刘大年:《论康熙》,《历史研究》1961 年第 3 期。

刘潞：《对清太祖太宗时期满蒙联姻的再认识》，《清史研究》1995 年第 3 期。

刘潞：《康熙的文化政策》，《故宫博物院院刊》1984 年第 1 期。

刘潞：《论后金与清初四帝婚姻的政治特点》，《故宫博物院院刊》1991 年第 4 期。

刘潞：《清太祖太宗时满蒙婚姻考》，《故宫博物院院刊》1995 年第 3 期。

刘先照、周朱流：《试论清王朝的民族政策》，《西北民族研究》1988 年第 2 期。

刘小萌：《〈满族简史〉评介》，《史学史研究》1983 年第 2 期。

刘小萌：《王锺翰先生的学术成就》，《清史研究通讯》1990 年第 3 期。

刘子扬：《清代的军机处》，《历史档案》1981 年第 2 期。

吕光天、古清尧：《明代女真族的分布与发展》，《社会科学辑刊》1985 年第 2 期。

吕钊：《清代军机处的设立及其性质——兼与钱实甫同志商榷》，《历史教学》1963 年第 3 期。

吕志毅：《论康熙帝在自然科学史上的历史地位》，《河北大学学报》1989 年第 Z1 期。

马汝珩、赵云田：《清代边疆民族政策简论》，《清史研究》1991 年第 2 期。

毛德传：《施琅统一台湾的历史贡献》，《辽宁大学学报》1982 年第 1 期。

宁侠：《四库禁书的研究史回顾（1883—2010）》，《阴山学刊》2011 年第 6 期。

潘志平：《论乾隆、嘉庆、道光年间清在天山南路推行的民族政策》，《民族研究》1986 年第 6 期。

彭云鹤：《施琅对统一台湾及东南沿海经济发展的贡献》，《北京师院学报》1983 年第 4 期。

齐红深：《满族教育的发展过程及其文化特征》，《教育科学》1993 年第 4 期。

齐红深：《满族教育史研究中的几个问题》，《辽宁师范大学学报》1994

年第 3 期。

齐思和：《少数民族对于中国文化的伟大贡献》，《历史教学》1953 年第
　　7 期。

钱实甫：《清朝政权的半殖民化与总理衙门》，《历史教学》1963 年第
　　7 期。

钱实甫：《清代的军机处》，《历史教学》1962 年第 9 期。

钱宗范：《论乾隆治政》，《广西师范大学学报》1985 年第 3 期。

乔治忠、孔永红：《康熙帝与孝庄太皇太后政治关系的解构》，《齐鲁学
　　刊》2013 年第 2 期。

秦宝琦：《天地会起源"乾隆说"新证》，《历史档案》1986 年第 1 期。

邱胜威：《一个"贰臣"的艺术典型——读〈李自成〉第三卷漫评洪承
　　畴》，《江汉大学学报》1983 年第 2 期。

任恒俊：《论辛酉政变》，《近代史研究》1986 年第 1 期。

商鸿逵：《论康熙》，《社会科学辑刊》1980 年第 2 期。

商鸿逵：《明末"三案"究竟》，《历史教学》1985 年第 6 期。

尚钺：《清代前期中国社会之停滞、变化和发展》，《教学与研究》1955
　　年第 6 期。

沈原：《"阿其那"与"塞思黑"考释》，《清史研究》1997 年第 1 期。

史松：《康熙朝皇位继承斗争和雍正继位》，《清史研究》1986 年第 4 辑。

史习坤：《满族作家对中国现代文学的贡献》，《中央民族学院学报》
　　1989 年第 4 期。

宋德宣：《论康熙的农本思想及其特点》，《满族研究》1986 年第 2 期。

宋德宣：《论康熙与朱熹理学观的异同》，《湖南师范大学社会科学学报》
　　1989 年第 4 期。

孙文良：《学问文章老更醇——读王锺翰先生〈清史新考〉》，《清史研
　　究》1991 年第 4 期。

孙智萍、王智兴：《康熙恢复和发展农业生产的措施》，《中国农史》
　　1989 年第 4 期。

陶立璠、吴重阳：《论少数民族文学对中国文学史的贡献》，《中南民族

学院学报》1981 年第 1 期。

王秉文：《满清时代中国地方官制》，《北强》1934 年第 1 卷第 3 期。

王波：《魏源〈圣武记〉所记格登山位置有误》，《中国边疆史地研究》1992 年第 2 期。

王俊义：《论钱谦益对明末清初学术演变的推动、影响及其评价》，《中国社会科学院研究生院学报》1996 年第 2 期。

王佩环：《从新发现的满文档案再释阿其那与塞思黑》，《故宫博物院院刊》2000 年第 2 期。

王佩环、姜相顺：《努尔哈赤大妃考——兼谈皇太极争夺汗位经过》，《史学集刊》1987 年第 2 期。

王佩环：《康乾时期朋党之争及危害》，《故宫博物院院刊》1992 年第 1 期。

王思治：《皇太极研究中的几个问题》，《社会科学战线》1984 年第 3 期。

王思治：《"太后下嫁疑案"辨证》，《历史研究》2012 年第 2 期。

王涛：《满族的语言文字》，《内蒙古社会科学》1982 年第 1 期。

王廷洽：《略谈〈三国志〉与裴注的数量问题》，《古籍整理研究学刊》1985 年第 3 期。

王廷洽：《应正确认识"三国志"裴注的价值》，《上海师范学院学报》1983 年第 4 期。

王延元、魏鉴勋：《试论皇太极重用汉官的政策》，《辽宁大学学报》1979 年第 4 期。

王佑夫：《清代满族诗学的主要贡献》，《中南民族大学学报》1994 年第 3 期。

王越：《不信青春换不回，不容青史尽成灰——记清史、满族史学家王锺翰教授》，《民主》2003 年第 12 期。

王锺翰：《清代旗地性质初探》，《文史》1979 年第 6 期。

王锺翰：《清世宗夺嫡考实》，《燕京学报》1948 年第 48 期。

王锺翰：《清政府对台湾郑氏关系之始末》，《中央民族学院学报》1982 年第 3 期。

王锺翰：《谈清入关前满族社会的分期问题》，《沈阳故宫博物院院刊》1996 年第 1 期 。

魏承恩、冯绍霆：《明清科举制度对人才的摧残》，《河北学刊》1986 年第 5 期。

魏鉴勋：《清代理学与反理学斗争辨析》，《社会科学辑刊》1988 年第 3 期。

魏文峰：《〈柳如是杂论〉问世》，《文献》1986 年第 4 期。

乌拉熙春：《满族的语言和文化》，《满族研究》1992 年第 2 期。

吴福环：《总理衙门与洋务运动》，《河北学刊》1994 年第 1 期。

吴宏岐、刘沛林：《从〈圣武记〉看魏源的军事地理思想》，《衡阳师专学报》1989 年第 3 期。

吴雁南：《清代理学探析》，《重庆师院学报》1984 年第 4 期。

夏家骏：《康熙在恢复发展清初社会经济中的作用——兼论康熙不是"重本抑末"》，《学习与探索》1979 年第 3 期。

夏家骏：《乾隆惩贪述评》，《求是学刊》1984 年第 1 期。

肖韦：《满族文学初探》，《社会科学辑刊》1983 年第 1 期。

徐景学：《浅论清代东北边疆的管理》，《学习与探索》1980 年第 1 期。

徐梁伯：《民国时期历史人物评价标准刍议——以林森为个案》，《江苏社会科学》2000 年第 6 期。

阎学仁：《雍正并非篡权——雍正即位考辨》，《河北大学学报》1983 年第 2 期。

颜九红：《王锺翰：清史满族史学界泰斗》，《湘潮》2008 年第 5 期。

杨海英：《著名满族史与清史专家王锺翰教授主要著作简介》，《满族研究》1996 年第 1 期。

杨学琛：《清代旗地的性质及其变化》，《历史研究》1963 年第 3 期。

杨翼骧：《裴松之与〈三国志注〉》，《历史教学》1963 年第 2 期。

杨余练、关克笑：《清朝对东北边陲民族的联姻制度》，《黑龙江文物丛刊》1984 年第 2 期。

杨余练、关克笑：《清廷对吉林边疆少数民族地区的统治》，《历史研究》

1982 年第 6 期。

亦西：《八年磨一剑——〈中国民族史〉编纂记略》，《民族团结》1995
年第 5 期。

袁定中：《叶赫那拉氏（慈禧）"垂帘听政"的由来》，《文物》1977 年
第 3 期。

袁森坡：《康熙初期改革苛政、发展生产的措施》，《河北学刊》1991 年
第 1 期。

张国昌：《满族教育在清代》，《满族研究》1986 年第 3 期。

张国硕：《夏商周三族起源研究述评》，《中国史研究动态》1996 年第
10 期。

张书才：《关于阿其那与塞思黑的满文原意》，《红楼梦学刊》2004 年第
4 辑。

张书才：《〈圣武记〉所记白莲教起义史料辨误》，《文献》1979 年第
1 期。

张维华：《红楼梦写作的历史背景》，《文史哲》1955 年第 1 期。

张维华：《满族未统治中国前的社会形态》，《文史哲》1954 年第 10 期。

张宇权：《论洪承畴降清的客观原因》，《广西师范大学学报》1996 年第
S2 期。

张羽新：《皇太极时期后金（清）政权的喇嘛教政策》，《西藏民族学院
学报》1982 年第 3 期。

张玉兴：《评摄政王多尔衮》，《社会科学辑刊》1981 年第 6 期。

赵葆惠：《试析清朝的治藏政策》，《无锡轻工大学学报》2001 年第 3 期。

赵秉忠：《清朝前期对东北地区的管辖》，《历史教学》1981 年第 6 期。

赵令志：《再论"计丁授田"问题》，《中央民族大学学报》1997 年第
4 期。

赵希鼎：《清代各省的政治制度》，《历史研究》1980 年第 3 期。

赵希鼎：《清代内阁与军机处》，《开封师院学报》1962 年第 3 期。

赵云田、成崇德：《略论清代前期的"因俗而治"》，《青海民族学院学
报》1983 年第 2 期。

赵志辉：《丰富多彩的满族文学》，《民族文学研究》1985 年第 1 期。

赵志辉：《满族文学再探》，《辽宁大学学报》1984 年第 6 期。

郑川水：《论清朝的旗饷政策及其影响》，《辽宁大学学报》1985 年第 2 期。

郑传斌：《康熙朝朋党对当时政治的影响》，《河南师范大学学报》2004 年第 2 期。

郑克晟：《试论多尔衮在清初统一过程中的历史作用》，《历史教学》1986 年第 6 期。

郑天挺：《从〈清太祖实录〉看满族的族源问题》，《社会科学战线》1983 年第 3 期。

郑天挺：《清代的八旗兵与绿营兵》，《历史教学》1955 年第 1 期。

郑天挺：《清入关前满族的社会性质续探》，《南开大学学报》1979 年第 4 期。

郑玉英：《试论清初八旗蒙古问题》，《辽宁大学学报》1983 年第 1 期。

钟诚：《广西壮族地区改土归流初探》，《中央民族学院学报》1979 年第 3 期。

周采泉：《"钱氏家难"考索——〈柳如是别传〉新证（选段）》，《社会科学战线》1982 年第 4 期。

周用宜：《评王锺翰主编〈中国民族史〉》，《历史研究》1995 年第 4 期。

周远廉：《清代前期的八旗制度》，《社会科学辑刊》1981 年第 6 期。

朱眉权：《清代满族诗人诗歌创作的杰出成就》，《社会科学辑刊》1983 年第 1 期。

左云鹏：《论清代旗地的形成、演变及其性质》，《历史研究》1961 年第 5 期。

戴逸：《关于天地会的若干问题》，《文化报》1961 年 1 月 20 日。

郭晶：《胸怀报国志　侃侃话边疆——访中央民族学院历史系教授王锺翰》，《黑河日报》1984 年 9 月 1 日。

刘茜：《王锺翰：酒史一生》，《光明日报》2006 年 4 月 2 日。

魏建猷：《试论"天地会"的性质》，《文汇报》1960 年 12 月 20 日。

危兆盖：《史学研究与人生追求》，《光明日报》1997 年 10 月 4 日。

余楠楠：《民族史家王锺翰》，《中国教育报》1995 年 3 月 1 日。

张晓华：《王锺翰与〈中国民族史〉》，《中国民族报》2001 年 12 月
　18 日。

中国新闻社记者：《清史专家王锺翰研究证实：雍正伪造康熙遗诏继
　位》，《人民日报》（海外版）1986 年 8 月 6 日。

五　学位论文

陈军伟：《孟森史学研究》，硕士学位论文，华东师范大学，2010 年。

戴磊：《冯家昇史学成就述论》，硕士学位论文，兰州大学，2014 年。

段晓亮：《郑天挺史学研究》，博士学位论文，南开大学，2014 年。

高林琳：《总理衙门与晚清近代化》，硕士学位论文，吉林大学，
　2007 年。

胡敏：《吴晗史学研究》，硕士学位论文，扬州大学，2011 年。

施芳：《中国民族史史学研究述论》，博士学位论文，云南大学，
　2012 年。

王维佳：《吴晗史学研究》，博士学位论文，南开大学，2016 年。

后　记

本书是在我博士论文的基础上修改完成的。

岁月如梭，不知不觉中，我已从扬州大学毕业四年了。回首之前的学习时光，时至今日依然充满依恋之情。大学的学习与生活对人一生的世界观、人生观、价值观、知识的"台阶"、学术与"人脉"圈，乃至"开开眼界"等方面的影响也许是难以替代的。对老师来说，每位学生的学习经历都是一个故事；对学生来说，在老师的指导下学习也许是一生成长过程中艰苦而又难以忘怀的经历，一段可贵的记忆。

2015年我与各方学子一起，怀着期待来到扬州大学学习与研究中国史学史。与年轻学子不同的是，我作为多年高中教师且年过四十再来求学，显得相当异类，心情可想而知。在扬州大学的学习生活中，有收获、有焦虑，也有遗憾。其中令我难以忘怀的是老师们的教诲与指导、同学们的帮助、父母家人的担心。

导师王嘉川教授每次都仔细批阅我的大小论文，对毕业论文尤为重视。毕业论文的选题是与导师共同商定的。王老师对资料的搜集、提纲的拟定、标点符号的运用，都认真对待，每次都提出很多修改意见，我深表感谢。南开大学的乔治忠老师、苏州大学的王玉贵老师以及扬州大学的周新国老师、吴善中老师、刘建臻老师、朱煜老师、张进老师、张光华老师、马约生老师、崔剑老师等对文章的修改提出了许多意见与建议，南京师范大学的胡牧老师为我精心修改英文摘要，扬州大学的朱春龙老师对我论文资料的搜集、文章框架结构的拟定等方面给予了相当多的帮助，扬州大学的洪前兵同学、樊建增同学、张剑同学、方啸天同学等都曾对我搜集资料等提供许多帮助。中国社会科学出版社的史丽清老师对书稿进行了认真仔细的修改。对以上诸位老师与同学的指导或帮助，在此一并致谢。另外，我要感谢父母与家人。从进入扬州大学读博开始，父母与家人就表示关切。我每次回家，父亲均详细询问我的学习、论文撰写与发表情况，更担心我这样年龄人的就业。

由于我原来所执教的是高中学校，那里根本没有科研条件，想从事一点学术研究，只有考博。这条路对有些人，特别是对高校教师或在校大学生来说，比较容易，而对像我这样没有学术氛围与条件的乡镇高中教师来说，就相当困难了，好在得到扬州大学等高校老师与同学们的相助。

现在回首论文，尚有许多可以深入研究之处，但由于缺乏一些重要的明清文献史料等原因使相关研究的进一步探讨较为困难。至此，我深刻体会到一些重要的文献史料对历史研究的重要性。

对未来的一点"小研究"，我心中也充满期待，每人境况不同，期待也许不一致，正因为有期待，人们才会去进取。不过，这话对年轻的教师来说可能更有意义，像我这样年龄的许多人已经事业相当"有成"了。做学问如同其他事情类似，也需要积累，我在中学"失去"的时光实在是太多了，因此对未来不敢怀有大的期望。

限于眼界、学术功力，本书尚有许多缺点与不足，恳请学界师友同仁批评指正。

李春保

2022 年 2 月 16 日